JN123818

問答式

グループ
法人税制の
実務事例集

成松 洋一 著

第4版

一般財団法人 大蔵財務協会

第4版はしがき

　平成22年度の税制改正によりグループ法人税制が創設されてから、相当の期間が経過しました。それでも、適格組織再編成や繰越欠損金の引継ぎの可否などを中心として、各種の質疑や議論があります。

　また、令和4年4月1日以後開始する事業年度から、連結納税制度に代わってグループ通算制度が適用されます。通算制度も完全支配関係がある通算親法人と通算子法人に適用されますので、広い意味のグループ法人税制である、といえましょう。

　そこで、この第4版では「11　グループ通算制度の特例」として、通算制度の概要や固有の取扱い、留意点などを取り上げています。

　一方、通算制度の導入に伴って、①受取配当等の益金不算入の株式区分の判定方法と負債利子控除、②寄附金の損金算入限度額の計算方法、③貸倒引当金の対象債権の範囲および④資産の譲渡に係る特別控除額の計算方法の改正が行われています。これらの改正は、通算法人のみならず、単体納税法人にも適用されますので、留意を要します。

　この第4版は、上記のような改正点のほか、読者の方々から頂いた質疑やご指摘などを取り入れた最新のものとなっています。読者の皆様方にいささかなりとも、ご参考になれば幸いです。

　最後に、この第4版の刊行に当たりましても、大変お世話になりました、大蔵財務協会編集局の諸氏に対し感謝を申し上げます。

　　令和4年7月

　　　　　　　　　　　　　　　　成　松　洋　一

第3版はしがき

　グループ法人税制は、平成22年度の税制改正により創設され、平成22年10月1日以後の取引や行為に対して適用されています。

　その創設から7年あまりが経過し、実際の適用に当たっては、定着をしてきたように思われます。

　ただ、毎年の税制改正において、細部の取扱いの見直しや制度の創設が行われ、そのつど各種の議論が生じています。特に、平成29年度および平成30年度の税制改正においては、いわゆるスピンオフが適格組織再編成の一つと位置づけられました。これなどは、注目すべき事柄といえましょう。

　本書は、そのグループ法人税制について、できるだけ実務に則した事例を集め、解説を試みたものです。第2版を刊行したのが平成24年で時間も経ちましたので、スピンオフ税制の導入などを契機に第3版を刊行することとしました。

　この第3版においては、そのスピンオフ税制をめぐる事例やその他の新たな事例など23例を追加しました。もちろん、読者の皆様方から寄せられました、ご指摘や疑問点なども取り入れ、いっそうの充実を図ったつもりです。読者の皆様方に、なんらかのご参考になれば幸いです。

　最後に、第3版の刊行に当たりましても、大変お世話になりました、大蔵財務協会編集局の諸氏に対して、厚く御礼申し上げます。

　　平成30年4月

　　　　　　　　　　　　　　　　成　松　洋　一

第2版はしがき

　グループ法人税制は、平成22年度の税制改正により創設され、平成22年10月1日以後の取引や行為に対して適用されています。

　その創設から2年あまりが経過し、実際の適用に当たっては、いろいろな疑問や議論がみられます。

　本書は、そのグループ法人税制について、できるだけ実務に則した事例を集め、解説を試みたものです。そこで、本書の刊行後、企業の実務担当者や税理士仲間などから寄せられた、新たな疑問点や問題点など27例を追加し、第2版として出版することといたしました。

　また、読者の皆様方から寄せられました、ご指摘や疑問点なども取り入れ、いっそうの充実を図ったつもりです。読者の皆様方に、なんらかのご参考になれば幸いです。

　最後に、第2版の刊行に当たりましても、大変お世話になりました、大蔵財務協会編集局の諸氏に対して、厚く御礼申し上げます。

　　　平成24年7月

　　　　　　　　　　　　　　　　　　　成　松　洋　一

は し が き（初版）

　平成22年度の税制改正により、グループ法人税制が創設されました。広くグループ法人税制という場合には、連結納税制度も含まれます。そのため、平成22年に創設されたグループ法人税制は、狭義にはグループ法人単体課税制度とも呼ばれています。

　そのグループ法人税制は、平成22年10月1日以後の取引や行為に対して適用されます。その適用のための、法人税基本通達の改正や国税庁からの質疑応答事例の公表など、細部の取扱いが明らかにされました。

　グループ法人税制は、完全支配関係がある法人間の取引や行為からは損益は生じないという、従来の税務処理とは基本的な考え方を異にしています。また、各種制度間に有機的な関連性があり、常にその関連性に注意を要するなど、制度が複雑、多岐にわたることもあって、実務に当たっては、いろいろな議論や疑問がみられます。

　そこで本書では、企業の担当者や税理士仲間、研修会などで質疑や議論を交わした、実務的な事例を集め、その検討と解説をすることにしました。

　本書は、実務事例の紹介に徹するため、グループ法人税制の趣旨や背景、各制度の内容などは、個々の事例の中で必要に応じて説明するに止め、体系的な説明は行っていません。そのような点は、優れた類書が沢山出ていますから、それらを参考にしてください。

　次に本書では、できるだけ一問一答完結とするため、その事例の解決に必要な法令や取扱いなどは、他の事例における説明との重複を恐れず、再び述べるようにしています。この点、やや煩わしいと感じられるかも知れ

ませんが、ご了承を頂きたいと思います。

　また、グループ法人税制に関する会計上や税務上の処理、申告調整の方法については、各種のものが考えられますから、本書で述べた方法はその一つに過ぎないということに留意をお願いいたします。

　本書が法人税の実務に携わる皆様方に、いささかなりともご参考になれば幸いです。

　最後に本書の刊行に当たり、大変お世話になりました大蔵財務協会編集局の方々に厚く御礼申し上げます。

　　　　平成23年4月

　　　　　　　　　　　　　　　成　松　洋　一

凡　　例

法法…………法人税法

法令…………法人税法施行令

法規…………法人税法施行規則

所法…………所得税法

消法…………消費税法

消令…………消費税法施行令

通法…………国税通則法

徴法…………国税徴収法

措法…………租税特別措置法

措令…………租税特別措置法施行令

措規…………租税特別措置法施行規則

地法…………地方税法

法基通………法人税基本通達

所基通………所得税基本通達

消基通………消費税法基本通達

耐通…………耐用年数の適用等に関する取扱通達

税資…………税務訴訟資料（国税庁）

(注)　本書は、令和4年7月1日現在の法令・通達、情報によっています。

目　　次

はしがき

2　受取配当等の益金不算入

3 受贈益・寄附金の損益金不算入

4

4 繰越欠損金額の引継ぎ等

5 有価証券の譲渡損益の処理

6 譲渡損益調整資産の譲渡損益額の課税繰延べ

（譲渡損益調整資産の判定）

（譲渡損益調整額の戻入れ）

7 組織再編税制の特例

（合併）

（分割）

8　中小企業者に対する特例

9　評価損その他の特例

10　法人の解散をめぐる税務

11　グループ通算制度の特例

18

付　録

1　完全支配関係の判定

1—1　グループ法人税制が適用される完全支配関係の直接・間接支配の判定方法

(問)　法人税法２条12号の７の６では、完全支配関係を「一の者が法人の発行済株式等の全部を直接若しくは間接に保有する関係として政令で定める関係」（当事者間の完全支配の関係）と定義している一方、その政令である法人税法施行令４条の２第２項では「間接に保有する関係」といった言葉は出てきませんが、これはどのように理解すればよいでしょうか。

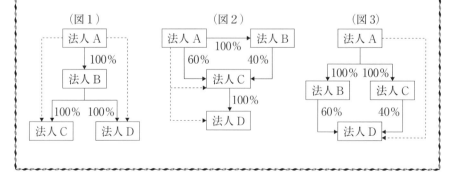

(答)

⑴　まず結論的にいえば、完全支配関係には、現象的、実態的に①直接完全支配関係、②間接完全支配関係および③法人相互の完全支配関係の三

つがあります（法法２十二の七の六、法令４の２②）。

⑵　そこで（図１）の場合、①法人Ａと法人Ｂ、法人Ｂと法人Ｃおよび法人Ｄとの関係が直接完全支配関係（親子会社関係）、②法人Ａと法人Ｃおよび法人Ｄとの関係が間接完全支配関係（親孫会社関係）、③法人Ｃと法人Ｄとの関係が当事者間の完全支配の関係がある法人相互の完全支配関係（兄弟会社関係）となり、いずれも完全支配関係があることになります。

　　法律的には、法人Ａは法人Ｃおよび法人Ｄの発行済株式等の全部を保有するものとみなされ（法令４の２②）、これを一般に「みなし直接完全支配関係」と呼んでいます。

⑶　（図２）の場合、法人Ａおよびこれとの間に直接完全支配関係がある法人Ｂが、法人Ｃの発行済株式等の全部（60％＋40％）を保有していますので、法人Ａは法人Ｃの発行済株式等の全部を保有しているものとみなされます（法令４の２②　みなし直接完全支配関係）。したがって、法人Ａと法人Ｃとの関係が直接・間接完全支配関係ということになります。

　　また、法人Ａは法人Ｄの発行済株式等の全部を保有しているものとみなされますから（法令４の２②　みなし直接完全支配関係）、法人Ａと法人Ｄとの関係が間接完全支配関係となります。

⑷　（図３）の場合、法人Ａとの間に直接完全支配関係がある法人Ｂおよび法人Ｃが、法人Ｄの発行済株式等の全部（60％＋40％）を保有していますので、法人Ａは法人Ｄの発行済株式等の全部を保有しているものとみなされます（法令４の２②　みなし直接完全支配関係）。したがって、法人Ａと法人Ｄとの関係が間接完全支配関係となります。

⑸　このように、政令（法令４の２②）には「間接に保有する関係」と

いった言葉は出てきませんが、「みなし直接完全支配関係」というみな
し規定を置くことにより、現象的、実態的に間接支配の関係を表してい
ます。そうすれば、網羅的、完結的に完全支配関係を定義することがで
きると考えられます。これは、金融商品取引法の規定（同法29の4④）
の仕方にならったものでしょう。

1—2 完全支配関係を判定する場合の株主等の範囲と適用関係

（問） グループ通算制度においては、通算親法人は普通法人と協同組合等に限られていて、清算中の法人や特定目的会社は除かれ、また、通算子法人からは普通法人以外の法人や特定目的会社等は除かれていますが、これはグループ法人税制においても同じでしょうか。

（答）

⑴ たしかに、グループ通算制度においては、通算親法人は普通法人と協同組合等に限られ、その中でも清算中の法人や特定目的会社は除かれます。また、通算子法人からは普通法人以外の法人や特定目的会社は除外されます（法法64の9、法令131の11）。このように、グループ通算制度が適用される法人には限定がついています。

　しかし、グループ法人税制の適用対象になる完全支配関係を判定する場合の「一の者」には、法人株主等と個人株主等があり、法人株主等については、法人の種類に限定はありません（法法2十二の七の六、法令4の2②）。

⑵ したがって、「一の者」である法人株主等には、国や公共法人、公益法人等、株式会社、持分会社（合名会社、合資会社、合同会社）、相互会社、協同組合等、医療法人、特定目的会社、清算中の法人、外国法人などすべての法人が該当します。完全支配関係を判定する場合の法人株主等は、法人税の納税義務者であるか否か、外国法人であるか否かは一切問いません。

⑶　一方、グループ法人税制は、国や公共法人、外国法人には適用されません（法法4②、142）。しかし、法人税の納税義務者であれば、公益法人等、株式会社、持分会社、相互会社、協同組合等、医療法人、特定目的会社、清算中の法人などすべて適用対象になります。

⑷　ただし、受贈益・寄附金の損益金不算入（法法25の2、37②）は、「法人による完全支配関係」がある法人に限られ、譲渡損益調整資産の譲渡損益の課税繰延べ（法法61の11）は、普通法人と協同組合等に限って適用される等の特例がありますから、留意を要します（国税庁法人課税課情報（平成22.8.10）「問5　グループ法人税制の適用対象法人等の比較」参照）。

1—3　株主等が名義人である場合等の完全支配関係の判定

> **(問)**　株式の保有者の名義は個人甲になっていますが、実際に株主総会に出席して発言するのは専ら個人甲の夫である乙であるような場合には、甲が保有する株式の実際の保有者は乙であるものとして完全支配関係を判定すべきでしょうか。

(答)

(1)　完全支配関係を判定する場合の「一の者」すなわち株主等は、基本的には株主名簿、社員名簿または定款に記載または記録されている者をいいます。この場合の株主等は、もちろん真実の株主等を予定しています。

　　したがって、これら記載または記録された株主等が単なる名義人である場合には、実際の権利者を株主等として完全支配関係を判定します（法基通1-3の2-1）。

(2)　一方、同族会社の判定においては、個人または法人との間でその個人または法人の意思と同一の内容の議決権を行使することに同意している場合には、その個人または法人はその議決権に係る会社の株主等であるものとみなす旨の規定があります（法令4⑥）。

(3)　しかし、完全支配関係の判定においては、このような趣旨の明文の規定はありません。したがって、質問の場合、実際に株主総会に出席して発言していることだけをもって、株式の実際の保有者は乙であるということにはならないものと考えます。

　　このような事情をも勘案しながら、名義株になった経緯や株式購入資

金の出し手、配当金の受領先、株主総会等の出席状況などを総合勘案して、真実の株主等を判定することになりましょう。

1—4　株主等が外国法人である場合の完全支配関係の判定

(問)　グループ法人の最上位の者が外国法人であり、その外国法人グループに属している内国法人についても完全支配関係が成立し、グループ法人税制が適用されることになるのでしょうか。

（図）

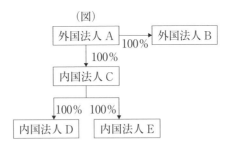

(答)

⑴　完全支配関係を判定する場合の「一の者」である法人株主等には外国法人も含まれ、外国法人が発行済株式等の100％を保有していれば、完全支配関係が成立します（（問）1—2参照）。

　　グループ通算制度にあっては、外国法人が介在していると完全支配関係にならないとされていますが（法法64の9①、法令131の11②、（問）10—1参照）、グループ法人税制は外国法人が介在していても完全支配関係は成立します。

⑵　そこで（図）の場合、法人グループの頂点に立つのは外国法人Aですが、外国法人Aと内国法人Cとの関係は直接完全支配関係（親子会社関係）、外国法人Aと内国法人Dおよび内国法人Eとの関係は間接完全支配関係（親孫会社関係）になりますから、いずれも完全支配関係がある

ことになります。

⑶　また、内国法人Ｃと内国法人Ｄおよび内国法人Ｅとの関係は直接完全
　支配関係（親子会社関係）、内国法人Ｄと内国法人Ｅとの関係は当事者
　間の完全支配の関係がある法人相互の関係（兄弟会社関係）で、いずれ
　も完全支配関係が成立します。

⑷　このように、法人グループの中に外国法人がある場合であっても、完
　全支配関係が成立することに留意する必要があります。ただし、外国法
　人にはグループ法人税制は適用されませんから（法法142）、外国法人Ａ
　または外国法人Ｂと各内国法人との間の取引や行為については、グルー
　プ法人税制の適用はありません。

1—5　一般社団法人を通じた株式の保有がある場合の完全支配関係の判定

(問)　特定目的会社（SPC）を使って事業を行う場合、事業会社とSPCとの間に、100％の基金支出をする一般社団法人（元中間法人）を入れることがありますが、SPCもグループ法人税制の適用対象になり、その事業会社とSPCとの間には完全支配関係が成立するでしょうか。

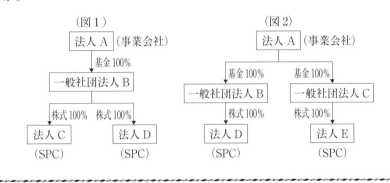

(答)

(1)　平成22年に創設されたグループ法人税制は、グループ通算制度と異なり、適用対象法人に限定はありません。したがって、特定目的会社は法的形態は株式会社や有限会社、合同会社ですから、特定目的会社もグループ法人税制の適用対象になります（(問) 1—2参照）。

(2)　完全支配関係は、一の者が「発行済株式または出資」の全部を直接または間接に保有する場合に成立します（法法2十二の七の六、法令4の2②）。つまり、完全支配関係は、株式または出資を通じて完全支配関係があるかどうかを判定するということです。仮に人的関係や取引関

係、資金関係などを通じて実質的に完全支配しているとしても（措令39の12①三参照）、そのことだけでは完全支配関係は成立しません。

⑶　そこで、一般社団法人（元中間法人）の「基金」の性格が問題となります。その「基金」は、株式や出資と異なり、株主権や社員権のような権利義務関係を有するものではなく、一種の債権・債務であると解されています。すなわち、「基金」は株式または出資には該当しません。

⑷　（図１）の場合、法人Ａと一般社団法人Ｂとの間はもちろん、法人Ａと法人Ｃおよび法人Ｄとの間には完全支配関係は成立しないものと考えます。法人Ａと一般社団法人Ｂとの間の完全支配関係が遮断されているからです。

　　ただし、一般社団法人Ｂと法人Ｃおよび法人Ｄとの間には完全支配関係が成立し、もし一般社団法人Ｂが法人税の納税義務者である場合には、グループ法人税制の適用の可能性が出てきます。

　　また、法人Ｃと法人Ｄとの間には、当事者間の完全支配の関係がある法人相互の関係（兄弟会社関係）があり、完全支配関係が成立します。

⑸　（図２）の場合、法人Ａと一般社団法人Ｂおよび一般社団法人Ｃとの間は株式または出資でなく、基金によるつながりですから、完全支配関係が遮断され、法人Ａと他の法人との間には完全支配関係は成立しないものと考えます。

　　ただし、一般社団法人Ｂと法人Ｄとの間、一般社団法人Ｃと法人Ｅとの間には、それぞれ完全支配関係が成立します。しかし、法人Ｄと法人Ｅとの間は、法人Ａが完全支配していることにならず、「一の者」すなわち株主が違いますから、法人相互の完全支配関係がなく完全支配関係は成立しません。

1―6　グループ法人間で株式の持合いがある場合の完全支配関係の判定

> **(問)**　グループ法人内で株式の持合いを行っている場合、各法人間では100％の保有関係はありませんが、外部の株主は全く存在しないといったときは、完全支配関係があると考えるべきでしょうか。
>
>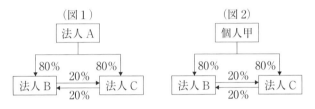

(答)

⑴　（図1）の場合、法人A、法人B、法人Cいずれの法人間においても直接、間接に100％の株式等（株式または出資）の保有関係はありませんから、法形式的には完全支配関係は成立しないものと考えられます。

⑵　ただ、完全支配関係とは、実質的に法人の発行済株式等のすべてがグループ内のいずれかの法人によって保有され、その資本関係がグループ内で完結している関係、すなわちグループ法人以外の者によって発行済株式等が保有されていない関係をいうものと解されます。

⑶　そこで（図1）の場合には、外部株主が存在せず、法人A、法人B、法人Cで発行済株式等の保有関係が完結していますので、実質的には完全支配関係があると取り扱うべきものと考えられます（国税庁・法人税質疑応答事例「資本関係がグループ内で完結している場合の保有関係について」、国税庁法人課税課情報（平成22.8.10）「問4　資本関係がグ

ループ内で完結している場合の完全支配関係」参照)。

⑷　問題は（図２）のように、個人株主を頂点として株式の持合いがある場合も、（図１）の場合と同様、完全支配関係があるかどうかです。

　　完全支配関係を判定する場合の「一の者」には法人株主等と個人株主等があります。そうしますと、（図１）と（図２）とは株主等が違うだけですから、（図１）に完全支配関係が成立するのであれば、（図２）にも完全支配関係が成立するものと考えます。

　　ただ、（図１）の場合は法人による完全支配関係、（図２）の場合は個人による完全支配関係ということになります。したがって、（図２）の場合には、受贈益・寄附金の損益金不算入（法法25の２、37②）の適用はありません（(問)　１―２、３―１参照）。

⑸　このように、完全支配関係の有無をいわば実質的に判定するとすれば、たとえば（問）　１―５（一般社団法人を通じた株式の保有がある場合の完全支配関係の判定）のような場合も完全支配関係があるとすべきではないかとも考えられます。特に、（問）　１―５の（図１）において、たとえば法人Ｃの株式を法人Ａが95％、一般社団法人Ｂが５％、それぞれ保有しているような場合です。

　　しかし、（問）　１―６が（問）　１―５と決定的に違うのは、（問）　１―６は各法人間がすべて株主権や社員権を有する株式等でつながっているという点です。この点からすれば、一般社団法人が株主となっている以上、両者を同列には論じられないでしょう。

1－7　法人が自己株式を保有する場合の完全支配関係の判定

> **(問)**　完全支配関係を判定する場合のキーワードは「発行済株式等」のようですが、この「等」には何が含まれ、自己株式も含まれるのでしょうか。

(答)

(1)　完全支配関係を判定する場合のキーワードである「発行済株式等」とは、基本的には法人の発行済株式または出資をいいます（法法２十二の七の五）。「等」は出資を意味しています。

　　このように、発行済株式等には出資が含まれますから、発行済株式の総数または出資の総額を基礎にして、完全支配関係を判定します。

　　その結果、株式会社のみならず、たとえば持分会社（合資会社、合名会社、合同会社）や協同組合等、医療法人など出資を有する法人についても、完全支配関係が成立すれば、グループ法人税制の適用対象になります。

(2)　ただし、この発行済株式等からは、当該法人が有する自己の株式または出資（自己株式等）は除かれます（法法２十二の七の五）。

　　平成18年度の税制改正により、自己株式等は資産である有価証券の範囲から除外され（法法２二十一）、その取得時には資本金等の額の減少（法令８①二十、二十一）、その譲渡時には資本金等の額の増加（法令８①一）として、それぞれ処理することとされました。

　　そのため、完全支配関係の判定のみならず、同族会社（法法２十）や留保金課税における特定同族会社（法法67②）、移転価格税制における

国外関連者（措法66の4①）、外国子会社合算税制における外国関係会社（措法66の6①）などの判定にあっても、発行済株式等から自己株式等は除外するものとされています。

1—8　その持株が発行済株式等から除かれる従業員持株会の範囲

> **（問）**　完全支配関係の判定に当たって、従業員持株会が有する株式の数が5％未満である場合には、その従業員持株会の持株数は「発行済株式等」から除くこととされていますが、その従業員持株会とは、どのようなものであってもよいのでしょうか。

（答）

⑴　完全支配関係の判定に当たって、①従業員持株会の持株と②付与されたストック・オプションによる役員等の持株の合計数が5％未満である場合には、その持株数は「発行済株式等」の数から除きます（法令4の2②）。したがって、従業員持株会とストック・オプションによる役員等の持株があれば、必ずしも「一の者」の発行済株式等の保有割合が100％でなくても、完全支配関係が成立することがあり得ます。

⑵　この場合の「従業員持株会」とは、その法人の使用人が組合員となっている、民法上の組合契約（民法667①）による所定の組合をいいます（法令4の2②一）。具体的には、民法上の組合として運営される、いわゆる証券会社方式による従業員持株会が該当します。

⑶　これに対して、人格のない社団等に該当する、いわゆる信託銀行方式による従業員持株会は、ここでいう従業員持株会には該当しません（法基通1-3の2-3、1-3の2-4、国税庁法人課税課情報（平成22.8.10）「問3　完全支配関係における5％ルール」参照）。

　　人格のない社団等は、民法上の組合と異なり（法基通14-1-1）、構成

員から独立した団体として法人とみなされ（法法3）、法人税の納税義務を負います（法法4①）。このような事情から、人格のない社団等として運営される従業員持株会は、ここでいう従業員持株会には該当しないものとされていると考えられます。

(4)　なお、このような証券会社方式や信託銀行方式以外の従業員持株会については、その法的性格、目的、会員の範囲などから、実質的に判定します。

1−9　発行済株式の中に種類株式がある場合の完全支配関係の判定

> **(問)**　グループ法人税制における完全支配関係の趣旨は、株式が持つ議決権に基づき他の法人を完全支配している点に着目したものと考えられますから、法人が議決権を有しない優先株式等の種類株式を発行している場合、発行済株式や保有株式からその種類株式は除いて完全支配関係を判定するのでしょうか。

(答)

(1)　完全支配関係とは、「一の者」が法人の発行済株式または出資の全部を直接または間接に保有する関係と定義されています（法法2十二の七の六）。

　　この場合、「発行済株式または出資」から除くのは、①自己株式および②従業員持株会の持株とストック・オプションによる役員等の持株の合計保有割合が5％未満の場合の株式のみです（法令4の2②、(問)1−8参照）。

(2)　たしかに、同族会社（法法2十、法令4）や外国子会社合算税制の特定外国子会社等（措法66の6）の判定においては、たとえば法人の組織変更や解散、役員の選任・解任、役員の報酬、剰余金の配当などの決議に係る議決権の内容に応じた取扱いを定めています。

(3)　しかしながら、完全支配関係の判定における「発行済株式または出資」には、このような明文の定めはありません。単純に株式等の種類を問わず、「発行済株式または出資」の数または金額を基礎に完全支配関

係を判定すればよいといえましょう。したがって、発行済株式の中に議決権を有しない優先株式などの種類株式があっても、その種類株式を除外する必要はないものと考えます（名古屋国税局・文書回答事例平成29．3．8「議決権のない株式を発行した場合の完全支配関係・支配関係について」参照）。

⑷　なお、会社法上、25％以上の株式の相互持合いをしている場合には議決権はないものとされています（会社法308、会社法施行規則67）。しかし、完全支配関係の判定においては、議決権のない株式等を除外する旨の規定はありませんから、このような事情を考慮する必要はないものと考えます。

1—10　個人株主等との親族関係を判定する場合の中心となる株主等の選定方法

（問）　完全支配関係の判定に当たって、株主等が個人である場合には、株主等の1人にその親族を加えて持株数を計算することになっていますが、その親族の範囲は、持株数の多い株主等を中心としてとらえるのでしょうか。

（図）

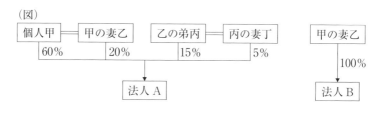

（答）

(1)　完全支配関係の判定に当たって、株主等が個人である場合には、株主等の1人およびこれと「特殊の関係のある個人」をまとめて1人とし、発行済株式等の保有割合を計算しなければなりません（法令4の2②）。

(2)　ここで「特殊の関係のある個人」とは、①株主等の親族（六親等内の血族、配偶者、三親等内の姻族）、②株主等と事実上婚姻関係と同様の事情にある者、③株主等の使用人、④株主等から受ける金銭等によって生計を維持している者、⑤②から④までの者と生計を一にするこれらの者の親族をいいます（法令4の2②、4①、法基通1-3-3、1-3-4参照）。

(3)　この場合、株主等の1人と親族関係があるかどうかの、中心となる株主等は、必ずしも発行済株式等の保有割合の大きい株主等から順に選定する必要はありません。保有割合に関係なく、親族関係の広がりの大き

い株主等から選定します（法基通1-3-5参照）。大株主を中心とした場合には、完全支配関係は成立しないが、別の株主を中心とした場合には、完全支配関係が成立し得ることがあることに留意を要します。

⑷　そこで（図）の場合には、次のようになり、甲の妻乙を中心として保有割合を計算すれば、法人Aの発行済株式等の100％を保有していることになります。

（個人甲を中心とした保有割合）

　　甲60％＋乙（配偶者）20％＋丙（姻族二親等）15％＝95％

（甲の妻乙を中心とした保有割合）

　　乙20％＋甲（配偶者）60％＋丙（血族二親等）15％＋丁（姻族二親等）5％＝100％

　この結果、法人Aと法人Bとは、当事者間の完全支配の関係がある法人相互の関係（兄弟会社関係）になり、完全支配関係が成立します。

⑸　なお、中心となる株主等を株式の保有割合に関係なく、親族関係の広がりの大きい株主等から選定するとしますと、ご質問の場合に、たとえば甲の妻乙の保有割合が1％、甲の保有割合が79％であっても、完全支配関係が成立することになります。

　理論的にはそのとおりですが、中心となる株主等の保有割合が極めて低いような場合には、実務的には名義株ではないか、という議論が生じる恐れがありますから、留意が必要です。

1—11　夫婦で医療法人と医療会社を保有する場合の完全支配関係の判定

(問)　個人甲が医療法人Aの出資金の全部を保有し、甲の妻乙が医療会社Bの発行済株式の全部を保有していますが、このように出資と株式とで保有関係がある場合においても、医療法人Aと医療会社Bとの間には完全支配関係が成立するでしょうか。

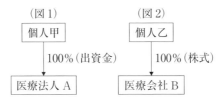

(図1)　　　　　　(図2)

個人甲　　　　　　個人乙

100%（出資金）　　100%（株式）

医療法人A　　　　医療会社B

(答)

⑴　完全支配関係は、「一の者」が法人の発行済株式または出資の全部を保有する関係をいいます（法法2十二の七の六、法令4の2②）。このように、完全支配関係は株式のほか出資によって支配している場合にも成立します。そのため、出資のある医療法人であれば、完全支配関係が成立し、グループ法人税制の適用対象になります（（問）1—2、1—7参照）。

⑵　一方、完全支配関係の判定に当たって、株主等が個人である場合には、株主等の1人およびこれと「特殊の関係のある個人」をまとめて1人とし、発行済株式等の保有割合を計算しなければなりません（法令4の2②）。この特殊の関係のある個人には、その株主等の配偶者が含まれますから、ご質問の場合の甲と乙とは「一の者」となります（（問）

1―10参照)。

⑶　そこで問題は、(図１)の医療法人Aは「出資」、(図２)の医療会社
　　Bは「株式」でそれぞれ完全支配関係が成立していますが、このように
　　支配の手段が違う場合も「一の者との間に当事者間の完全支配の関係が
　　ある法人相互の関係」になるかどうかという点です。

　　　この点、上記⑴のとおり、完全支配関係は、「株式」または「出資」
　　いずれかの保有関係により判定します。したがって、医療法人Aと医療
　　会社Bとが「一の者」により完全支配されている限り、医療法人Aと医
　　療会社Bとは兄弟会社の関係になり、完全支配関係が成立します。この
　　ように、その支配の手段が「出資」と「株式」と違うとしても、両者の
　　性格は同じですから、完全支配関係があることになります。

⑷　なお、医療法人においては、出資を有しない者も社員となることがで
　　き、その社員も出資社員と同様に一個の議決権を有します(医療法46の
　　３の３①)。この場合であっても、完全支配関係は議決権の有無ではな
　　く、あくまでも出資を有するかどうかを基礎に判定します((問)１―
　　９参照)。

1―12　個人株主の持株会社が株式を保有する場合の完全支配
　　関係の判定

> **(問)**　法人Bに対する完全支配関係の有無の判定に当たって、同族
> 会社の判定の場合と同様、個人甲の75％持株会社である法人Aが有す
> る持株について、個人甲と法人Aとはまとめて「一の者」とし、個人
> 甲の持株として取り扱うことになるのでしょうか。
>
>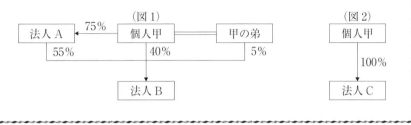

(答)

⑴　完全支配関係の判定に当たって、株主等が個人である場合には、株主
　等の１人およびこれと「特殊の関係のある個人」はまとめて「一の者」
　とし、発行済株式等の保有割合を計算します（法令４の２②）。

　　この場合の「特殊の関係のある個人」とは、①株主等の親族（六親等
　内の血族、配偶者、三親等内の姻族）、②株主等と事実上婚姻関係と同
　様の事情にある者、③株主等の使用人、④株主等から受ける金銭等に
　よって生計を維持している者、⑤②から④までの者と生計を一にするこ
　れらの者の親族をいいます（法令４の２②、４①）。

⑵　一方、同族会社に該当するかどうかの判定の場合には、上記⑴のよう
　な「特殊の関係のある個人」だけでなく、株主の一人が50％超の持株を
　有する会社の持株はその株主の持株として計算します（法法２十、法令

4②③）。

　ご質問の法人Bの同族会社の判定であれば、法人Aが有する55％の持株は個人甲が有するものとされ、個人甲は95％（40％＋55％）の持株であるということになります。法人Bは同族会社に該当します。

(3)　これに対し、完全支配関係の判定には、同族会社の判定のような取扱いはなく、個人株主の持株会社であっても、「一の者」には含まれません。「一の者」としてまとめられるのは、上記(1)の「特殊の関係のある個人」に限られます。

　したがって、個人甲は法人Bの発行済株式の45％（甲40％＋弟5％）しか保有しておらず、法人Bは完全支配関係がある法人に該当しません。その結果、法人Bと法人Cとは兄弟会社ですが、両社の間には完全支配関係は成立しないことになります。

1—13 完全支配関係を有することとなった日、有しないこととなった日の判定

> **(問)** グループ法人税制は完全支配関係の有無がポイントですが、その完全支配関係を有することとなった日または有しないこととなった日とは、株式の譲渡損益はその譲渡契約をした日に計上するのが原則になっていますから、その譲渡契約をした日になるのでしょうか。

(答)

⑴　株式の譲渡損益は、その譲渡に係る契約の成立した日に計上するのが原則です（法法61の2①、法基通2-1-22）。ただし、既に引渡し済の株式については、その株式の引渡しのあった日に計上することもできます（法基通2-1-23）。

⑵　完全支配関係とは、一方の法人が他方の法人を株主権または社員権に基づき完全支配することができる関係を意味しています。その点からすれば、完全支配関係を有することとなった日は、株式の購入に係る契約の成立した日ではなく、株主権を行使できる状態になる、株式の引渡しを受けた日ということになります（国税庁法人課税課情報（平成22.8.10）「問1　完全支配関係を有することとなった日の判定」参照）。

　会社法によれば、株券発行会社の株式の譲渡は、当該株式に係る株券を交付しなければ、その効力を生じないとされているからです（会社法128）。

⑶　具体的には、次に掲げる場合には、それぞれ次に掲げる日が完全支配関係を有することとなった日となります（法基通1-3の2-2、1-4-1）。

①　株式の購入──その株式の引渡しのあった日

②　新たな法人の設立──その法人の設立後最初の事業年度開始の日

③　合併（新設合併を除く）──合併の効力を生ずる日

④　新設合併──合併設立法人の設立登記の日

⑤　分割（新設分割を除く）──分割の効力を生ずる日

⑥　新設分割──分割設立法人の設立登記の日

⑦　現物出資──資産の移転があった日

⑧　現物分配──資産の移転があった日

⑨　株式交換──株式交換の効力を生ずる日

⑩　株式移転──完全親法人の設立の日

(4)　次に、株式会社は株券を発行しないのが普通になっていますが（会社法214、218参照）、この株券を発行していない会社の株式の引渡しのあった日とは、いつをいうのかが問題となります。

　　この点、上場株式は証券保管振替機構等において管理されており、その譲渡は、株券の引渡しに代えて、譲渡人の口座から譲受人の口座に振り替えることで行われています。そして、その譲渡の効力は、振替えの申請により譲受人の口座に譲渡された株式の記録がされたときに生じます（社債、株式等の振替に関する法律140）。

　　したがって、完全支配関係を有することとなった日は、譲渡人の口座から譲受人の口座に振り替えられ、譲受人の口座に振替えの記録がされた日となるものと考えられます。

(5)　逆に、完全支配関係を有しないこととなった日は、株主権を行使できない状態になる、株式の引渡しをした日となります。株券を発行していない会社は、口座の振り替えが記録された日ということになりましょう。

　このように、株式の取得の日や譲渡損益を計上する日と株券の引渡しをする日が異なるような場合には、完全支配関係が生じた日、生じなくなった日が違うことに留意を要します。

1―14　第三者割当増資により完全支配関係をなくすことの是非

> **(問)**　ある一族が支配する同族グループ法人において、その従業員を対象に第三者割当増資を行った結果、完全支配関係がなくなりましたが、これは意図的な完全支配関係外しであるとして、行為計算の否認規定が適用されるようなことはないでしょうか。

(答)

⑴　グループ法人間において組織再編成や資産の譲渡などを行う場合、その法人間に完全支配関係があれば、資産・負債の簿価譲渡（法法62の2～62の5）や譲渡損益の課税繰延べ（法法61の11）、受贈益の益金不算入（法法25の2）などの適用ができ、一般的には法人にとって有利な処理をすることができます。

　　そのため、実務上はいかに完全支配関係を成立させるかに腐心するような事例が多いように思われます。

⑵　しかし一方、その組織再編成や資産の譲渡などに際して譲渡損失が生じる場合には、完全支配関係があると、その譲渡損失の損金算入ができない、という事態が生じます。

　　そこで、このような事態を回避するため、得意先等に名目的に株式を保有してもらい完全支配関係を外すような、名義株を使用する事例も散見されます。名義株については、形式的な名義にかかわらず、その実質に基づき、実際の権利者が誰であるかによって、完全支配関係を判定しなければなりません（法基通1-3の2-1、(問)　1―3参照）。

(3)　ご質問の場合、その従業員を株主にしようということです。その第三者割当増資が、従業員も株主に加え、閉ざされた同族経営からの転換を図ることなどの合理的な経営目的があり、すべての従業員を募集対象にしたようなものであれば、その第三者割当増資により結果的に完全支配関係がなくなったとしても、意図的な完全支配関係外しであるとして問題になることはないものと考えます。

(4)　これに対し、その第三者割当増資が恣意的に特定の従業員のみを対象にし、意図的に完全支配関係外しを図るような場合には、行為計算の否認規定（法法132）が適用される可能性があります。

　　審判所の裁決例には、従業員一人のみを対象に行った第三者割当増資に伴って、完全支配関係がなくなった関連法人に対し譲渡損益調整資産を譲渡し、その譲渡損失額を損金算入したことの当否が争われたものがあります（審判所裁決例・平成28.1.6非公表）。

(5)　その裁決例では、①請求人の事業規模に照らして資金調達等の経済的効果はないに等しいと評価できること、②その発行条件等（発行価額、取得条項）は譲渡損益調整資産を譲渡した場合の課税の特例（法法61の11）の適用を免れる観点から定められたものと認められること、③経済的合理性の観点から財産状況や経営状態等を具体的に勘案した形跡はうかがわれないこと、④募集事項の立案検討に関与した従業員一人のみに株式が発行され、同人以外の従業員には募集の周知すらしていないことなどの事実認定をし、その第三者割当増資は、経済的、実質的見地において純粋経済人として不合理、不自然な行為である、と断じています。

　　その結果、完全支配関係をないものとすることにより本来繰り延べられるべき譲渡損失額を損金算入したことは、法人税の負担を不当に減少させるものである、として課税庁の処分を支持しました。

⑹　単なる名義株の利用と異なり、第三者割当増資という法的手続をとっ
　　たとしても、それに経営的、経済的な合理性がなければ、問題とされる
　　可能性があることに十分な留意が必要です。

1―15　出資関係図に完全支配関係外国法人で内国法人である子会社を有しないものの記載の要否

> **(問)**　内国法人が完全支配関係がある法人を有する場合には、法人税の確定申告書に完全支配関係がある法人との関係を系統的に示した図（出資関係図）を添付しなければなりませんが、この出資関係図には、完全支配関係がある外国法人も記載すべきでしょうか。
>
> 　その場合、その外国法人が内国法人である子会社を有しない場合にも、その外国法人を記載すべきでしょうか。

(答)

⑴　ご質問のとおり、内国法人が完全支配関係がある法人を有する場合には、法人税の確定申告書に、「内国法人との間に完全支配関係がある法人との関係を系統的に示した図」（出資関係図）を添付しなければなりません（法法74③、法規35四）。その事業年度において実際に完全支配関係法人との間で取引や行為がない場合であっても、その添付を要します。

　完全支配関係は外国法人との間にも成立しますし（（問）1―4参照）、この出資関係図の「完全支配関係がある法人」の範囲から外国法人は除く旨の定めはありません。したがって、出資関係図には完全支配関係がある外国法人も記載すべきことになります（国税庁法人課税課情報（平成22.10.6）「問1　完全支配関係を系統的に示す図」参照）。

⑵　その場合、完全支配関係がある外国法人が内国法人である子会社を有していないときは、そもそも外国法人にはグループ法人税制の適用はあ

りませんから（法法142）、出資関係図に外国法人を記載する実益はない
のではないか、ということになります。

　しかし、出資関係図の確定申告書への添付は、全世界的に完全支配関
係がある法人の出資関係を明らかにする趣旨であると考えられます。ま
た、出資関係図の記載から外国法人は除く旨の定めがない以上、内国法
人である子会社を有していない外国法人も記載すべきものと考えます。

2　受取配当等の益金不算入

2−1　受取配当等の益金不算入における完全支配関係がある場合の株式区分の判定方法

> **(問)**　受取配当等の益金不算入額は、完全子法人株式等、関連法人株式等、非支配目的株式等およびその他株式等の株式区分に応じて定められていますが、令和4年4月1日からのグループ通算制度の適用に伴って、その株式区分の判定方法に変更があったのでしょうか。

(答)

⑴　受取配当等の益金不算入額は、法人が保有する次の株式の区分に応じて、それぞれ次の金額です（法法23①）。

　イ　完全子法人株式等の配当等——受取配当等の額の全額

　ロ　関連法人株式等の配当等——（受取配当等の額－利子相当額）

　ハ　非支配目的株式等の配当等——受取配当等の額×20％

　ニ　その他株式等の配当等——受取配当等の額×50％

⑵　ここで「完全子法人株式等」とは、その配当等の額の計算期間を通じて、完全支配関係があった法人の株式等をいいます（法法23⑤、法令22の2）。これは、従来どおりで変更はありません。

　　次に、「関連法人株式等」とは、法人が3分の1超の保有割合を有す

る株式等で、その配当等の額の支払基準日以前6月間以上引き続いて有しているものをいいます（法法23④、法令22）。

更に、「非支配目的株式等」とは、法人がその配当等の額の支払基準日において5％以下の保有割合を有する株式等（完全子法人株式等を除く。）をいいます（法法23⑥、法令22の3）。

「その他株式等」は、「完全子法人株式等」、「関連法人株式等」および「非支配目的株式等」のいずれにも該当しない株式等です（法法23①）。

(3)　上記「関連法人株式等」および「非支配目的株式等」における「法人」には、その法人との間に完全支配関係がある他の法人を含みます（法法23④⑥）。これは、「関連法人株式等」または「非支配目的株式等」に該当するかどうかは、完全支配関係がある法人グループ全体の保有割合によって判定するということです。企業グループ内に各法人で株式を分散保有していることなどに対処する趣旨によります。

この取扱いは、令和4年4月1日からのグループ通算制度の適用開始に伴って変更されるものです。しかし、これはグループ通算法人のみならず、グループ通算法人以外の単体納税法人にも適用される点に留意を要します。

(4)　なお、上記(1)ロのとおり、関連法人株式等の配当等にあっては、その受取配当等の額から配当等の額に係る利子相当額を控除した金額が、益金不算入額となります（法法23①）。

従来、この利子相当額は、当期の支払利子の総額を総資産按分等の方法により計算することとされていました（旧法令21、22）。この点、令和4年4月1日以後開始する事業年度から、その利子相当額は、関連法人株式等の配当等の額の4％相当額（当期の支払利子額の10％相当額を上限）とします（法令19）。負債利子控除が形式的、簡便な方法になっ

　たといえましょう。

2－2　完全子法人株式等の配当に該当するかどうかの判定

> **(問)**　親会社が完全支配関係がある子会社から100万円の配当金を受け取りましたが、その子会社株式は、その配当の計算期間（令和３.４.１～令和４.３.31）の中途である令和３年11月１日に第三者から取得したものですから、完全子法人株式等には該当しないものと考えています。
>
> 　そうしますと、その子会社株式は、子会社の発行済株式の総数の３分の１超は有していますから、関連法人株式等に該当することになるのでしょうか。

(答)

(1)　受取配当等の益金不算入における「完全子法人株式等」とは、配当等の計算期間中継続して完全支配関係があった法人の株式等をいいます。ここに「配当等の計算期間」とは、前回の配当等の基準日の翌日から今回の配当等の基準日までの期間をいいます（法法23⑤、法令22の２）。

　　また、「関連法人株式等」とは、法人の発行済株式等の３分の１超を有する株式等で、その配当等の基準日前６月間引き続き有しているものをいいます（法法23④、法令22）。

(2)　さらに、「非支配目的株式等」とは、法人の発行済株式等の５％以下を有する株式等で、その配当等の基準日において有するものをいいます（法法23⑥、法令22の３）。

　　そして、上記「完全子法人株式等」、「関連法人株式等」および「非支配目的株式等」のいずれにも該当しない株式等が「その他の株式等」で

38

す（法法23①）。

⑶　ご質問の子会社株式は、期末には子会社の発行済株式の３分の１超を
有するとしても、その配当等の基準日前６月間引き続き有していません
から、「関連法人株式等」には該当しません。

　　また、子会社の発行済株式のすべてを有していますから、「非支配目
的株式等」にも該当しません。

　　その結果、ご質問の子会社株式は「その他の株式等」に該当すること
になり、その受取配当の益金不算入額は、その受取配当の額の50％相当
額ですから（法法23①）、次により計算されます。

　　100万円×50％＝50万円

　　そこで、会計上、税務上の処理は、次のようになります。

　　　現金預金　　795,800　／　受取配当金　　1,000,000
　　　租税公課　　204,200

（別表四）

	区　　　　分		総　　額	留　　保	社外流出
減算	受取配当等の益金不算入額	14	500,000		500,000

(注)　租税公課204,200円は20.42％の割合で源泉徴収される所得税等であり、所得税額
控除の適用ができます（法法68）。

（別表五㈠）　処理なし

2-3　配当等の計算期間の中途で完全支配関係が生じた場合の完全子法人株式等の判定

（問）　完全支配関係がある法人Cが法人Bから配当金を受け取りましたが、法人Cと法人Bとの間に完全支配関係が生じたのはその配当の計算期間の中途であった場合には、常に完全子法人等からの配当等に該当せず、その配当金については利子相当額の控除をしなければならないでしょうか。

（図）

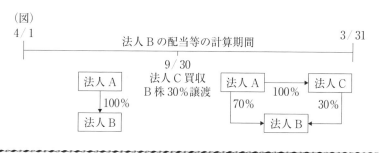

（答）

⑴　完全子法人株式等の配当等については、利子相当額の控除は要せず、その全額を益金不算入とすることができます（法法23①⑤）。その「完全子法人株式等」とは、配当等の計算期間（前回の配当等の基準日の翌日から今回の配当等の基準日までの期間）中、継続して完全支配関係があった法人の株式等をいいます（法法23⑤、法令22の2、（問）2-1参照）。

⑵　したがって、配当等の計算期間の中途で完全支配関係が生じた場合には、原則として完全子法人株式等には該当しません（法令22の2①）。完全子法人株式等に該当しないとすれば、「関連法人株式等」として、

利子相当額の控除を行い、益金不算入額の計算をする必要があるのではないか、という疑問が出てきます。

(3)　しかし、法人が配当等の計算期間の中途において配当等を支払う法人との間に完全支配関係を有することとなった場合においても、その計算期間の初日からその完全支配関係を有することとなった日まで継続してその配当等を支払う法人と他の者との間に当該他の者による完全支配関係があり、かつ、同日からその計算期間の末日まで継続してその法人と当該他の者および配当等を支払う法人と当該他の者との間に当該他の者による完全支配関係があったときは、完全子法人株式等に該当します（法令22の2①かっこ書）。

(4)　そこで（図）の場合、法人Cと法人Bとの間に完全支配関係が生じたのは、法人Bの配当等の計算期間の中途（9月30日）です。しかし、その計算期間の初日（4月1日）から法人Bと法人Cとの間に完全支配関係が生じた日（9月30日）まで継続して法人Bと法人Aとの間に法人Aによる完全支配関係があり、かつ、同日（9月30日）からその計算期間の末日（3月31日）まで継続して法人Cと法人Aとの間および法人Bと法人Aとの間に法人Aによる完全支配関係があった場合には、法人Bの株式は完全子法人株式等に該当します（法令22の2①かっこ書）。

　したがって、法人Aと法人Cが法人Bから受け取る配当については利子相当額の控除を要せず、その受取配当の全額を益金不算入とすることができます。

　このように、完全子法人株式等は、必ずしもその配当等の計算期間中、直接的に完全支配関係があったものに限られないことに留意を要します。

2-4　株式の全部を保有していないグループ法人からの配当の利子相当額の控除の要否

(問)　法人Aは、その発行済株式の60％を保有している法人Cから配当を受けましたが、法人Aと法人Cとが同一の完全支配関係があるグループに属している場合には、直接100％の株式を保有していないとしても、完全子法人株式等からの配当として、利子相当額の控除は要しないと考えてよいでしょうか。

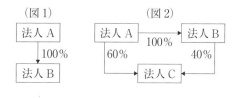

(答)

⑴　「完全子法人株式等」とは、配当等の計算期間（前回の配当等の基準日の翌日から今回の配当等の基準日までの期間）中継続して完全支配関係があった法人の株式等（法法23⑤、法令22の2）をいい、その配当等については利子相当額の控除は要しません（法法23①④、（問）2-1参照）。

⑵　株式等の全部を直接または間接に保有していない法人からの配当等であっても、その配当等の計算期間中継続して、配当を受ける法人と配当を行う法人とが同一の完全支配関係グループに属している場合には、株式等の保有割合にかかわらず、完全子法人株式等からの配当等に該当し、利子相当額の控除は要しません（法基通3-1-9）。その受け取る配当

等の全額を益金不算入とすることができます。

⑶　そこで、（図１）の法人Ａが法人Ｂから受ける配当等が完全子法人株式等の配当等の典型例です。その完全支配関係が法人Ｂの配当等の計算期間中継続していれば、利子相当額の控除は不要になります。

　　また、（図２）の法人Ａが法人Ｂから受ける配当等についても、その完全支配関係が法人Ｂの配当等の計算期間中継続していれば、同じ取扱いになります。

⑷　これに対し、（図２）の法人Ｃとの関係の場合には、法人Ａと法人Ｂとは、いずれも法人Ｃの発行済株式等の全部は直接保有していません。しかし、法人Ａ、法人Ｂ、法人Ｃの間には完全支配関係がありますから、法人Ａと法人Ｂが法人Ｃから受ける配当等にあっても、その完全支配関係が法人Ｃの配当等の計算期間中継続していれば、完全子法人株式等の配当等に該当し、利子相当額の控除は要しません。

⑸　このように、完全子法人株式等は、必ずしも配当等を行う法人の発行済株式等の全部を直接保有している必要はないことに留意を要します。完全子法人株式等は完全支配関係があった法人の株式等とだけ定義され、その完全支配関係は100％の持株関係がなくても成立することがあるからです（（問）　１─１　（図２）参照）。

2−5　自己株式の譲渡につきみなし配当の益金不算入と譲渡損の損金算入の可否

> **（問）**　当社は、個人甲からＡ社株式１万株（１株当たりの取得価額
> 1,000円、資本金等の額500円）の譲渡を受け、その後そのＡ社株式を
> Ａ社に自己株式として譲渡（１株当たりの譲渡価額1,100円）しまし
> たが、その際に生じたみなし配当は益金不算入の適用を受け、譲渡損
> は損金算入をしてよいでしょうか。

（答）

⑴　法人が保有する株式をその発行法人に自己株式として譲渡した場合
（公開市場での譲渡等を除く。）には、税務上みなし配当が生じます（法
法24①五、法令23③）。そのみなし配当は、次の算式により計算され、
原則として受取配当等の益金不算入の適用を受けることができます（法
法23①）。

　　（１株当たり譲渡価額1,100円−資本金等の額500円）×譲渡株数１万株
　　＝600万円

⑵　一方、自己株式の譲渡も、株主にとっては株式の譲渡に他なりませ
ん。そこで、その譲渡損益は、次の算式によって計算し、原則として譲
渡契約をした日に計上します（法法61の２①、法基通2-1-22）。

　　｛（１株当たり譲渡価額1,100円−みなし配当の額600円）−取得価額
　　1,000円｝×譲渡株数１万株＝△500万円

　　このように、保有株式をその発行会社に自己株式として譲渡した場合
には、原則として、みなし配当の益金不算入、譲渡損益の益金または損

金への算入をすることができます。

⑶　ただし、平成22年度の税制改正により、自己株式として取得されることが予定されて取得した自己株式から生じるみなし配当（法法61の2⑰の適用がある場合のみなし配当を除く。）については、受取配当等の益金不算入の適用はできないこととされました（法法23③、23の2②）。

　　この場合の「自己株式として取得されることが予定されて取得した自己株式」には、たとえば上場会社等が自己株式の公開買付けを行っている期間中に取得した株式が該当します（法基通3-1-8、3-3-4）。

　　ご質問のような場合も、A社に自己株式として譲渡することを前提に個人甲からA社株式を取得し、日を置かずしてA社に譲渡したとしたら、そのみなし配当については益金不算入の適用はできないということになりましょう。

⑷　なお、完全支配関係がある会社の株式をその発行会社に譲渡した場合には、その譲渡価額は帳簿価額相当額とされ、譲渡損益の計上はできません（法法61の2⑰、（問）5－1、5－2参照）。

2—6　受贈益の益金不算入の適用を受けた支払利息の利子相当額の控除の要否

> **(問)**　子会社が完全支配関係がある親会社から合理的な理由なく無利息融資を受けた場合、本来支払うべき利息については、受贈益の益金不算入の適用があると思いますが、子会社における受取配当等の益金不算入額の計算上、この利息は支払利子に含め、利子相当額の控除の対象にする必要があるでしょうか。

(答)

(1)　法人による完全支配関係がある法人間における、贈与を受けた法人は受贈益の益金不算入（法法25の２）、贈与を行った法人は寄附金の全額損金不算入（法法37②）の特例は、金銭の無利息貸付けや役務の無償提供などの経済的利益の供与による受贈益や寄附金についても適用があります（法基通4-2-6、（問）３—15参照）。

(2)　一方、受取配当等の益金不算入を適用する場合、「関連法人株式等」からの配当にあっては、その受けた配当の額から利子相当額を控除した金額が益金不算入額になります（法法23①）。この場合の「利子相当額」は、受取配当の額の４％相当額とするのが原則です（法令19①）。

　　ただし、当期の支払利子等の合計額の10％相当額が上限となります（法令19②）。すなわち、支払利子等の10％相当額が受取配当の４％相当額以下であるときは、支払利子等の10％相当額が、受取配当の額から控除する利子相当額になります。この場合の「支払利子等」とは、法人が支払う負債の利子、手形の割引料、金銭債権の償還差損益その他経済的

な性質が利子に準ずるものをいいます（法令19②③、法基通3-1-3～3-1-3の7）。

これは、受取配当は益金不算入、その配当を得るための支払利子等は損益算入という、いわば二重の特典を控除するための措置です。ただ、利子相当額の控除は、「関連法人株式等」からの配当に限って適用されることに留意を要します。

(3) この場合の「支払利子等」には、完全支配関係親会社からの借入金に対して支払う利息も当然に含まれます。

この点、従来は親会社からの無利息融資で利息を支払わない場合には、観念的に支払利息と受贈益とが両建てされることから、特に子会社ではなんらの経理処理をしないのが普通であったといえましょう。それで不都合はなかったため、本来支払うべき利息相当額を支払利子等に含めず、利子相当額の控除の対象にしていない事例もあったものと考えられます。

それはそれで、親会社から無利息融資を受けるのは、子会社の業績不振等による場合が多いでしょうから、そもそも利息自体が発生しないとみる余地があったといえます（法基通9-4-2参照）。

(4) しかし、今後は特に、本来支払うべき利息について子会社において受贈益の益金不算入の適用を受けるとすれば、支払利息を認識したことになります。したがって、受贈益の益金不算入の適用を受ける、本来支払うべき利息相当額については、支払利子等に含め、利子相当額の控除の対象にすべきものと考えます。

2—7　完全子法人株式等の受取配当に係る所得税額控除における期間按分の要否

> **(問)**　完全子法人株式等から受ける配当については、利子相当額の控除を要せず、その全額を益金不算入とすることができますが、その配当に課される源泉所得税等の所得税額控除に当たり、所有期間按分をせず、その所得税額等の全額を控除することができますか。

（答）

⑴　ご質問のとおり、完全子法人株式等から受ける配当については、利子相当額の控除を要せず、その全額を益金不算入とすることができます（法法23①⑤、（問）2—1参照）。

　　その「完全子法人株式等」とは、原則として配当等の計算期間中、継続して完全支配関係があった法人の株式等をいいます。ただし、配当等の計算期間の中途で完全支配関係を有することとなった場合であっても、その株式等の譲渡を行った法人と配当を行う法人との間に完全支配関係があったようなときは、完全子法人株式等に該当することがあります（法法23⑤、法令22の2①かっこ書、（問）2—3参照）。

⑵　一方、配当の支払を受ける際、源泉徴収される所得税額等は、納付すべき法人税額から控除することができます。しかし、配当に係る所得税額等については、その株式等の配当の計算期間中における所有期間に対応する所得税額等だけしか控除ができず、いわゆる所有期間按分を要します（法法68、法令140の2①〜③）。

　　その所得税額控除に当たって、完全子法人株式等から受ける配当に係

る所得税額等について、所有期間按分を要しないという定めはありません。

　完全子法人株式等に係る配当につき利子相当額の控除をせず、全額益金不算入をすることができることと、その配当に課される所得税額等の控除とは、別次元の問題であるといえましょう。

(3)　したがって、完全子法人株式等から受ける配当に課される所得税額等であっても、所有期間按分を要します。上記(1)のように、その完全子法人株式等がその配当の計算期間の途中で取得したものであれば、所有期間按分が必要です。

　その完全子法人株式等がその配当の計算期間中、同一法人により継続して完全支配関係があったものでなければ、その所得税額等の全額が控除できることにはなりません。

2 — 8　外国子会社から受けた本店所在地国で損金算入される配当等の益金不算入の可否

> **(問)**　外国子会社から受ける配当等のうち、その外国子会社の本店所在地国で損金算入されるものは、益金不算入の適用はできませんが、この「外国子会社の本店所在地国で損金算入される配当等」には、資本や純資産残高の一定割合相当額について利息として損金算入される制度による損金算入額が含まれるでしょうか。

(答)

(1)　平成21年度の税制改正により、法人が外国子会社（発行済株式等の25％以上を剰余金の配当等の額の支払義務が確定する日以前6月以上継続保有している外国法人）から受ける剰余金の配当等については、その剰余金の配当等の額の95％相当額が益金不算入とされました（法法23の2、法令22の4）。

　　これは、外国子会社の留保資金の国内親会社への還流と国際的二重課税の排除を図る趣旨によるものです。

(2)　一方、平成27年度の税制改正により、外国子会社から受ける剰余金の配当等で、その剰余金の配当等の額の全部または一部がその外国子会社の本店所在地国で損金算入することとされているものは、全額益金不算入の対象外とされました（法法23の2②一、「原則法」）。

　　これは、ＢＥＰＳ（税源浸食と利益移転）対応の国際的二重非課税を排除する観点からの改正です。

　　ただし、その剰余金の配当等の額の一部が損金算入することとされて

いるときは、次の算式により計算した金額（損金算入対応受取配当等の額）を、益金不算入の対象外とする「実額法」の適用ができます（法法23の2③、法令22の4④）。

$$\text{外国子会社からの配当等の額} \times \frac{\text{分母の配当等のうち外国子会社で損金算入された額}}{\text{外国子会社の剰余金の配当等の支払総額}}$$

(3) ご質問のような、資本や純資産残高の一定割合相当額について、実際の支払の有無にかかわらず、利息として損金算入される制度（いわゆる資本利子控除制度）は、実際の配当の支払との間に必ずしも対応関係があるものではありません。したがって、その資本利子控除制度の適用を受けたことのみをもって「損金算入される配当等」に該当するとはいえないものと考えます。

(4) なお、外国子会社から受ける剰余金の配当等の額の一部がその外国子会社の本店所在地国で損金算入とされているため、上記「実額法」の適用を受けた場合には、益金不算入額の計算上、その剰余金の配当等の額から控除する5％相当額は、損金算入対応受取配当等の額を控除した残額の5％相当額となります（法基通3-3-5）。

3　受贈益・寄附金の損益金不算入

3—1　受贈益と寄附金の課税特例が適用される「法人による完全支配関係」の意義

(問)　完全支配関係がある法人間で行われる取引によって生じる受贈益の益金不算入、寄附金の全額損金不算入は、「法人による完全支配関係」がある場合に限って適用されますが、その「法人による完全支配関係」とは、どのような状態のことをいうのでしょうか。

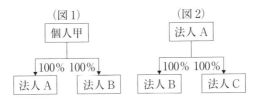

(答)

(1)　完全支配関係がある法人間の贈与・寄附については、資産や役務の時価を基準として（法法22②、22の2④）、贈与を受けた法人はその受贈益を益金不算入とし（法法25の2）、一方、贈与を行った法人はその寄附金は全額損金不算入（法法37②）の処理をします。

　　この受贈益の益金不算入および寄附金の全額損金不算入の特例は、「法人による完全支配関係」がある場合に限って適用されます（法法25

の２①、37②、国税庁法人課税課情報（平成22．8．10）「問５　グルー
プ法人税制の適用対象法人等の比較」参照）。

　このことから、株主等には法人と個人とがありますから、完全支配関
係には、「法人による完全支配関係」と「個人による完全支配関係」と
の二つがあることがわかります。

⑵　そこで（図１）の場合、法人Ａと法人Ｂとの関係は、個人（甲）が法
人Ａと法人Ｂ両社を支配していますから、個人（甲）による完全支配関
係です。したがって、法人Ａと法人Ｂとには受贈益の益金不算入・寄附
金の全額損金不算入の特例の適用はありません。

　このように、「個人による完全支配関係」がある場合に、受贈益の益
金不算入・寄附金の全額損金不算入の特例の適用がないとしているの
は、次のような理由によります。すなわち、その特例の適用を認める
と、一族が支配する兄弟会社等の間で資産を無償で贈与することによ
り、容易に無税で資産の贈与ができ、贈与税や相続税の回避に利用され
る恐れがあるからです。

⑶　これに対して（図２）の場合、法人Ａ、法人Ｂおよび法人Ｃとの関係
は、法人（Ａ）が法人Ｂと法人Ｃ両社を完全支配していますから、法人
（Ａ）による完全支配関係です。したがって、法人Ａ、法人Ｂおよび法
人Ｃとには受贈益の益金不算入・寄附金の全額損金不算入の特例の適用
があります。これが「法人による完全支配関係」の典型例といえましょ
う。

3－2　個人と法人による完全支配関係が併存する場合の課税特例の適用の有無

(問)　完全支配関係がある法人間における受贈益の益金不算入、寄附金の全額損金不算入の特例は、「法人による完全支配関係」がある場合に限って適用されますから、「個人による完全支配関係」と「法人による完全支配関係」の両方がある場合には、適用されないと解されますがどうでしょうか。

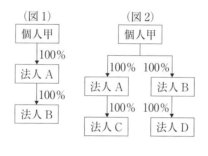

(答)

⑴　たしかに、完全支配関係がある法人間における受贈益の益金不算入、寄附金の全額損金不算入の特例は、法文上、「内国法人が各事業年度において当該内国法人との間に完全支配関係（法人による完全支配関係に限る。）」がある場合に適用する、と規定されています（法法25の2①、37②）。

⑵　そこで（図1）の場合、法人Aと法人Bとの関係は、個人（甲）による完全支配関係と法人（A）による完全支配関係との両方が存在していることになります。そこで、法文上「法人による完全支配関係に限る。」

と規定されている以上、「個人による完全支配関係」と「法人による完全支配関係」とが併存している場合には、法人による完全支配関係に限られていないのではないか。したがって、これらの特例の適用はないのではないか、という疑問がわきます。

　しかし、この場合であっても、法人Aと法人Bとの間には、法人（A）による完全支配関係があることは事実です。したがって、受贈益の益金不算入・寄附金の全額損金不算入の特例の適用があると解されています（法基通9-4-2の5）。この場合には、これらの特例の適用があるとしても、贈与税や相続税の課税上、弊害があるとはいえません。

⑶　（図2）の場合、法人Aと法人C、法人Bと法人Dとの関係は、法人（A・B）による完全支配関係です。したがって、受贈益の益金不算入・寄附金の全額損金不算入の特例の適用があります。

　一方、法人Aおよび法人Cと法人Bおよび法人Dとの関係は、個人（甲）による完全支配関係です。すなわち、個人（甲）による当事者間の完全支配の関係がある法人相互の関係ということになります。したがって、たとえば法人Aと法人B、法人Cと法人Dとの間の取引については、受贈益の益金不算入・寄附金の全額損金不算入の特例の適用はありません。

3－3　米国LLCが株主である場合の法人による完全支配関係の判定

（問）　居住者である個人甲が米国にLLCを設立し、その米国LLCが内国法人Aと内国法人Bの株式を保有していますが、その米国LLCがパス・スルー課税を選択している場合には、個人甲による完全支配関係となり、内国法人Aと内国法人Bとには、受贈益と寄附金の課税の特例は適用されないと考えてよいでしょうか。

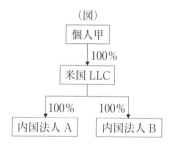

（図）

（答）

⑴　米国LLCに対して、わが国の課税上、いわゆるパス・スルー課税が認められるとすれば、内国法人Aと内国法人Bの株式を保有しているのは、米国LLCではなく、個人甲であることになります（法基通14-1-1、14-1-2参照）。そうしますと、内国法人Aと内国法人Bとの間の完全支配関係は、個人（甲）による完全支配関係のみですから、受贈益の益金不算入・寄附金の全額損金不算入の特例の適用はありません。

⑵　そこで、米国LLCの法的性格が問題になります。「米国LLC」は、米国各州の法令によって設立され、独立した法的主体とされています。そ

して、司法上、行政上の当事者や動産、不動産の所有者等になることが
できます。ただ、米国の課税上は、LLC自体に課税せず、その構成員に
課税するパス・スルー課税を選択することが認められています。

　このように、米国LLCは法的主体性を有し、権利・義務の当事者にな
れるという点からみて、わが国の課税上は、外国法人であると解されて
います（審判所裁決・平成13.2.26・裁決事例集No.61.102頁、さいた
ま地判・平成19.5.16・訟務月報54巻10号2537頁、東京高判・平成
19.10.10、国税庁・法人税質疑応答事例「米国LLCに係る税務上の取扱
い」）。米国でパス・スルー課税の選択が認められていても、それは米国
の租税政策の問題に過ぎないということでしょう。

⑶　したがって、ご質問の米国LLCがパス・スルー課税を選択している場
合であっても、わが国の課税上は外国法人に該当します。外国法人であ
れば、パス・スルー課税の適用はなく、内国法人Aと内国法人Bの株式
を個人甲が直接保有しているとみることはできません。

　その結果、内国法人Aと内国法人Bとの間の完全支配関係は、法人
（米国LLC）による完全支配関係と個人（甲）による完全支配関係が併
存しているということになりますから、受贈益の益金不算入・寄附金の
全額損金不算入の特例が適用されます（法基通9-4-2の5、（問）3—2
参照）。この場合、法人による完全支配関係は、その法人が外国法人で
あっても成立します。

3—4　債権放棄と株式譲渡を同時に行う場合の寄附金と受贈益の課税特例の適用時期

> **(問)**　債務超過の状態にある完全支配関係がある子会社を手放すことになり、その子会社に対する貸付金を債権放棄した後、子会社株式を第三者に譲渡します。
>
> 　その場合、債権放棄を午前中に、株式譲渡を午後に行う予定ですが、寄附金と受贈益の課税の特例の適用があるでしょうか。

(答)

(1)　法人による完全支配関係がある法人間における受贈益の益金不算入、寄附金の全額損金不算入の特例は、「完全支配関係がある他の内国法人から受けた受贈益」、「完全支配関係がある他の内国法人に対して支出した寄附金」について適用があります（法法25の2①、法法37②）。

　この場合の完全支配関係の有無についての判定時期に関して、明文の定めはありません。

(2)　そこで、寄附金と受贈益の課税特例の適用時期が問題になります。この点、上記法令の規定ぶりや会社の取引はその取引時に会計処理すべきことからすれば、完全支配関係がある時点で生じた受贈益と寄附金について、その課税特例が適用されるものと考えます。

　そうしますと、ご質問の場合、午前中の債権放棄の時点では、まだ子会社との間には完全支配関係があることになります。したがって、理論的には、寄附金と受贈益の課税特例の適用があるものと考えます。

(3)　ただ、例えば、有価証券の譲渡損益は「その譲渡に係る契約をした

日」に計上すべきことになっているように（法法61の2①）、法人税では取引を「時間」ではなく「日」でとらえています。そのことからすれば、債権放棄と株式譲渡が同日であると、その日末には完全支配関係はなかったのではないか、という疑義が呈される可能性があります。

　また、午前中に債権放棄をし、午後に株式譲渡を行ったことを、いかに証明するかという問題もあります。

　したがって、実務的には債権放棄と株式譲渡は別の日に行うのがよいでしょう。

3－5　親会社から完全支配関係子会社へ資産の贈与があった場合の親子会社の処理

(問)　法人による完全支配関係がある親会社がその子会社に対して、資産（時価1,000万円、簿価500万円）を無償で譲渡し、親会社は簿価500万円で譲渡損失を計上する一方、子会社は何ら会計処理をしていない場合、税務上、親会社と子会社は、それぞれのような処理をすればよいでしょうか。

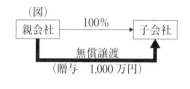

（図）
親会社 ——100%—→ 子会社
無償譲渡
（贈与　1,000 万円）

(答)

⑴　会計上は資産を時価で譲渡があったと観念せず、次のように処理したということでしょう。

　　（親会社）　譲渡損失　　500万円　／　資産　　500万円

　　（子会社）　処理なし

⑵　これに対し、税務上は法人による完全支配関係がある法人間の贈与・寄附については、資産の時価を基準として（法法22②、22の2④）、贈与を受けた子会社は受贈益の益金不算入（法法25の2）、贈与を行った親会社は寄附金の全額損金不算入（法法37②）の処理をする必要があります。

　　この場合、子会社において益金不算入となる受贈益は、利益積立金額

60

に含まれます（法令9①一ニ）。一方、親会社は、保有する子会社株式の帳簿価額を増額する、いわゆる「簿価修正」が必要です（法令9七、119の3⑨、119の4①）。この簿価修正の趣旨は、グループ法人間の贈与・寄附については課税関係が生じないため、これを利用した株式の価値の移転が容易になり、子会社株式の譲渡損を創出する租税回避を防止するというものです。

　ご質問の子会社においては、時価1,000万円の資産を無償で譲り受ければ、それだけ純資産価額が増加し、ひいては子会社株式の価値はそれだけ上がると観念されますから、子会社株式の簿価を修正します。

(3)　その結果、**親会社の税務上の処理**は次のとおりになります。

```
寄附金        1,000万円  ／  資  産        500万円
                            譲渡益        500万円
子会社株式    1,000万円  ／  利益積立金額  1,000万円
```

（別表四）

区　　　分			総　額	留　　保	社外流出
加算	譲渡損失の損金不算入額	10	5,000,000		5,000,000
	譲渡益の益金算入額		5,000,000		5,000,000
減算	寄附金の損金算入額	21	10,000,000		10,000,000
寄附金の損金不算入額		27	10,000,000		10,000,000

㊟　「加算10」、「加算　」および「減算21」は、課税所得の計算に影響がありませんから、強いて記載しなくて差し支えありません。

(別表五(一))

Ⅰ　利益積立金額の計算に関する明細書

区　　　　分		期首積立金	当期の減	当期の増	期末積立金
子会社株式	3			10,000,000	10,000,000
	4				

(注)　申告書別表五(一)は、別表四の記載に関係なく記載されますから、別表四と別表五(一)の記載の検算式（期首現在利益積立金額合計「31」①＋別表四留保所得金額又は欠損金額「48」－中間分、確定分法人税・地方法人税、県市民税の合計額＝差引翌期首現在利益積立金額合計「31」④）は、その金額だけ不一致になります。

(4)　一方、**子会社の税務上の処理**は次のとおりです。

資　産　　1,000万円　／　受贈益　　1,000万円

(別表四)

区　　　　分			総　　額	留　　保	社外流出
加算	受贈益の益金算入額	10	10,000,000	10,000,000	
減算	受贈益の益金不算入額	16	10,000,000		10,000,000

(注)「受贈益の益金不算入額16」を「社外流出」処分とすることにより、受贈益が利益積立金額に含まれることを表しています（法令９①一ニ）。

(別表五(一))

Ⅰ　利益積立金額の計算に関する明細書

区　　　　分		期首積立金	当期の減	当期の増	期末積立金
資　　産	3			10,000,000	10,000,000
	4				

(5)　なお、法人が贈与により取得した減価償却資産の取得価額の全部を資産に計上しなかった場合においても、その資産を事業の用に供した事業

年度の確定申告書または修正申告書（更正決定があることを予知して提出された期限後申告書および修正申告書を除く。）に添付する減価償却に関する明細書に所定の金額を記載し申告調整をすれば、その記載した金額は、償却費として損金経理をした金額に該当するものとして取り扱われます（法基通7-5-2）。

3－6　子会社から完全支配関係親会社への贈与に対する配当金課税の有無

> **(問)**　完全支配関係がある子会社からその親会社への贈与については、実体的には配当とも考えられますが、そうしますと、子会社では寄附金の損金不算入ではなく、配当として損金不算入になり、配当に対する所得税等の源泉徴収を要することになるのでしょうか。

(答)

⑴　法人税の課税上、資本等取引に該当する利益または剰余金の分配には、法人が剰余金または利益の処分により配当として分配したものだけでなく、株主等に対し出資者たる地位に基づいて供与した一切の経済的利益が含まれます（法法22⑤、法基通1-5-4）。株主総会の決議等によらない、いわゆる蛸配当や株主平等原則に反する違法配当等も資本等取引である配当に該当するということです。

⑵　そこで、完全支配関係がある子会社からその親会社への贈与は、他に贈与を受ける株主等が存しませんから、まさに株主等の地位に基づくものともいえ、グループ法人税制の導入に伴って問題が顕在化してきました。

　　この点、完全支配関係子会社からその親会社への贈与は、配当として処理すべきであるという意見があります。純粋な理論からすれば、そのとおりであるかも知れません。

⑶　しかし、従来の税務上の実務は、必ずしも配当とは取り扱っていなかったと思われます。そのことからすれば、完全支配関係がある子会社

からその親会社への贈与のうち、親子会社間で実体的に取引が存在するが、ただその取引価額が合理的でないため贈与とみられる場合は、受贈益の益金不算入（法法25の２）、寄附金の全額損金不算入（法法37②）の特例を適用するのが相当であると考えます。子会社としては配当の意思はなく、単に結果として取引価額が合理的でなかったに過ぎず、贈与は実体的な取引の一部であると考えられるからです。

⑷　これに対し、親子会社間で実体的な取引が存在せず、その取引は名目や仮装であるような場合や単に金銭を贈与した場合には、配当として損金不算入、所得税等の源泉徴収が必要である、と整理すべきものと考えます。このような場合には、その動機に株主としての親会社の意向が強く反映すると思われ、それは正に出資者たる地位に基づくものと考えられるからです。

3－7　完全支配関係がある法人間で金銭の贈与があった場合の処理

> **(問)**　グループ法人税制の解説書などをみますと、その多くが土地、建物等の資産や役務の無償譲渡または低廉譲渡により贈与が生じる場合の説明であり、金銭の贈与の事例はあまりみられませんが、そもそも完全支配関係がある法人間で金銭の贈与があった場合には、受贈益・寄附金の損益金不算入の適用はないのでしょうか。

(答)

(1)　完全支配関係がある法人間において贈与があった場合、贈与を受けた法人は受贈益を益金不算入とし（法法25の2）、贈与を行った法人は寄附金として全額損金不算入の処理をしなければなりません（法法37②）。この場合の「受贈益」および「寄附金」は、いずれも寄附金、拠出金、見舞金その他いずれの名義をもってされるかを問わず、金銭その他の資産または経済的な利益の贈与または無償の供与をいいます（法法25の2②、法法37⑦）。

(2)　したがって、完全支配関係がある法人間で金銭の贈与があった場合にも、当然受贈益・寄附金の損益金不算入の適用があります。

　　そこで、完全支配関係がある親会社から子会社へ、または直接の出資関係がない兄弟会社の間で、金銭の贈与が行われたような場合には、受贈益・寄附金の損益金不算入の適用をしなければなりません。

　　これらの点は、あまり議論や問題はありません。

(3)　問題は、完全支配関係がある子会社から親会社に対して金銭の贈与が

あった場合、受贈益・寄附金の損益金不算入の適用をするのか、配当金の支払として処理するのか、という点です。

　金銭の贈与を行う子会社においては、寄附金として（法法37②）、あるいは資本等取引である配当として（法法22⑤、法基通1-5-4）損金不算入になるかの違いはあれ、全額損金不算入になることに変わりはありません。ただ、配当として処理する場合には、所得税等の源泉徴収の問題が生じますし、贈与を受ける親会社は受贈益の益金不算入ではなく、受取配当等の益金不算入（法法23）の適用をすべきことになります。

(4)　この点については、議論のあるところですが、単純な金銭の贈与の場合には、寄附金ではなく、配当の支払として処理すべきものと考えます（（問）3－6参照）。

　そうしますと、仮に子会社から親会社へ500万円の金銭の贈与があった場合の、**子会社の税務上の処理**は、次のようになります。

　　利益積立金額　　　5,000,000　／　現金預金　　3,979,000
　　　　　　　　　　　　　　　　　　　預り金　　　1,021,000

（別表四）

区　　　　分		総　　額	留　　保	社外流出	
当期利益又は当期欠損の額	1			配　当	5,000,000
				その他	

(別表五㈠)

Ⅰ 利益積立金額の計算に関する明細書

区 分		期首積立金	当期の減	当期の増	期末積立金
	24				
繰越損益金 （損は赤）	25		5,000,000		

⑸ 一方、贈与を受ける**親会社の税務上の処理**は、次のようになります。

現金預金　　3,979,000　／　受取配当金　　5,000,000
租税公課　　1,021,000

(別表四)

区 分		総 額	留 保	社外流出
減算 受取配当等の益金不算入額	14	5,000,000		5,000,000

(別表五㈠)　処理なし

3―8　子会社から完全支配関係親会社へ資産の贈与があった場合の親子会社の処理

> **(問)**　完全支配関係がある子会社がその親会社に対して資産（時価1,000万円、簿価400万円）を簿価400万円で譲渡し、子会社は譲渡損益を計上しない一方、親会社はその簿価400万円で会計処理をした場合、税務上、親会社と子会社は、それぞれどのような処理をすればよいでしょうか。
>
>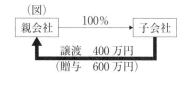

(答)

⑴　会計上は資産を時価で譲渡があったと観念せず、次のように処理したということです。

　　（子会社）　現金預金　　400万円　／　資　　産　　400万円

　　（親会社）　資　　産　　400万円　／　現金預金　　400万円

⑵　これに対し、税務上は法人による完全支配関係がある法人間の贈与・寄附については、資産の時価を基準として（法法22②、22の2④）、贈与を受けた法人は受贈益の益金不算入（法法25の2）、贈与を行った法人は寄附金の全額損金不算入（法法37②）の処理を要します。

　　この場合、贈与を受けた法人において益金不算入となる受贈益は、利益積立金額に含まれ（法令9①一ニ）、親会社は、保有する子会社株式

の帳簿価額を増額または減額する、いわゆる「簿価修正」が必要です（法令9七、119の3⑨、119の4①）。

(3) ここで問題は、完全支配関係がある子会社からその親会社への贈与は、寄附金や受贈益ではなく、配当として処理すべきではないかという点です。税務上、資本等取引とされる配当には、剰余金または利益の処分によるものだけでなく、株主等に対し出資者たる地位に基づいて供与した一切の経済的利益が含まれると解されているからです（法基通1-5-4）。

この点、実務的には親子会社間で実体的な取引が存在し、ただその取引価格が低廉であるような場合には贈与・寄附金とし、実体的な取引が存在せず、取引が名目や仮装であるような場合は、配当として処理するという整理をすべきではないかと考えます（（問）3―6参照）。

(4) そこで、上記のような考え方によれば、**子会社の税務上の処理**は次のとおりです。

```
現金預金    400万円  ／  資  産    400万円
寄附金     600万円     譲渡益    600万円
```

（別表四）

区　　　分			総　　額	留　　保	社外流出
加算	譲渡益の益金算入額	10	6,000,000		6,000,000
減算	寄附金の損金算入額	21	6,000,000		6,000,000
寄附金の損金不算入額		27	6,000,000		6,000,000

㊟ 「加算10」と「減算21」は、課税所得の計算に影響がありませんから、強いて記載しなくて差し支えありません。

（別表五㈠） 処理なし

(5) 一方、**親会社の税務上の処理**は次のとおりになります。

```
資    産    1,000万円  ／  現金預金      400万円
                          受贈益        600万円

利益積立金額   600万円  ／  子会社株式    600万円
```

(別表四)

区　　分			総　額	留　保	社外流出
加算	受贈益の益金算入額	10	6,000,000	6,000,000	
減算	受贈益の益金不算入額	16	6,000,000		6,000,000

(別表五㈠)

Ⅰ　利益積立金額の計算に関する明細書

区　　分		期首積立金	当期の減	当期の増	期末積立金
資　　産	3			6,000,000	6,000,000
子会社株式	4		6,000,000		△6,000,000

3－9　完全支配関係子会社間で資産の贈与があった場合の親子会社の処理－簿価修正を行う法人が単独である場合

> **(問)**　親会社Aによる完全支配関係がある子会社Bが子会社Cに対して、資産（時価1,200万円、簿価500万円）を簿価500万円で譲渡しましたが、子会社Bと子会社Cとが何らかの処理を行うのは当然として、親会社Aにおいても何か処理をする必要がありますか。
>
> （図）
>
>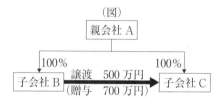

(答)

⑴　会計上は資産を時価で譲渡があったと観念せず、次のような処理をしました。

　　　　（子会社B）　現金預金　　500万円　／　資　　産　　500万円

　　　　（子会社C）　資　　産　　500万円　／　現金預金　　500万円

　　　　（親会社A）　処理なし

⑵　これに対し、税務上は法人による完全支配関係がある法人間の贈与・寄附ですから、贈与を行った子会社Bは寄附金の全額損金不算入（法法37②）、贈与を受けた子会社Cは受贈益の益金不算入（法法25の2）の処理をしなければなりません。

　　この場合、親会社Aは、保有する子会社Bと子会社Cの株式の帳簿価額を減額または増額する、いわゆる「簿価修正」が必要になります（法

令9七、119の3⑨、119の4①)。

(3) その結果、**子会社Bの税務上の処理**は次のとおりです。

現金預金	500万円	資　産	500万円
寄附金	700万円	譲渡益	700万円

(別表四)

	区　　　分		総　　額	留　保	社外流出
加算	譲渡益の益金算入額	10	7,000,000		7,000,000
減算	寄附金の損金算入額	21	7,000,000		7,000,000
寄附金の損金不算入額		27	7,000,000		7,000,000

㊟ 「加算10」と「減算21」は、課税所得の計算に影響がありませんから、強いて記載しなくて差し支えありません。

(別表五㈠)　処理なし

(4) 一方、**子会社Cの税務上の処理**は次のとおりになります。

資　産	1,200万円	現金預金	500万円
		受贈益	700万円

(別表四)

	区　　　分		総　　額	留　　保	社外流出
加算	受贈益の益金算入額	10	7,000,000	7,000,000	
減算	受贈益の益金不算入額	16	7,000,000		7,000,000

(別表五㈠)

Ⅰ　利益積立金額の計算に関する明細書

区　　　分		期首積立金	当期の減	当期の増	期末積立金
資　　産	3			7,000,000	7,000,000
	4				

(5)　そして、**親会社Aの税務上の処理**は次のようにしなければなりません。この限りでは、親会社Aには課税関係は生じません。しかし、将来、子会社B株式または子会社C株式を譲渡する場合や評価換えをする場合に、譲渡損益や評価損益の額が違ってきますから、子会社株式の簿価修正を行っておく必要があります。

　　　利益積立金額　　700万円　／　子会社B株式　　700万円
　　　子会社C株式　　700万円　／　利益積立金額　　700万円

(別表四)　処理なし

(別表五㈠)

Ⅰ　利益積立金額の計算に関する明細書

区　　　分		期首積立金	当期の減	当期の増	期末積立金
子会社B株式	3		7,000,000		△7,000,000
子会社C株式	4			7,000,000	7,000,000

(6)　この親会社Aのように、自己は子会社Bと子会社Cとの取引になんら関与していないにもかかわらず、税務上の処理をしなければならない場合があることに留意を要します。

　　譲渡損益調整資産の譲渡損益の課税繰延べにあっては、資産の譲渡法人と譲受法人とに、譲渡損益調整資産に該当する旨や繰延譲渡損益の戻入事由などの通知義務が課されています（法令122の12⑰～⑲）。

　　受贈益・寄附金の損益金不算入には、そのような通知義務は課されていませんが、それだけになお、今後はグループ法人間の連絡、協調を一層密にすることが求められます（(問)　3—28参照）。

74

3―10　完全支配関係子会社間で資産の贈与があった場合の親子会社の処理－簿価修正を行う法人が複数である場合

> **(問)**　親会社Aによる完全支配関係がある子会社Bが子会社Cに対して、資産（時価1,200万円、簿価500万円）を簿価500万円で譲渡しましたが、親会社A、子会社B、子会社Cの、それぞれの処理はどのようになりますか。
>
>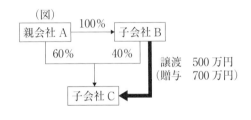

(答)

⑴　会計上は資産を時価で譲渡があったと観念せず、次のような処理をしました。

　　　（子会社B）　現金預金　　500万円　／　資　　産　　500万円

　　　（子会社C）　資　　産　　500万円　／　現金預金　　500万円

　　　（親会社A）　処理なし

⑵　これに対し、税務上は法人による完全支配関係がある法人間の贈与・寄附ですから、贈与を行った子会社Bは寄附金の全額損金不算入（法法37②）、贈与を受けた子会社Cは受贈益の益金不算入（法法25の2）の処理をしなければなりません。

　　そして、子会社Bは保有する子会社C株式、親会社Aは保有する子会

社B株式と子会社C株式の帳簿価額を、それぞれ増額または減額する、いわゆる「簿価修正」を要します。子会社C株式については、その株主である親会社Aと子会社Bとの両社が簿価修正をしなければなりません。その子会社C株式の簿価修正は、親会社Aと子会社Bとのそれぞれの持分割合（60％対40％）に応じて行います（法令9七、119の3⑨、119の4①）。

(3)　その結果、**子会社Bの税務上の処理**は次のとおりです。

現金預金	500万円	/	資　産	500万円
寄附金	700万円		譲渡益	700万円
子会社C株式	280万円	/	利益積立金額	280万円

　　この借方・子会社C株式280万円は、子会社Cの受贈益700万円×持分割合40％で計算されます。

（別表四）

	区　　　分		総　　額	留　　保	社外流出
加算	譲渡益の益金算入額	10	7,000,000		7,000,000
減算	寄附金の損金算入額	21	7,000,000		7,000,000
	寄附金の損金不算入額	27	7,000,000		7,000,000

㊟　「加算10」と「減算21」は、課税所得の計算に影響がありませんから、強いて記載しなくて差し支えありません。

（別表五㈠）

I　利益積立金額の計算に関する明細書

区　　　分		期首積立金	当期の減	当期の増	期末積立金
子会社C株式	3			2,800,000	2,800,000
	4				

(4) 一方、**子会社Cの税務上の処理**は次のとおりになります。

　　　資　産　　　1,200万円　／　現金預金　　　500万円
　　　　　　　　　　　　　　　　　　受贈益　　　　700万円

（別表四）

	区　　　　分		総　　額	留　　保	社外流出
加算	受贈益の益金算入額	10	7,000,000	7,000,000	
減算	受贈益の益金不算入額	16	7,000,000		7,000,000

（別表五㈠）

Ⅰ　利益積立金額の計算に関する明細書

区　　　　分		期首積立金	当期の減	当期の増	期末積立金
資　　産	3			7,000,000	7,000,000
	4				

(5) そして、**親会社Aの税務上の処理**は次のように行います。

　　　利益積立金額　　　700万円　／　子会社B株式　　　700万円

　　　子会社C株式　　　420万円　／　利益積立金額　　　420万円

　　貸方・子会社B株式700万円は、子会社Bの寄附金700万円×持分割合100％で計算されます。一方、借方・子会社C株式420万円は、子会社Cの受贈益700万円×持分割合60％で計算します。

（別表四）　処理なし

(別表五㈠)

Ⅰ　利益積立金額の計算に関する明細書

区　　分		期首積立金	当期の減	当期の増	期末積立金
子会社B株式	3		7,000,000		△7,000,000
子会社C株式	4			4,200,000	4,200,000

3—11 子会社から完全支配関係孫会社へ資産の贈与があった 場合の親子孫会社の処理

(問) 親会社Aによる完全支配関係がある子会社Bがその孫会社C（子会社Bの子会社）に対して資産（時価1,000万円、簿価600万円）を簿価600万円で譲渡し、子会社Bは譲渡損益を計上しない一方、孫会社Cはその簿価600万円で会計処理をした場合、税務上、親会社A、子会社B、孫会社Cは、それぞれどのような処理をすればよいでしょうか。

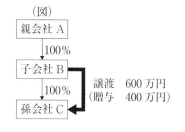

（図）

親会社 A
↓100%
子会社 B
↓100%　　譲渡　600万円
　　　　（贈与　400万円）
孫会社 C

(答)

⑴ 会計上は資産を時価で譲渡があったと観念せず、次のように処理しました。

　　（子会社B）　現金預金　　600万円　／　資　　産　　600万円

　　（孫会社C）　資　　産　　600万円　／　現金預金　　600万円

　　（親会社A）　処理なし

⑵ これに対し、税務上は法人による完全支配関係がある法人間の贈与・寄附ですから、贈与を行った子会社Bは寄附金の全額損金不算入（法法37②）、贈与を受けた孫会社Cは受贈益の益金不算入（法法25の2）の

処理が必要になります。

　この場合、子会社Bは保有する孫会社C株式の帳簿価額を増額し、親会社Aは保有する子会社B株式の帳簿価額を減額する、いわゆる「簿価修正」を要します（法令9七、119の3⑨、119の4①）。

⑶　その結果、**子会社Bの税務上の処理**は次のとおりになります。

現金預金	600万円 ／	資産	600万円
寄附金	400万円	譲渡益	400万円
孫会社C株式	400万円 ／	利益積立金額	400万円

（別表四）

	区　　　分		総　　額	留　　保	社外流出
加算	譲渡益の益金算入額	10	4,000,000		4,000,000
減算	寄附金の損金算入額	21	4,000,000		4,000,000
寄附金の損金不算入額		27	4,000,000		4,000,000

㊟　「加算10」と「減算21」は、課税所得の計算に影響がありませんから、強いて記載しなくて差し支えありません。

（別表五㈠）

Ⅰ　利益積立金額の計算に関する明細書

区　　　分		期首積立金	当期の減	当期の増	期末積立金
孫会社C株式	3			4,000,000	4,000,000
	4				

⑷　一方、**孫会社Cの税務上の処理**は次のとおりです。

資　産	1,000万円 ／	現金預金	600万円
		受贈益	400万円

80

（別表四）

区　　　分			総　　額	留　　保	社外流出
加算	受贈益の益金算入額	10	4,000,000	4,000,000	
減算	受贈益の益金不算入額	16	4,000,000		4,000,000

（別表五㈠）

Ⅰ　利益積立金額の計算に関する明細書

区　　　分		期首積立金	当期の減	当期の増	期末積立金
資　　産	3			4,000,000	4,000,000
	4				

⑸　そして、**親会社Ａの税務上の処理**は次のとおりになります。

　　　　利益積立金額　　400万円　／　子会社Ｂ株式　　400万円

（別表四）　処理なし

（別表五㈠）

Ⅰ　利益積立金額の計算に関する明細書

区　　　分		期首積立金	当期の減	当期の増	期末積立金
子会社Ｂ株式	3		4,000,000		△4,000,000
	4				

⑹　この親会社Ａの処理は、子会社Ｂが孫会社Ｃに対して400万円を贈与した結果、子会社Ｂの純資産額がそれだけ減少しましたから、子会社Ｂ株式の帳簿価額を400万円だけ減額するという意味です。

　　ところが、上記⑶のとおり、子会社Ｂは孫会社Ｃ株式の帳簿価額を400万円増額しますから、子会社Ｂの純資産額は増減なしということになります。実質的にみれば、資産の時価1,000万円のうち400万円部分で

孫会社C株式を取得したともいえましょう。

　しかし、このような場合であっても、親会社Aは子会社B株式の帳簿価額を減額しなければなりません。法文上、寄附修正事由（簿価修正事由）が生じた場合には、そのような事情を加味することなく、単純にその受贈益・寄附金の額相当額を修正すべきこととされているからです（法令9七、119の3⑨、119の4①）。簿価修正の趣旨からすれば、やや違和感は残るところですが、法令上はこのようにならざるを得ませんので、留意を要します。

3—12　孫会社から完全支配関係子会社へ資産の贈与があった場合の親子孫会社の処理

> **（問）**　親会社Aによる完全支配関係がある孫会社Cがその子会社B
> に対して資産（時価1,000万円、簿価700万円）を簿価700万円で譲渡
> し、孫会社Cは譲渡損益を計上しない一方、子会社Bはその簿価700
> 万円で会計処理をした場合、税務上、親会社A、子会社B、孫会社C
> は、それぞれどのような処理をすればよいでしょうか。
>
>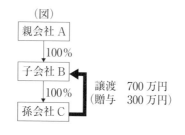

（答）

(1)　会計上は資産を時価で譲渡があったと観念せず、次のように処理しま
した。

　　　（孫会社C）　現金預金　　700万円　／　資　　産　　700万円

　　　（子会社B）　資　　産　　700万円　／　現金預金　　700万円

　　　（親会社A）　処理なし

(2)　これに対し、税務上は法人による完全支配関係がある法人間の贈与・
寄附ですから、贈与を行った孫会社Cは寄附金の全額損金不算入（法法
37②）、贈与を受けた子会社Bは受贈益の益金不算入（法法25の２）の
処理が必要になります（配当金課税の有無の議論につき（問）３—６参

照）。

　この場合、子会社Ｂは保有する孫会社Ｃ株式の帳簿価額を減額し、親会社Ａは保有する子会社Ｂ株式の帳簿価額を増額する、いわゆる「簿価修正」を要します（法令９七、119の３⑨、119の４①）。

(3)　その結果、**孫会社Ｃの税務上の処理**は次のとおりになります。

```
現金預金　　　700万円　／　資　産　　　700万円
寄附金　　　　300万円　　　譲渡益　　　300万円
```

（別表四）

	区　　分		総　額	留　保	社外流出
加算	譲渡益の益金算入額	10	3,000,000		3,000,000
減算	寄附金の損金算入額	21	3,000,000		3,000,000
寄附金の損金不算入額		27	3,000,000		3,000,000

(注)　「加算10」と「減算21」は、課税所得の計算に影響がありませんから、強いて記載しなくて差し支えありません。

（別表五(一)）　処理なし

(4)　一方、**子会社Ｂの税務上の処理**は次のとおりです。

```
資　産　　　1,000万円　／　現金預金　　　700万円
　　　　　　　　　　　　　　受贈益　　　　300万円

利益積立金額　300万円　／　孫会社Ｃ株式　300万円
```

（別表四）

	区　　分		総　額	留　保	社外流出
加算	受贈益の益金算入額	10	3,000,000	3,000,000	
減算	受贈益の益金不算入額	16	3,000,000		3,000,000

84

（別表五㈠）

Ⅰ　利益積立金額の計算に関する明細書

区　　　分		期首積立金	当期の減	当期の増	期末積立金
資　　産	3			3,000,000	3,000,000
孫会社C株式	4		3,000,000		△3,000,000

⑸　そして、**親会社Aの税務上の処理**は次のとおりになります。

　　　　子会社B株式　　300万円　　／　　利益積立金額　　300万円

（別表四）　処理なし

（別表五㈠）

Ⅰ　利益積立金額の計算に関する明細書

区　　　分		期首積立金	当期の減	当期の増	期末積立金
子会社B株式	3			3,000,000	3,000,000
	4				

⑹　この親会社Aの処理は、子会社Bが孫会社Cから300万円の贈与を受けた結果、子会社Bの純資産額がそれだけ増加しましたから、子会社B株式の帳簿価額を300万円だけ増額するという意味です。

　　しかし、上記⑷のとおり、子会社Bは孫会社C株式の帳簿価額を300万円減額しますから、子会社Bの純資産額は増減なしということになります。このような場合であっても、親会社Aは子会社B株式の帳簿価額を増額する必要があることに留意を要します（（問）3―11参照）。

3—13　親会社から完全支配関係孫会社へ資産の贈与があった場合の親子孫会社の処理

(問)　親会社Aによる完全支配関係グループの親会社Aが、その孫会社C（子会社Bの子会社）に対して資産（時価1,000万円、簿価600万円）を簿価600万円で譲渡し、親会社Aは譲渡損益を計上しない一方、孫会社Cはその簿価600万円で会計処理をした場合、税務上、親会社A、子会社B、孫会社Cは、それぞれどのような処理をすればよいでしょうか。

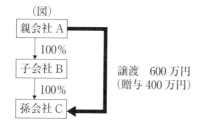

（図）

親会社 A
↓ 100%
子会社 B
↓ 100%
孫会社 C

譲渡　600万円
（贈与 400万円）

(答)

(1)　会計上は資産を時価で譲渡があったと観念せず、次のように処理しました。

　　（親会社A）現金預金　　600万円　／　資　　産　　600万円

　　（孫会社C）資　　産　　600万円　／　現金預金　　600万円

　　（子会社B）処理なし

(2)　これに対し、税務上は法人による完全支配関係がある法人間の贈与・寄附ですから、贈与を行った親会社Aは寄附金の全額損金不算入（法法37②）、贈与を受けた孫会社Cは受贈益の益金不算入（法法25の2）の

処理が必要になります。

　この場合、子会社Bは、保有する孫会社C株式の帳簿価額を増額する、いわゆる「簿価修正」を要します（法令9七、119の3⑨、119の4①）。しかし、親会社Aは、保有する子会社B株式の帳簿価額を増減する簿価修正は要しません。子会社Bは、贈与・寄附を行っておらず、簿価修正（寄附修正）事由が生じていないからです。

(3)　その結果、**親会社Aの税務上の処理**は、次のようになります。

```
現金預金　　600万円　　／　資　産　　　600万円
寄附金　　　400万円　　　　譲渡益　　　400万円
```

(別表四)

	区　　　　分		総　　額	留　保	社外流出
加算	譲渡益の益金算入額	10	4,000,000		4,000,000
減算	寄附金の損金算入額	21	4,000,000		4,000,000
	寄附金の損金不算入額	27	4,000,000		4,000,000

(注)　「加算10」と「減算21」は、課税所得の計算に影響がありませんから、強いて記載しなくても差し支えありません。

(別表五(一))　処理なし

(4)　一方、**孫会社Cの税務上の処理**は、次のとおりです。

```
資　産　　1,000万円　　／　現金預金　　600万円
　　　　　　　　　　　　　　　受贈益　　　400万円
```

(別表四)

	区　　　　分		総　　額	留　　保	社外流出
加算	受贈益の益金算入額	10	4,000,000	4,000,000	
減算	受贈益の益金不算入額	16	4,000,000		4,000,000

（別表五㈠）

Ⅰ　利益積立金額の計算に関する明細書

区　　　分		期首積立金	当期の減	当期の増	期末積立金
資　産	3			4,000,000	4,000,000
	4				

⑸　そして、**子会社Bの税務上の処理**は、次のとおりになります。

　　　孫会社C株式　　400万円　／　利益積立金額　　400万円

（別表四）　処理なし

（別表五㈠）

Ⅰ　利益積立金額の計算に関する明細書

区　　　分		期首積立金	当期の減	当期の増	期末積立金
孫会社C株式	3			4,000,000	4,000,000
	4				

3—14 完全支配関係孫会社間で資産の贈与があった場合の親子孫会社の処理

(問)　親会社Aを頂点とする完全支配関係がある孫会社D（子会社Bの子会社）がその孫会社E（子会社Cの子会社）に対して資産（時価1,000万円、簿価600万円）を簿価600万円で譲渡し、孫会社Dは譲渡損益を計上しない一方、孫会社Eはその簿価600万円で会計処理をした場合、税務上、親会社A、子会社B、子会社C、孫会社D、孫会社Eは、それぞれどのような処理をすればよいでしょうか。

(図)

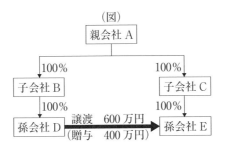

(答)

⑴　会計上は資産を時価で譲渡があったと観念せず、次のように処理しました。

　　　　（孫会社D）　現金預金　　600万円　／　資　　産　　600万円

　　　　（孫会社E）　資　　産　　600万円　／　現金預金　　600万円

　　　　（子会社B）　処理なし

　　　　（子会社C）　処理なし

　　　　（親会社A）　処理なし

⑵　これに対し、税務上は法人による完全支配関係がある法人間の贈与・寄附ですから、贈与を行った孫会社Dは寄附金の全額損金不算入（法法37②）、贈与を受けた孫会社Eは受贈益の益金不算入（法法25の２）の処理が必要になります。

　　この場合、子会社Bは保有する孫会社D株式の帳簿価額を減額し、子会社Cは保有する孫会社E株式の帳簿価額を増額する、いわゆる「簿価修正」を要します（法令９七、119の３⑨、119の４①）。

⑶　その結果、**孫会社Dの税務上の処理**は次のとおりになります。

　　　現金預金　　600万円　／　資　産　　600万円
　　　寄附金　　　400万円　　　譲渡益　　400万円

（別表四）

	区　　　分		総　　額	留　保	社外流出
加算	譲渡益の益金算入額	10	4,000,000		4,000,000
減算	寄附金の損金算入額	21	4,000,000		4,000,000
寄附金の損金不算入額		27	4,000,000		4,000,000

㊟　「加算10」と「減算21」は、課税所得の計算に影響がありませんから、強いて記載しなくて差し支えありません。

（別表五㈠）　処理なし

⑷　この孫会社Dの処理に対応して、その親会社である**子会社Bの税務上の処理**は次のようになります。すなわち、孫会社Dが400万円の寄附をした結果、孫会社Dの純資産価額がそれだけ減少しますから、孫会社D株式の帳簿価額を400万円減額するということです。

　　　利益積立金額　　400万円　／　孫会社D株式　　400万円

（別表四）　処理なし

(別表五㈠)

I 利益積立金額の計算に関する明細書

区　　　分		期首積立金	当期の減	当期の増	期末積立金
孫会社D株式	3		4,000,000		△4,000,000
	4				

(5) 一方、**孫会社Eの税務上の処理**は次のとおりです。

資　産　　1,000万円　　／　　現金預金　　600万円
　　　　　　　　　　　　　　　　受贈益　　　400万円

(別表四)

区　　　分		総　　額	留　　保	社外流出
加算	受贈益の益金算入額	10	4,000,000	4,000,000	
減算	受贈益の益金不算入額	16	4,000,000		4,000,000

(別表五㈠)

I 利益積立金額の計算に関する明細書

区　　　分		期首積立金	当期の減	当期の増	期末積立金
資　産	3			4,000,000	4,000,000
	4				

(6) この孫会社Eの処理に対応して、その親会社である**子会社Cの税務上の処理**は、次のように行います。すなわち、孫会社Eが400万円の贈与を受けた結果、孫会社Eの純資産価額がそれだけ増加しますから、孫会社E株式の帳簿価額を400万円増額するということです。

孫会社E株式　　400万円　　／　　利益積立金額　　400万円

(別表四)　処理なし

(別表五㈠)

Ⅰ　利益積立金額の計算に関する明細書

区　　　　分		期首積立金	当期の減	当期の増	期末積立金
孫会社E株式	3			4,000,000	4,000,000
	4				

⑺　上記の処理に対して、**親会社A**は、なんら処理をする必要はありませ

ん。完全支配関係会社間で贈与・寄附があった場合の、いわゆる簿価修

正は、その贈与・寄附を行った法人の直接の株主である法人だけが行い

ます（法令9七、119の3⑨、119の4①）。

　したがって、簿価修正は子会社Bと子会社Cだけが行い、その上位の

株主である親会社Aは子会社B株式と子会社C株式について簿価修正を

する必要はありません。子会社Bと子会社Cはいずれも贈与・寄附を

行っておらず、簿価修正（寄附修正）事由が生じていないからです。

3—15 完全支配関係会社間で役務の提供に関し贈与があった場合の処理

（問） 親会社が完全支配関係がある子会社に対して、無利息融資（通常の受取利息240万円）を行いましたが、親子会社とも何ら会計処理を行っていない場合でも、親会社は寄附金の全額損金不算入、子会社は受贈益の益金不算入という処理をしてよいでしょうか。

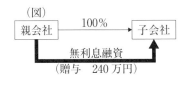

（図）

親会社 ──100%──▶ 子会社

無利息融資
（贈与　240万円）

（答）

⑴　法人による完全支配関係がある法人間における、贈与を受けた法人は受贈益の益金不算入（法法25の2）、贈与を行った法人は寄附金の全額損金不算入（法法37②）の特例は、金銭の無利息貸付けや役務の無償提供などの経済的利益の供与による受贈益や寄附金についても適用されます（法基通4-2-6）。グループ法人税制における、完全支配関係がある法人間の行為や取引によっては損益は生じないという基本的な趣旨は、役務の提供であっても同じであるからです。

　　この場合であっても、親会社は子会社株式の帳簿価額を増額または減額する、いわゆる「簿価修正」が必要です（法令9七、119の3⑨、119の4①）。

⑵　その結果、**親会社の税務上の処理**は次のようになります。

未収収益	240万円	/	受取利息	240万円
寄附金	240万円		未収収益	240万円
子会社株式	240万円	/	利益積立金額	240万円

(別表四)

	区　　　分		総　　額	留　　保	社外流出
加算	受取利息の益金算入額	10	2,400,000		2,400,000
減算	寄附金の損金算入額	21	2,400,000		2,400,000
	寄附金の損金不算入額	27	2,400,000		2,400,000

㊟ 「加算10」と「減算21」は、課税所得の計算に影響がありませんから、強いて記載しなくて差し支えありません。

(別表五(一))

Ⅰ　利益積立金額の計算に関する明細書

区　　　分		期首積立金	当期の減	当期の増	期末積立金
子会社株式	3			2,400,000	2,400,000
	4				

(3)　一方、**子会社の税務上の処理**は次のようになります。

| 支払利息 | 240万円 | / | 未払費用 | 240万円 |
| 未払費用 | 240万円 | | 受贈益 | 240万円 |

(別表四)

	区　　　分		総　　額	留　　保	社外流出
加算	受贈益の益金算入額	10	2,400,000		2,400,000
減算	受贈益の益金不算入額	16	2,400,000		2,400,000
	支払利息の損金算入額	21	2,400,000		2,400,000

(別表五(一))　処理なし

⑷　子会社は、支払利息（費用）と受贈益（収益）を計上しなくても企業
利益や課税所得の計算に影響がありませんから、実務上は上記⑶のよう
な会計処理は行わないのが普通です。そのような会計処理がない場合で
あっても、「受贈益240万円」は、申告調整により所得金額から減算して
よいものと考えます。

⑸　また、法人税申告書別表四の申告調整に際して、「加算10」と「減算
21」の処理は、費用と収益の発生の経緯を明らかにするためにはよいで
しょう。しかし、受贈益の益金不算入は強制適用であり、格別、経理要
件や申告要件などは付されていません。したがって、「加算10」と「減
算21」の処理がないからといって、「受贈益240万円」の益金不算入がで
きないことにはならないものと考えます。すなわち、「減算16」の処理
だけでもよいでしょう。

3 —16　完全支配関係会社間で出向負担金に関し贈与があった場合の処理

> **(問)**　親会社Aによる完全支配関係がある子会社Bから子会社Cに従業員が出向し、子会社Cは子会社Bに対して出向負担金として600万円を支払っていますが、本来であれば1,200万円を支払わなければならないような場合にも、その差額600万円につき寄附金の全額損金不算入・受贈益の益金不算入の適用があるのでしょうか。
>
>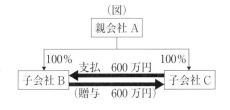
>
> 〔図〕

(答)

⑴　法人による完全支配関係がある法人間における、贈与を受けた法人は受贈益の益金不算入（法法25の2）、贈与を行った法人は寄附金の全額損金不算入（法法37②）の特例は、金銭の無利息貸付けや役務の無償提供などの経済的利益の供与による受贈益や寄附金についても適用されます（法基通4-2-6、（問）3—15参照）。

　　したがって、完全支配関係がある法人間において出向負担金に関し受贈益・寄附金が生じる場合にも、この特例の適用があります。この場合、親会社は子会社株式の帳簿価額を増額または減額する、いわゆる「簿価修正」が必要です（法令9七、119の3⑨、119の4①）。

⑵　そこで**子会社Bの会計上の処理**は、次のようなものが考えられます。

現金預金　　600万円　／　従業員給与　　600万円

これに対し、**子会社Bの税務上の処理**は次のようになります。

現金預金　　600万円　／　従業員給与　1,200万円
寄附金　　　600万円

(別表四)

	区　　　分		総　　額	留　　保	社外流出
加算	従業員給与の損金不算入額	10	6,000,000		6,000,000
減算	寄附金の損金算入額	21	6,000,000		6,000,000
寄附金の損金不算入額		27	6,000,000		6,000,000

(注)　「加算10」と「減算21」は、課税所得の計算に影響がありませんから、強いて記載
しなくて差し支えありません。

(別表五(一))　処理なし

(3)　一方、**子会社Cの会計上の処理**は、次のようになります。

従業員給与　　　600万円　／　現金預金　　600万円

これに対し、**子会社Cの税務上の処理**は次のとおりです。

従業員給与　1,200万円　／　現金預金　　600万円
　　　　　　　　　　　　　　　未払給与　　600万円

未払給与　　　600万円　／　受贈益　　　600万円

(別表四)

	区　　　分		総　　額	留　　保	社外流出
加算	受贈益の益金算入額	10	6,000,000		6,000,000
減算	受贈益の益金不算入額	16	6,000,000		6,000,000
	従業員給与の損金算入額	21	6,000,000		6,000,000

(別表五(一))　処理なし

(4)　そして、**親会社Aの税務上の処理**は次のように行います。

利益積立金額　　600万円　／　子会社Ｂ株式　　600万円

子会社Ｃ株式　　600万円　／　利益積立金額　　600万円

(別表四)　処理なし

(別表五㈠)

Ｉ　利益積立金額の計算に関する明細書

区　　　分		期首積立金	当期の減	当期の増	期末積立金
子会社Ｂ株式	3		6,000,000		△6,000,000
子会社Ｃ株式	4			6,000,000	6,000,000

3 ―17　借地権の無償返還届出による地代認定に対する寄附金課税等の特例の適用の有無

> **(問)**　法人が土地の賃貸に際して「土地の無償返還に関する届出書」を提出した場合には、相当の地代の額と実際に収受している地代の額との差額は、地主から借地人に対する贈与（寄附）となりますが、親会社が完全支配関係がある子会社に土地を賃貸した場合、その差額につき親会社は寄附金の全額損金不算入、子会社は受贈益の益金不算入の適用があるのでしょうか。

(答)

⑴　法人が、借地権の設定により他人に土地を使用させた場合には、権利金または相当の地代を収受しなければ、権利金の認定課税が行われます（法令137、法基通13-1-3）。ただし、収受する地代が相当の地代に満たないときであっても、所轄税務署長に地主と借地人が連名で「土地の無償返還に関する届出書」を提出すれば、権利金の認定課税は見合わされ、相当の地代と実際に収受する地代との差額を地主から借地人に贈与したものとして課税関係を処理します（法基通13-1-7）。

⑵　法人による完全支配関係がある法人間における、贈与を受けた法人は受贈益の益金不算入（法法25の2）、寄附金を支出した法人は寄附金の全額損金不算入（法法37②）の特例は、金銭の無利息貸付けや土地の低廉貸付けなどの経済的利益の供与による受贈益や寄附金についても適用されます（法基通4-2-6）。

　この場合、親会社は子会社株式の帳簿価額を増額する、いわゆる「簿

価修正」が必要です（法令9七、119の3⑨、119の4①）。

⑶　この受贈益と寄附金の課税の特例は、ご質問のような借地権を設定した場合の地代の認定課税にも適用されると解されます。相当の地代の額と実際に収受している地代の額との差額は、地主から借地人に対する贈与として取扱うこととされているからです。

　　そこで、仮に贈与したとされる地代が200万円とすれば、地主である**親会社の税務上の処理**は次のようになります。

未収収益	200万円	/	受取地代	200万円
寄附金	200万円		未収収益	200万円
子会社株式	200万円	/	利益積立金額	200万円

（別表四）

	区　　　分		総　　額	留　保	社外流出
加算	受取地代の益金算入額	10	2,000,000		2,000,000
減算	寄附金の損金算入額	21	2,000,000		2,000,000
	寄附金の損金不算入額	27	2,000,000		2,000,000

（別表五㈠）

区　　　分		期首積立金	当期の減	当期の増	期末積立金
子会社株式	3			2,000,000	2,000,000
	4				

⑷　一方、借地人である**子会社の税務上の処理**は、次のとおりです。

支払地代	200万円	/	未払費用	200万円
未払費用	200万円		受贈益	200万円

(別表四)

区 分			総 額	留 保	社外流出
加算	受贈益の益金算入額	10	2,000,000		2,000,000
減算	受贈益の益金不算入額	16	2,000,000		2,000,000
	支払地代の損金算入額	21	2,000,000		2,000,000

(別表五㈠) 処理なし

(5) 子会社は、支払地代（費用）と受贈益（収益）を計上しなくても企業
利益や課税所得の計算に影響がありませんから、実務上は上記(4)のよう
な仕訳は行わないのが普通です。このような処理がなくても、「受贈益
200万円」は、申告調整により所得金額から減算してよいものと考えま
す（(問) 3—15参照）。

3—18　子会社株式に簿価修正を行うと簿価がマイナスになる場合の簿価修正の要否

(問)　親会社Aによる完全支配関係がある子会社Bが子会社Cに対して資産（時価1,200万円、簿価400万円）を簿価400万円で譲渡した場合、親会社Aは子会社Bにおいて寄附金となる800万円についてその子会社B株式の減額簿価修正を行いますが、その子会社B株式の帳簿価額が500万円で簿価修正をすると、その帳簿価額がマイナス300万円になるような場合であっても、簿価修正をする必要があるのでしょうか。

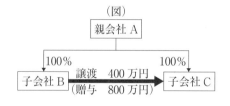

（図）

(答)

⑴　法人による完全支配関係がある法人間において、資産の贈与を行った法人は寄附金の全額損金不算入の処理をしなければなりません（法法37②）。これに伴って、その寄附金を支出した法人の親法人は、その子法人の株式の帳簿価額を減額する、いわゆる「簿価修正」が必要です（法令9七、119の3⑨、119の4①）。

⑵　その結果、**子会社Bの税務上の処理**は次のようになります。

```
現金預金　　400万円　／　資　産　　400万円
寄附金　　　800万円　　　譲渡益　　800万円
```

102

（別表四）

区　　　分			総　　額	留　　保	社外流出
加算	譲渡益の益金算入額	10	8,000,000		8,000,000
減算	寄附金の損金算入額	21	8,000,000		8,000,000
寄附金の損金不算入額		27	8,000,000		8,000,000

㊟　「加算10」と「減算21」は、課税所得の計算に影響がありませんから、強いて記載しなくて差し支えありません。

（別表五㈠）　処理なし

⑶　この子会社Ｂの税務処理に伴って、**親会社Ａの税務上の処理**は次のように行います。

　　　利益積立金額　　800万円　　／　　子会社Ｂ株式　　800万円
　　　子会社Ｃ株式　　800万円　　／　　利益積立金額　　800万円

（別表四）　処理なし

（別表五㈠）

Ⅰ　利益積立金額の計算に関する明細書

区　　　分		期首積立金	当期の減	当期の増	期末積立金
子会社Ｂ株式	3		8,000,000		△8,000,000
子会社Ｃ株式	4			8,000,000	8,000,000

⑷　そうしますと、子会社Ｂ株式の税務上の帳簿価額はマイナス300万円（500万円－800万円）となります。この場合であっても、簿価修正は行わなければなりません。その意味では、税務上の株式の帳簿価額には、マイナスの概念があるということになります。

　　その結果、親会社Ａが子会社Ｂ株式を譲渡する場合や評価換えをする場合に、そのマイナス300万円が譲渡損益や評価損益として実現するこ

とに留意を要します。

⑸ なお、**子会社Cの税務上の処理**は、次のようになります。

 資　産　　1,200万円　／　現金預金　　400万円
 　　　　　　　　　　　　　　受贈益　　　800万円

（別表四）

区　　　分			総　　額	留　　保	社外流出
加算	受贈益の益金算入額	10	8,000,000	8,000,000	
減算	受贈益の益金不算入額	16	8,000,000		8,000,000

（別表五㈠）

Ⅰ　利益積立金額の計算に関する明細書

区　　　分		期首積立金	当期の減	当期の増	期末積立金
資　　産	3			8,000,000	8,000,000
	4				

3—19　簿価修正を行い、税務上の簿価がマイナスの子会社株式を譲渡した場合の処理

> **(問)**　完全支配関係がある子会社Aが、過年度に完全支配関係がある兄弟会社Bに対して800万円の寄附をしたため、その子会社A株式について簿価修正を行い、会計上の簿価は500万円、税務上の簿価はマイナス300万円となっていますが、その子会社A株式を時価200万円で譲渡する場合、どのような処理をしたらよいでしょうか。

(答)

⑴　法人による完全支配関係がある法人間において、資産や役務の贈与を行った法人は、寄附金の全額損金不算入の処理をしなければなりません（法法37②、法基通4-2-6）。これに伴って、その寄附金を支出した法人の親法人は、その保有する子法人株式を減額する、いわゆる「簿価修正」を要します（法令9七、119の3⑨、119の4①）。

　この簿価修正は、親法人における子法人株式の帳簿価額に関係なく行いますから、その子法人株式の帳簿価額がマイナスになることがあり得ます。その場合であっても、簿価修正が必要です（(問)　3—18参照）。

⑵　そこで、ご質問の場合、子会社Aが兄弟会社Bに対して800万円の寄附をした際、その子会社A、Bの親会社は、次のような税務上の処理を行っているはずです。

　　利益積立金額　　　800万円　／　子会社A株式　　　800万円
　　子会社B株式　　　800万円　／　利益積立金額　　　800万円

(別表四)　処理なし

（別表五(一)）

Ⅰ　利益積立金額の計算に関する明細書

区　　　分		期首積立金	当期の減	当期の増	期末積立金
子会社A株式	3		8,000,000		△8,000,000
子会社B株式	4			8,000,000	8,000,000

　　その結果、子会社A株式の税務上の帳簿価額は、マイナス300万円（500万円－800万円）になります。

(3)　その子会社A株式を時価200万円で譲渡しますと、**会計上の処理**は次のとおりです。

　　　　現金預金　　　　　200万円　／　子会社A株式　　　　500万円
　　　　有価証券売却損　　300万円

　　これに対し、**税務上の処理**は次のようになります。

　　　　現金預金　　　　　200万円　／　子会社A株式　　　　500万円
　　　　子会社A株式　　　800万円　　　有価証券売却益　　　500万円

（別表四）

	区　　　分		総　　額	留　　保	社外流出
加算	有価証券売却損の損金不算入額	10	3,000,000	3,000,000	
	有価証券売却益の益金算入額		5,000,000	5,000,000	

（別表五(一)）

Ⅰ　利益積立金額の計算に関する明細書

区　　　分		期首積立金	当期の減	当期の増	期末積立金
子会社A株式	3	△8,000,000	△8,000,000		―
子会社B株式	4	8,000,000			8,000,000

(4)　この結果だけをみますと、子会社A株式の帳簿価額（購入価額）は

500万円であるのに、500万円の有価証券売却益が生じるのは不合理では
ないか、とも考えられます。

　しかし、一方で子会社B株式の帳簿価額は、800万円増額されていま
す。その子会社B株式を譲渡すれば、税務上の有価証券売却益は800万
円だけ少なくなります。

　グループ法人全体でみれば、整合性がとれているといえましょう。

3—20　完全支配関係会社から贈与を受けた減価償却資産のみ なし償却費処理の可否

（問）　完全支配関係がある子会社がその親会社から機械（時価1,500万円、簿価700万円）を簿価700万円で譲り受けましたが、子会社では受贈益となる800万円は、益金不算入とする一方、償却費として損金経理をした金額として取り扱ってよいでしょうか。

この機械の償却率は0.250で、会計上、期首から償却し償却費175万円を計上します。

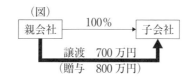

（答）

⑴　法人による完全支配関係がある法人から資産の低廉譲渡を受けた場合、その資産の時価と譲渡価額との差額については受贈益の益金不算入の特例の適用があります（法法25の2）。

この受贈益の益金不算入の特例の適用を受ける場合であっても、その資産の取得価額は時価相当額となり（法令54①六）、その取得価額を基礎として減価償却を行うことができます。

⑵　そこで、**子会社の会計上の処理**は、次のとおりです。

機　　　　械	700万円	／	現　金　預　金	700万円
減　価　償　却　費	175万円	／	機　　　　械	175万円

108

これに対して、**子会社の税務上の処理**は次のようになります。

機　　械　　1,500万円　／　現金預金　　700万円
　　　　　　　　　　　　　　　受贈益　　　800万円

そして、この機械の税務上の償却限度額は次により計算されます。

1,500万円×0.250×12／12＝375万円

(3)　この場合、税務上の取得価額1,500万円と会計上の帳簿価額700万円との差額800万円は、「償却費として損金経理をした金額」に含まれます（法基通7-5-1(4)、国税庁法人課税課情報（平成22.8.10)「問11　譲渡損益調整資産（減価償却資産）を簿価で譲り受けた場合の譲受法人の申告調整」参照）。つまり、税務上は、会計上の減価償却費175万円の損金経理に加えて、次のように処理したとみてよいということです。

減価償却費　　800万円　／　機　　械　　800万円

(4)　したがって、税務上、償却超過額が600万円｛(175万円＋800万円)－375万円｝生じますから、次のような申告調整を行います。その結果、受贈益の計上もれ800万円のうち200万円（800万円×0.250）は、認容されることになります。

（別表四）

	区　　分		総　　額	留　　保	社外流出
加算	減価償却の償却超過額	6	6,000,000	6,000,000	
	受贈益の益金算入額	10	8,000,000	8,000,000	
減算	受贈益の益金不算入額	16	8,000,000		8,000,000
	償却費の損金算入額	21	8,000,000	8,000,000	

(別表五(一))

I　利益積立金額の計算に関する明細書

区　　　分		期首積立金	当期の減	当期の増	期末積立金
機　　械	3		8,000,000	8,000,000	―
機械の償却超過額	4			6,000,000	6,000,000

(5)　なお、**親会社の税務上の処理**は、次のようになります。

現金預金　　　700万円　／　機　　械　　　700万円
寄附金　　　　800万円　　　譲渡益　　　　800万円

子会社株式　　800万円　／　利益積立金額　　800万円

(別表四)

区　　　分		総　　額	留　保	社外流出
加算	譲渡益の益金算入額	10	8,000,000		8,000,000
減算	寄附金の損金算入額	21	8,000,000		8,000,000
寄附金の損金不算入額		27	8,000,000		8,000,000

(注)　「加算10」と「減算21」は、課税所得の計算に影響がありませんから、強いて記載
しなくて差し支えありません。

(別表五(一))

I　利益積立金額の計算に関する明細書

区　　　分		期首積立金	当期の減	当期の増	期末積立金
子会社株式	3			8,000,000	8,000,000
	4				

3 —21　債務者と債権者で金額が異なる債権を放棄した場合の受贈益と寄附金の処理

（問）　親会社が完全支配関係がある子会社に対して有する貸付金（額面 1 億円）は、親会社ではその取得価額の5,000万円、子会社では額面の 1 億円で借入金として計上されていますが、この貸付金について債権放棄をした場合、親会社は5,000万円の寄附金、子会社は 1 億円の受贈益が、それぞれ生じるものと思われます。

　この場合、グループ法人税制が適用され、親会社は寄附金5,000万円が損金不算入となり、子会社は受贈益 1 億円が益金不算入になる、と考えてよいでしょうか。

　また、親会社はその有する子会社株式について簿価修正をする必要がありますが、いくらの金額で簿価修正をすることになるのでしょうか。

（答）

⑴　税務上、法人による完全支配関係がある法人間の贈与・寄附については、その資産等の時価を基準として（法法22②、22の 2 ④）、贈与を受けた法人は受贈益の益金不算入（法法25の 2 ）、贈与を行った法人は寄附金の全額損金不算入（法法37②）の処理を行わなければなりません。

　このグループ法人税制の適用に当たり、贈与を受けた法人の益金不算入となる受贈益の額は、贈与を行った法人の寄附金の額に対応するものに限られます（法法25の 2 ①かっこ書）。一方、贈与を行った法人の全額損金不算入となる寄附金の額は、贈与を受けた法人の受贈益の額に対

応するものに限られます（法法37②かっこ書）。

　そして、このグループ法人税制を適用する場合には、受贈者または贈与者である子会社の親会社は、受贈者である子会社の株式は増額修正、贈与者である子会社の株式は減額修正の、いわゆる「簿価修正」を行う必要があります（法令9七、119の3⑨、119の4①）。

⑵　これをご質問の場合についてみますと、その子会社にあっては、借入金はあくまでも1億円で、その債務免除による受贈益は1億円ですから、この1億円が益金不算入となる。一方、親会社が記帳している貸付金は5,000万円であり、これが時価と認められるから、債務免除による寄附金は5,000万円で、これが損金不算入になる、という意見が考えられます。

　しかし、上述したとおり、益金不算入の対象になる受贈益の額は、贈与者の寄附金の額に対応するものに限られますから、贈与者である親会社で寄附金の額が5,000万円しか生じないとすれば、受贈者である子会社にあっては、受贈益1億円のうち5,000万円だけが益金不算入の対象になるものと考えます。残り5,000万円は、益金算入になります。

⑶　一方、損金不算入の対象になる寄附金の額は、受贈者の受贈益の額に対応するものに限られ、受贈者である子会社では受贈益の額1億円が生じますが、そもそも親会社では寄附金の額は5,000万円しか生じませんから、その5,000万円が損金不算入の対象になるものと考えます。

　そうしますと、親会社が行う子会社株式の簿価修正の額も、5,000万円になるものと考えます。

⑷　なお、ご質問の債権放棄が子会社を再建するための合理的なものとして、親会社がその貸付金の債権放棄を寄附金ではなく、子会社支援損等として損金算入する場合（法基通9-4-2）には、そもそもグループ法人

税制の適用はありません（法基通4-2-5）。

　親会社では寄附金、子会社では受贈益という対応関係が生じないからです（(問) 3—22参照)。

3—22　子会社等を整理、再建する場合の損失負担、無利息貸付け等の特例の可否

> **(問)**　親会社が完全支配関係がある子会社を整理、再建する場合の損失負担や無利息貸付け等について、相当の理由があり、合理的であると認められる場合には、従来どおり寄附金には該当せず、寄附金の全額損金不算入、受贈益の益金不算入の特例の適用はないという理解でよいでしょうか。

(答)

⑴　親会社が子会社等を整理、再建する場合の損失負担や無利息貸付け等は、そのことに相当の理由があり、合理的であると認められる場合には、普通であれば寄附金とされるようなものであっても、寄附金には該当しません（法基通9-4-1、9-4-2）。単純な子会社等の整理、再建費用として損金算入が認められます。

⑵　ところが、グループ法人税制の創設により、完全支配関係がある子会社を整理、再建する場合の、このような取扱いの存在意義と両制度の適用の優先関係が問題となってきました。

　そのため、このような子会社等を整理、再建する場合の取扱いは、グループ法人税制の創設を機に廃止ないし縮小すべきであるという意見もみられます。

⑶　しかし、このような、子会社等の整理、再建のための損失負担や無利息貸付け等は、親会社にとっては、将来の損失や負担を軽減、回避するための事業遂行上の必要経費である、いわば防衛費であって、子会社等

に対する単純な贈与ではないと考えられます。

　したがって、従来どおり寄附金には該当せず、寄附金の全額損金不算入（法法37②）、受贈益の益金不算入（法法25の２）の特例の適用はないと解されます（法基通4-2-5）。

⑷　ただ、親会社においてその損失負担や無利息貸付け等が寄附金に該当せず、損金算入されるとすれば、子会社等では受贈益の益金不算入の特例の適用はなく、債務免除益や受贈益等に対する課税関係が生じることになります。受贈益の益金不算入は、贈与を行った親会社において寄附金処理を行わなければ適用が認められないからです（法法25の２①）。子会社等の有する欠損金額や経営状況などによっては、それが得策であるかどうかは、慎重な検討を要すると思われます。

3—23 新型コロナウイルス禍により債務免除を受けた場合の債務免除益の益金不算入の可否

> **(問)** 新型コロナウイルス禍により経営が大きな打撃を受けましたので、営業継続を支援するため、完全支配関係がある親会社から買掛金500万円の支払免除を受けましたが、この債務免除益500万円について、完全支配関係がある法人からの贈与として益金不算入の適用が認められますか。

(答)

(1) 法人による完全支配関係がある法人間における、贈与を受けた法人は受贈益の益金不算入（法法25の2）、贈与を行った法人は寄附金の全額損金不算入（法法37②）の特例は、債務免除益などの経済的利益の供与による受贈益や寄附金についても適用されます（法基通4-2-6）。

(2) ただし、これらの特例は、贈与の相手方において寄附金の損金不算入規定（法法37）を適用しないとした場合に損金算入される寄附金に対応する受贈益、贈与の相手方において受贈益の益金不算入規定（法法25の2）を適用しないとした場合に益金算入される受贈益に対応する寄附金に限って適用されます。

すなわち、受贈法人と贈与法人の受贈益と寄附金が相対応するものでなければなりません。

(3) 一方、被災した取引先の復旧を支援する目的で、災害発生後、その取引先の通常の営業再開のための復旧過程にある期間内に売掛金等の債権の全部または一部を免除した場合には、その免除による損失は寄附金に

該当しません。単純な損金として損金算入をすることができます（法基通9-4-6の２）。

　この取扱いは、昨今の新型コロナウイルス禍により影響を受けている取引先に対する債務免除等についても適用されるものと解されます。

(4)　ご質問の親会社が売掛金500万円の免除をし、この取扱いを適用してその債務免除による損失500万円は子会社に対する寄附金に該当せず、単純に損金算入するとすれば、子会社において債務免除益500万円の益金不算入は適用できず、益金算入しなければなりません。贈与の相手方である親会社において、寄附金として処理していないからです。

　これは、合理的な子会社の整理、再建（法基通9-4-1、9-4-2）に伴う子会社の受贈益と同様の考え方です（法基通4-2-5、（問）３—22参照）。

(5)　なお、売掛金の免除による親会社の損失500万円は、貸倒引当金における貸倒実績率（法令96⑥）を計算する場合の貸倒損失には該当しないものと考えます。

3—24　完全支配関係がある公共法人から受けた補助金の益金不算入の可否

> **（問）**　株主が公共法人（独立行政法人）でその公共法人の株式保有割合が100％の会社が、その公共法人から補助金の交付を受けた場合、その公共法人との間に完全支配関係があるとして、その補助金については、受贈益の益金不算入の特例の適用をしてよいでしょうか。

（答）

⑴　完全支配関係は、その株主等が国や地方公共団体、公共法人のように法人税の納税義務がない法人であっても、これらの者が発行済株式等の全部を直接または間接に保有している限り成立します（法法２十二の七の六、法令４の２②、（問）１—２参照）。

⑵　法人による完全支配関係がある法人から受けた受贈益の益金不算入の特例の適用対象は、その相手方法人において寄附金の損金不算入規定（法法37）を適用しないとした場合に損金算入される寄附金の額に対応する受贈益の額に限られます（法法25の２①）。

　　一方、完全支配関係がある法人に対して支出する寄附金の全額損金不算入の特例の適用対象も、その相手方法人において受贈益の益金不算入規定（法法25の２）を適用しないとした場合に益金算入される受贈益の額に対応する寄附金の額に限られます（法法37②）。

⑶　このように、受贈益の益金不算入と寄附金の全額損金不算入の特例は、当事者お互いにおいて法人税の課税対象になる受贈益と寄附金に限られています。

　そこで、公共法人（独立行政法人）は法人税の納税義務がなく（法法
4②）、そもそも損金算入される寄附金は生じませんから、公共法人か
ら交付を受ける補助金について受贈益の益金不算入の特例の適用はでき
ません（法基通4-2-4、9-4-2の6）。

⑷　その公共法人（独立行政法人）からの補助金が国庫補助金等で取得し
た資産の圧縮記帳（法法42～44）の対象になるものであれば、圧縮記帳
により対処すべきことになります。

3―25　完全支配関係会社からの株式の有利発行による受贈益の益金不算入の可否

> **(問)**　A社は完全支配関係があるB社から、第三者割当て増資によりいわゆる株式の有利発行を受けましたので、その払込金額1,000万円と時価3,000万円との差額2,000万円は受贈益として計上しますが、この受贈益について益金不算入の特例の適用をしてよいでしょうか。

(答)

⑴　法人による完全支配関係がある法人から受けた受贈益の益金不算入の特例の適用対象は、その相手方法人において寄附金の損金不算入規定（法法37）を適用しないとした場合に損金算入される寄附金の額に対応する受贈益の額に限られます（法法25の２）。

　　すなわち、寄附金と受贈益とが対応する関係になければなりません。

⑵　一方、会社の増資に際して第三者割当て等により株主でない法人が、特に有利な払込みにより株式を取得した場合には、その株式の取得価額については、時価相当額とします（法令119①四、法基通2-3-7〜2-3-9）。その結果、その払込金額と時価との差額は、受贈益となります。

　　ご質問の**A社の会計上、税務上の処理**は、次のようになります。

　　子会社株式　　3,000万円　／　現金預金　　1,000万円
　　　　　　　　　　　　　　　　　受贈益　　　2,000万円

　この貸方・受贈益2,000万円について、益金不算入の特例の適用があるかどうかが問題です。

⑶　これに対し、**B社の会計上、税務上の処理**は、次のとおりです（払込
金額1,000万円のうち50％を資本金として計上します。）。

　　　　現金預金　　　1,000万円　／　資本金　　　　　500万円
　　　　　　　　　　　　　　　　　　資本準備金　　　500万円

　　すなわち、増資を行うB社は、発行する株式の時価に関係なく、その
払込金額を税務でいう資本金等の額として処理します。B社において
は、寄附金は生じません。

⑷　したがって、A社に受贈益が計上されるとしても、その相手方である
B社にはそもそも寄附金が発生しませんから、A社はその受贈益を益金
不算入とすることはできません（法基通4-2-4、9-4-2の6）。単純に受贈
益として課税の対象になります。

3—26　親会社が寄附金課税の更正を受けた場合の子会社の受贈益益金不算入の処理

> **(問)**　税務調査により、親会社が完全支配関係がある子会社に対する無利息融資に関し、本来収受すべき利息相当額100万円につき寄附金の全額損金不算入の更正を受けた場合、その子会社ではその寄附金相当額100万円について、受贈益の益金不算入の特例の適用が認められるでしょうか。
>
>　もしその適用が認められるとした場合には、どのような措置をとればよいでしょうか。

(答)

(1)　完全支配関係がある親会社が、無利息融資に関し、本来収受すべき利息相当額100万円につき更正を受ける場合には、次のような税務上の処理になります。

未収利息	100万円	／	受取利息	100万円
寄附金	100万円		未収利息	100万円
子会社株式	100万円	／	利益積立金額	100万円

　この借方・寄附金100万円が、完全支配関係がある子会社に対する寄附金として全額損金不算入になります（法法37②、法基通4-2-6、(問)3—15参照）。その結果として受取利息100万円が収益の計上漏れ（寄附金の損金不算入）として更正されます。

122

(別表四)

区　　　分			総　　額	留　　保	社外流出
加算	受取利息の益金算入額	10	1,000,000	1,000,000	
減算	寄附金の損金算入額	21	1,000,000	1,000,000	
寄附金の損金不算入額		27	1,000,000		1,000,000

(別表五(一))

I　利益積立金額の計算に関する明細書

区　　分		期首積立金	当期の減	当期の増	期末積立金
未収利息	3		1,000,000	1,000,000	—
子会社株式	4			1,000,000	1,000,000

(2)　一方、その**子会社の税務上の処理**は、次のとおりです。

```
支払利息　　100万円　／　未払利息　　100万円
未払利息　　100万円　　　受贈益　　　100万円
```

　この貸方・受贈益100万円につき益金不算入の特例の適用を受けられるかどうかが問題です。この点、完全支配関係がある法人から受けた受贈益の益金不算入は、格別、経理要件や申告要件などは付されていない、強制適用される特例です（法法25の2）。

　したがって、完全支配関係がある親会社において未収利息100万円につき更正を受ける場合には、その子会社においては、受贈益100万円の益金不算入の特例の適用を受けることができます。

（別表四）

区　　分			総　額	留　保	社外流出
加算	受贈益の益金算入額	10	1,000,000	1,000,000	
減算	受贈益の益金不算入額	16	1,000,000		1,000,000
	支払利息の損金算入額	21	1,000,000	1,000,000	

（別表五㈠）

Ⅰ　利益積立金額の計算に関する明細書

区　　分		期首積立金	当期の減	当期の増	期末積立金
未払利息	3		1,000,000	1,000,000	―
	4				

⑶　このような場合、課税庁では、親会社につき更正をするときは、それ
に伴って子会社の減額更正を職権で適時、適切に行うよう、関係税務署
間で連絡を密にするといわれています。

　もしそれでも税務署長の減額更正がなされない場合には、更正の請求
期限内であれば、更正の請求を行い（通法23）、更正の請求期限が徒過
しているときは、減額更正の申立て（更正の申出）を行うような措置が
考えられます。

124

3—27 保有する子会社株式に対して簿価修正を行い、税効果会計を適用する場合の処理

（問） 完全支配関係がある子会社Ａが子会社Ｂに対して資産500万円の贈与をしましたので、両社の親会社は、子会社Ａ株式の帳簿価額を500万円減額し、子会社Ｂ株式の帳簿価額を500万円増額する簿価修正を行いますが、これに伴い税効果会計を適用し、繰延税金負債および繰延税金資産を各150万円（実効税率30％と仮定）を計上する場合、税務上はどのような処理をすればよいでしょうか。

（答）

⑴ ご質問の場合、贈与を行った子会社Ａは500万円の寄附金の全額損金不算入（法法37②）、贈与を受けた子会社Ｂは、500万円の受贈益の益金不算入（法法25の２）の処理をします。

　この処理に対応して、両社の親会社は、保有する子会社Ａ株式と子会社Ｂ株式の帳簿価額を減額または増額する、「簿価修正」を行います（法令９七、119の３⑨、119の４①）。

　そこで、親会社の税務上の処理は次のとおりです。

　　利益積立金額　　500万円　／　子会社Ａ株式　　500万円
　　子会社Ｂ株式　　500万円　／　利益積立金額　　500万円

⑵ この税務上の処理に伴って、子会社Ａ株式と子会社Ｂ株式の会計上と税務上の帳簿価額が違ってきますので、会計上は税効果会計を適用します。すなわち、子会社Ａ株式については、その帳簿価額が500万円減額され、将来譲渡等をすれば課税所得が増加しますから、将来加算一時差

異として「繰延税金負債」を認識します。これに対し、子会社B株式にあっては、その帳簿価額が500万円増額され、将来課税所得が減少しますから、将来減算一時差異として「繰延税金資産」を計上します。

その会計上の処理は、次のようになります。

　　法人税等調整額　　　150万円　／　繰延税金負債　　　150万円

　　繰延税金資産　　　　150万円　／　法人税等調整額　　150万円

(注)　流動資産に属する繰延税金資産と流動負債に属する繰延税金負債などは、相殺して表示します。

(3)　そこで、上記(1)、(2)の税務上、会計上の処理を踏まえた申告調整は、次のとおりです。「法人税等調整額」は、損金または益金に算入されませんから、所得金額に加算（借方・法人税等調整額）または所得金額からの減算（貸方・法人税等調整額）の処理を行います。

（別表四）

区　　　　分			総　　額	留　　保	社外流出
加算	法人税等調整額	10	1,500,000	1,500,000	
減算	法人税等調整額	21	1,500,000	1,500,000	

（別表五㈠）

Ⅰ　利益積立金額の計算に関する明細書

区　　分		期首積立金	当期の減	当期の増	期末積立金
子会社A株式	3		5,000,000		△5,000,000
子会社B株式	4			5,000,000	5,000,000
繰延税金負債	5			1,500,000	1,500,000
繰延税金資産	6		1,500,000		△1,500,000

3 —28　完全支配関係会社間で資産の贈与があった場合等の親
　　会社への通知義務の有無

> **(問)**　完全支配関係がある子会社間で資産の贈与があった場合には、その親会社は保有する子会社株式につき簿価修正を行わなければなりませんが、このような場合の子会社から親会社への通知義務がないのはなぜでしょうか。

(答)

⑴　完全支配関係がある法人間で譲渡損益調整資産を譲渡した場合の特例（法法61の11）には、その資産の譲渡法人と譲受法人との間で、譲渡損益調整資産に該当する旨、減価償却資産の適用耐用年数、譲渡損益調整額の戻入事由などの通知義務が法定されています（法令122の12⑰～⑲、(問)　6 —32参照）。

　　これは、自己が関与していない行為や取引により税務上の処理を行わなければならない場合が生じる点に配慮したものです。

⑵　一方、完全支配関係がある法人間の受贈益の益金不算入（法法25の2）・寄附金の全額損金不算入（法法37②）の特例にあっても、子会社株式の簿価修正のように、親会社はその取引に関与していないにもかかわらず、税務処理をしなければならない場合があります（(問)　3 — 9、3 —10、3 —11、3 —12、3 —13参照）。しかし、上記⑴のような通知義務は定められていません。

⑶　これは、税務上は資産の譲渡や役務の提供は適正な時価をもって行われることを前提にしており、原則的に受贈益や寄附金が生じることは予

定していないことによるものでしょう。すなわち、受贈益や寄附金が生
じるのは異例のことであり、そのような異例なことを前提に通知義務を
法定するのは適当でないことによるものと考えられます。

⑷　このように通知義務がないとしても、事実上その通知や連絡をしなけ
れば、親会社の税務処理が違うことになってしまいます。今後はグルー
プ法人間の連絡、協調が重要であることに留意しなければなりません。

3―29　寄附金の損金算入限度額の計算方法の改正の適用法人の範囲

> **(問)**　令和4年4月1日からのグループ通算制度の適用に伴って、一般寄附金および特定公益増進法人等に対する寄附金の損金算入限度額の計算における資本基準が改正になりましたが、この改正はグループ通算法人以外の単独納税法人についても適用されるのでしょうか。

(答)

(1)　現行の寄附金課税制度における、法人の支出する寄附金の取扱いは、それぞれ次のとおりです。

　イ　一般寄附金――資本基準と所得基準を基礎として計算した損金算入限度額を超える部分の金額の損金不算入（法法37①）

　ロ　完全支配関係法人への寄附金――全額損金不算入（法法37②）

　ハ　国・地方公共団体への寄附金および指定寄附金――全額損金算入（法法37③一、二）

　ニ　特定公益増進法人および認定NPO法人への寄附金――イの一般寄附金の損金算入限度額とは別枠で、資本基準と所得基準を基礎として計算した損金算入限度額を超える部分の金額の損金不算入（法法37④、措法66の11の3②）

　ホ　国外関連者への寄附金――全額損金不算入（措法66の4③）

(2)　上記(1)イおよびニの損金算入限度額の計算の基礎になる「資本基準」について、従来、イは「資本金等の額」（法法2十六）の2.5／1,000（旧法令73①一イ）、ニは「資本金等の額」の3.7／1,000とされていまし

た（旧法令77の2①一イ）。

　この点、これら資本基準における「資本金等の額」が、「資本金の額及び資本準備金の額の合計額」または「出資金の額」と改正されました（法令73①一イ、77の2①一イ）。資本基準は、法人の事業規模を表し、その規模に応じて損金算入限度額を算出する趣旨によるものです。

　ところが、昨今、自己株式を取得する法人が増加しており、自己株式を取得すると資本金等の額の減少として処理されるため、資本金等の額は事業規模の実態を表していない傾向がみられます。そこで、資本基準が上記のように見直されたものです。

⑶　この改正は、グループ通算制度が令和4年4月1日から適用されることに伴って行われたものですが、グループ通算法人はもとより、グループ通算制度を適用しない単体納税法人であっても適用されます。

　また、新資本基準における「資本金の額及び資本準備金の額の合計額」は、「資本剰余金の額」ではなく、「資本準備金の額」とされている点に留意を要します。資本準備金は、法人の設立、増資により株主から払い込まれた金額のうち資本金に計上しなかった部分（払込額の2分の1以下の額）の金額です（会社法445③）。

⑷　更に、資本金という概念のない持分会社（合資会社、合名会社、合同会社）や協同組合などは「出資金の額」のみが資本基準になります。資本準備金は、含まれないことに留意が必要です。

　ただし、優先出資を発行する協同組織金融機関にあっては、「出資金の額」ではなく「資本金の額及び資本準備金の額の合計額」が資本基準になります（法基通9-4-6の5）。信用事業を行う協同組合等で、優先出資を発行するものにあっては、資本金および資本準備金があるからです（協同組織金融機関の優先出資に関する法律42条）。

3—30 完全支配関係法人間で資産の贈与があった場合の消費税の課税関係

> **(問)** 法人税では完全支配関係がある法人間で資産の贈与・寄附があった場合には、その資産の時価を基準として、受贈益の益金不算入・寄附金の全額損金不算入の処理を行いますが、そうしますと消費税においても、時価を基準として課税関係を処理すべきことになるのでしょうか。

(答)

(1) 法人税においては、完全支配関係がある法人間において資産や役務の贈与があった場合には、その資産や役務の時価を基準として（法法22②、22の2④）、贈与を受けた法人は受贈益の益金不算入（法法25の2）、贈与を行った法人は寄附金の全額損金不算入（法法37②）の処理をします。

(2) これに対し、消費税にあっては、消費税額は最終消費者に転嫁されるという租税の性格上、個人事業者が商品を自家消費した場合や法人がその役員に資産の贈与をした場合を除き（消法4⑤二、28③二）、資産の実際の取引金額を基準として課税関係を処理すればよいことになっています（消基通10-1-1、5-1-2、5-4-5）。

(3) このことは、完全支配関係がある法人間における資産や役務の贈与であっても全く同じで、法人税において受贈益の益金不算入・寄附金の全額損金不算入の処理を行ったとしても、消費税の課税上は時価に引き直す必要はありません。

(4) たとえば、完全支配関係がある親会社がその子会社に対して課税資産
（時価1,000万円、簿価600万円）を簿価600万円（税込み）で譲渡した場
合、税抜経理方式での親会社と子会社の経理処理は、次のようになりま
す。

《親会社》

現金預金	6,000,000	/	資　　産	6,000,000
寄附金	4,000,000		譲渡益	3,454,546
			仮受消費税等	545,454

《子会社》

資　　産	9,454,546	/	現金預金	6,000,000
仮払消費税等	545,454		受贈益	4,000,000

親会社の仮受消費税等と子会社の仮払消費税等の545,454円は、600万
円×10／110により計算されます。

4　繰越欠損金額の引継ぎ等

4—1　完全支配関係子会社の残余財産が確定した場合の欠損金額の引継ぎ

> **(問)**　完全支配関係がある子会社が解散し、残余財産が確定した場合には、その子会社の未処理欠損金額は親会社に引き継ぐことができますが、この未処理欠損金額の引継ぎは、子会社に残余財産があり、その残余財産の分配を受ける場合にも認められるのでしょうか。

(答)

(1)　親会社との間に完全支配関係がある子会社が解散し、残余財産が確定した場合、その子会社株式の譲渡対価の額は譲渡原価の額と同額とされ、親会社はその子会社株式の消滅による損失の損金算入はできません（法法61の2⑰）。

　　これに対応して、親会社においては、原則としてその子会社が有する未処理欠損金額（残余財産の確定の日の翌日前10年以内に開始した各事業年度において生じた欠損金額のうち、まだ使用していないもの）を引継ぎ、自己の欠損金額として控除することができます（法法57②）。

(2)　この場合の完全支配関係は、その親会社による完全支配関係または当事者間の完全支配の関係がある法人相互の関係に限られます。したがっ

て、たとえば親会社が解散して残余財産が確定した場合において、子会
社がその親会社の株式を保有していたとしても、親会社の未処理欠損金
額を子会社に引き継ぐことはできません。

(3)　清算中の子会社の残余財産が確定した場合、未処理欠損金額があるに
もかかわらず残余財産の分配を行うような例は少ないと思われます。し
かし、現に残余財産の分配がある場合であっても、子会社に未処理欠損
金額がある限り、その未処理欠損金額は親会社に引き継ぐことができま
す。法文上、「残余財産が確定した場合」というだけで、残余財産の分
配があるような場合を対象外とすることにはなっていないからです。

(4)　一方、適格現物分配により残余財産の全部の分配を受けた場合には、
①その残余財産の確定の日の翌日の属する事業年度開始の日の5年前の
日、②親会社の設立の日または③子会社の設立の日のうち最も遅い日か
ら継続して支配関係がある場合を除き、親会社自身の欠損金の利用につ
いて制限があるので留意しなければなりません（法法57④、（問）4－
11参照）。

4－2　子会社の発行済株式の一部を有する場合の欠損金額の引継ぎの可否と引継額

(問)　子会社が解散し、残余財産が確定した場合のその子会社の未処理欠損金額の引継ぎは、完全支配関係がある限り、子会社の発行済株式の一部のみしか保有していない場合であっても認められますか。

　もし認められるとしたら、その引継額はどのように計算したらよいでしょうか。

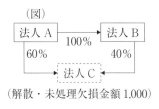

（図）

（解散・未処理欠損金額 1,000）

(答)

⑴　親会社との間に完全支配関係がある子会社が解散し、残余財産が確定した場合には、親会社においては、その子会社に生じた未処理欠損金額を引き継ぎ、控除することができます。この場合の完全支配関係は、その親会社による完全支配関係または当事者間の完全支配の関係がある法人相互の関係をいいます（法法57②）。

⑵　その完全支配関係は、必ずしも自社が子会社の100％の持株割合を有していなくても成立します。（図）の場合、法人Aと法人Bは法人Cの発行済株式等の全部は直接保有していません。しかし、法人A、法人Bおよび法人Cとの間には、完全支配関係があることになります（（問）1－1参照）。

⑶　これを前提に、法文上も「完全支配関係がある他の内国法人で当該内国法人が発行済株式若しくは出資の全部若しくは一部を有するものの残余財産が確定した場合」と規定しています（法法57②）。100％の持株割合を有していない株主等も、子会社の未処理欠損金額の引継ぎができるということです。

⑷　このように、残余財産が確定した子会社に株主等が2以上ある場合には、各株主等が引き継ぐ未処理欠損金額は、次の算式により計算した金額とします（法法57②）。

$$\frac{未処理欠損金額}{発行済株式等の総数または総額} \times \frac{株主等の有する株式等の数}{または金額}$$

　したがって、（図）の場合の法人Cの残余財産が確定した場合には、法人Cの有する未処理欠損金額1,000のうち60％相当額600を法人Aが、40％相当額400を法人Bがそれぞれ引き継ぐことになります（国税庁法人課税課情報（平成22.10.6）「問6　残余財産が確定した場合の青色欠損金額の引継ぎ」参照）。

4－3　子会社が種類株式を発行している場合の欠損金額の引継ぎの可否

> **(問)**　（図）のような完全支配関係がある法人Ｃが解散した場合において、法人Ｃが種類株式を発行しており、法人Ａの保有するＣ株式は会社経営上の議決権株、法人Ｂの保有するＣ株式は配当優先株であるときにあっても、法人Ｃの未処理欠損金額の引継額は、単純にその持株割合に応じた金額でよいのでしょうか。
>
>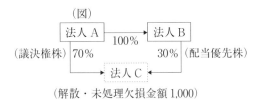
>
> （図）
>
> （解散・未処理欠損金額 1,000）

(答)

⑴　親会社との間に完全支配関係がある子会社が解散し、残余財産が確定した場合、親会社においては、その子会社に生じた未処理欠損金額を引き継ぎ、控除することができます。

　この場合、その子会社に、完全支配関係がある株主等が２以上あるときは、各株主等が引き継ぐ未処理欠損金額は、次の算式により計算した金額とします（法法57②、（問）４－２参照）。

$$\frac{未処理欠損金額}{発行済株式等の総数（金額）} \times 株主等の有する株数（金額）$$

　すなわち、株主等の持株割合に応じて、引継額を計算するということです。

⑵　この場合、ご質問のように、解散した子会社が種類株式を発行しているときは、その種類株式の内容に応じて、引き継ぐ未処理欠損金額を計算するのかどうかです。

　もし、ご質問の法人Ｂが有する配当優先株が、残余財産の全分配も受けられる権利内容のものであれば、法人Ｂは残余財産の分配を受けるとともに、未処理欠損金額の引継ぎもできるということになります。

⑶　しかし、解散した子会社の未処理欠損金額の引継ぎに関して、株主が保有する株式の権利内容に応じて引継額を計算するようにはなっていません。種類株式の発行の有無にかかわらず、単純に普通株式と種類株式を合計した発行済株式数と保有株式数により、上記⑴の算式に基づき計算した金額が各株主の引継額となります。

　したがって、ご質問の場合には、法人Ａが700（1,000×70％）、法人Ｂが300（1,000×30％）の未処理欠損金額を引き継ぐことになります。

4—4　子会社の欠損金額のうち孫会社から引き継いだ金額の
親会社への引継ぎの可否

(問)　完全支配関係がある子会社が解散し、残余財産が確定した場合には、その子会社が有する未処理欠損金額はその親会社に引き継ぐことができますが、その子会社が有する未処理欠損金額（1,000）のうちに、孫会社から引き継いだ未処理欠損金額（300）が含まれているときでも、その孫会社から引き継いだ未処理欠損金額も親会社に引き継ぐことができるでしょうか。

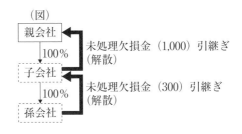

(答)

⑴　親会社との間に完全支配関係がある子会社が解散し、残余財産が確定した場合には、親会社においては、その子会社に生じた未処理欠損金額を引き継ぎ、控除することができます（法法57②）。したがって、（図）の子会社は、孫会社との間に①その残余財産の確定の日の翌日の属する事業年度開始の日の５年前の日、②子会社の設立の日または③孫会社の設立の日のうち最も遅い日から継続して支配関係（法法２十二の七の五）があったとすれば、その孫会社の未処理欠損金額（300）を引き継ぐことができました（法法57③）。

⑵　そこで、その子会社が解散し残余財産が確定した場合、子会社が孫会社から引き継いだ未処理欠損金額（300）についても、子会社に固有に生じた未処理欠損金額（700）と合わせて親会社に引き継ぐことができるかどうかが問題となります。

　この点、完全支配関係がある子会社から引継ぎができる未処理欠損金額には、孫会社から引継ぎが認められ、子会社の欠損金額とみなされた未処理欠損金額を含むものとされています（法法57②）。したがって、（図）の親会社は、子会社が孫会社から引き継いだ未処理欠損金額（300）についても、子会社に固有に生じた未処理欠損金額（700）と合わせて引き継ぐことができます。

⑶　ただし、たとえば残余財産の確定の日以前に、子会社が支配関係がある法人との適格合併により設立された法人であるような場合には、所定の要件のもと、その引継ぎに制限が設けられています（法法57③、法令112④）。

4－5　合併が連続する場合の被合併法人から引き継いだ欠損金の引継ぎの可否

(問)　適格合併が行われた場合には、その被合併法人が有する未処理欠損金額は合併法人に引き継ぐことができます。その被合併法人(A)の未処理欠損金額のうちに、過去に行った適格合併の際の被合併法人(C)から引き継いだ欠損金額が含まれていますが、その被合併法人(C)から引き継いだ欠損金額も、今回の合併に当たり合併法人(B)に引き継ぐことができるでしょうか。

(図)

(答)

(1)　法人間で適格合併が行われた場合、その合併法人は、被合併法人の有する未処理欠損金額（適格合併の日前10年以内に開始した各事業年度において生じた欠損金額）を引き継ぎ、自己に生じた欠損金額とみなして繰越控除をすることができます（法法57②）。

　　この場合の、被合併法人の有する未処理欠損金額には、過去に適格合併が行われ、この引継規定により被合併法人の欠損金額とみなされたものが含まれます（法法57②）。

　　したがって、ご質問の場合、今回の合併における合併法人(B)は、過去

の合併における合併法人(A)が被合併法人(C)から引き継いだ未処理欠損金
額を引き継ぐことができます。

(2)　ただし、この場合の被合併法人は合併法人との間に支配関係があるも
のに限られ、また、その適格合併が共同事業を行うための合併である場
合またはその適格合併の日の属する事業年度開始の日の5年前の日から
継続して支配関係がある場合のいずれにも該当しないときは、未処理欠
損金額の引継ぎに制限があります（法法57③）。

4 ― 6　完全支配関係親会社から債務免除益がある場合の引継ぎ未処理欠損金額の計算

> **（問）**　完全支配関係がある子会社が解散し、未処理欠損金額5,000万円があるところ、清算結了に向けてその親会社から借入金4,000万円の免除を受けましたが、清算中であるため子会社にはその債務免除益しか収益がないとした場合、親会社が子会社から引き継ぐ未処理欠損金額は、1,000万円（5,000万円－4,000万円）となるのでしょうか。

（答）

⑴　親会社との間に完全支配関係がある子会社が解散し、残余財産が確定した場合には、親会社においては、原則としてその子会社が有する未処理欠損金額を引き継ぎ、控除することができます（法法57②）。

⑵　一方、完全支配関係がある法人間において資産や役務の贈与・寄附があった場合には、その贈与を受ける法人に生じる受贈益は、益金の額に算入されません（法法25の２）。この受贈益の益金不算入の特例は、清算法人の清算中の事業年度においても適用されます（（問）１―２参照）。

　この場合、親会社からの債務免除益についても、受贈益の益金不算入の特例の適用対象になります（（問）３―15参照）。

⑶　そこで、ご質問の子会社がその親会社から受ける債務免除益4,000万円は益金の額に算入する必要はありません。その結果、子会社の有する未処理欠損金額5,000万円と債務免除益4,000万円とは相殺されることなく、未処理欠損金額5,000万円がそのまま残ります。

　したがって、親会社はその子会社の未処理欠損金額5,000万円を引継ぎの対象とすることができます。

4－7　被合併法人の欠損金の引継ぎにおける支配関係の継続の有無の判定

> **(問)**　個人甲が10年以上前に設立して以来、完全支配関係があるA社とB社について、2年前にC社が甲からそのA社株式とB社株式の全部を取得し、現在はC社が親会社になっています。
>
> 　この度、A社がB社を吸収合併することになりましたが、B社が有する欠損金の引継ぎに当たり、個人甲がA社、B社を設立した時から支配関係があったと考えてよいでしょうか。

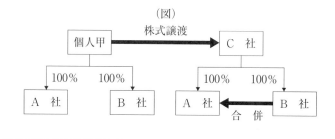

（図）

(答)

⑴　未処理欠損金額を有する法人を被合併法人とする適格合併を行った場合において、その被合併法人と合併法人との間に、その適格合併の日の属する事業年度開始の日の5年前の日から継続して支配関係があるときは、合併法人は被合併法人の未処理欠損金額を引継ぎ、控除することができます（法法57②③）。

⑵　ご質問の場合、個人甲は、A社、B社の設立以来、50％超（100％）の持株を有していますから、10年以上前からA社とB社との間には一の者（甲）による当事者間の支配の関係がある法人相互の関係（支配関

係）が継続していたことになります。

　また、個人甲から株式譲渡を受けた後も、A社およびB社との間には一の者（C社）による当事者間の支配の関係がある法人相互の関係があります。

(3)　この場合の「一の者」である個人または法人について、同一の者であることまでは要求されていません。あくまでも、誰が株主であっても、適格合併の日の属する事業年度開始の日の5年前の日から継続して支配関係があれば足りるものと考えられます。

　したがって、ご質問の場合には、個人甲がA社とB社を設立した10年以上前からA社とB社との間には支配関係があったとみてよいものと考えます。その結果、A社はB社の有する未処理欠損金額を引継ぐことができます（国税庁・法人税質疑応答事例「株式の保有関係が変更している場合の青色欠損金額の引継ぎ」、名古屋国税局・文書回答事例平成29.12.12「株式の保有関係が変更している場合の支配関係の継続要件の判定について」参照）。

4－8　グループ法人の親会社に変更があった場合の支配関係の継続の有無の判定

> **(問)**　完全支配関係がある子会社の残余財産が確定した場合の子会社の未処理欠損金額の引継ぎについては、所定の日から継続して支配関係がない場合にはその引継ぎに制限がありますが、グループ法人の頂点である親会社が変更になった場合であっても、当初の親会社の時から支配関係は継続していると考えてよいでしょうか。
>
>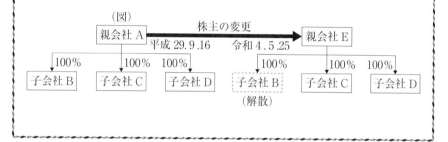

(答)

⑴　(図) の場合の子会社B、子会社Cおよび子会社Dの間の完全支配関係については、親会社がAからEに変更になったとしても、継続しているものとして取り扱われます。

　　しかし、株主の変更後の親会社Eと解散する子会社Bとの間の完全支配関係は、親会社Aのときから継続しているとはいえません。

⑵　完全支配関係がある子会社の残余財産が確定した場合の子会社の未処理欠損金額の引継ぎについては、その子会社が親会社による完全支配関係または当事者間の完全支配の関係がある法人相互の関係があるものに限って認められます (法法57②)。

⑶　そこで（図）の場合には、親会社Ｅと子会社Ｂとの間に完全支配関係が生じたのは、株式の譲渡により株主が変更になった、令和4年5月25日です。当初の親会社Ａと完全支配関係があった日（平成29.9.16）から完全支配関係が継続しているとはいえません。

　したがって、子会社Ｂの令和4年5月25日の属する事業年度前の各事業年度で生じた未処理欠損金額の引継ぎはできません（法法57③）。

4-9 親子会社から兄弟会社になった場合の支配関係の継続の有無の判定

(問) 完全支配関係がある子会社の残余財産が確定した場合の子会社の未処理欠損金額の引継ぎについては、所定の日から継続して支配関係がない場合には、その引継ぎに制限がありますが、適格現物分配により親孫会社の関係から親子会社の関係になり、その子会社が解散した場合、親孫会社の関係の時から支配関係は継続していると考えてよいでしょうか。

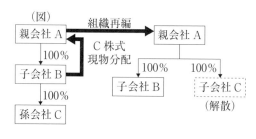

(答)

(1) 完全支配関係がある子会社の残余財産が確定した場合の子会社の未処理欠損金額の引継ぎについては、①その残余財産の確定の日の翌日の属する事業年度開始の日の5年前の日、②親会社の設立の日または③子会社の設立の日のうち最も遅い日から継続して支配関係がない場合には、その子会社の支配関係事業年度（最後に支配関係があることとなった日の属する事業年度）前の各事業年度で前10年内事業年度において生じた欠損金額などは引継ぎができません（法法57③、法令112④）。

(2) ここで「支配関係」とは、一の者が法人の発行済株式等の50%超を直

接もしくは間接に保有する関係（当事者間の支配の関係）または一の者との間に当事者間の支配の関係がある法人相互の関係をいいます（法法2十二の七の五、法令4の2①）。

　この支配関係は、現象的、実態的には親子会社の関係、親孫会社の関係および兄弟会社の関係ということです。

⑶　そこで（図）の場合には、持株会社制に移行するため適格現物分配により子会社Bが孫会社Cの株式を親会社Aに現物分配し、孫会社Cは親会社Aの子会社になりました。これは親会社Aにとっては、従来は間接の支配関係であったものが直接の支配関係になったということであり、支配関係が継続していることに変わりありません。

　したがって、親孫会社の関係が成立した時から支配関係は継続していると考えてよいことになります。

4 —10　欠損金額の引継制限における「最後に支配関係があることとなった日」の意義

(問)　完全支配関係がある子会社の残余財産が確定した場合の子会社の未処理欠損金額の引継ぎにおいて、支配関係が継続していない場合には、最後に支配関係があることとなった日の属する事業年度前の各事業年度で前10年内事業年度において生じた欠損金額は引継ぎができませんが、「最後に支配関係があることとなった日」は支配する株主が変更になった場合には、どのように判定したらよいでしょうか。

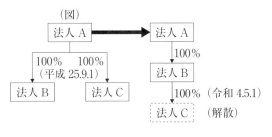

(図)

(答)

⑴　完全支配関係がある子会社の残余財産が確定した場合の子会社の未処理欠損金額の引継ぎについては、①その残余財産の確定の日の翌日の属する事業年度開始の日の5年前の日、②親会社の設立の日または③子会社の設立の日のうち最も遅い日から継続して支配関係がない場合には、その子会社の支配関係事業年度（最後に支配関係があることとなった日の属する事業年度）前の各事業年度で前10年内事業年度において生じた欠損金額などは引継ぎができません（法法57③、法令112④）。

⑵　そこで（図）の場合、平成25年9月1日と令和4年5月1日のいずれ

を最後に支配関係があることとなった日として、法人Bが法人Cの残余財産の確定に伴い、未処理欠損金額の引継ぎができるかどうかです。

　この支配関係事業年度における「最後に支配関係があることとなった日」とは、（図）の場合、法人Bと法人Cとの間に支配関係（法人相互の関係）が成立した日（平成25．9．1）と法人Bと法人Cとの間に支配関係（直接支配関係）が成立した日（令和4．5．1）とのどちらの日をいうのか問題になります。

(3)　この点、「最後に支配関係があることとなった日」とは、法人Bと法人Cとの間において、残余財産の確定の日の直前まで継続して支配関係がある場合のその支配関係があることとなった日をいい（法基通12-1-5）、その支配関係を成立させている一の者が継続していることまでは要しません（国税庁法人課税課情報（平成22.10.6）「問7　最後に支配関係があることとなった日の判定」参照）。

(4)　したがって、（図）の場合には、法人Bと法人Cとの間に支配関係（法人相互の関係）が成立した日（平成25．9．1）を最後に支配関係があることとなった日としてよいものと考えます。

4 —11　適格現物分配を受けた親会社の繰越欠損金額の利用制限の特例

> **(問)**　親会社が完全支配関係がある子会社から投資用株式（時価1,000万円、簿価1,500万円）の現物分配を受けましたが、その親会社には子会社との間に支配関係が生じた事業年度前に発生した繰越欠損金額800万円がある場合、親会社はその繰越欠損金額800万円は利用できないことになるのでしょうか。

(答)

⑴　支配関係がある法人間で適格現物分配を行った場合において、①適格現物分配を行った事業年度開始の日の5年前の日、②親会社の設立の日または③子会社の設立の日のうち最も遅い日から継続して支配関係がないときは、親会社の有する繰越欠損金額のうち、最後に支配関係があることとなった事業年度前に生じた前10年内事業年度の欠損金額（支配関係前欠損金額）はないものとされます（法法57④）。

⑵　なぜ、事業の移転ではない適格現物分配を受けただけで、その分配を受けた親会社自身の繰越欠損金額の利用が制限されるのか、疑問が生じるところです。これは、適格現物分配を受けた資産の取得価額は、現物分配を行う子会社の帳簿価額相当額とされますから（法法62の5③④⑥、法令123の6①）、その資産の含み益と親会社の欠損金額を相殺する、租税回避行為を防止する趣旨のものといえましょう。

⑶　そうしますと、現物分配を受ける資産に含み損があるような場合には、親会社自身の繰越欠損金額の利用を制限する必要はないといえま

す。

　そこで、適格現物分配の場合には、親会社の繰越欠損金額の利用について、次のような特例が認められています（法令113⑤）。

①　適格現物分配を受けた資産に含み損がある場合——利用制限なし

②　適格現物分配を受けた資産に含み益があり、その含み益が支配関係前欠損金額以下である場合——その含み益相当額の欠損金額の利用制限

③　適格現物分配を受けた資産に含み益があり、その含み益が支配関係前欠損金額を超える場合——その含み益相当額の欠損金額と特定資産譲渡等損失額の利用制限

⑷　したがって、ご質問の場合には、適格現物分配を受ける投資用株式に500万円（1,000万円－1,500万円）の含み損がありますから、親会社の支配関係前欠損金額800万円については、利用制限を受けません。

　ただし、この特例の適用を受けるためには、適格現物分配があった事業年度の確定申告書、修正申告書または更正請求書に欠損金額の計算に関する明細書を添付し、かつ、適格現物分配資産の時価の算定の基礎となる事項を記載した書類等を保存することが必要です（法令113⑥、法規26の2の2②）。

4—12　完全支配関係子会社が親会社株式を現物分配した場合の欠損金額の利用制限

> **(問)**　完全支配関係がある子会社が保有する、その親会社の株式（時価1,000万円、簿価400万円）を親会社に対して現物分配をしたいと考えていますが、このように親会社にとっては自己株式の取得となる場合であっても、親会社が有する未処理欠損金額は利用制限を受けるのでしょうか。

(答)

(1)　税務上、「現物分配」とは、法人（公益法人等および人格のない社団等を除く。）がその株主等に対し剰余金・利益の配当、剰余金の分配等として金銭以外の資産を交付することをいいます（法法2十二の五の二）。その現物分配のうち、その現物分配により資産の移転を受ける親会社とその移転を行う子会社との間に完全支配関係があるものが「適格現物分配」です（法法2十二の十五）。

　　　この適格現物分配をする資産は、金銭以外の資産であればよく、親会社自身の株式（親会社にとっての自己株式）であっても差し支えありません（（問）7—27参照）。

(2)　一方、支配関係がある法人間で適格現物分配を行った場合において、①適格現物分配を行った事業年度開始の日の5年前の日、②親会社の設立の日または③子会社の設立の日のうち最も遅い日から継続して支配関係がないときは、親会社の繰越欠損金額のうち、最後に支配関係があることとなった事業年度前に生じた前9年内事業年度の欠損金額（支配関

係前欠損金額）はないものとされます（法法57④）。

　これは、適格現物分配を受けた資産の含み益と親会社の繰越欠損金額との相殺を意図するような、租税回避行為を防止するためのものです。

⑶　そのため、適格現物分配を受けた資産に含み益がある場合には、親会社の繰越欠損金額の利用について、次のような特例が認められています（法令113⑤）。

①　適格現物分配を受けた資産に含み益があり、その含み益が支配関係前欠損金額以下である場合——その含み益相当額の欠損金額の利用制限

②　適格現物分配を受けた資産に含み益があり、その含み益が支配関係前欠損金額を超える場合——その含み益相当額の欠損金額と特定資産譲渡等損失額の利用制限

⑷　そこでご質問の場合には、子会社が保有する親会社株式の含み益600万円（1,000万円−400万円）相当額につき繰越欠損金額の利用制限がかかるかどうかが問題です。

　この点、親会社にとっては、自己株式の取得ですから、税務上は次のような処理を行います（法令8①二十、9十四）。

　　資本金等の額　　400万円　　／　　利益積立金額　　400万円

　すなわち、親会社においては、自己株式の取得は資本等取引ですから、そもそも含み益が計上される余地はありません。したがって、ご質問のような場合には、現物分配を受けた資産に含み益はないものとして、繰越欠損金額の利用制限額を計算することができます（国税庁法人課税課情報（平成22.8.10）「問16　適格現物分配制度の創設に伴う欠損金の制限措置の改正」参照）。

　この点は平成23年度の税制改正により明確化されました（法令113⑤一）。

4 ―13　事業形態を大幅に変更する場合の旧事業の繰越欠損金の控除の可否

> **(問)**　新型コロナウイルス禍により客足が急減した飲食店業を廃業し、新たにインターネット関連のサービス事業を始める計画をしていますが、飲食店業時代に生じた欠損金額について、新事業であるインターネットサービス事業から所得が生じた場合、その所得から控除することは、租税回避行為であるとして、問題視されるような恐れはないでしょうか。

(答)

⑴　繰越欠損金額を有する法人（欠損等法人）で他の者との間に特定支配関係（50％超の持株関係）が生じたものが、その特定支配日以後5年以内に、①特定支配日直前に休業中であったものが事業を開始すること、②旧事業のすべてを廃止し、旧事業の事業規模のおおむね5倍を超える資金借入れ等を行うこと、③特定支配関係を有することとなったことに基因して、役員のすべてが退任をし、かつ、使用人の20％以上の者が使用人でなくなったことなどの事由に該当することとなった場合には、繰越欠損金の控除は認められません（法法57の2）。

⑵　これは、欠損等法人を買収して新事業を開始し、その新事業から生じる所得から欠損等法人の有する繰越欠損金を控除するような租税回避行為を排除する趣旨によるものです。

　ご質問の場合、他の法人に買収されたことにより株主に変動がない限り、上記⑴の繰越欠損金の控除不適用規定の適用はないものと考えま

す。

⑶　一方、従来、欠損金額のごときは会計上の数額にすぎず、合併により
引き継がれる権利、義務ではないから、合併法人間で欠損金の引継ぎは
できない、と考えられていました（最高判・昭和43.5.2税資52号887
頁）。そのような時代に、欠損金の利用を目的に、欠損金を有する小会
社を合併法人とする「逆合併」を行い、その控除をしたことの当否が争
われた事例があります。その判決では、欠損金の繰越控除は法人に一貫
した同一性と継続性が維持されてはじめて認めるのが妥当であると解
し、逆合併による欠損金の控除は、租税回避行為であると判示していま
す（広島地判・平成2.1.25税資175号117頁）。

　また、実体のない休眠会社を合併法人とし、その後事業変更した事例
等につき繰越欠損金の控除を否認した裁決例もみられます（審判所裁
決・昭和47.2.21裁決事例集№4　4頁、平成13.1.22裁決事例集№61
440頁）。

⑷　理論的には、ご質問のように、飲食店業とは関連性のない全くの新事
業を行うような場合には、事業の同一性と継続性がないので、旧事業時
代に生じた欠損金を新事業の所得から控除するのは欠損金控除制度の趣
旨からみて疑問があります。その点、経済社会の構造変化や目下の新型
コロナウイルス禍により事業の転換を余儀なくされている法人は少なく
ありませんから、今後の検討課題ではあると思われます。

　しかし、上記⑴のような立法もされていますので、特殊異例な場合は
別として、租税回避行為として否認されることまではないものと考えま
す。

5　有価証券の譲渡損益の処理

5－1　完全支配関係会社間において自己株式の譲渡をし、譲渡損が生じた場合の処理

> **(問)**　親会社が完全支配関係がある子会社の株式（１株当たりの時価600円、簿価700円、資本金等の額500円）１万株を時価600万円で、その子会社に自己株式として譲渡し、親会社は譲渡損100万円を計上する一方、子会社は自己株式600万円を「純資産の部」の減少とする会計処理をした場合、税務上、親会社と子会社は、それぞれどのような処理をすればよいでしょうか。

(答)

⑴　ご質問のような子会社株式の取引を行った場合、会計上は次のような処理を行います。

　　　（親会社）　現金預金　　5,795,800　／　子会社株式　7,000,000
　　　　　　　　租税公課　　　 204,200
　　　　　　　　譲渡損　　　1,000,000

　　　（子会社）　自己株式　　6,000,000　／　現金預金　　5,795,800
　　　　　　　　（純資産の部）　　　　　　　　　預り金　　　 204,200

⑵　これに対し、税務上は次の算式により計算した100万円は、みなし配当として処理しなければなりません（法法24①五、法令23①六）。

（1株当たり譲渡価額600円－資本金等の額500円）×譲渡株数1万株

＝100万円

そこで、親会社においては、原則として次の算式により計算した200万円が、子会社株式の譲渡損となります（法法61の2①）。

{（譲渡価額600円－みなし配当100円）－譲渡原価700円} ×譲渡株数

1万株＝△200万円

その結果、**親会社の税務上の処理**は次のように行います。

現金預金	5,795,800	子会社株式	7,000,000
租税公課	204,200	受取配当金	1,000,000
譲渡損	2,000,000		

（別表四）

区　　分			総　額	留　保	社外流出
加算	みなし配当の益金算入額	10	1,000,000		1,000,000
減算	譲渡損の損金算入額	21	1,000,000		1,000,000

(注) みなし配当100万円については、受取配当等の益金不算入の適用を受けることができます。ただし、みなし配当が生じることを予定して取得した株式に係るみなし配当（法法61の2⑰の適用がある事由によるものを除く。）については、受取配当等の益金不算入の適用はありません（法法23③、法基通3-1-8）。

（別表五(一)） 処理なし

(3) ただし、完全支配関係がある法人の株式を自己株式として譲渡した場合には、その譲渡価額は譲渡原価（帳簿価額）相当額とし、譲渡損益の計上はできません（法法61の2⑰）。

その場合の譲渡損益相当額は、資本金等の額の減少として処理します（法令8①二十二）。その結果、ご質問の場合には、**親会社の税務上の処理**は次のとおりになります。

現金預金	5,795,800	/	子会社株式	7,000,000
租税公課	204,200		受取配当金	1,000,000
資本金等の額	2,000,000			

(別表四)

	区　　分		総　　額	留　　保	社外流出
加算	みなし配当の益金算入額	10	1,000,000	1,000,000	
	譲渡損の損金不算入額		1,000,000	1,000,000	
減算	受取配当等の益金不算入額	14	1,000,000		1,000,000

㊟1　みなし配当100万円については、受取配当等の益金不算入の適用があります。

　　　なお、みなし配当が生じることを予定して取得した株式に係るみなし配当については、原則として受取配当等の益金不算入の適用はありませんが、完全支配関係がある法人の株式を自己株式として譲渡した場合（法法61の2⑰の適用がある場合）は、みなし配当の益金不算入の不適用の適用除外とされています（法法23③）。

　2　租税公課204,200円（配当に対する源泉徴収税額）については、所得税額控除の適用を受けることができます（法法68）。

(別表五(一))

Ⅰ　利益積立金額の計算に関する明細書

区　　分		期首積立金	当期の減	当期の増	期末積立金
資本金等の額	3			2,000,000	2,000,000
	4				

Ⅱ　資本金等の額の計算に関する明細書

区　　分		期首資本金等	当期の減	当期の増	期末資本金等
利益積立金額	34		2,000,000		△2,000,000
	35				

⑷　一方、子会社においては、自己株式の取得は「資本金等の額」の減少

として処理し（法令8①二十）、みなし配当の金額は利益積立金額から
減算します（法令9十四）。

　その結果、**子会社の税務上の処理**は次のとおりになります。

資本金等の額	5,000,000	／	現金預金	5,795,800
利益積立金額	1,000,000	／	預り金	204,200

（別表四）

区　　　分		総　　額	留　　保	社外流出	
当期利益又は当期欠損の額	1			配　当	1,000,000
				その他	

（別表五㈠）

Ⅰ　利益積立金額の計算に関する明細書

区　　　分		期首積立金	当期の減	当期の増	期末積立金
自己株式	3		1,000,000		△1,000,000
	4				

Ⅱ　資本金等の額の計算に関する明細書

区　　　分		期首資本金等	当期の減	当期の増	期末資本金等
自己株式	34		5,000,000		△5,000,000
	35				

5−2 完全支配関係会社間において自己株式の譲渡をし、譲渡益が生じた場合の処理

> **(問)** 親会社が完全支配関係がある子会社の株式（1株当たりの時価1,200円、簿価300円、資本金等の額500円）1万株を時価1,200万円で、その子会社に自己株式として譲渡し、親会社は譲渡益900万円を計上する一方、子会社は自己株式1,200万円を「純資産の部」の減少とする会計処理をした場合、税務上、親会社と子会社は、それぞれどのような処理をすればよいでしょうか。

(答)

⑴ ご質問のような子会社株式の取引を行った場合、会計上は次のような処理を行います。

（親会社） 現金預金 1,060万円 ／ 子会社株式 300万円
租税公課 140万円 譲渡益 900万円

（子会社） 自己株式 1,200万円 ／ 現金預金 1,060万円
（純資産の部） 預り金 140万円

⑵ これに対し、税務上は次の算式により計算した700万円は、みなし配当として処理しなければなりません（法法24①五、法令23①六）。

（1株当たり譲渡価額1,200円−資本金等の額500円）×譲渡株数1万株＝700万円

そこで、親会社においては、原則として次の算式により計算した200万円が、子会社株式の譲渡益となります（法法61の2①）。

｛（譲渡価額1,200円－みなし配当700円）－譲渡原価300円｝×譲渡株数1万株＝200万円

(3) しかし、完全支配関係がある法人の株式を自己株式として譲渡した場合には、その譲渡価額は譲渡原価（帳簿価額）相当額とし、譲渡損益の計上はできません（法法61の2⑰）。その場合の譲渡損益相当額は、資本金等の額の増減として処理します（法令8①二十二）。

その結果、**親会社の税務上の処理**は次のとおりになります。

現金預金	10,570,600	子会社株式	3,000,000
租税公課	1,429,400	受取配当金	7,000,000
		資本金等の額	2,000,000

税務上、完全支配関係がある法人の株式を自己株式としての譲渡により譲渡益が生じる場合には、その譲渡益相当額は資本金等の額の増加となることに留意を要します。

㊟ 資本金等の額から減算する金額は、次により計算されます（法令8①二十二）。
（みなし配当700万円＋譲渡原価300万円）－交付金銭1,200万円＝△200万円
資本金等の額から減算する金額がマイナス200万円ですから、結果として資本金等の額はプラス200万円になるということです。

（別表四）

区　　分			総　　額	留　　保	社外流出
加算	みなし配当の益金算入額	10	7,000,000	7,000,000	
減算	受取配当等の益金不算入額	14	7,000,000		7,000,000
	譲渡益の益金不算入額	21	9,000,000	9,000,000	

㊟ みなし配当700万円については、受取配当等の益金不算入の適用があります（法法23①③）。また、租税公課1,429,400円（配当に対する源泉徴収税額）については、所得税額控除の適用を受けることができます（法法68）。

164

（別表五㈠）

Ⅰ　利益積立金額の計算に関する明細書

区　　　分		期首積立金	当期の減	当期の増	期末積立金
資本金等の額	3			△2,000,000	△2,000,000
	4				

Ⅱ　資本金等の額の計算に関する明細書

区　　　分		期首資本金等	当期の減	当期の増	期末資本金等
利益積立金額	34			2,000,000	2,000,000
	35				

⑷　一方、子会社においては、自己株式の取得は「資本金等の額」の減少として処理し（法令8①二十）、みなし配当の金額は利益積立金額から減算します（法令9十四）。

　　その結果、**子会社の税務上の処理**は次のとおりになります。

資本金等の額	5,000,000	現金預金	10,570,600
利益積立金額	7,000,000	預り金	1,429,400

（別表四）

区　　　分		総　　額	留　保	社外流出	
当期利益又は当期欠損の額	1			配　当	7,000,000
				その他	

(別表五㈠)

Ⅰ　利益積立金額の計算に関する明細書

区　　　分		期首積立金	当期の減	当期の増	期末積立金
自己株式	3		7,000,000		△7,000,000
	4				

Ⅱ　資本金等の額の計算に関する明細書

区　　　分		期首資本金等	当期の減	当期の増	期末資本金等
自己株式	34		5,000,000		△5,000,000
	35				

5－3 完全支配関係子会社が解散し、残余財産の金銭分配がある場合の処理－平成22年10月1日前の解散

> **(問)** 親会社が完全支配関係がある子会社（保有株数1万株、1株当たりの簿価700円、資本金等の額500円）の平成22年9月30日の解散により、残余財産の全部の分配として1株当たり600円、合計600万円（源泉所得税204,200円控除）の金銭の交付を受けましたが、親会社の処理はどのようになりますか。

(答)

(1) 税務上、株式等を保有する法人の解散による残余財産の分配を受けた場合には、次の算式により計算した金額は配当等の額とみなされます（法法24①四、法令23①四）。

　　（1株当たり交付を受けた金銭等の額－資本金等の額）×保有株数

　このみなし配当等についても、受取配当等の益金不算入の適用を受けることができます（法法23）。

(2) 会計上は、みなし配当といった概念はありませんから、次のように処理します。

```
現金預金     5,795,000  ／  子会社株式   7,000,000
租税公課       204,200
株式譲渡損   1,000,000
```

(3) これに対して、税務上は、次の算式により計算した100万円は、みなし配当としなければなりません（法法24①四、法令23①四）。

（1株当たり交付金銭600円−資本金等の額500円）×保有株数1万株
＝100万円

　その結果、親会社においては、次の算式により計算した200万円が、子会社株式の譲渡損失となります（法法61の2①）。

　｛（交付金銭600円−みなし配当100円）−譲渡原価700円｝×保有株数1万株＝△200万円

　したがって、税務上の処理は、次のようになります。

現金預金	5,795,800	/	子会社株式	7,000,000
租税公課	204,200		受取配当金	1,000,000
株式譲渡損	2,000,000			

⑷　平成22年10月1日前の解散であれば、たとえその子会社が完全支配関係があるものであっても、その譲渡損200万円は損金の額に算入することができます。この取扱いは、残余財産の金銭分配があった時ではなく、解散の日を基準として適用されることに留意を要します。

　また、受取配当金100万円については、受取配当等の益金不算入（法法23①）、源泉徴収された所得税等204,200円については所得税額控除（法法68）の適用を受けることが可能です。

⑸　この場合、もしその子会社との間にみなし配当の支払の効力を生ずる日の前日に完全支配関係があったとすれば、完全子法人株式等からの配当に該当し、みなし配当100万円については、負債利子控除（現・利子相当額の控除）をすることなく、全額益金不算入とすることができます。完全子法人株式等から受ける配当等の益金不算入における負債利子控除を要しない取扱いは、平成22年4月1日以後開始する事業年度から適用されます（法法23①④⑤、法令22の2①、平成22年改正法令附則2①、8、（問）2−1参照）。

(別表四)

区　　　分			総　　額	留　　保	社外流出
加算	みなし配当の益金算入額	10	1,000,000		1,000,000
減算	受取配当等の益金不算入額	14	1,000,000		1,000,000
	株式譲渡損の損金算入額	21	1,000,000		1,000,000
法人税額から控除される所得税額		29	204,200		200,000

(別表五㈠)　処理なし

5－4　完全支配関係子会社が解散し、残余財産の分配がない場合の処理－平成22年10月 1 日前の解散

（問）　完全支配関係がある子会社が、平成22年 9 月30日に業績不振で解散し、このほど清算が結了し、残余財産の分配はないことが確定しましたので、その親会社が有する子会社株式の帳簿価額800万円は、会計上、株式消却損として処理する予定ですが、そのまま損金算入が認められますか。

（答）

⑴　平成22年度の税制改正により、法人が株式を有していた完全支配関係がある子会社が解散し、残余財産の分配を受けないことが確定した場合には、その子会社株式の消滅損の損金算入はできないこととされました（法法61の 2 ⑰）。この特例は、平成22年10月 1 日以後に行われる解散について適用されます（平成22年改正法法附則10②、法令附則 4 ②）。

⑵　子会社が解散し、残余財産の分配がない場合には、そもそもみなし配当は生じません（法法24①）。この点は、その解散が平成22年10月 1 日前であるか、同日以後であるか、また、その子会社が完全支配関係がある会社かどうかを問いません。

　一方、子会社が解散し、残余財産の分配がない場合には、なんら対価を受けることなく、子会社株式は消滅してしまいます。その場合、子会社の解散が平成22年10月 1 日前であるときは、その子会社が仮に完全支配関係がある会社であっても、その子会社株式の消滅損は損金の額に算入することができます。

170

⑶　仮に、残余財産の確定した日が平成22年10月１日以後であっても、解散の日が同日前である限り、子会社株式の消滅損の損金不算入の特例の適用はありません。この場合の「解散の日」とは、それぞれ次の日をいいます（法基通1-2-4）。

①　株主総会等で解散の日を定めたとき――その定めた日

②　株主総会等で解散の日を定めなかったとき――解散の決議の日

③　解散事由の発生により解散したとき――解散事由の発生の日

⑷　そこで、ご質問の場合には、会計上の処理は次のとおりです。

　　　株式消却損　　800万円　　／　　有価証券　　800万円

　　平成22年９月30日の解散であれば、子会社株式の消滅損は損金の額に算入されますから、会計上、このような処理がされる限り、特に申告調整は要しません。

⑸　平成22年度の税制改正により、清算法人に対する清算所得課税が廃止され、通常の継続企業と同じように課税することとされたのは、解散しても通常の経営活動を続ける法人が、少なからずみられることが一つの要因である、といわれています。

　　そのような法人にあっては、解散から残余財産の確定までは相当の期間が経過し、あるいは今後残余財産の分配などないかもしれません。その場合であっても、あくまでも解散の日が平成22年10月１日前であるか、同日以後であるかが課税上のポイントになります。

5-5　完全支配関係子会社が解散し、残余財産の金銭分配がある場合の処理－平成22年10月1日以後の解散

> **(問)**　親会社が完全支配関係がある子会社（保有株数1万株、1株当たりの簿価700円、払戻等対応資本金額等500円）の平成22年10月31日の解散により、残余財産の全部の分配として1株当たり600円、合計600万円（源泉所得税204,200円控除）の金銭の交付を受けましたが、親会社の処理はどのようになりますか。

(答)

⑴　税務上、法人の解散による残余財産の分配を受けた場合にみなし配当が生じることは、平成22年10月1日以後の解散であるかどうか、その子会社が完全支配関係がある会社かどうかを問いません。ご質問の場合、次の算式により計算した100万円はみなし配当となります（法法24①四、法令23①四）。

　　　（1株当たり交付を受けた金銭等の額600円－払戻等対応資本金額等500円）×保有株数1万株＝100万円

　　もちろん、このみなし配当についても、受取配当等の益金不算入の適用を受けることができます（法法23）。この場合、そのみなし配当については、その子会社との間にみなし配当の支払の効力が生ずる日の前日において完全支配関係があった場合には、「完全子法人株式等」に該当し、利子相当額の控除を要せず、その全額の益金不算入ができます（法法23①④⑤、法令22の2①）。

⑵　一方、完全支配関係がある子会社が平成22年10月1日以後に解散し、

　残余財産の分配を受けて、子会社株式が消滅した場合には、その子会社株式の譲渡価額は譲渡原価（帳簿価額）相当額とされます（法法61の2⑰）。すなわち、平成22年10月1日前の解散の場合には認められていた、子会社株式の消滅による損失の損金算入はできません。

　そして、次の算式により計算した金額を資本金等の額の減少として処理します（法令8①二十二）。これは、税務上の子会社株式の消滅損に相当する金額は、一種の減資として処理するということです。

　　（みなし配当の額＋譲渡対価（譲渡原価）の額）－交付を受けた金銭等の額

(3)　そこで、ご質問の場合、**会計上の処理**は、次のようになります。つまり、平成22年10月1日前の解散の場合と同じ処理を行います。

　　　現金預金　　　　5,795,800　　／　子会社株式　　7,000,000
　　　租税公課　　　　　204,200
　　　株式譲渡損　　　1,000,000

(4)　これに対し、**税務上の処理**は、次のようになります。

　　　現金預金　　　　5,795,800　　／　子会社株式　　7,000,000
　　　租税公課　　　　　204,200　　　　受取配当金　　1,000,000
　　　資本金等の額　　2,000,000

　この借方・資本金等の額200万円は、次により計算されます。

　　（みなし配当の額100万円＋譲渡原価700万円）－交付金銭600万円
　　＝200万円

(別表四)

区　　分			総　　額	留　　保	社外流出
加算	みなし配当の益金算入額	10	1,000,000	1,000,000	
	株式譲渡損の損金不算入額		1,000,000	1,000,000	
減算	受取配当等の益金不算入額	14	1,000,000		1,000,000
法人税額から控除される所得税額		29	200,000		200,000

(別表五㈠)

Ⅰ　利益積立金額の計算に関する明細書

区　　分		期首積立金	当期の減	当期の増	期末積立金
資本金等の額	3			2,000,000	2,000,000
	4				

Ⅱ　資本金等の額の計算に関する明細書

区　　分		期首資本金等	当期の減	当期の増	期末資本金等
利益積立金額	34		2,000,000		△2,000,000
	35				

5－6　完全支配関係子会社が解散し、残余財産の現物分配がある場合の処理－平成22年10月1日以後の解散

> **(問)**　親会社が完全支配関係がある子会社（保有株数1万株、1株当たりの簿価2,500円、払戻等対応資本金額等1,500円）の平成22年10月31日の解散により、残余財産の全部の分配として土地（時価5,000万円、簿価2,000万円）の交付を受けましたが、親会社と子会社の処理はどのようになりますか。

(答)

⑴　法人の解散による残余財産の現物分配は、みなし配当が生じる事由により金銭以外の資産を交付することですから、税務上、現物分配に含まれます（法法2十二の五の二ロ、法法24①四）。

　　そして、内国法人を現物分配法人とする現物分配のうち、その現物分配により資産の移転を受ける者がその内国法人との間に完全支配関係がある内国法人（普通法人または協同組合等に限る。）のみであるものを「適格現物分配」といいます（法法2十二の十五）。

⑵　法人が適格現物分配により資産の移転をしたときは、その資産の帳簿価額により譲渡をしたものとし、譲渡損益の計上はできません（法法2十二の十五、62の5③）。

　　また、現物分配は所得税法上、配当所得に該当し、原則として所得税の源泉徴収を要しますが、適格現物分配の場合には、その源泉徴収は不要です（所法24①、181）。

⑶　法人が解散による残余財産の分配を行う場合には、みなし配当が生じ

ます。そのみなし配当の額は、ご質問の場合、次の算式により計算され
ます（法法24①四、法令23①四）。

> 土地の簿価2,000万円−（1株当たり払戻等対応資本金額等1,500円
> ×保有株数1万株）＝500万円

　ご質問の場合、土地の分配は現物分配になりますが、完全支配関係が
ある会社間の残余財産の分配ですから、適格現物分配に該当します。適
格現物分配の場合には、帳簿価額による譲渡をしたものとされますから
（法法62の5③）、みなし配当の計算においては、土地の帳簿価額2,000
万円を交付した資産の価額とします。土地の時価5,000万円ではないこ
とに留意を要します。

　このみなし配当500万円は、適格現物分配により生じたものですから、
所得税の源泉徴収は要しません（所法24①、181）。

⑷　以上の結果、**子会社の会計上、税務上の処理**は、次のようになりま
す。

> 資本金等の額　　1,500万円　／　土　地　　2,000万円
> 利益積立金額　　　500万円

　適格現物分配に該当しますから、土地の時価5,000万円と簿価2,000万
円との差額3,000万円を譲渡益として認識する必要はありません。した
がって、子会社が会計上、土地につき譲渡損益を計上せず、上記のよう
な処理をする限り、特に申告調整は要しません。

⑸　一方、残余財産の分配を受ける**親会社の会計上の処理**は、次のように
行います。

> 土　地　　2,000万円　／　子会社株式　　2,500万円
> 譲渡損　　　500万円

　これに対して、**親会社の税務上の処理**は次のようになります。

176

```
土　地　　　　2,000万円　／　子会社株式　　2,500万円
資本金等の額　1,000万円　　　受取配当金　　　500万円
```

⑹　親会社における土地の取得価額は、その土地は適格現物分配による取得ですから、子会社の帳簿価額相当額の2,000万円となります（法令123の6①）。

　また、借方・資本金等の額1,000万円は、次の算式により計算されます（法法61の2⑰、法令8①二十二）。

　（みなし配当の額500万円＋譲渡原価2,500万円）－分配額2,000万円
　＝1,000万円

　すなわち、みなし配当が生じる事由（解散による残余財産の分配）により完全支配関係がある子会社から資産の交付を受けますので、税務上の子会社株式の譲渡損相当額1,000万円は損金にならず、資本金等の額の減少として処理しなければなりません。

（別表四）

区　　分		総　　額	留　　保	社外流出
加算　受取配当金の益金算入額	10	5,000,000	5,000,000	
譲渡損の損金不算入額		5,000,000	5,000,000	
減算　適格現物分配に係る益金不算入額	17	5,000,000		5,000,000

（別表五㈠）

Ⅰ　利益積立金額の計算に関する明細書

区　　分		期首積立金	当期の減	当期の増	期末積立金
資本金等の額	3			10,000,000	10,000,000
	4				

Ⅱ 資本金等の額の計算に関する明細書

区　　　分		期首資本金等	当期の減	当期の増	期末資本金等
利益積立金額	34		10,000,000		△10,000,000
	35				

5－7　完全支配関係子会社が解散し、残余財産の分配がない 場合の処理－平成22年10月 1 日以後の解散

> **(問)**　完全支配関係がある子会社が、平成22年12月31日に業績不振 で解散し、このほど残余財産の分配はないことが確定しましたので、 その親会社が有する子会社株式の帳簿価額800万円は、会計上、株式 消却損として処理しましたが、そのまま認められますか。

(答)

⑴　法人が株式を有していた完全支配関係がある子会社が平成22年10月 1 日以後に解散し、残余財産の分配を受けないことが確定した場合には、 その子会社株式の譲渡価額は譲渡原価（帳簿価額）相当額とされます （法法61の 2 ⑰）。つまり、完全支配関係がある子会社の解散によりその 子会社株式が消滅したとしても、その消滅損の損金算入はできません。

⑵　この場合、次の算式により計算した金額を資本金等の額の減少として 処理します（法令 8 ①二十二）。すなわち、残余財産の分配がない場合 には、みなし配当は生じませんから、譲渡対価とされる譲渡原価相当額 が資本金等の額の減少額となります。

　　（みなし配当の額 0 円＋譲渡原価800万円）－交付金銭 0 円＝800万円

⑶　そこで、**会計上の処理**は次のとおりです。

　　株式消却損　　　800万円　／　子会社株式　　　800万円

　これに対して、**税務上の処理**は次のとおりになります。

　　資本金等の額　　800万円　／　子会社株式　　　800万円

(別表四)

区 分			総　額	留　保	社外流出
加算	株式消却損の損金不算入額	10	8,000,000	8,000,000	

(別表五(一))

Ⅰ　利益積立金額の計算に関する明細書

区 分		期首積立金	当期の減	当期の増	期末積立金
資本金等の額	3			8,000,000	8,000,000
	4				

Ⅱ　資本金等の額の計算に関する明細書

区 分		期首資本金等	当期の減	当期の増	期末資本金等
利益積立金額	34		8,000,000		△8,000,000
	35				

(4)　なお、完全支配関係がある子会社の解散による株式消滅損の損金不算入の特例は、内国法人である子会社の解散について適用されます。外国法人である子会社が解散し、その子会社株式が消滅した場合には、株式消滅損の損金算入をすることができます。

6　譲渡損益調整資産の譲渡損益額の課税繰延べ

6－1　資産の譲受法人が棚卸資産とする場合の譲渡損益調整資産に該当の有無

> **(問)**　親会社が固定資産として使用してきた建物を完全支配関係が
> ある子会社に対して譲渡しましたが、その子会社は不動産会社である
> ため、その建物を棚卸資産として管理し、売却する場合、親会社に
> とってその建物は固定資産である譲渡損益調整資産に該当し、譲渡損
> 益額は課税の繰延べをしなければならないでしょうか。

(答)

⑴　普通法人または協同組合等が譲渡損益調整資産を完全支配関係がある
　普通法人または協同組合等に譲渡した場合には、その譲渡損益額は認識
　できず繰延べを行わなければなりません（法法61の11①）。

　　その課税繰延べの対象になる「譲渡損益調整資産」とは、固定資産、
　土地（借地権等を含み、固定資産を除く。）、有価証券、金銭債権および
　繰延資産で、その帳簿価額が1,000万円以上のものをいいます（法法61
　の11①、法令122の12①三）。

⑵　その譲渡損益調整資産には、土地だけは棚卸資産であっても含まれま
　すが、その他の資産にあっては、棚卸資産は含まれません。棚卸資産

は、もともと売却して収益をあげることを予定していますから、その譲
渡損益額の課税繰延べをする必要はなく、その対象になりません。

　土地だけは、棚卸資産であっても、譲渡価額が高額であり、その譲渡
損益額も多額になりますから、譲渡損益額課税繰延べの対象にされてい
るものと考えられます。

(3)　この譲渡損益調整資産の譲渡損益額の課税繰延べは、譲渡をする普通
法人または協同組合等が有する譲渡損益調整資産の譲渡について適用さ
れます。そのことからすれば、譲渡をする法人側の立場で譲渡損益調整
資産に該当するかどうかを判定すべきものと考えます。譲渡をする法人
側において、棚卸資産でなければよく、譲渡損益額課税繰延べの譲受け
をする法人側の用途には関係ないといえましょう。

　したがって、ご質問の場合には、親会社におけるその建物の帳簿価額
が1,000万円以上であれば、固定資産である譲渡損益調整資産に該当し、
その譲渡損益額は課税繰延べを要するものと考えます。

(4)　逆に、資産の譲渡法人において棚卸資産であったものを、譲受法人が
固定資産として処理したとしても、譲渡損益調整資産には該当しませ
ん。

　このように、譲渡損益調整資産に該当するかどうかは、あくまでも譲
渡法人の立場において判定します。

6−2　営業権などが譲渡損益調整資産に該当するかどうかの判定

> **(問)**　税務上、営業権は固定資産とされていますから、営業権の帳簿価額が1,000万円以上である場合には、譲渡損益調整資産に該当すると思われますが、「自家創設のれん」や非適格合併等を行った場合に生じる「資産調整勘定」も譲渡損益調整資産に該当するでしょうか。

(答)

(1)　法人（普通法人または協同組合等に限る。）が完全支配関係がある法人（普通法人または協同組合等に限る。）に資産を譲渡した場合に、その譲渡損益額の課税繰延べを行う、「譲渡損益調整資産」には、その帳簿価額が1,000万円以上の固定資産が含まれます（法法61の11①、法令122の12①三）。

　一方、税務上、営業権は固定資産に該当します（法令12二、13八ワ）。したがって、その営業権が他の者から取得したもので帳簿価額があり、その帳簿価額が1,000万円以上であれば、譲渡損益調整資産に該当します。

(2)　これに対して、たとえば親会社が完全支配関係がある子会社に対して事業譲渡をする場合に、その譲渡をする事業に営業権ないしのれんがあれば、その営業権ないしのれんは、有形固定資産などのほかに、価値を認識して時価で譲渡をすべきことになります。これが「自家創設のれん」ですが、その自家創設のれんが譲渡損益調整資産に該当するかどう

かが問題です。

　この点、自家創設のれんも一応固定資産に含まれますが、そもそも資産として計上されておらず、帳簿価額がありませんから、結果的に譲渡損益調整資産に該当しないものと考えます。

⑶　このような、営業権ないしのれんに類似するものに「資産調整勘定」があります。その資産調整勘定は、非適格合併や事業譲受けなどにより、被合併法人や事業譲渡法人等に交付した金銭等の額が移転を受けた資産・負債の時価純資産額を超える場合の、その超える部分の金額です（法法62の8①、法令123の10④）。

　これは、一般に「差額のれん」といわれるもので、その性格は営業権ないしのれんといえましょう。その「差額のれん」の中には、独立した資産として取引される慣習のある営業権が含まれていることもあり得ます。その限りでは、譲渡損益調整資産に該当する可能性があると考えます。ただ、資産調整勘定は、その性格上、そもそも譲渡するような事例はないと思われます。

6－3　四半期決算等で償却を行った場合の帳簿価額1,000万円要件の判定

> **（問）**　その譲渡損益額が課税繰延べの対象になる譲渡損益調整資産は、帳簿価額が1,000万円以上のものとされていますが、固定資産や繰延資産の帳簿価額要件について、四半期決算や中間決算において償却を行った場合には、その償却後の帳簿価額で判定してよいでしょうか。

（答）

⑴　普通法人または協同組合等が譲渡損益調整資産を完全支配関係がある普通法人または協同組合等に譲渡した場合には、その譲渡損益額は認識せず繰延べを行います（法法61の11①）。

　　この課税繰延べの対象になる「譲渡損益調整資産」とは、固定資産、土地（棚卸資産を含む。）、有価証券、金銭債権および繰延資産で、その帳簿価額が1,000万円以上のものをいいます（法法61の11①、法令122の12①三）。この場合の帳簿価額は、会計上ではなく税務上の帳簿価額のことです。

⑵　その帳簿価額が1,000万円以上であるかどうかは、金銭債権は一の債務者ごと、建物は一棟ごと、機械装置は一の生産設備、一台、一基ごと、土地等は一筆ごと、有価証券は銘柄の異なるごとなどに区分して判定します（法令122の12①三、法規27の13の 2 、27の15①）。

⑶　課税繰延べの対象となる譲渡損益額は、「譲渡に係る収益の額」から「譲渡に係る原価の額」を控除して計算されます（法法61の11①）。この

場合の「譲渡に係る原価の額」は、会計上でその譲渡事業年度の期首から譲渡時までの期間分の償却費を計上したときは、その償却後の帳簿価額とします（国税庁法人課税課情報（平成22.10.6）「問5　譲渡損益調整資産の譲渡原価の額」参照）。

　この場合、まだ法人税の確定申告をしていませんから、厳密にいえばその償却費は損金算入されておらず、税務上の帳簿価額は減額されていないことになります。しかし、会計上の処理を尊重するということでしょう。

⑷　この考え方は、譲渡損益調整資産の帳簿価額1,000万円要件の判定についても同様です。したがって、固定資産や繰延資産について、四半期決算や中間決算において償却を行った場合には、その償却後の帳簿価額で1,000万円以上であるかどうかを判定することができます。もちろん、この場合の期中償却費の額は、確定申告において損金算入される税務上の償却費の額でなければなりません。

6—4　総合償却資産の一部を譲渡した場合の帳簿価額1,000万円要件の判定

> **（問）**　親会社が完全支配関係がある子会社に対して、食料品製造設備のうち不要になった一部の機械装置を譲渡しましたが、帳簿価額が1,000万円以上であるかどうかは、その製造設備全体または譲渡した一部の機械装置の帳簿価額のいずれで判定するのでしょうか。

（答）

⑴　その譲渡損益額が課税繰延べの対象になる「譲渡損益調整資産」とは、その帳簿価額が1,000万円以上のものをいいます。その資産の帳簿価額が1,000万円以上であるかどうかは、機械装置である場合には、一の生産設備または一台もしくは一基ごとに判定します。その場合、通常一組または一式をもって取引の単位とされるものにあっては、一組または一式ごとに判定を行います（法法61の11①、法令122の12①三、法規27の13の２、27の15①）。

⑵　したがって、完全支配関係がある法人に対して譲渡した機械装置の帳簿価額が1,000万円以上であるかどうかは、その譲渡した機械装置の態様や取引単位に応じて判定すべきことになります。

　　たとえば、ご質問の譲渡をした機械装置が１台であれば、仮にその機械装置が食料品製造設備の一部を構成するものであっても、その１台でもって帳簿価額が1,000万円以上であるかどうかを判定すればよいと考えます。

　　これに対し、複数の機械装置を譲渡した場合には、その複数の機械装

置が一つの生産設備を構成するものであればその生産設備ごと、一組または一式をもって取引されるものであれば、その一組または一式をもって、帳簿価額が1,000万円以上であるかどうかを判定します。単純に一台または一基ごとに判定することはできません。

⑶　なお、ご質問の食料品製造設備は、複数の機械装置から構成される総合償却資産であると思われます。総合償却資産とは、機械装置などで、その資産に属する個々の資産の全部につき、その償却の基礎となる価額を個々の資産の全部を総合して定められた耐用年数により償却するものをいいます（耐通1-5-8参照）。

　　そうしますと、総合償却資産の一部を譲渡した場合には、そもそもその帳簿価額をどのように算定するかという問題が生じます。この点、その帳簿価額はその資産を除却するとした場合の、除却価額と同一であるとみてよいでしょう。

⑷　そこで、総合償却資産の一部を除却する場合の除却価額は、その総合償却資産の総合耐用年数を基礎として計算される、個々の資産の除却時における未償却残額に相当する金額とします（法基通7-7-3）。基本的には、この除却価額を帳簿価額として1,000万円以上であるかどうかを判定すればよいものと考えます。

　　ただし、法人が①継続してその除却する個々の資産の個別耐用年数を基礎として計算される未償却残額に相当する金額または②総合償却資産の償却費の額を合理的に個々の資産に配賦している場合のその帳簿価額を除却価額とすることも認められています（法基通7-7-4、7-7-5）。このような方法による除却価額を帳簿価額とすることもできるものと考えます。

6－5　自然発生借地権を譲渡した場合の譲渡損益額の課税繰延べの可否

（問）　A社は現在借地している土地に係る借地権を、完全支配関係がある兄弟会社のB社に譲渡する予定ですが、この借地権は、この土地は相当の地代方式により借地したもので、相当の地代の改訂を適時に行わず、実際に支払っている地代が相当の地代を下回っているために生じた、いわゆる自然発生借地権です。

　B社には、その借地権を時価で譲渡しますが、帳簿上に借地権価額がないため、譲渡損益調整資産に該当せず、その譲渡益の課税繰延べができず、譲渡益は譲渡時に計上しなければならないでしょうか。

（答）

(1)　借地権の設定に際し、相当の地代方式で賃借した土地に係る借地権の価額は、次によります（法基通13-1-15）。

　イ　支払うべき地代の額を地価の上昇に応じて改訂している場合——零

　ロ　実際支払地代の額が一般地代の額を超えている場合——次の算式により計算した金額

$$土地の更地価額 \times \frac{実際支払地代の年額}{相当の地代の年額}$$

　ハ　実際支払地代の額が一般地代の額に満たない場合——時価

　　このように、相当の地代の額を地価の上昇に応じて改訂していない場合には、借地人に対して自然発生借地権が帰属することになります。

(2)　完全支配関係法人間において資産の譲渡があった場合に、その譲渡損

益の課税繰延べをしなければならない「譲渡損益調整資産」とは、固定資産、土地（棚卸資産を含む。）、有価証券、金銭債権および繰延資産で、その帳簿価額が1,000万円以上のものをいいます（法法61の11①、法令122の12①三）。

　この場合の「土地」には、土地の上に存する権利を含みますから（法法61の11①）、借地権もその帳簿価額が1,000万円以上である限り、譲渡損益調整資産に該当します。その場合の帳簿価額は、会計上ではなく、税務上の帳簿価額をいいます。

(3)　そこで、ご質問の場合、完全支配関係がある会社間であっても、資産は時価で譲渡すべきですから、B社に借地権を時価で譲渡するのは妥当な措置です。

　ところが、その借地権は自然発生借地権で帳簿価額が零のため、譲渡損益調整資産に該当しないことになります。そうしますと、その譲渡益の課税繰延べはできず、譲渡時に収益として計上しなければなりません。

(4)　これに対して、自然発生借地権は、実際支払地代の額と相当の地代の額とが地価の上昇に応じて乖離することに伴って日々生じるから、観念的には日々収益として計上され、税務上の帳簿価額があるのではないか、という疑問が考えられます。

　しかし、日々生じているといわれる自然発生借地権は、まだ外部的に実現した収益ではありませんから、日々収益として計上する必要はありません。その自然発生借地権を外部に譲渡するときやその借地を地主に返還するときなど、自然発生借地権に係る収益が外部的に実現したときに課税する、いわゆる出口課税が実務である、と考えます。

6－6　簿価修正を行った子会社株式の帳簿価額1,000万円要件の判定

> **(問)**　完全支配関係がある子会社Ａが子会社Ｂに対して資産1,000万円の贈与をしましたので、両社の親会社は、保有する子会社Ａ株式の帳簿価額を1,000万円減額し、子会社Ｂ株式の帳簿価額を1,000万円増額する簿価修正を行っていますが、この子会社Ｂ株式を子会社Ａに譲渡する場合、譲渡損益調整資産に該当するかどうかは、簿価修正後の帳簿価額で判定するのでしょうか。

(答)

⑴　完全支配関係がある法人間で資産の贈与があった場合には、贈与を受けた法人は受贈益の益金不算入（法法25の２）、贈与を行った法人は寄附金の全額損金不算入（法法37②）の処理をする必要があります。

　　この処理に対応して、贈与を受けた法人と贈与を行った法人の親会社は、保有するこれら子会社株式の帳簿価額を増額し、または減額する、「簿価修正」をしなければなりません（法令９七、119の３⑨、119の４①）。

　　この簿価修正は、税務上だけのものですから、親会社は次のような申告調整を行います。

(別表四) 処理なし

(別表五㈠)

I　利益積立金額の計算に関する明細書

区　　　分		期首積立金	当期の減	当期の増	期末積立金
子会社A株式	3		10,000,000		△10,000,000
子会社B株式	4			10,000,000	10,000,000

⑵　一方、完全支配関係がある法人間で譲渡損益調整資産の譲渡をした場合には、その譲渡損益額は認識せず、課税の繰延べを行います（法法61の11①）。

　　この場合の譲渡損益調整資産には、銘柄ごとの、その譲渡直前の帳簿価額が1,000万円以上の有価証券が含まれます（法法61の11①、法令122の12①三）。その「譲渡直前の帳簿価額」は、会計上ではなく、税務上の帳簿価額をいいます。

⑶　上記⑴の簿価修正は強制適用されるものであり、簿価修正後の帳簿価額が税務上の帳簿価額です。その株式を譲渡した場合には、簿価修正後の帳簿価額が譲渡原価になります（（問）3─19参照）。したがって、譲渡損益調整資産である有価証券に該当するかどうかは、簿価修正後の帳簿価額が1,000万円以上であるか否かにより判定すべきものと考えます。

　　子会社B株式の会計上の帳簿価額に申告書別表五㈠に記載されている価額を加算した金額で1,000万円以上であるかどうかを判定します。

6－7　圧縮記帳の適用を受けている譲渡損益調整資産の帳簿価額

> **(問)**　その取得時に特定資産の買換えの圧縮記帳の適用を受け、剰余金処分により圧縮積立金を積み立てている土地を、完全支配関係がある子会社に譲渡しましたが、譲渡損益調整資産に該当するかどうかの判定に当たり、その土地の帳簿価額は記帳している帳簿価額から圧縮積立金額を控除した金額とすべきでしょうか。

(答)

(1)　普通法人または協同組合等が譲渡損益調整資産を完全支配関係がある普通法人または協同組合等に譲渡した場合には、その譲渡による譲渡益または譲渡損はその譲渡時には認識せず、課税の繰延べを行います（法法61の11①）。

　　この課税繰延べの対象になる「譲渡損益調整資産」とは、固定資産、土地（棚卸資産を含む。）、有価証券、金銭債権および繰延資産で、その帳簿価額が1,000万円以上のものをいいます（法法61の11①、法令122の12①三）。

(2)　この場合の譲渡損益調整資産の帳簿価額は、会計上ではなく、税務上の帳簿価額です。そのため、たとえばその資産に税務否認金（償却超過額や評価損益否認金等）があれば、会計上の帳簿価額に税務否認金を加減算した金額が、ここでいう帳簿価額になります（税務否認金がある資産を譲渡した場合の処理については、(問) 6－14参照）。

　　また、法人税の課税上、圧縮記帳の適用を受けた資産の取得価額は、

圧縮損を損金算入した後の金額とします（法令54③、80の2①、措法64⑦、65の7⑧等）。

　その圧縮記帳の方法には、対象資産の帳簿価額を直接減額する方法と剰余金処分により圧縮積立金を積み立てる方法とがありますが、圧縮積立金を積み立てる方法であっても、税務上の取得価額は異なりません。

　ご質問の場合、その土地の帳簿価額は、会計上記帳している帳簿価額から圧縮積立金額を控除した金額とすべきことになります（圧縮積立金がある資産を譲渡した場合の処理については、（問）6—22参照）。

⑶　なお、譲渡損益調整資産を譲渡した場合、その譲渡について圧縮記帳の適用が認められるときは、圧縮損の損金算入と譲渡益（圧縮損の損金算入額を控除した金額）の課税繰延べの適用ができます（法令122の12③）。

　ご質問の場合には、今回の土地の譲渡につき圧縮記帳の適用を受けるわけではありませんから、譲渡益の額から圧縮損の損金算入額を控除するような調整をする必要はありません。

6－8　保険積立金を完全支配関係会社へ譲渡する場合の課税繰延べの可否

> **(問)**　A社は、従業員全員を被保険者、保険金受取人をA社とする養老保険に加入しており、その支払保険料2,000万円は保険積立金として資産計上しています。
>
> 　A社は、その保険積立金を完全支配関係があるB社に譲渡する予定ですが、これは譲渡損益調整資産の譲渡に該当し、その譲渡利益額は課税繰延べができるでしょうか。

(答)

(1)　法人が、自己を契約者、従業員を被保険者とする養老保険（被保険者の死亡または生存を保険事故とする生命保険）に加入し、死亡保険金および生存保険金の受取人がその法人である場合には、その支払った保険料の額は保険積立金等として資産計上をしなければなりません（法基通9-3-4）。

(2)　その保険積立金が譲渡損益調整資産に該当するかどうかが問題です。もし、譲渡損益調整資産に該当するとすれば、その譲渡損益額は課税の繰延べをすることができます（法法61の11）。

　その「譲渡損益調整資産」とは、固定資産、土地（借地権等を含み、固定資産に該当するものを除く。）、有価証券、金銭債権および繰延資産で、その帳簿価額が1,000万円以上のものをいいます（法法61の11①、法令122の12①）。このうち「金銭債権」とは、一般に金銭の給付を目的とする債権をいいます。

　そこで、ご質問の保険積立金2,000万円は、将来の金銭による保険金または解約返戻金の支払を受ける権利を表すものであり、譲渡損益調整資産である金銭債権に該当するのではないか、とも考えられます。

⑶　しかし、金銭債権であるとすれば、金銭で支払を受ける額が確定していると考えられますが、保険積立金は、将来支払を受ける保険金または解約返戻金の額を示すものではありません。これまで支払ってきた保険料の額の総額であるにすぎません。

　保険積立金を譲渡するというのは、法的には保険契約者と保険金または解約返戻金の受取人の契約上の地位を譲渡することだと考えられます。何か具体的な資産を譲渡するということではない、といえましょう。

　したがって、ご質問の保険積立金の譲渡は譲渡損益調整資産の譲渡には該当せず、その譲渡利益額の課税繰延べはできないものと考えます。

6－9　完全支配関係会社間で資産の譲渡をした場合の譲渡損益額の処理

> **(問)**　親会社が完全支配関係がある子会社に対して機械（時価2,000万円、簿価1,500万円）を時価2,000万円で譲渡をした場合、親会社ではその譲渡益は益金不算入になりますが、子会社では実際の取得価額2,000万円を税務上の取得価額としてよいのでしょうか。

(答)

⑴　普通法人または協同組合等が譲渡損益調整資産を完全支配関係がある普通法人または協同組合等に譲渡した場合には、その譲渡損益額は認識せず課税の繰延べを行います（法法61の11①）。

　この特例は、適用対象法人が内国法人である普通法人または協同組合等に限られていることに留意を要します（国税庁法人課税課情報（平成22.8.10)「問5　グループ法人税制の適用対象法人等の比較」参照）。公益法人等や外国法人については、この特例の適用はありません（法法142)。

　また、この特例は、譲渡損益調整資産を譲渡した時において完全支配関係がある場合に適用されます。完全支配関係の有無を事業年度末などで判定するのではないことに留意が必要です。

⑵　そこで、**親会社の会計上の処理**は、次のとおりです。

　　現金預金　　2,000万円　／　機　械　　1,500万円
　　　　　　　　　　　　　　　　譲渡益　　　500万円

　これに対し、税務上は貸方・譲渡益500万円は計上する必要はありま

せんから、次のような調整処理を行います。

　　　譲渡損益調整勘定繰入額　500万円　／　譲渡損益調整勘定　500万円

　　借方・譲渡損益調整勘定繰入額500万円は、会計上計上した譲渡益500万円を税務上は取り消すために、損金算入するということを表しています。（「譲渡損益調整勘定」は、別に指定されたものではありませんから、その内容を示すものであれば何でも結構です。）。

(別表四)

	区　　分		総　　額	留　　保	社外流出
減算	譲渡損益調整勘定繰入額	21	5,000,000	5,000,000	
	小計	22			

(別表五(一))

I　利益積立金額の計算に関する明細書

区　　分		期首積立金	当期の減	当期の増	期末積立金
譲渡損益調整勘定	3		5,000,000		△5,000,000
	4				

(3)　一方、**子会社の会計上、税務上の処理**は次のとおりになります。譲渡法人である親会社が、いわばその譲渡はなかったものと観念してその譲渡益の課税を繰り延べるとしても、譲受法人である子会社は、その実際の取得価額2,000万円を基礎に減価償却をすることができます。

　　　機　　械　　2,000万円　／　現金預金　　2,000万円

(別表四)　処理なし

(別表五(一))　処理なし

6—10　個人による完全支配関係がある会社がその代表者に保有土地を譲渡した場合の譲渡損の処理

> **(問)**　代表取締役とその同族関係者が100％株式を有するＡ社が、その保有する土地（時価1,000万円、簿価5,000万円）を代表取締役に対して時価1,000万円で譲渡しましたが、その譲渡損失4,000万円（1,000万円－5,000万円）については、課税の繰延べをすることなく、その譲渡時に損金算入ができるものと考えていますがどうでしょうか。

(答)

⑴　普通法人または協同組合等が譲渡損益調整資産を完全支配関係がある普通法人または協同組合等に譲渡した場合には、その譲渡損益額は計上できず、課税の繰延べをしなければなりません（法法61の11①）。

　　この譲渡損益調整資産の譲渡損益額の課税繰延べの特例は、譲渡損益調整資産を普通法人または協同組合等に譲渡した場合に限って適用されます。

⑵　したがって、その譲渡の相手方が、完全支配関係がある法人であっても、普通法人または協同組合等以外の公益法人等や公共法人などである場合には、この課税繰延べの特例は適用されません。

　　もちろん、その譲渡の相手方が、個人である場合には、この課税繰延べの特例の適用はありません。仮に、ご質問のように、個人がその法人の発行済株式の100％を有しているとしても、同様です。

⑶　ご質問の場合には、その土地の帳簿価額は5,000万円ですから、形式

的には譲渡損益調整資産には該当します（法法61の11①、法令122の12①）。しかし、その土地はＡ社の代表取締役個人に譲渡するということですから、この課税繰延べの特例の適用はありません。その譲渡損失4,000万円は、課税繰延べをすることなく、その譲渡時に損金算入ができます。

(4)　ただ、その場合であっても、土地の譲渡価額の適正性、代表取締役に譲渡する理由、その後の土地の利用状況などについて、合理的に説明できるようにしておく必要がありましょう。その説明に合理性がなければ、そもそも土地の譲渡はなかったのではないか、とみられる可能性があるからです。

6−11　完全支配関係会社間で借地権の設定をした場合の譲渡損益額の処理

> **(問)**　親会社が完全支配関係がある子会社に対して土地（時価1億円、簿価3,000万円）を賃貸し、権利金8,000万円を収受しましたが、このような借地権を設定した場合には土地の部分譲渡といわれていますから、譲渡損益額の課税繰延べを適用してよいでしょうか。

(答)

(1)　法人がその有する土地について借地権を設定し、権利金を収受した場合には、その権利金は収益として益金に含まれます。一方、その借地権の設定により地価が2分の1以上下落するときは、次の算式により計算した金額を損金の額に算入することができます（法令138）。

$$\text{借地権設定直前の土地の簿価} \times \frac{\text{借地権の価額}}{\text{借地権設定直前の土地の時価}}$$

(2)　これは、借地権の設定により土地の価額が著しく下落する場合には、土地の部分（上土権）譲渡があったと観念するものです。ご質問の場合には、権利金8,000万円が益金の額に、次により計算される2,400万円がその譲渡原価として損金の額に、それぞれ算入されます。

$$3,000\text{万円} \times \frac{8,000\text{万円}}{10,000\text{万円}} = 2,400\text{万円}$$

(3)　そこで、ご質問のような借地権の設定をした場合、譲渡損益調整資産の譲渡として、譲渡益の5,600万円（8,000万円−2,400万円）は、課税繰延べの対象になるかどうか疑義が生じます。

　この点、ご質問のような、借地権の設定により土地の価額が著しく下落し、その土地の帳簿価額の損金算入が適用される場合（法令138）には、課税繰延べの対象になります（法基通12の4-2-1）。したがって、**親会社の会計上、税務上の処理**は、次のようになります。

現金預金	8,000万円 ／	土　地	2,400万円
		土地譲渡益	5,600万円

譲渡損益調整勘定繰入額	5,600万円 ／	譲渡損益調整勘定	5,600万円

　借方・譲渡損益調整勘定繰入額5,600万円は、会計上計上した土地譲渡益5,600万円を税務上は取り消すために、損金算入するということを表しています。

（別表四）

区　　分			総　　額	留　　保	社外流出
減算	譲渡損益調整勘定繰入額	21	56,000,000	56,000,000	
	小計	22			

（別表五㈠）

Ⅰ　利益積立金額の計算に関する明細書

区　　分		期首積立金	当期の減	当期の増	期末積立金
譲渡損益調整勘定	3		56,000,000		△56,000,000
	4				

⑷　これに対して、借地権を設定しても、土地の価額が著しく下落せず、土地の帳簿価額の損金算入ができない場合には、譲渡損益額の課税繰延べの対象になりません（法基通12の4-2-1）。この場合は、土地の部分譲渡とはみられないからです。

　この場合、土地の価額が著しく下落せず、その帳簿価額の損金算入

（法令138①）の適用がないときであっても、別途、その土地については評価損を計上することができます（法基通9-1-18）。これは評価損の問題ですから、土地の部分譲渡には当たらないものと考えます。

　このことは、相当の地代方式による借地権の設定（法令137）や無償返還届出による借地権の設定（法基通13-1-7）の場合も同様です。課税繰延べの対象になる土地の譲渡には該当しません。

⑸　なお、**子会社の会計上、税務上の処理**は次のとおりです。この限りでは、何ら課税関係は生じず、申告調整も要しません。

　　　借地権　　8,000万円　／　現金預金　　8,000万円

6-12 借地権の設定により土地に評価損を計上する場合の損失の繰延べの要否

> **(問)**　A社は、遊休地（時価2,000万円、帳簿価額5,000万円）を、完全支配関係がある子会社Bに対して工場用地として賃貸することにし、この土地周辺の借地権割合は40%程度であるので、この土地の時価2,000万円の40%相当額800万円を借地権利金として収受しました。
>
> 　この土地の賃貸においては、評価損2,000万円（帳簿価額5,000万円×40%）を計上する予定であり、権利金収入800万円と評価損2,000万円との差額1,200万円の損失が生じることになりますが、完全支配関係がある子会社への土地の賃貸ですから、譲渡損益調整資産の譲渡に該当し、その損金算入は認められないことになるのでしょうか。

(答)

(1)　法人がその有する土地について借地権を設定し、権利金を収受した場合には、その権利金は収益として益金の額に算入します。この場合において、その借地権の設定により地価が2分の1以上下落するときは、次の算式により計算した金額を損金の額に算入することができます（法令138）。

$$借地権設定直前の土地の帳簿価額 \times \frac{借地権の価額}{借地権設定直前の土地の時価}$$

(2)　ご質問の場合には、次のとおり、地価が2分の1以上下落することにはなりませんので、その土地の帳簿価額の損金算入はできません。

$$\frac{\text{借地権の価額 800万円}}{\text{借地権設定直前の土地の時価 2,000万円}}=40\%$$

ただし、借地権の設定により地価が2分の1以上下落しない場合であっても、別途、その土地については、評価損を計上することが認められています（法基通9-1-18）。

したがって、ご質問の場合には、上土権に対応する原価として帳簿価額の損金算入はできませんが、評価損2,000万円の損金算入ができることになります。

(3) 借地権の設定により地価が2分の1以上下落し、その土地の帳簿価額の損金算入が適用される場合には、譲渡損益調整資産の譲渡損益の課税繰延べの適用対象になる、と解されています（法基通12の4-2-1、（問）6—11参照）。

そこで、借地権の設定により、地価が2分の1以上下落しないが、評価損を計上する場合も、譲渡損益調整資産の譲渡損益の課税繰延べの適用対象になるかどうかが問題となります。

この点、借地権の設定により地価が2分の1以上下落する場合は、土地の部分（上土権）譲渡と考えられています。これに対し、評価損の計上は、地価が2分の1以上下落しない場合に認められるもので、土地の部分譲渡があったと観念することは難しいし、あくまでも地価の下落による評価損の問題です。

したがって、ご質問の場合には、譲渡損益調整資産の譲渡損益の課税繰延べの適用はなく、実質的な損失1,200万円の損金算入は認められるものと考えます。

6 —13 譲渡損益調整資産の譲渡に伴う手数料がある場合等の譲渡損益額の計算

> **(問)** 完全支配関係がある会社への譲渡損益調整資産に該当する土地の譲渡について、関係会社である不動産会社に仲介を依頼し、仲介手数料を支払いましたが、課税繰延べの対象になる譲渡損益額は、圧縮記帳を行う場合の差益金額の計算と同様、この仲介手数料は減算して計算するのでしょうか。

(答)

⑴　譲渡損益調整資産の課税繰延べの対象になる譲渡利益額とは、「その譲渡に係る収益の額が原価の額を超える場合におけるその超える部分の金額」を、譲渡損失額とは、「その譲渡に係る原価の額が収益の額を超える場合におけるその超える部分の金額」を、それぞれいいます（法法61の11①）。

⑵　この場合の譲渡原価の額は譲渡直前の税務上の帳簿価額をいい、譲渡損益調整資産を譲渡するために要した費用などを加算すべきような規定はありません。この規定振りからしますと、課税繰延べの対象になる譲渡損益額は単に譲渡収益の額と譲渡原価の額との差額として計算すればよいことになります。

⑶　したがって、ご質問の仲介手数料は譲渡損益額の計算上、「原価の額」には含まれませんし、また、譲渡収益の額から減算する必要はありません（法基通12の4-1-1）。

　　たしかに、同じく資産の譲渡利益に対する課税を繰り延べる圧縮記帳

制度においては、譲渡益や差益割合の計算上、譲渡経費は譲渡対価から控除し、または資産の帳簿価額に加算しなければなりません。しかし、これは明文で規定が置かれていることによるものです（法令85、92、措法65の7⑯四等）。

6 —14　譲渡損益調整資産に税務否認金がある場合の譲渡損益額の処理

> **(問)**　A社は完全支配関係があるB社に対して株式（時価1,000万円、簿価800万円）を時価1,000万円で譲渡しましたが、その株式に評価損否認金700万円がある場合、譲渡損益調整資産に該当し、A社では譲渡損益額の課税繰延べをする必要がありますか。

(答)

⑴　その譲渡損益額が課税繰延べの対象になる譲渡損益調整資産には、その帳簿価額が1,000万円以上の有価証券が含まれます（法法61の11①、法令122の12①）。この場合の帳簿価額要件は、有価証券の銘柄の異なるごとに、会計上ではなく、税務上の帳簿価額により判定します。

　　ご質問の株式の税務上の帳簿価額は、帳簿価額800万円と評価損否認金700万円との合計額1,500万円になりますから、譲渡損益調整資産に該当します。

⑵　そこで、**A社の会計上の処理**は、次のとおりです。

現金預金	1,000万円	/	有価証券	800万円
			譲渡益	200万円

これに対して、**A社の税務上の処理**は次のとおりになります。

現金預金	1,000万円	/	有価証券	800万円
譲渡損	500万円		有価証券	700万円

　　そして、借方・譲渡損500万円は計上できませんから、次のような調整処理を行います。

208

　　　　譲渡損益調整勘定　500万円　／　譲渡損益調整勘定繰入額　500万円

　　貸方・譲渡損益調整勘定繰入額500万円は、税務上の譲渡損500万円を
　取り消すために、益金算入するということを表しています。

(別表四)

区　　　分			総　　額	留　　保	社外流出
加算	譲渡損益調整勘定繰入額	10	5,000,000	5,000,000	
減算	譲渡益の益金不算入額	21	2,000,000	2,000,000	
	譲渡損の損金算入額		5,000,000	5,000,000	

(別表五(一))

I　利益積立金額の計算に関する明細書

区　　　分		期首積立金	当期の減	当期の増	期末積立金
譲渡損益調整勘定	3			5,000,000	5,000,000
有価証券（評価損否認金）	4	7,000,000	7,000,000		―

　　A社では株式を譲渡したことにより、申告書別表五(一)に記載されてい
　た評価損否認金は消滅します。

(3)　なお、**B社の会計上、税務上の処理**は次のとおりで、この限りでは課
　税関係は生じません。

　　　　有価証券　1,000万円　／　現金預金　1,000万円

6 ―15　非適格合併により譲渡損益調整資産を移転した場合の課税繰延べの要否

> **(問)**　完全支配関係がある法人間の非適格合併により、被合併法人からＡ資産（時価800万円、簿価500万円）とＢ資産（時価2,000万円、簿価1,300万円）を合併法人に移転し、合併法人は、会計上、いずれの資産も簿価で引き継ぎましたが、非適格合併の場合も譲渡損益額の課税繰延べをする必要がありますか。

(答)

⑴　非適格合併により被合併法人から合併法人に移転をした資産は、時価による譲渡があったものとして、その譲渡損益額は最後事業年度（被合併法人の合併の日の前日の属する事業年度）の益金の額または損金の額に算入します（法法62）。

　　この場合の合併法人のその資産の取得価額は、時価相当額となります（法令54①六）。

⑵　ただし、完全支配関係がある法人間の非適格合併の場合には、被合併法人が移転した資産が譲渡損益調整資産に該当するときは、その譲渡損益額は計上できません（法法61の11①）。非適格合併による資産の移転の場合も資産の譲渡があったことになるということです。

　　この場合、合併法人のその譲渡損益調整資産の取得価額は、被合併法人におけるその資産の帳簿価額相当額とします（法法61の11⑦）。

⑶　そこで被合併法人においては、Ａ資産はその帳簿価額が500万円で譲渡損益調整資産に該当しませんから、その譲渡利益額300万円（800万円

－500万円）は益金の額に算入する必要があります。

これに対し、B資産はその帳簿価額が1,300万円で譲渡損益調整資産に該当しますから、その譲渡利益額を計上する必要はありません。

合併は、法的には資産の包括承継であるといっても、A資産とB資産とを合算して譲渡損益調整資産に該当するかどうかを判定するわけではないことに留意します（法令122の12①三、法規27の13の2、27の15①）。

その結果、**被合併法人の税務上の処理**は次のようになります。

(別表四)

区　　　分		総　　額	留　　保	社外流出
非適格合併又は残余財産の全部分配等による移転資産等の譲渡利益額又は譲渡損失額	38	3,000,000		3,000,000
差引計	39			

(別表五㈠)　処理なし

(4)　一方、**合併法人の会計上の処理**は次のとおりです。

```
A資産      500万円  ／  合併対価   2,800万円
B資産    1,300万円
のれん    1,000万円
```

これに対し、**合併法人の税務上の処理**は次のようになります。

```
A資産      800万円  ／  合併対価   2,800万円
B資産    1,300万円
利益積立金額   700万円
```

A資産は時価800万円で受け入れる一方、B資産は帳簿価額1,300万円で受け入れ、その譲渡利益額700万円（2,000万円－1,300万円）は利益積立金額の減少として処理するということです（法令9一タ）。

(別表四)　処理なし

(別表五㈠)

Ⅰ　利益積立金額の計算に関する明細書

区　　　分		期首積立金	当期の減	当期の増	期末積立金
A資産	3			3,000,000	3,000,000
のれん	4		10,000,000		△10,000,000

⑸　なお、合併により被合併法人と合併法人は完全支配関係を有しなくなりますが、被合併法人は、課税を繰り延べた譲渡損益額を戻し入れる必要はありません（法法61の11③）。合併法人はその譲渡損益調整資産の取得価額として、上記⑵のとおり、被合併法人の帳簿価額を引き継いでいますから、合併法人のその資産の譲渡時等に譲渡損益が実現するということです（国税庁法人課税課情報（平成22.8.10）「問9　非適格合併による資産の移転と譲渡損益の繰延べ」参照）。

6－16 完全支配関係会社間で譲渡損益調整資産の低廉譲渡が あった場合の処理

> **(問)** 親会社が完全支配関係がある子会社に対して資産（時価1,500万円、簿価1,000万円）を簿価1,000万円で譲渡し、親会社は譲渡損益を計上しない一方、子会社は簿価1,000万円で会計処理をした場合、税務上、親会社と子会社は、それぞれどのような処理をすればよいでしょうか。
>
>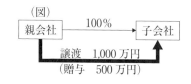

(答)

(1) ご質問のような取引を行った場合、会計上は資産を時価で譲渡があったと観念せず、次のように処理したということです。

  （親会社）　現金預金　　1,000万円　／　資　　産　　1,000万円

  （子会社）　資　　産　　1,000万円　／　現金預金　　1,000万円

(2) これに対して、税務上は法人による完全支配関係がある法人間の贈与・寄附については、資産の時価を基準として（法法22②、22の2④）、贈与を受けた子会社は受贈益の益金不算入（法法25の2）、贈与を行った親会社は寄附金の全額損金不算入（法法37②）の処理を行います。

 また、法人が譲渡損益調整資産を完全支配関係がある法人に譲渡した場合には、その譲渡損益額は認識できず課税の繰延べをしなければなりません（法法61の11①）。

　そのため、ご質問の場合には、受贈益の益金不算入・寄附金の全額損金不算入の特例と譲渡損益調整資産の譲渡損益額の課税繰延べの特例の両方の処理が必要になります。

(3)　そこで、**親会社の税務上の処理**は次のとおりです。

現金預金	1,000万円	／	資　　産	1,000万円
寄附金	500万円		譲渡益	500万円
子会社株式	500万円	／	利益積立金額	500万円

譲渡損益調整勘定繰入額　500万円　／　譲渡損益調整勘定　500万円

　「子会社株式　500万円／利益積立金額　500万円」の処理は、子会社は親会社から500万円の贈与を受けていますから、子会社株式について増額の簿価修正を行うということです（法令9七、119の3⑨、119の4①)。

　また、借方・譲渡損益調整勘定繰入額500万円は、税務上の譲渡益を取り消すため、損金の額に算入することを表しています。

（別表四）

	区　　分		総　　額	留　　保	社外流出
加算	譲渡益の益金算入額	10	5,000,000		5,000,000
減算	寄附金の損金算入額	21	5,000,000		5,000,000
	譲渡損益調整勘定繰入額		5,000,000	5,000,000	
寄附金の損金不算入額		27	5,000,000		5,000,000

（別表五㈠）

I　利益積立金額の計算に関する明細書

区　　　分		期首積立金	当期の減	当期の増	期末積立金
子会社株式	3			5,000,000	5,000,000
譲渡損益調整勘定	4		5,000,000		△5,000,000

⑷　一方、**子会社の税務上の処理**は次のとおりになります。

$$
資　産　\quad 1,500万円 \quad / \quad
\begin{array}{ll}
現金預金 & 1,000万円 \\
受贈益 & 500万円
\end{array}
$$

（別表四）

区　　　分			総　　額	留　　保	社外流出
加算	受贈益の益金算入額	10	5,000,000	5,000,000	
減算	受贈益の益金不算入額	16	5,000,000		5,000,000

（別表五㈠）

I　利益積立金額の計算に関する明細書

区　　　分		期首積立金	当期の減	当期の増	期末積立金
資　　産	3			5,000,000	5,000,000
	4				

6—17　完全支配関係会社間で譲渡損益調整資産の高額譲渡が あった場合の処理

> **(問)**　親会社が完全支配関係がある子会社に対して資産（時価1,500万円、簿価1,000万円）を2,000万円で譲渡し、親会社は譲渡利益1,000万円を計上する一方、子会社は取得価額2,000万円で会計処理をした場合、税務上、親会社と子会社は、それぞれどのような処理をすればよいでしょうか。
>
>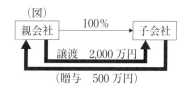
> （図）

(答)

(1)　ご質問のような取引を行った場合、会計上は資産の時価に関係なく、実際の取引金額に基づき次のように処理したということです。

　　（親会社）　現金預金　　2,000万円　／　資　産　　　1,000万円
　　　　　　　　　　　　　　　　　　　　　　譲渡益　　　1,000万円

　　（子会社）　資　産　　2,000万円　／　現金預金　　2,000万円

(2)　これに対して、税務上は時価による資産の譲渡があったものとして課税関係を処理しますから、子会社から親会社に対して500万円の贈与があったことになります。法人による完全支配関係がある法人間の贈与・寄附については、資産の時価を基準として（法法22②、22の2④）、贈与を受けた親会社は受贈益の益金不算入（法法25の2）、贈与を行った

子会社は寄附金の全額損金不算入（法法37②）の処理を行います（配当金課税の有無につき（問）3－6参照）。

　また、法人が譲渡損益調整資産を完全支配関係がある法人に譲渡した場合には、その譲渡損益額は認識できず課税の繰延べをしなければなりません（法法61の11①）。

　ご質問の場合には、受贈益の益金不算入・寄附金の全額損金不算入の特例と譲渡損益調整資産の譲渡損益額の課税繰延べの特例の両方の処理が必要になります。

(3)　そこで、**親会社の税務上の処理**は次のとおりです。

```
現金預金　　　2,000万円　／　資　　産　　　1,000万円
　　　　　　　　　　　　　　　譲渡益　　　　 500万円
　　　　　　　　　　　　　　　受贈益　　　　 500万円

利益積立金額　　500万円　／　子会社株式　　　500万円

譲渡損益調整勘定繰入額　500万円　／　譲渡損益調整勘定　500万円
```

「利益積立金額　500万円／子会社株式　500万円」の処理は、子会社は親会社に対して500万円の贈与をしていますから、子会社株式について減額の簿価修正をするということです（法令9七、119の3⑨、119の4①）。

　また、借方・譲渡損益調整勘定繰入額500万円は、税務上、会計上で計上した譲渡益を取り消すため、損金の額に算入することを表しています。

（別表四）

区　分		総　額	留　保	社外流出
加算	受贈益の益金算入額　10	5,000,000		5,000,000
減算	受贈益の益金不算入額　16	5,000,000		5,000,000
	譲渡益の益金不算入額　21	5,000,000		5,000,000
	譲渡損益調整勘定繰入額	5,000,000	5,000,000	

（別表五㈠）

Ⅰ　利益積立金額の計算に関する明細書

区　分		期首積立金	当期の減	当期の増	期末積立金
子会社株式	3		5,000,000		△5,000,000
譲渡損益調整勘定	4		5,000,000		△5,000,000

⑷　一方、**子会社の税務上の処理**は次のとおりになります。

　　資　産　　1,500万円　／　現金預金　　2,000万円
　　寄附金　　　　500万円

（別表四）

区　分		総　額	留　保	社外流出
減算	寄附金の損金算入額　21	5,000,000	5,000,000	
	寄附金の損金不算入額　27	5,000,000		5,000,000

（別表五㈠）

Ⅰ　利益積立金額の計算に関する明細書

区　分		期首積立金	当期の減	当期の増	期末積立金
資　産	3		5,000,000		△5,000,000
	4				

6−18　譲渡損益調整資産の譲渡に対する譲渡利益の繰延べと圧縮記帳の適用関係

> **（問）**　A社は完全支配関係があるB社に対して土地（時価8,000万円、簿価2,000万円）を時価8,000万円で譲渡し、その譲渡代金と手元資金でもって新たな土地1億円を取得しましたので、A社は特定資産の買換えによる圧縮記帳を剰余金処分により行いたいと考えていますが、譲渡利益の繰延べと圧縮記帳との適用関係はどのように考え、処理をすればよいでしょうか。

（答）

⑴　法人が譲渡損益調整資産を完全支配関係がある法人に譲渡した場合においても、その譲渡が圧縮記帳の適用要件を満たす限り、圧縮記帳の適用をすることができます。そこで、譲渡損益調整資産の譲渡損益額の繰延べの特例と圧縮記帳制度は、いずれも譲渡利益額に対する課税の繰延べの制度ですから、いずれの制度を優先して適用するかといった疑問が生じます。

⑵　この点、譲渡損益調整資産の譲渡事業年度に圧縮記帳を行わずに譲渡利益額の課税を繰り延べ、その譲渡利益額を戻し入れる事業年度において圧縮記帳をするようなことはできません。圧縮記帳は、譲渡損益調整資産の譲渡損益額の繰延べの特例に優先して適用します。

　そして、譲渡損益調整資産の譲渡事業年度において圧縮記帳等（法法50、措法64〜65の5の2、65の7〜65の10、66の2）の適用を受けた場合には、圧縮記帳等による損金算入額を譲渡利益額から控除した金額を

譲渡損益額として課税の繰延べを行います（法令122の12③）。

⑶　そこで、ご質問の場合、特定資産の買換えによる圧縮限度額は、次のようになります（措法65の7①）。

$$差益割合 = \frac{8,000万円 - 2,000万円}{8,000万円} = 0.75$$

圧縮限度額 ＝ 8,000万円 × 0.75 × 0.8 ＝ 4,800万円

⑷　その結果、**A社の会計上、税務上の処理**は次のとおりです。

《土地の譲渡時》

現金預金	8,000万円	／	土　地	2,000万円
			譲渡益	6,000万円

《土地の取得時》

土　　地	10,000万円	／	現金預金	10,000万円

《圧縮記帳時》

繰越利益剰余金	4,800万円	／	圧縮積立金	4,800万円

⑸　譲渡損益調整資産である土地の譲渡益6,000万円のうち、譲渡損益額として課税の繰延べの対象になる金額は、その譲渡益6,000万円から圧縮記帳による損金算入額4,800万円を控除した1,200万円となり、次のように税務上の処理を行います。

譲渡損益調整勘定繰入額	1,200万円	／	譲渡損益調整勘定	1,200万円

(別表四)

区　　　　分			総　　額	留　　保	社外流出
減算	圧縮損の損金算入額	21	48,000,000	48,000,000	
	譲渡損益調整勘定繰入額		12,000,000	12,000,000	

（別表五㈠）

Ⅰ　利益積立金額の計算に関する明細書

区　　　分		期首積立金	当期の減	当期の増	期末積立金
圧縮積立金	3			48,000,000	48,000,000
圧縮積立金認容	4		48,000,000		△48,000,000
譲渡損益調整勘定	5		12,000,000		△12,000,000

⑹　なお、**B社の会計上、税務上の処理**は、次のようになります。

　　土　地　　8,000万円　／　現金預金　　8,000万円

　　この限りでは、B社には何ら課税関係は生じませんし、申告調整も要しません。A社がその譲渡益について課税の繰延べをしたとしても、B社の土地の取得価額に影響を及ぼすことはありません（（問）6─9参照）。

6—19　譲渡損益調整資産の譲受法人の圧縮記帳と譲渡法人の課税繰延べ等の適用の可否

(問)　Ａ社は完全支配関係があるＢ社から土地（時価10億円、簿価４億円）を時価10億円で取得しましたので、Ａ社ではこの土地10億円を買換資産として特定資産の買換えの場合の圧縮記帳の適用を受け、一方、Ｂ社では譲渡損益調整資産の譲渡としてその譲渡利益６億円について課税の繰延べまたはその譲渡代金10億円で買換資産を取得し圧縮記帳の適用をする予定ですが、このようにグループ法人間でいわば二重の特例の適用を受けることができるでしょうか。

(答)

⑴　特定資産の買換えの場合の圧縮記帳（措法65の７）は、その買換資産を取得した相手方が完全支配関係がある法人であっても、その適用要件を満たす限り、適用をすることができます。この場合の買換資産の取得について、完全支配関係がある法人からの取得は除く旨の定めはありません（措法65の７⑯二、措令39の７⑲参照）。

　　したがって、ご質問のＡ社は、特定資産の買換えの場合の圧縮記帳の適用要件を満たせば、Ｂ社から取得した土地10億円を買換資産として、圧縮記帳の適用を受けることができます。

⑵　一方、法人が譲渡損益調整資産を完全支配関係がある法人に譲渡した場合には、その譲渡損益額は計上することができず、課税の繰延べを行う必要があります（法法61の11）。この場合の譲渡損益調整資産の譲渡について、その譲渡先が圧縮記帳の適用を受けるようなときは、その譲

渡から除外する旨の定めはありません。

　また、平成22年税制改正前の「分割等前事業年度における連結法人間取引の損益の調整」では、譲渡損益調整資産の譲受法人が圧縮記帳の適用を受けた場合には、譲渡法人において譲渡損益調整額（課税を繰り延べている譲渡損益額）の戻入れを要することになっていましたが（旧法法61の13②、旧法令122の14④五）、現行法ではそのような規定も存在しません。

　したがって、**ご質問のＢ社**は、土地の譲渡先であるＡ社がその土地につき特定資産の買換えの場合の圧縮記帳の適用を受ける場合であっても、その土地の譲渡利益６億円について、課税の繰延べを行うことができます。その譲渡損益調整額を戻し入れる必要もありません。

⑶　また、Ｂ社はＡ社への土地の譲渡代金10億円でもって買換資産を取得する場合には、圧縮記帳の適用要件を満たす限り、圧縮記帳の適用をすることができます。ただし、その場合の課税繰延べの対象になる金額は、土地の譲渡利益６億円から圧縮記帳による損金算入額を控除した金額となります（法令122の12③、（問）６―18参照）。

6 —20 譲渡損益調整資産の譲渡に伴い圧縮特別勘定を設定した場合の処理

> **(問)** A社は完全支配関係があるB社に対して土地（時価8,000万円、簿価2,000万円）を時価8,000万円で譲渡し（仲介手数料200万円支払）、特定資産の買換えによる圧縮記帳の適用を受ける予定ですが、当期には代替資産の取得ができませんので、特別勘定を設定した場合、課税繰延べの対象になる譲渡損益額はどのようになりますか。
>
> その後、もし代替資産の取得ができず、その特別勘定を取崩し益金算入する場合には、繰り延べた譲渡損益額は損金算入してよいでしょうか。

(答)

(1) 法人が譲渡損益調整資産を完全支配関係がある法人に譲渡した場合においても、その譲渡が圧縮記帳の適用要件を満たす限り、圧縮記帳の適用をすることができます（(問) 6 —18参照）。

しかし、資産の譲渡事業年度において代替資産の取得ができない場合には、譲渡利益額を特別勘定（措法64の 2 、65、65の 8 ）として設定することが認められます。この場合には、特別勘定の金額を譲渡利益額から控除した金額を譲渡損益額として課税の繰延べを行います（法令122の12③、法基通12の4-2-2）。

(2) そこで、ご質問の場合には、特定資産の買換えによる特別勘定設定限度額は、次のようになります（措法65の 8 ①）。

$$差益割合 = \frac{8,000万円 - (2,000万円 + 200万円)}{8,000万円} = 0.725$$

特別勘定設定限度額＝8,000万円×0.725×0.8＝4,640万円

⑶ その結果、**A社の会計上、税務上の処理**は次のとおりです。

《**土地の譲渡時**》

現金預金	8,000万円	／	土　地	2,000万円
			譲渡益	6,000万円
譲渡経費	200万円	／	現金預金	200万円

《**特別勘定設定時**》

繰越利益剰余金　　4,640万円　　／　　圧縮特別勘定　　4,640万円

⑷ 譲渡損益調整資産である土地の譲渡益6,000万円のうち、譲渡損益額として課税の繰延べの対象になる金額は、その譲渡益6,000万円から特別勘定の損金算入額4,640万円を控除した1,360万円となり、次のように税務上の処理を行います。この場合の譲渡損益額の計算上、土地の譲渡益6,000万円から譲渡経費200万円を控除する必要はありません（法基通12の4-1-1、（問）6―13参照）。

譲渡損益調整勘定繰入額　1,360万円　　／　　譲渡損益調整勘定　1,360万円

（別表四）

区　　　　分		総　　額	留　　保	社外流出
減算	圧縮特別勘定損金算入額	21	46,400,000	46,400,000	
	譲渡損益調整勘定繰入額		13,600,000	13,600,000	

(別表五(一))

Ⅰ　利益積立金額の計算に関する明細書

区　　　　分		期首積立金	当期の減	当期の増	期末積立金
圧縮特別勘定	3			46,400,000	46,400,000
圧縮特別勘定認容	4		46,400,000		△46,400,000
譲渡損益調整勘定	5		13,600,000		△13,600,000

(5)　特別勘定の設定後、もし代替資産の取得ができない場合には、その特別勘定の金額は、取り崩して益金算入する必要があります（措法65の8⑫）。このようにして特別勘定の金額を取崩し益金算入した場合であっても、課税を繰り延べている譲渡利益額を損金算入することはできません（法基通12の4-2-2）。特別勘定を設定した時の特別勘定の損金算入と譲渡利益額の計算、処理は正当であり、格別、譲渡利益額を損金算入する旨の規定もありませんから、その損金算入はできないということです。

(6)　なお、**B社の会計上、税務上の処理**は次のようになります。

　　　土　　地　　8,000万円　／　現金預金　　8,000万円

　　この限りでは、B社には何ら課税関係は生じませんし、申告調整も要しません。

6-21 譲渡損益調整資産を交換した場合の譲渡損益額の処理

> **(問)** A社は完全支配関係があるB社との間で土地（A社土地の時価1億円・簿価4,000万円、B社土地の時価8,000万円・簿価3,000万円）を交換し、A社はB社土地とともに交換差金2,000万円を収受しましたので、交換の場合の圧縮記帳の適用を受けますが、このような資産の交換の場合にも、譲渡損益調整資産に係る譲渡損益額の課税繰延べが適用されるでしょうか。

(答)

⑴ 資産の交換も、法人税法上は、資産の譲渡の態様のひとつです。したがって、法人が完全支配関係がある法人との間において、譲渡損益調整資産の交換をした場合には、その譲渡損益額について課税の繰延べの適用があります（法法61の11）。

　この場合の譲渡損益額は、原則として交換した土地の時価と帳簿価額との差額です（法法61の11①）。ご質問のA社の場合には、譲渡利益額が6,000万円（1億円－4,000万円）となり、この6,000万円が譲渡損益額として課税の繰延べができます。

⑵ ただし、この土地の交換について圧縮記帳（法法50）の適用を受ける場合には、譲渡利益額から圧縮記帳による損金算入額を控除した金額が譲渡損益額となります（法令122の12③）。

　交換の場合の圧縮記帳の適用を受けるとした場合の圧縮限度額は、次により計算されます（法法50①、法令92）。

$$8,000万円 - \left(4,000万円 \times \dfrac{8,000万円}{8,000万円 + 2,000万円}\right) = 4,800万円$$

(3)　その結果、**A社の会計上、税務上の処理**は、次のようになります。

《土地の交換時》

現金預金	2,000万円　／	A土地	4,000万円
B　土　地	8,000万円	譲渡益	6,000万円

《圧縮記帳時》

土地圧縮損　　4,800万円　／　B土地　　4,800万円

(4)　譲渡損益調整資産であるA土地の譲渡益6,000万円のうち、譲渡損益
額として課税の繰延べの対象になる金額は、その譲渡益6,000万円から
土地圧縮損の損金算入額4,800万円を控除した1,200万円となります。こ
の1,200万円（2,000万円−800万円）は、収受した交換差金に対応する
譲渡益の額です。

そこで、次のように税務上の処理を行います。

譲渡損益調整勘定繰入額　1,200万円　／　譲渡損益調整勘定　1,200万円

(別表四)

	区　　　　分		総　　額	留　　保	社外流出
減算	譲渡損益調整勘定繰入額	21	12,000,000	12,000,000	
	小計	22			

(別表五㈠)

I　利益積立金額の計算に関する明細書

区　　　分		期首積立金	当期の減	当期の増	期末積立金
譲渡損益調整勘定	3		12,000,000		△12,000,000
	4				

⑸　資産の交換が全くの等価で交換差金の授受がなく、交換のために要した経費もない場合には、譲渡利益額の全額が圧縮限度額になりますから、課税の繰延べの対象になる譲渡利益額は生じません。

　また、資産の交換により譲渡損が出る場合には、そもそも圧縮記帳の適用はありませんから、その譲渡損の額は、全額課税の繰延べの対象になります。

⑹　なお、Ｂ社が資産の交換による圧縮記帳の適用を受ける場合には、その圧縮限度額は次により計算されます（法法50①、法令92）。

　　　10,000万円－（3,000万円＋2,000万円）＝5,000万円

　その結果、**Ｂ社の会計上、税務上の処理**は次のようになります。

《**土地の交換時**》

Ａ　土　地	10,000万円	／	Ｂ土地	3,000万円
			現金預金	2,000万円
			譲渡益	5,000万円

《**圧縮記帳時**》

土地圧縮損	5,000万円	／	Ａ土地	5,000万円

　譲渡損益調整資産であるＢ土地の譲渡益5,000万円から土地圧縮損の損金算入額5,000万円を控除した金額はゼロになります。Ｂ社においては、課税の繰延べの対象になる譲渡損益額は生じませんから、申告調整は不要です。

6—22　圧縮積立金等を有する譲渡損益調整資産を譲渡した場合の譲渡損益額の処理

> **(問)**　A社は完全支配関係があるB社に対して土地（時価6,000万円、簿価15,000万円）を時価6,000万円で譲渡しましたが、A社はこの土地を取得した際に圧縮記帳の適用を受け、剰余金処分による圧縮積立金5,000万円と土地再評価法による土地再評価差額金8,000万円を有している場合、譲渡損益額の計算と税務上の処理は、どのようにしたらよいでしょうか。

(答)

(1)　法人税の課税上、圧縮記帳の適用に当たり、剰余金処分により圧縮積立金を積み立てた場合においても、圧縮限度額までの金額は、損金の額に算入することができます（法法42①、法令80、措法64①、65の7①等）。そして、圧縮記帳の適用を受けた資産の税務上の取得価額は、圧縮記帳後の金額となります（法令54③、80の2①、措法64⑦、65の7⑧等）。

(2)　また、土地再評価法により土地の再評価を行った場合には、会計上、再評価差額相当額について土地の帳簿価額を増額するとともに、土地再評価差額金として「純資産の部」に計上します（日本公認会計士協会会計制度委員会「土地再評価差額金の会計処理に関するQ&A」平成17.9.8）。しかし、税務上はそのような再評価は認められませんので、税務上の土地の帳簿価額は、再評価前の価額となります。

(3)　したがって、ご質問の土地のA社における税務上の取得価額（簿価）

は2,000万円（15,000万円－5,000万円－8,000万円）です。税務上の帳簿価額が1,000万円以上の土地を完全支配関係がある法人に譲渡したことになりますから、その譲渡損益額は課税の繰延べの対象にしなければなりません。この場合、税務上の譲渡利益額は、4,000万円（6,000万円－2,000万円）と計算されます。

そこで、**A社の会計上の処理**は、次のように行われるでしょう。

| 現金預金 | 6,000万円 | ／ | 土　　地 | 15,000万円 |
| 譲渡損 | 9,000万円 | | | |

| 圧縮積立金 | 5,000万円 | ／ | 繰越利益剰余金 | 5,000万円 |

| 土地再評価差額金 | 8,000万円 | ／ | 土地再評価差額金取崩額 | 8,000万円 |

(4) これに対し、**A社の税務上の処理**は、次のようになります（法基通10-1-2参照）。

| 現金預金 | 6,000万円 | ／ | 土　　地 | 15,000万円 |
| 譲渡損 | 9,000万円 | | | |

| 圧縮積立金 | 5,000万円 | ／ | 圧縮積立金取崩額 | 5,000万円 |

| 土地再評価差額金 | 8,000万円 | ／ | 土地再評価差額金取崩額 | 8,000万円 |

| 譲渡損益調整勘定繰入額 | 4,000万円 | ／ | 譲渡損益調整勘定 | 4,000万円 |

（別表四）

区　　　分			総　　額	留　　保	社外流出
加算	圧縮積立金取崩額	10	50,000,000	50,000,000	
	土地再評価差額金取崩額		80,000,000	80,000,000	
減算	譲渡損益調整勘定繰入額	21	40,000,000	40,000,000	

(別表五㈠)

Ⅰ　利益積立金額の計算に関する明細書

区　　　　分		期首積立金	当期の減	当期の増	期末積立金
圧縮積立金	3	50,000,000	50,000,000		―
圧縮積立金認容	4	△50,000,000	△50,000,000		―
土地再評価差額金	5	80,000,000	80,000,000		―
土　　　地	6	△80,000,000	△80,000,000		―
譲渡損益調整勘定	7		40,000,000		△40,000,000
繰越損益金（損は赤）	25			130,000,000	

⑸　なお、**B社の会計上、税務上の処理**は、次のようになります。

　　土　　地　　6,000万円　／　現金預金　　6,000万円

　　この限りでは、B社には何ら課税関係は生じませんし、申告調整も要しません。

6 —23　譲渡損益調整資産の譲渡損益額の課税繰延べと延払基準の適用関係

> **(問)**　A社は完全支配関係があるB社に対して、中古の製造設備（時価5,000万円、簿価8,500万円）を対価5,000万円、支払期間2年の延払条件で譲渡しましたが、その譲渡損失3,500万円について課税繰延べを適用せず、延払基準を適用して2年間で譲渡損失を計上するようなことができるでしょうか。

(答)

(1)　法人税の課税上、所定の要件（①月賦、年賦等の賦払の回数が3回以上であること、②賦払の期間が2年以上であること、③目的物の引渡期日までの賦払金の合計額が対価の3分の2以下であること）を満たす長期割賦販売等により資産の販売等をした場合には、延払基準（賦払期日の到来した賦払金の割合により資産の譲渡損益を計上する方法）により譲渡損益を計上することができます（旧法法63、旧法令124、127）。

　　この延払基準は、所定の要件を満たす限り、譲渡損失の生じる資産の販売等についても、適用することができます。

(2)　そこで、譲渡損失の生じる資産の販売等について、譲渡損失を計上するため、譲渡損失の課税繰延べを適用せず、延払基準を適用することができるかどうかが問題となります。

　　この点、延払基準が適用される資産の販売等には、課税繰延べの適用を受けた譲渡損益調整資産の譲渡は含まないものとされています（旧法法63⑤）。

(3)　一方、完全支配関係がある法人間で行った譲渡損益調整資産の譲渡により生じる譲渡損益額の課税繰延べは、経理要件や申告要件などもなく強制適用されます（法法61の11）。また、中古の資産であっても、譲渡損益調整資産に含まれ、その資産に該当する限り譲渡損益額の課税繰延べを行わなければなりません。

　　したがって、ご質問の中古の製造設備の譲渡について延払基準を適用することはできず、譲渡損失額は課税繰延べの処理をすべきことになります。そこで**A社の会計上、税務上の処理**は、次のように行います。

　　未収金　　　5,000万円　／　機械装置　　　　8,500万円
　　譲渡損　　　3,500万円

　　譲渡損益調整勘定　3,500万円　／　譲渡損益調整勘定繰入額　3,500万円

（別表四）

	区　　分		総　額	留　保	社外流出
加算	譲渡損益調整勘定繰入額	10	35,000,000	35,000,000	
	小計	11			

（別表五㈠）

Ⅰ　利益積立金額の計算に関する明細書

区　　分		期首積立金	当期の減	当期の増	期末積立金
譲渡損益調整勘定	3			35,000,000	35,000,000
	4				

(4)　なお、**B社の会計上、税務上の処理**は次のとおりです。

　　機械装置　　5,000万円　／　未払金　　5,000万円

　　この限りでは、B社においては課税関係は生じませんし、申告調整も要しません。

(注)　長期割賦販売等をした場合の延払基準については、平成30年度の税制改正により、所要の経過措置(令和5.3.31まで開始事業年度は適用可)を設けて廃止されました。

6 ―24　リース資産の譲渡に対する譲渡損益額の課税繰延べの適用の有無

> **(問)**　当社は完全支配関係があるグループ法人に対して資産のリースを行っていますが、そのリース取引が法人税の課税上、資産の譲渡として取り扱われる場合には、固定資産たる譲渡損益調整資産の譲渡として譲渡損益額の課税繰延べの対象になるでしょうか。
>
> 　もし課税繰延べの対象になるとしたら、その譲渡価額はリース先から収受するリース料の合計額となるのでしょうか。

（答）

⑴　法人税法上、法人がリース取引（資産の賃貸借で、①中途解約の禁止と②フルペイ・アウトの要件を満たすもの）を行った場合には、賃貸借という法形式にかかわらず、リース資産の売買があったものとして、賃貸人と賃借人の課税所得を計算します（法法64の２）。

⑵　一方、法人がリース譲渡（リース取引によるリース資産の引渡し）を行った場合には、リース期間の経過に応じて収益（元本相当額と利息相当額）および費用（原価の額）を計上することができる、延払基準の特例が認められています（法法63①）。ただし、この特例が適用されるリース譲渡には、課税繰延べの適用を受けた譲渡損益調整資産の譲渡は含まない旨規定されています（法法63⑤）。

⑶　これらの規定からしますと、リース譲渡についても、譲渡損益調整資産の譲渡損益額の課税繰延べの対象になることが予定されているといえます。

　そこで問題は、リース取引をする目的で購入し、リース取引を行った
ような場合、そのリース資産は販売を目的に取得した棚卸資産ではない
かという点です。棚卸資産であれば、土地を除き、譲渡損益調整資産に
該当しません（(問) 6―1、6―3参照）。

　しかし、リース取引は私法上はあくまでも資産の賃貸借であって、課
税上の要請から資産の売買として取り扱うというに過ぎません。した
がって、リース資産は棚卸資産ではなく、賃貸用の固定資産として処理
すべきものと考えます。

(4)　リース資産の譲渡価額は、原則としてそのリース期間中に収受する
リース料の合計額とすべきものと考えます。ただし、そのリース料を譲
渡対価部分と利息とに合理的に区分した場合には、その譲渡対価部分を
譲渡対価にしてよいものと認められます（法基通7-6の2-9、12の5-2-3
参照）。

6—25 譲受法人が譲渡損益調整資産を他の完全支配関係会社に譲渡した場合の処理

> **(問)** 完全支配関係があるＡ社、Ｂ社、Ｃ社間において、土地がＡ社（簿価1,500万円）からＢ社に時価1,000万円で譲渡され、その後Ｂ社からＣ社に時価1,100万円で譲渡されましたが、Ａ社、Ｂ社、Ｃ社は、それぞれどのような処理をすべきことになりますか。

(答)

⑴ 譲渡損益調整資産の譲受法人がその資産を譲渡した場合には、譲渡法人において、課税を繰り延べている譲渡利益額または譲渡損失額（以下「譲渡損益調整額」という。）は、戻し入れて益金の額または損金の額に算入しなければなりません。その戻入れの時期は、譲受法人が譲渡損益調整資産を譲渡した日の属する事業年度終了の日の属する譲渡法人の事業年度です（法法61の11②、法令122の12④）。

　譲受法人が譲渡損益調整資産を譲渡したときに、譲渡法人における譲渡損益額が実現したものとして課税対象にするということです。

⑵ この場合の譲受法人の譲渡損益調整資産の「譲渡」には、他の完全支配関係がある法人への譲渡を含みます（国税庁法人課税課情報（平成22.8.10）「問8　完全支配関係がある法人間の資産の譲渡取引における譲渡の意義」参照）。

　第三者への譲渡に限らず、完全支配関係がある法人への譲渡の場合も譲渡損益調整額の戻入れを要することに留意しなければなりません。グループ法人税制の趣旨を徹底するとすれば、グループ外の第三者へ譲渡

したときに譲渡損益調整額の戻入れをすべきでしょうが、法人の事務の手数等を考慮して、ひとつの割り切りを図ったものと考えられます。

(3) その結果、**A社の会計上、税務上の処理**は次のとおりになります。

《譲渡時》

現金預金	1,000万円	／	土　　地	1,500万円
譲渡損	500万円			

譲渡損益調整勘定　500万円　／　譲渡損益調整勘定繰入額　500万円

(別表四)

	区　　分		総　　額	留　保	社外流出
加算	譲渡損益調整勘定繰入額	10	5,000,000	5,000,000	
	小計	11			

(別表五(一))

I　利益積立金額の計算に関する明細書

区　　分		期首積立金	当期の減	当期の増	期末積立金
譲渡損益調整勘定	3			5,000,000	5,000,000
	4				

《戻入時》

譲渡損益調整勘定戻入額　500万円　／　譲渡損益調整勘定　500万円

(別表四)

	区　　分		総　　額	留　保	社外流出
減算	譲渡損益調整勘定戻入額	21	5,000,000	5,000,000	
	小計	22			

(別表五㈠)

Ⅰ 利益積立金額の計算に関する明細書

区　　　　分		期首積立金	当期の減	当期の増	期末積立金
譲渡損益調整勘定	3	5,000,000	5,000,000		―
	4				

⑷　次に、**B社の会計上、税務上の処理**は次のようになります。

《取得時》

　　土　　地　　1,000万円　／　現金預金　　1,000万円

(別表四)　処理なし

(別表五㈠)　処理なし

《譲渡時》

　　現金預金　　1,100万円　／　土　地　　1,000万円
　　　　　　　　　　　　　　　　譲渡益　　　100万円

　　譲渡損益調整勘定繰入額　100万円　／　譲渡損益調整勘定　100万円

(別表四)

区　　　　分			総　　額	留　　保	社外流出
減算	譲渡損益調整勘定繰入額	21	1,000,000	1,000,000	
	小計	22			

(別表五㈠)

Ⅰ 利益積立金額の計算に関する明細書

区　　　　分		期首積立金	当期の減	当期の増	期末積立金
譲渡損益調整勘定	3		1,000,000		△1,000,000
	4				

⑸　最後に**C社の会計上、税務上の処理**は次のとおりです。

　　　土　　地　　1,100万円　／　現金預金　　1,100万円

（別表四）　処理なし

（別表五㈠）　処理なし

　C社がその後土地を譲渡した場合には、その譲渡時にB社の（譲渡時）の処理と同様の処理を行います。そして、B社は、A社の（戻入時）の処理と同様の処理を行い、譲渡損益調整額100万円の戻入れをします。

6—26　譲受法人が譲渡損益調整資産をリースした場合の譲渡損益調整額の戻入れの要否

> **(問)**　譲渡損益調整資産である機械装置の譲受法人が、その機械装置を他の者にリースした場合、機械装置の譲渡があったものとして、譲渡法人は課税を繰り延べている譲渡損益額を戻し入れる必要があるでしょうか。

(答)

⑴　譲渡損益調整資産の譲受法人がその資産を譲渡した場合、譲渡法人において、譲渡損益調整額は、（譲受法人のその譲渡をした日の属する事業年度終了の日の属する譲渡法人の事業年度において）戻し入れて益金の額または損金の額に算入しなければなりません（法法61の11②、法令122の12④）。

　　譲受法人において譲渡損益調整資産を譲渡したときに、譲渡法人における譲渡損益が実現したものとして、課税対象にするということです。

⑵　一方、税務上、資産の賃貸借で、①中途解約の禁止と②フルペイアウトの二つの要件を満たすものは、「リース取引」に該当します。そのリース取引については、所有権移転リース取引（所有権移転条項付リース、割安購入選択権付リース、特別仕様資産対象リース、リース期間短縮リース、これらに準ずるリース）であるか、所有権移転外リース取引（所有権移転リース取引に該当しないリース）であるかを問わず、リース資産の引渡しの時に、すべてリース資産の売買があったものとして課税所得を計算します（法法64の2、法令48の2⑤五参照）。

(3) このように、税務上は、「リース取引」が行われたときは、すべて資産の売買があったものとして処理します。このことからしますと、ご質問の場合には、そのリース取引が税務上のリース取引に該当する限り、譲受法人において譲渡損益調整資産である機械装置の譲渡があったことになります。したがって、譲渡法人は譲渡損益調整額を戻し入れる必要があるものと考えます。

242

6—27 譲渡損益調整資産の譲渡契約の解除等があった場合の譲渡損益調整額の処理

> **(問)** 前期に完全支配関係がある子会社に対して、譲渡損益調整資産に該当する土地（時価5,000万円、簿価2,000万円）を時価5,000万円で譲渡し、譲渡損益調整額3,000万円を有していたところ、当期においてその譲渡契約が解除され、土地が戻ってきましたが、前期に遡って譲渡損益調整額の取消しなどの処理をすることになるのでしょうか。

(答)

(1) 当該事業年度前の事業年度においてその譲渡益を益金の額に算入した資産の譲渡契約が解除された場合、その契約解除により生じる損失の額は、当該事業年度の損金の額に算入します（法基通2-2-16）。すなわち、資産の譲渡契約が解除されたからといって、譲渡益を益金算入した事業年度に遡って、その譲渡益を取り消すような処理はできません。

(2) ご質問の場合には、前期において会計上、税務上、次のような処理を行っているはずです。

現金預金	5,000万円	/	土　地	2,000万円
			譲渡益	3,000万円

譲渡損益調整勘定繰入額　3,000万円　／　譲渡損益調整勘定　3,000万円

(別表四)

区　　分		総　　額	留　　保	社外流出
減算	譲渡損益調整勘定繰入額　21	30,000,000	30,000,000	
	小計　22			

(別表五㈠)

I　利益積立金額の計算に関する明細書

区　　分		期首積立金	当期の減	当期の増	期末積立金
譲渡損益調整勘定	3		30,000,000		△30,000,000
	4				

⑶　そこで当期においては、土地の譲渡契約の解除に伴い、会計上、税務
上、次のような処理を行います。

　　土　　地　　2,000万円　／　現金預金　　5,000万円
　　解除損失　　3,000万円

　　土地の譲渡はなかったことになりますから、譲渡損益調整額3,000万
円は、戻し入れて益金の額に算入します（法基通12の4-3-2⑴）。その場
合の税務上の処理は、次のようになります。その結果、解除損失と譲渡
損益調整勘定戻入額とが相殺されて、課税関係は生じません。

　　譲渡損益調整勘定 3,000万円　／　譲渡損益調整勘定戻入額 3,000万円

(別表四)

区　　分		総　　額	留　　保	社外流出
加算	譲渡損益調整勘定戻入額　10	30,000,000	30,000,000	
	小計　11			

244

（別表五㈠）

Ⅰ　利益積立金額の計算に関する明細書

区　　　分		期首積立金	当期の減	当期の増	期末積立金
譲渡損益調整勘定	3	△30,000,000	△30,000,000		－
	4				

⑷　なお、譲渡損益調整資産の譲渡について値引きを行った場合にも、その値引額は値引きがあった事業年度において、損金の額に算入します。そして、譲渡損益調整額のうち値引額に相当する金額は益金の額に算入する処理を行います（法基通12の4-3-2⑵⑶)）。

6－28　譲受法人が譲渡損益調整資産の一部を譲渡した場合の 戻入額の処理

（問）　譲渡損益調整資産である土地1,000㎡（譲渡価額3,000万円、帳簿価額3,500万円）の譲受法人が、その土地のうち500㎡だけ譲渡した場合、譲渡法人における譲渡損益調整額（損失）500万円の戻入額は、その譲渡損益調整額のうち譲渡した土地の面積に対応する金額250万円となるのでしょうか。

（答）

(1)　ご質問の場合には、譲渡法人は土地の譲渡事業年度において、会計上、税務上、次のような処理を行っているはずです。

　　現金預金　　　　　　　3,000万円　／　土　地　　　　　　3,500万円
　　譲渡損失　　　　　　　　500万円

　　譲渡損益調整勘定　500万円　／　譲渡損益調整勘定繰入額　　500万円

（別表四）

	区　　　分		総　　額	留　　保	社外流出
加算	譲渡損益調整勘定繰入額	10	5,000,000	5,000,000	
	小計	11			

246

（別表五㈠）

Ⅰ　利益積立金額の計算に関する明細書

区　　　分		期首積立金	当期の減	当期の増	期末積立金
譲渡損益調整勘定	3			5,000,000	5,000,000
	4				

⑵　譲渡損益調整資産の譲受法人がその資産を譲渡した場合には、譲渡法人において、譲渡損益調整額は、（譲受法人の譲渡した日の属する事業年度終了の日の属する譲渡法人の事業年度において）戻し入れて益金の額または損金の額に算入しなければなりません（法法61の11②、法令122の12④、（問）6─25参照）。

⑶　この場合、譲受法人が譲渡を受けた譲渡損益調整資産である土地の一部を譲渡したときは、譲渡法人における譲渡損益調整額のうち譲渡した土地の面積に対応する金額など、合理的に計算した金額を戻し入れます（法基通12の4-3-5）。

⑷　そこで、ご質問のように、譲渡法人の譲渡損益調整額が譲渡損失の場合、譲渡した土地の面積比に応じて戻入額は250万円とし、次のような税務上の処理を行います。

　　　　譲渡損益調整勘定戻入額　250万円　／　譲渡損益調整勘定　250万円

（別表四）

区　　　分			総　額	留　保	社外流出
減算	譲渡損益調整勘定戻入額	21	2,500,000	2,500,000	
	小計	22			

（別表五㈠）

Ⅰ　利益積立金額の計算に関する明細書

区　　　　分		期首積立金	当期の減	当期の増	期末積立金
譲渡損益調整勘定	3	5,000,000	2,500,000		2,500,000
	4				

6—29　譲受法人が譲渡損益調整資産である土地に借地権を設定した場合の戻入れの要否

（問）　譲渡損益調整資産である土地の譲受法人が、その土地に借地権を設定し権利金を収受した場合、譲渡法人において譲渡損益調整額の戻入れを要するでしょうか。

　もし戻入れを要するとしたら、借地権割合に対応する金額を戻し入れるのでしょうか。

（答）

⑴　法人がその有する土地に借地権を設定した場合において、その設定後の土地の時価が２分の１以上下落するようなときは、土地の部分（上土権）譲渡があったものとして、借地権の価額に対応する土地の帳簿価額の損金算入が認められます（法令138）。このような借地権の設定を完全支配関係会社間で行った場合には、譲渡損益調整資産に係る譲渡損益額の課税繰延べの適用があると解されています（法法61の11、法基通12の4-2-1、（問）6—11参照）。

⑵　これらのことからしますと、譲渡損益調整資産である土地の譲受法人が、その土地に借地権を設定し、権利金を収受した場合には、その土地の部分譲渡があったものとして、譲渡法人において譲渡損益調整額の戻入れを要するものと考えます。

　この場合において、譲渡損益調整額の戻入額は、次の算式により計算した金額とするなど、合理的に計算すべきものと考えられます。すなわち、譲受法人においては、土地の部分譲渡があったものとして土地の

帳簿価額の損金算入を行いますから、これに対応する譲渡損益調整額の
戻入額を計算します。

$$\text{譲渡損益調整額} \times \frac{\text{借地権の価額}}{\text{譲渡損益調整資産たる土地の時価}}$$

6 —30 譲渡損益調整資産である金銭債権の一部が貸倒れに なった場合の戻入額の処理

> **(問)** 親会社が完全支配関係がある子会社に対して、譲渡損益調整資産である貸付金（額面7,000万円）を5,000万円で譲渡し、譲渡損益調整額2,000万円を有していたところ、その子会社において貸付金の50％相当額3,500万円は切り捨てられることになりましたが、譲渡損益調整額の戻入額は、どのように計算したらよいでしょうか。

(答)

⑴　一の債務者ごとの額面金額が1,000万円以上の金銭債権は、譲渡損益調整資産に該当します（法令122の12①、法規27の13の２、27の15①)。法人が完全支配関係がある法人に対して譲渡した譲渡損益調整資産である金銭債権が貸倒れになった場合には、その譲渡法人は譲渡損益調整額の戻入れを要します（法法61の11②、法令122の12④一)。

　　その場合、金銭債権の一部が切捨てにより貸倒れとなったときは（法基通9-6-1)、たとえば次の算式により計算した金額など合理的な方法により計算した金額を譲渡損益調整額の戻入額とします（法基通12の4-3-4)。

$$譲渡損益調整額 \times \frac{一部切捨てによる貸倒損失額}{譲受法人の金銭債権の取得価額}$$

⑵　ご質問の親会社は、貸付金の譲渡時には、次のような会計上、税務上の処理を行います。

| 現金預金 | 5,000万円 | ／ | 貸付金 | 7,000万円 |
| 譲渡損失 | 2,000万円 | | | |

譲渡損益調整勘定　2,000万円　／　譲渡損益調整勘定繰入額　2,000万円

(別表四)

区　　分			総　　額	留　　保	社外流出
加算	譲渡損益調整勘定繰入額	10	20,000,000	20,000,000	
	小計	11			

(別表五㈠)

I　利益積立金額の計算に関する明細書

区　　分		期首積立金	当期の減	当期の増	期末積立金
譲渡損益調整勘定	3			20,000,000	20,000,000
	4				

(3)　そして、譲受法人である子会社における貸倒損失の計上時には、次により計算した1,400万円が譲渡損益調整額の戻入額となり、次のように税務上の処理を行います。

$$2,000万円 \times \frac{3,500万円}{5,000万円} = 1,400万円$$

譲渡損益調整勘定戻入額　1,400万円　／　譲渡損益調整勘定　1,400万円

(別表四)

区　　分			総　　額	留　　保	社外流出
減算	譲渡損益調整勘定戻入額	21	14,000,000	14,000,000	
	小計	22			

252

(別表五㈠)

Ⅰ　利益積立金額の計算に関する明細書

区　　　分		期首積立金	当期の減	当期の増	期末積立金
譲渡損益調整勘定	3	20,000,000	14,000,000		6,000,000
	4				

⑷　なお、債権金額に満たない価額で取得した債権の一部について切捨て
　があったときは、譲受法人における貸倒損失の額は、切捨て後において
　なお有することとなる債権金額が取得価額を下回る場合のその下回る部
　分の金額となります（法基通12の4-3-4㈲）。

　　ご質問の子会社においては、1,500万円（5,000万円－3,500万円）が
　貸倒損失の額となります。

　　　貸倒損失　　1,500万円　／　貸付金　　1,500万円

6—31　譲渡損益調整資産である金銭債権の一部を回収した場合の譲渡損益調整額の戻入れの可否

> **(問)**　親会社が完全支配関係がある子会社に対して、譲渡損益調整資産である貸付金（額面8,000万円）を5,000万円で譲渡し、譲渡損益調整額3,000万円を有していたところ、その子会社において貸付金2,500万円を回収しましたが、このように貸付金を回収した場合にも、譲渡損益調整額の戻入れをしてよいでしょうか。

(答)

(1)　一の債務者ごとの額面金額が1,000万円以上の金銭債権は、譲渡損益調整資産に該当します（法令122の12①、法規27の13の2、27の15①）。その金銭債権を完全支配関係がある法人に譲渡した場合には、その譲渡損益額は課税の繰延べを行います（法法61の11①）。

　　その後、その譲受法人において譲渡損益調整資産の譲渡、貸倒れ、除却その他これらに類する事由が生じた場合には、譲渡損益調整額の戻入れをしなければなりません（法法61の11②、法令122の12④一イ）。

　　ここで「その他これらに類する事由」には、金銭債権であれば、譲受法人においてその全額が回収されたことが該当する、と取り扱われています（法基通12の4-3-1(1)）。

(2)　そこで、この取扱いによれば、「その全額が回収されたこと」とされていますので、金銭債権の一部が回収されただけでは、譲渡損益調整額の戻入れは要しません。ご質問の場合、譲受法人が貸付金の一部2,500万円を回収しただけですから、譲渡損益調整額の戻入れはできません。

　金銭債権の譲渡にあっては、銀行のバルクセールにより廉価で取得した貸付金を更に譲渡するような特殊な場合を除き、譲渡益が生じることは稀で、譲渡損が生じるのが普通でしょう。そうしますと、ご質問の場合のように、金銭債権の譲渡法人が有する譲渡損益調整額は損失を繰延べているものでしょうから、その譲渡損益調整額の戻入れができず、譲渡法人にとって不利になるかもしれません。

(3)　なお、譲渡損益調整資産である金銭債権について、一部の切捨てにより貸倒れとなった場合には、たとえば譲渡損益調整額に貸倒割合を乗じて計算した金額など合理的な方法により計算した金額を戻入れすることが認められています（法基通12の4-3-4、（問）6－30参照）。

　金銭債権の回収も切捨てによる貸倒れも、金銭債権が消滅するという点では同じ事象です。その点からすれば、金銭債権の一部回収の場合もその回収割合に応じて譲渡損益調整額の戻入れが認められてよいように思われます。

6─32 譲受法人が譲渡損益調整資産につき償却を行った場合の戻入額の処理

(問) 譲渡損益調整資産である機械（帳簿価額1,000万円）につき譲受法人において償却費375万円（取得価額1,500万円、耐用年数10年、定率法による償却率0.250）の損金算入をした場合、譲渡法人における譲渡損益調整額（利益）500万円の戻入額の計算方法と処理はどのようになりますか。

(答)

⑴　ご質問の場合には、譲渡法人は機械の譲渡事業年度において、会計上、税務上、次のような処理を行っているはずです。

現金預金　　　　1,500万円　／　機　械　　　　1,000万円
　　　　　　　　　　　　　　　　　譲渡益　　　　　500万円

譲渡損益調整勘定繰入額　500万円　／　譲渡損益調整勘定　500万円

(別表四)

	区　　分		総　額	留　保	社外流出
減算	譲渡損益調整勘定繰入額	21	5,000,000	5,000,000	
	小計	22			

256

（別表五(一)）

Ⅰ　利益積立金額の計算に関する明細書

区　　分		期首積立金	当期の減	当期の増	期末積立金
譲渡損益調整勘定	3		5,000,000		△5,000,000
	4				

(2)　譲渡損益調整資産が減価償却資産に該当し、その譲受法人がその資産を償却した場合には、譲渡法人において、譲渡損益調整額のうち、その償却費に対応する金額は戻し入れて益金の額または損金の額に算入しなければなりません（法法61の11②、法令122の12④）。

これは、譲受法人において譲渡損益調整資産の償却費を損金算入した場合には、その償却費に対応する、譲渡法人の譲渡損益調整額は実現したものとして、課税対象にするということです。

(3)　この場合の償却費に対応する金額すなわち戻入額は、次の算式により計算した金額とするのが原則です（法令122の12④三）。

譲渡損益調整額（500万円）

$$\times \frac{損金算入された償却費の額（375万円）}{譲渡損益調整資産の取得価額（1,500万円）} = 125万円$$

譲渡損益調整勘定　125万円　／　譲渡損益調整勘定戻入額　125万円

（別表四）

	区　　分		総　額	留　保	社外流出
加算	譲渡損益調整勘定戻入額	10	1,250,000	1,250,000	
	小計	11			

(別表五㈠)

Ⅰ　利益積立金額の計算に関する明細書

区　　　分		期首積立金	当期の減	当期の増	期末積立金
譲渡損益調整勘定	3	△5,000,000	△1,250,000		△3,750,000
	4				

⑷　ただし、次の算式により計算した金額を譲渡損益調整額の戻入額とする簡便法の適用が認められています（法令122の12⑥）。

譲渡損益調整額（500万円）

$$\times \frac{当該事業年度の月数（12）}{譲渡損益調整資産の耐用年数 \times 12（120）} = 50万円$$

㊟　算式の分母の「譲渡損益調整資産の耐用年数」は、譲受法人がその譲渡損益調整資産につき耐用年数の短縮の承認を受けている場合には、その承認を受けた耐用年数とすることができます（法基通12の4-3-10）。

譲渡損益調整勘定　50万円　／　譲渡損益調整勘定戻入額　50万円

(別表四)

	区　　　分		総　　額	留　　保	社外流出
加算	譲渡損益調整勘定戻入額	10	500,000	500,000	
	小計	11			

(別表五㈠)

Ⅰ　利益積立金額の計算に関する明細書

区　　　分		期首積立金	当期の減	当期の増	期末積立金
譲渡損益調整勘定	3	△5,000,000	△500,000		△4,500,000
	4				

⑸　ここで問題は、譲受法人が譲渡損益調整資産につき償却費の損金算入

をしなかった場合、原則法では戻入額が発生しません。その場合であっても、簡便法を適用してよいかどうかです。

　簡便法が設けられている趣旨は、譲渡法人が各事業年度ごとに譲受法人における償却状況を確認するなどの煩雑さを避けるためですから、譲受法人が一切償却を行わないときでも簡便法の適用はできると解されています（国税庁法人課税課情報（平成22.8.10）「問12　譲渡損益調整資産が減価償却資産である場合の戻入額の計算」参照）。

　ただし、簡便法の適用は、譲渡損益調整資産の譲渡日の属する事業年度の確定申告書に戻入額およびその計算明細の記載がある場合に限って適用されます（法令122の12⑧⑨）。

⑹　このように、譲渡損益調整資産の譲受法人の取引や処理によって、譲渡法人の課税関係が影響を受けます。

　そこで、譲渡法人と譲受法人との間では、譲渡損益調整資産に該当する旨、減価償却資産の適用耐用年数、譲渡損益調整額の戻入事由などの通知義務が課されています（法令122の12⑰〜⑲）。今後はより一層グループ法人内の密接な連絡、協調が肝要です（その通知義務の内容、通知書の様式等については、国税庁法人課税課情報（平成22.8.10）「問13　譲渡損益調整資産に係る通知義務」参照）。

6—33　譲受法人が譲渡損益調整資産に圧縮記帳し帳簿価額が1円の場合の戻入れの要否

> **(問)**　譲渡損益調整資産である試験研究用機械装置の譲受法人が、その機械装置につき国庫補助金等で取得した固定資産の圧縮記帳の適用を受けた結果、その帳簿価額が1円になっている場合、譲受法人において償却費の計上ができませんから、譲渡法人は課税を繰り延べている譲渡損益額を戻し入れる必要はないと考えてよいでしょうか。

(答)

⑴　譲渡損益調整資産の譲受法人がその資産につき償却をした場合には、譲渡法人において、譲渡損益調整額のうち、その償却費に対応する金額は戻し入れて益金の額または損金の額に算入する必要あります（法法61の11②、法令122の12④）。

⑵　この場合の償却費に対応する金額（戻入額）は、次の算式により計算した金額とするのが原則です（法令122の12④三、（問）6—32参照）。

$$譲渡損益調整額 \times \frac{損金算入された償却費の額}{譲渡損益調整資産の取得価額}$$

⑶　ただし、譲渡損益調整資産の譲渡日の属する事業年度の確定申告書に簡便法を適用する旨の明細書を添付することを条件に、次の金額を戻入額とする簡便法を適用することができます（法令122の12⑥～⑨）。

$$譲渡損益調整額 \times \frac{当該事業年度の月数}{譲渡損益調整資産の耐用年数 \times 12}$$

この簡便法が設けられている趣旨は、譲渡法人が各事業年度ごとに譲

受法人における償却状況を確認するなどの手間を省くためですから、譲受法人が一切償却を行わないときでも簡便法の適用は可能です（国税庁法人課税課情報（平成22. 8 .10)「問12　譲渡損益調整資産が減価償却資産である場合の戻入額の計算」参照)。

(4)　そこで、ご質問の場合、譲渡損益調整資産であっても、その適用要件を満たす限り、国庫補助金等で取得した固定資産の圧縮記帳の適用を受けることができますから、譲受法人における試験研究用機械装置の帳簿価額は1円となることがあり得ます（法法42、法令93、（問）6 —19参照)。そうしますと、譲受法人における試験研究用機械装置の帳簿価額は1円ですから、そもそも償却費の損金算入はできません。

そのため、譲渡法人における譲渡損益調整額の戻入額の計算につき原則法を適用しますと、戻入額はないことになります。その限りでは、譲渡損益調整額の戻入れは要しません。

一方、簡便法を適用する旨、確定申告書に明細書の添付をすれば、簡便法の適用があります。その簡便法を適用する場合には、譲渡法人は譲渡損益調整額の戻し入れを要するものと考えます。

6—34　譲受法人が譲渡損益調整資産を償却した場合の戻入額の原則法と簡便法の継続適用の要否

> **（問）**　譲渡損益調整資産である減価償却資産と繰延資産につき譲受法人において償却費を計上した場合における譲渡法人の譲渡損益調整額の戻入額の計算方法には、原則法と簡便法とがありますが、この原則法または簡便法は継続適用する必要があるのでしょうか。

（答）

⑴　譲渡損益調整資産である減価償却資産または繰延資産の譲受法人がその資産を償却した場合には、譲渡法人において、譲渡損益調整額のうち、その償却費に対応する金額は戻入れて益金の額または損金の額に算入しなければなりません（法法61の11②、法令122の12④）。

　この場合の譲渡法人における譲渡損益調整額の戻入額の計算方法には、原則法と簡便法とがあります（法令122の12④三、四⑥、（問）6—32参照）。

⑵　ただし、その「簡便法」は、譲渡損益調整資産の譲渡の日の属する事業年度の確定申告書に簡便法の適用を受けて戻し入れる金額およびその計算に関する明細の記載がある場合に限って適用されます（法令122の12⑧⑨）。

　その限りでは、確定申告書に簡便法の適用に関する明細の記載をしなかった場合には、継続して原則法を適用せざるを得ず、そもそも継続適用の要否は問題となりません。

⑶　そこで問題は、簡便法の適用に関する明細の記載をした確定申告書を

提出した場合に、事業年度ごとに簡便法と原則法を使い分けてよいかどうかです。

　法令の規定振りからみる限り、簡便法を適用するためには明細を記載した確定申告書の提出が要件とはなっていますが、簡便法を継続適用すべき旨の格別の定めはありません。

　しかし、簡便法を適用するためには、譲渡損益調整資産の譲渡の日の属する事業年度の確定申告書にその明細を記載すべきことになっている点からすれば、その後の簡便法は継続適用が予定されていると考えられます。また、原則法と簡便法を自由自在に使い分けることは、課税上、弊害があるといえましょう。

　したがって、簡便法による旨申告した以上は、簡便法は継続適用すべきものと考えます。

6 —35　譲受法人が譲渡損益調整資産を償却した場合の戻入額の原則法と簡便法の資産ごとの選択の可否

(問)　譲渡損益調整資産である減価償却資産と繰延資産につき譲受法人において償却費を計上した場合における譲渡法人の譲渡損益調整額の戻入額の計算方法には、原則法と簡便法とがありますが、この原則法または簡便法は譲渡損益調整資産ごとに選択適用をしてよいでしょうか。

(答)

(1)　譲渡損益調整資産である減価償却資産または繰延資産の譲受法人がその資産を償却した場合には、譲渡法人において、譲渡損益調整額のうち、その償却費に対応する金額を原則法または簡便法により計算して、益金の額または損金の額に算入しなければなりません（法法61の11②、法令122の12④三、四⑥、（問）6 —32参照）。

(2)　その「簡便法」は、譲渡損益調整資産の譲渡の日の属する事業年度の確定申告書に簡便法の適用を受けて戻し入れる金額およびその計算に関する明細の記載がある場合に限って適用されます（法令122の12⑧⑨）。

　　この場合の「譲渡損益調整資産」は、譲渡損益調整資産の譲渡の日の属する事業年度の確定申告書に明細を記載すべきこととされている点からみて、個々の譲渡損益調整資産を意味していると考えられます。

(3)　この点からすれば、譲渡損益調整資産を譲渡するつど、その譲渡損益調整資産に簡便法を適用するかどうかを選択することができることになります。したがって、譲渡損益調整額の戻入額の計算方法である原則法

と簡便法は、譲渡損益調整資産ごとに選択適用をすることができます。

　この場合の選択適用は、事業年度を異にする場合はもとより、同じ事業年度であっても、個々の減価償却資産ごとに行うことができます（法基通12の4-3-8）。

6—36　譲受法人が総合償却資産の一部を除却した場合の譲渡損益調整額の戻入額の計算

> **(問)**　譲渡損益調整資産の譲渡法人が譲渡損益調整額の戻入れを要する事由に、譲渡損益調整資産の除却がありますが、譲受法人が機械装置などの総合償却資産の一部を除却した場合における、譲渡損益調整額の戻入額の計算はどうしたらよいでしょうか。

(答)

(1)　譲渡損益調整資産の譲渡法人が譲渡損益調整額の戻入れを要する事由のひとつに、譲受法人における、その譲渡損益調整資産の除却があります。その除却があった場合の譲渡損益調整額の戻入額は、譲渡損益調整額に相当する金額とされています（法法61の11②、法令122の12④一）。すなわち、法文上からみる限り、譲渡損益調整額の全額を戻し入れるような規定振りとなっています。

(2)　「総合償却資産」とは、機械および装置ならびに構築物で、その資産に属する個々の資産の全部につき、その償却の基礎となる価額を個々の資産の全部を総合して定められた耐用年数により償却することとされているものをいいます（耐通1-5-8参照）。

(3)　そこで、ご質問のように、総合償却資産にあっては、その総合償却資産を構成する個々の資産の一部を除却するということがあり得ます。その場合、譲受法人が総合償却資産の一部だけを除却したにもかかわらず、譲渡法人において譲渡損益調整額の全額を戻し入れるのは合理的でないと考えられます。この点、譲渡損益調整資産の一部の貸倒れがあっ

た場合や一部を譲渡した場合には、その貸倒損失の額や譲渡面積に応じた譲渡損益調整額を戻し入れることになっている取扱いからみても、明らかでしょう（（問）6—28、6—30参照）。

⑷　この場合の譲渡損益調整額の戻入額は、譲受法人における総合償却資産の取得価額のうちに占める除却資産の帳簿価額（除却価額）の割合に対応する金額など合理的な方法により計算した金額とすべきものと考えます。

　　そうしますと、総合償却資産の除却価額をいかに算定するかが問題となりますが、その除却価額は、基本的にはその総合償却資産の総合耐用年数を基礎として計算される、個々の資産の除却の時における未償却残額に相当する金額とします（法基通7-7-3）。

　　ただし、法人が継続してその除却した個々の資産の個別耐用年数を基礎として計算される未償却残額に相当する金額または法人が総合償却資産の償却費の額を合理的に個々の資産に配賦している場合のその帳簿価額を除却価額とすることもできましょう（法基通7-7-4、7-7-5）。

6—37　譲受法人が譲渡損益調整資産を評価換えした場合の戻入額の計算

（問）　親会社が完全支配関係がある子会社に対して、譲渡損益調整資産である機械装置を5,000万円で譲渡し、譲渡損益調整額3,000万円（損失）を有しているところ、その子会社がその機械装置につき2,500万円の評価損を計上した場合、譲渡法人における譲渡損益調整額の戻入額は、譲渡損益調整額3,000万円の50％相当額である1,500万円とすべきでしょうか。

（答）

⑴　ご質問の場合には、譲渡法人である親会社は機械装置の譲渡事業年度において、会計上、税務上、次のような処理を行います。

　　現金預金　　　　　5,000万円　／　機械装置　　　　　　8,000万円
　　譲渡損　　　　　　3,000万円

　　譲渡損益調整勘定　3,000万円　／　譲渡損益調整勘定繰入額　3,000万円

（別表四）

	区　分		総　額	留　保	社外流出
加算	譲渡損益調整勘定繰入額	10	30,000,000	30,000,000	
	小計	11			

（別表五㈠）

Ⅰ 利益積立金額の計算に関する明細書

区　　　分		期首積立金	当期の減	当期の増	期末積立金
譲渡損益調整勘定	3			30,000,000	30,000,000
	4				

⑵　譲渡損益調整資産の譲受法人が、その譲渡損益調整資産につき評価損を計上し、その評価損の額が損金算入された場合には、譲渡法人は譲渡損益調整額を戻し入れて益金の額または損金の額に算入しなければなりません（法法61の11②、法令122の12④五）。

⑶　この場合の戻入額については、ご質問にありますように、譲受法人における譲渡損益調整資産の取得価額（5,000万円）に対する評価損の額（2,500万円）の比により按分した金額（1,500万円）とする考え方もあります。

　　たしかに、平成22年税制改正前の「分割等前事業年度における連結法人間取引の損益の調整」や「連結法人間取引の損益の調整」では、ご質問のような方法で按分することとされていました（旧法令122の14④四、155の22③四）。

⑷　しかし、現行法には、ご質問のような方法で按分した金額を戻入額とする旨の定めはありません。ただ単に、譲受法人の評価損が損金の額に算入された場合には、当該譲渡利益額または譲渡損失額に相当する金額を戻し入れるとされているだけです（法令122の12④五）。

　　したがって、ご質問の場合には、親会社は譲渡損益調整額3,000万円全額を戻し入れる必要があります。その場合の税務上の処理は、次のとおりです。

　　　譲渡損益調整勘定戻入額　3,000万円　／　譲渡損益調整勘定　3,000万円

(別表四)

	区　　　分		総　　額	留　　保	社外流出
減算	譲渡損益調整勘定戻入額	21	30,000,000	30,000,000	
	小計	22			

(別表五㈠)

I　利益積立金額の計算に関する明細書

区　　　分		期首積立金	当期の減	当期の増	期末積立金
譲渡損益調整勘定	3	30,000,000	30,000,000		―
	4				

6―38　譲渡損益調整資産である株式を消却する場合の譲渡損益調整額の戻入れの要否

(問)　A社は、完全支配関係があるB社の株式（帳簿価額2,000万円）を、同じく完全支配関係があるC社に譲渡（譲渡価額2,500万円）し、その譲渡益（500万円）について課税繰延べをしています。

　この度、B社がC社を適格合併することになり、B社はC社が保有するB社株式を自己株式として取得しますが、この自己株式は消却する予定です。

　この場合、A社は、B社株式の消却は課税繰延べをしている譲渡益の戻入事由に該当するとして、その戻入れを要するでしょうか。

(答)

(1)　ご質問の場合、A社はB社株式の譲渡事業年度において、会計上、税務上、次のような処理を行います。

　　　現金預金　　　　2,500万円　／　B社株式　　　　2,000万円
　　　　　　　　　　　　　　　　　　　譲渡益　　　　　　500万円

　　譲渡損益調整勘定繰入額　500万円　／　譲渡損益調整勘定　500万円

(別表四)

	区　　分		総　　額	留　　保	社外流出
減算	譲渡損益調整勘定繰入額	21	5,000,000	5,000,000	
	小計	22			

（別表五㈠）

Ⅰ　利益積立金額の計算に関する明細書

区　　　分		期首積立金	当期の減	当期の増	期末積立金
譲渡損益調整勘定	3		5,000,000		△5,000,000
	4				

⑵　このようにして課税を繰り延べた譲渡益（譲渡損益調整額）は、その後、譲受法人にその譲渡損益調整資産の譲渡、貸倒れ、除却、評価換え、償却などの事由が生じた場合には、譲渡法人は、譲渡損益調整額は戻し入れて益金算入をしなければなりません（法法61の11②、法令122の12④）。

　この譲渡損益調整額の戻入事由に、株式の消却は明示的には示されていません。しかし、その戻入事由は譲渡損益調整資産の消滅等を意味するものといえ、法令の規定では「譲渡、貸倒れ、除却その他これらに類する事由」とされています（法令122の12④一）。株式の消却は、この「その他これらの類する事由」に該当するものと考えます（広島国税局・文書回答事例平成29.11.29「グループ法人税制で繰り延べた譲渡利益の戻入の要否」参照）。

⑶　したがって、ご質問のＡ社は、税務上、次のような処理を行います。

　　譲渡損益調整勘定　500万円　／　譲渡損益調整勘定戻入額　500万円

（別表四）

区　　　分			総　　額	留　　保	社外流出
加算	譲渡損益調整勘定戻入額	10	5,000,000	5,000,000	
	小計	11			

(別表五㈠)

Ⅰ 利益積立金額の計算に関する明細書

区　　　　分		期首積立金	当期の減	当期の増	期末積立金
譲渡損益調整勘定	3	△5,000,000	△5,000,000		―
	4				

6―39　株式の譲受法人が同一銘柄の株式を譲渡した場合の戻入額の計算

> **(問)**　A社は、完全支配関係があるB社に対して甲社株式（株数5,000株、譲渡価額5,000万円）を譲渡し、その譲渡益3,000万円につき課税の繰延べを行っていますが、その後B社がその甲社株式3,000株を他に譲渡した場合、A社の課税を繰延べている譲渡益の戻入額は、どのように計算したらよいでしょうか。
>
> 　B社は甲社株式につき従来から5,000株を保有しており、A社から譲渡を受けた株数と合わせて10,000株を保有しています。

(答)

(1)　有価証券である譲渡損益調整資産と銘柄を同じくする有価証券を、その譲受法人が譲渡した場合には、譲渡法人において、譲渡損益調整額は、戻し入れて益金の額または損金の額に算入する必要があります（法法61の11②）。

　　この場合、譲受法人の「譲渡」は、譲受法人が取得した銘柄を同じくする有価証券である譲渡損益調整資産の数に達するまでの譲渡に限られます。そして、その戻入額は、譲渡損益調整額のうちその譲渡をした数に対応する部分の金額とします（法令122の12④六）。

(2)　つまり、有価証券は、譲受法人において譲渡損益調整資産として譲り受けた有価証券と銘柄を同じくする有価証券を固有に保有していることが考えられます。そのため、譲受法人が銘柄を同じくする有価証券を譲渡した場合には、固有に保有している有価証券と譲渡損益調整資産であ

る有価証券のいずれから譲渡したとみるのか、疑義が生じます。

　そこで、譲渡損益調整資産である有価証券の数に達するまで、その譲渡数に応じる金額を戻し入れるべきことになっています。これは、優先的に譲渡損益調整資産である有価証券の譲渡があったとみる、ということを表しています。

⑶　ご質問の場合、A社はB社に対する甲社株式の譲渡時には、次のような会計上、税務上の処理を行います。

　　現金預金　　5,000万円　／　有価証券　　　　2,000万円
　　　　　　　　　　　　　　　　有価証券売却益　3,000万円

　　譲渡損益調整勘定繰入額　3,000万円　／　譲渡損益調整勘定　3,000万円

（別表四）

	区　　　　分		総　　額	留　　保	社外流出
減算	譲渡損益調整勘定繰入額	21	30,000,000	30,000,000	
	小計	22			

（別表五㈠）

Ⅰ　利益積立金額の計算に関する明細書

区　　　　分		期首積立金	当期の減	当期の増	期末積立金
譲渡損益調整勘定	3		30,000,000		△30,000,000
	4				

⑷　次に、A社は、B社がその甲社株式3,000株を譲渡した場合、税務上、次のような処理を行います。

　　譲渡損益調整勘定　1,800万円　／　譲渡損益調整勘定戻入額　1,800万円

　この貸方・譲渡損益調整勘定戻入額1,800万円は、次により計算されます。

$$譲渡損益調整額3,000万円 \times \frac{B社の譲渡株数 \quad 3,000株}{B社への譲渡株数 \quad 5,000株} = 1,800万円$$

（別表四）

区　　　分		総　　額	留　　保	社外流出
加算	譲渡損益調整勘定戻入額　10	18,000,000	18,000,000	
	小計　11			

（別表五(一)）

Ⅰ　利益積立金額の計算に関する明細書

区　　　分		期首積立金	当期の減	当期の増	期末積立金
譲渡損益調整勘定	3	△30,000,000	△18,000,000		△12,000,000
	4				

　その後、B社が残りの2,000株（5,000株－3,000株）を譲渡するまで、上記の算式により計算した金額を戻し入れます。

(5)　なお、法人が譲渡損益調整資産である同一銘柄の有価証券を2回以上にわたって完全支配関係がある法人に譲渡した場合には、その譲受法人がその有価証券を譲渡したことによる譲渡損益調整額の戻入額は、譲受法人が最も早く取得したものから順次譲渡したものとして計算します（法基通12の4-3-6）。

　完全支配関係がある複数の法人から同一銘柄の有価証券の譲渡を受けた場合において、その一部を譲渡したときも、その譲受法人が最も古く譲渡を受けた有価証券から譲渡したものとして、譲渡損益調整額の戻入額を計算します。

6―40 譲受法人が解散した場合の譲渡損益調整額の戻入れの要否

(答)

⑴ たしかに、譲渡損益調整資産の譲渡法人が譲渡損益調整額の戻入れを要する事由は、まずその譲渡損益調整資産自体の譲受法人における譲渡、貸倒れ、除却その他これらに類する事由、償却、評価換え、調整差損益の損益金算入（法令139の2①）とされています（法法61の11②、法令122の12④）。

⑵ この譲渡損益調整資産自体に対する譲受法人の行為による譲渡損益調整額の戻入事由には、譲受法人が解散した場合は含まれていません。しかし、譲渡法人における譲渡損益調整額の戻入事由はこれだけではなく、譲渡損益調整資産の譲渡法人と譲受法人との間に完全支配関係を有しないこととなったときも、その戻入れを要します（法法61の11③）。その典型例は、保有株式等を譲渡し、完全支配関係がなくなった場合でしょう。

この場合の譲渡損益調整額の戻入れの時期は、譲渡法人の完全支配関

係を有しないこととなった日の前日の属する事業年度です。

⑶　譲受法人が解散し、残余財産が確定した場合には、譲受法人の発行済株式等は消滅し、譲渡法人と譲受法人との間の完全支配関係も消滅してしまいます。したがって、譲受法人が解散し、残余財産が確定したことは譲渡損益調整額の戻入事由となります。

　残余財産の確定の場合、残余財産が確定した日までは完全支配関係があり、その確定した日の翌日に完全支配関係を有しないことになります。そこで、戻入れの時期は、完全支配関係を有しないこととなった日の前日の属する事業年度ですから、残余財産が確定した場合の戻入れの時期は、残余財産が確定した日の属する事業年度となります。

⑷　なお、譲受法人の解散であっても、譲渡法人または譲受法人の適格合併（合併法人と完全支配関係があるものに限る。）による解散の場合には、その戻入れを要しません（法法61の11③一、二）。すなわち、譲渡法人または譲受法人が被合併法人となる適格合併により解散する場合には、譲渡損益額の課税繰延べは継続されます。

　そして、合併法人は譲渡法人の有する譲渡損益調整額を引き継ぎます（法法61の11⑤）。

6 —41　清算中の法人が完全支配関係親会社に譲渡損益調整資産を譲渡した場合の処理

> **(問)**　清算中の子会社が完全支配関係がある親会社に対して、清算処理の一環として譲渡損益調整資産を譲渡しましたが、清算中の会社に対しても譲渡損益額の課税繰延べの適用がある一方、残余財産が確定した場合には、即譲渡損益調整額の戻入れを要することになるのでしょうか。

(答)

(1)　平成22年度の税制改正により、清算法人に対する清算所得課税が廃止され、清算法人の清算中の事業年度においても、継続企業と同じように「各事業年度の所得に対する法人税」が課されます（法法5）。

　　そして、清算中の法人であってもグループ法人税制の適用対象になります（(問) 1—2参照）。譲渡損益調整資産を譲渡した場合の譲渡損益額の課税繰延べについて、清算中の法人は適用対象から除外する旨の規定はありませんから、清算中の法人も適用対象に含まれます。

(2)　譲渡損益調整資産の譲受法人である完全支配関係親会社が、その譲渡損益調整資産の譲渡や償却、評価換え、貸倒れ、除却などを行った場合には、譲渡損益調整額の戻入れを要します（法法61の11②、法令122の12④）。また、清算中の法人の残余財産が確定した場合には、譲渡損益調整資産の譲渡法人と譲受法人との間に完全支配関係がないことになりますから、譲渡損益調整額の戻入れが必要です（法法61の11③、(問) 6—40参照）。

⑶　清算中の法人の残余財産が事業年度の中途において確定した場合には、その事業年度開始の日から残余財産の確定の日までの期間がみなし事業年度となります（法法14①五）。したがって、そのみなし事業年度内において完全支配関係がある親会社に対し譲渡損益調整資産の譲渡があった場合には、譲渡損益額の課税繰延べとその戻入れが生じることになります。その結果、その譲渡損益額については、譲渡した事業年度において課税関係が生じます。

　その場合、会計上、その譲渡損益額を計上する限り、特に申告調整をする必要はないものと考えます。

6-42 譲渡損益調整資産の譲渡損益額の繰延べを行い、税効果会計を適用する場合の処理

> **(問)**　親会社が、完全支配関係がある子会社に対して譲渡損益調整資産（時価1,500万円、簿価1,000万円）を時価1,500万円で譲渡した場合、その譲渡益500万円について課税の繰延べを行いますが、これに伴い税効果会計を適用し、繰延税金負債を150万円（実効税率30％と仮定）計上する場合、税務上はどのような処理をすればよいでしょうか。

（答）

⑴　ご質問の場合、親会社における譲渡損益調整資産の譲渡時の会計上の処理は、次のとおりです。

　　　　現金預金　　1,500万円　／　資　産　　1,000万円
　　　　　　　　　　　　　　　　　　譲渡益　　　500万円

　　これに対し、税務上は、普通法人または協同組合等が譲渡損益調整資産を完全支配関係がある普通法人または協同組合等に譲渡した場合には、その譲渡損益額は計上せず、課税の繰延べを行わなければなりません（法法61の11）。

⑵　そこで、税務上は、次のような処理を認識し、会計上計上した譲渡益を益金不算入とします。

　　　　譲渡損益調整勘定繰入額　500万円　／　譲渡損益調整勘定　500万円

　　この税務上の処理に伴って、会計上は税効果会計を適用します。すなわち、この譲渡損益調整資産を譲受法人が譲渡などした場合には、譲渡

法人において課税を繰り延べている譲渡益を益金算入しなければなりません から（法法61の11②、法令122の12④）、将来課税所得が増加します。そのため、会計上は、将来加算一時差異として「繰延税金負債」を認識し、次のような処理を行います。

　　　法人税等調整額　　150万円　／　繰延税金負債　　150万円

(3)　そこで、上記(1)、(2)の税務上、会計上の処理を踏まえた申告調整は、次のとおりです。借方・法人税等調整額は租税公課ということですが、損金の額に算入されませんから、所得金額に加算します。

(別表四)

区　　　分		総　　額	留　　保	社外流出
加算	法人税等調整額	10	1,500,000	1,500,000	
減算	譲渡損益調整勘定繰入額	21	5,000,000	5,000,000	

(別表五(一))

Ⅰ　利益積立金額の計算に関する明細書

区　　　分		期首積立金	当期の減	当期の増	期末積立金
譲渡損益調整勘定	3		5,000,000		△5,000,000
繰延税金負債	4			1,500,000	1,500,000

(4)　なお、譲渡損益調整資産の「譲渡損」の課税繰延べに伴って、税効果会計を適用する場合には、将来減算一時差異として「繰延税金資産」を認識します。将来、譲渡損益調整資産を譲受法人が譲渡などした場合には、譲渡法人においては譲渡損の損金算入ができ、課税所得が減少するからです。

　　仮に、ご質問が500万円の譲渡損であるとした場合には、会計上、税務上、次のような処理を行います。

282

　　譲渡損益調整勘定　　500万円　　／　　譲渡損益調整勘定繰入額　　500万円

　　繰延税金資産　　　150万円　　／　　法人税等調整額　　　　　　150万円

　貸方・法人税等調整額は租税公課の減額分ですが、益金の額に算入されませんから、所得金額から減算します。

(別表四)

	区　　分		総　　額	留　　保	社外流出
加算	譲渡損益調整勘定繰入額	10	5,000,000	5,000,000	
減算	法人税等調整額	21	1,500,000	1,500,000	

(別表五㈠)

Ⅰ　利益積立金額の計算に関する明細書

区　　分		期首積立金	当期の減	当期の増	期末積立金
譲渡損益調整勘定	3			5,000,000	5,000,000
繰延税金資産	4		1,500,000		△1,500,000

6—43　法人が譲渡損益調整資産を譲渡した場合の消費税の課税関係

> **(問)**　法人税では完全支配関係がある法人に対し譲渡損益調整資産を譲渡した場合には、譲渡損益を計上せず、その譲渡損益に対する課税を繰り延べることになっており、これは資産の譲渡はなかったと観念するものと考えられますが、そうしますと消費税においても資産の譲渡等はなかったということになるのでしょうか。

(答)

⑴　たしかに、法人税では完全支配関係がある法人に対し譲渡損益調整資産を譲渡した場合には、その譲渡損益は計上する必要はありません（法法61の11①）。これは、完全支配関係がある法人間で資産の譲渡があっても、いわばグループ法人内の内部取引であり、譲渡損益は実現していないと観念するものです。

　しかし、これは法人税のグループ法人税制の趣旨から、そのように観念するという特例であって、実際に行われた譲渡損益調整資産の譲渡までを否定するものではありません。譲渡損益調整資産の譲渡は、私法上、有効に成立しています。

⑵　一方、消費税においては、完全支配関係がある法人間の譲渡損益調整資産の譲渡について「資産の譲渡等」に該当しないとする、格別の定めはありません。

　したがって、消費税では完全支配関係法人間の譲渡損益調整資産の譲渡であっても、資産の譲渡等として課税関係を処理します。その譲渡損

益調整資産の譲渡が消費税の課税対象になるものであれば、譲渡法人は課税売上げとし、譲受法人は課税仕入れとして仕入税額控除の対象にすることができます。

⑶ なお、資産の譲渡等であっても、土地や有価証券、金銭債権の譲渡は、もともと消費税は非課税となっています（消法6、別表第一）。そのため、譲渡損益調整資産に該当する土地や有価証券、金銭債権を譲渡しても、譲渡法人において課税売上げにはなりませんが、課税売上割合の計算に含める必要があります。一方、その譲受法人においては、仕入税額控除の対象にすることはできません。

　これは、もちろん法人税におけるグループ法人税制の適用によるものではなく、消費税自体の取扱いによるものです。

7　組織再編税制の特例

7－1　被合併法人の従業者が他の会社の業務に従事することの可否

> **(問)**　支配関係がある法人間の合併が適格合併に該当するための要件の一つに、従業者引継要件があり、合併後、被合併法人の従業者の8割以上が合併法人の業務に従事することが見込まれていなければなりません。
>
> 　しかし、合併法人の従業者も過剰気味であるような場合、引継ぎを受ける被合併法人の従業者の一部を、他の子会社の業務に従事させると従業者引継要件を満たさないことになるのでしょうか。

(答)

(1)　支配関係（50％超の持株関係）がある法人間の合併にあっては、次に掲げる要件を満たす合併で、被合併法人の株主等に金銭が交付されないものが適格合併に該当します（法法2十二の八ロ、法令4の3③）。

　イ　持株要件　次に掲げるいずれかに該当すること。

　　①　合併法人と被合併法人との間にいずれか一方の法人による支配関係があること。

　　②　合併前に合併法人と被合併法人との間に同一の者による支配関係

があり、かつ、合併後にその同一の者による合併法人の支配関係が継続することが見込まれていること。

ロ　従業者引継要件　被合併法人の合併直前の従業者のおおむね80％以上の者が合併法人の業務に従事することが見込まれていること。

ハ　事業継続要件　被合併法人の合併前に行う主要な事業が合併後に合併法人において引き続き行われることが見込まれていること。

(2)　上記ロの従業者引継要件からみますと、被合併法人から引継ぎを受ける従業者の一部を、他の子会社の業務に従事させると、原則として従業者引継要件を満たさないことになります。

　　　ただし、平成30年度の税制改正により、被合併法人から引継ぎを受ける従業者を合併法人との間に完全支配関係がある法人（合併法人の完全支配関係法人）の業務に従事させても、従業者引継要件を満たすこととされました（法法２十二の八ロ(1)）。

　　　この場合、被合併法人から引継ぎを受ける従業者の全てを合併法人の完全支配関係法人の業務に従事させる必要はなく、その一部であってもよいものと考えます。

(3)　また、上記(1)ハの事業継続要件について、被合併法人が合併前に行う主要な事業を、合併法人ではなく、合併法人の完全支配関係法人が行う場合であっても、この要件を満たすこととされました（法法２十二の八ロ(2)）。

　　　この場合、合併法人の完全支配関係法人が行う事業と上記(2)の完全支配関係法人の業務に従事する従業者との間には、必ずしも関連性がある必要はないものと考えます。

(4)　このような、従業者引継要件および事業継続要件の緩和措置は、適格分割（法法２十二の十一ロ）、適格現物出資（法法２十二の十四ロ）、適

格株式交換等（法法２十二の十七ロ）および適格株式移転（法法２十二
の十八ロ）についても設けられています。

　また、支配関係がある法人間の組織再編成のみならず、共同事業を行
うための合併（法令４の３④三、四）、分割（法令４の３⑧四、五、⑨
四、五）、現物出資（法令４の３⑮四、五）、株式交換等（法令４の３⑳
三、四）および株式移転（法令４の３㉔三、四）についても、従業者引
継要件および事業継続要件の緩和措置があります。

7－2 完全支配関係子会社と孫会社が無対価合併を行う場合の適格合併該当性

(問) 親会社Aの完全支配関係がある孫会社Dが子会社Bを吸収合併することになりましたが、その合併はグループ内の合併のため無対価にする予定ですが、適格合併として認められるでしょうか。

（図）

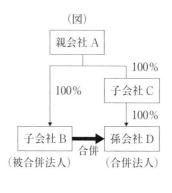

(答)

(1) 税務上、被合併法人の株主等に合併法人の株式その他の資産が交付されない合併を「無対価合併」といいます（法令4の3②一）。

　ご質問の場合の被合併法人（子会社B）と合併法人（孫会社D）との間の関係は、同一の者（親会社A）による完全支配関係です。その同一の者による完全支配関係がある場合の無対価合併にあっては、①次に掲げる関係がある場合における完全支配関係があり、かつ、②その合併後にその同一の者と合併法人との間にその同一の者による完全支配関係が継続することが見込まれていなければ適格合併に該当しません（法法2十二の八イ、法令4の3②二）。

イ　合併法人が被合併法人の発行済株式等の全部を保有する関係

ロ　被合併法人および合併法人の株主等のすべてについて、その者の被合併法人に対する持株割合と合併法人に対する持株割合とが等しい場合におけるその被合併法人と合併法人との間の関係

⑵　ご質問の無対価合併は、合併前に被合併法人（子会社Ｂ）と合併法人（孫会社Ｄ）との間に上記⑴のイおよびロのいずれの関係もありませんので、適格合併には該当しません。

　ご質問の無対価合併は、一見すると上記⑴のロの関係に該当するのではないか、ともみられます。しかし、一の者である親会社Ａは、合併法人である孫会社Ｄの株式は保有していませんので、上記⑴のロの関係には該当しません。

　なお、平成30年度の税制改正により、無対価合併の要件の見直しが行われています。

7-3　個人株主による完全支配関係がある法人が無対価合併を行う場合の「株主等」の範囲

> **(問)**　個人甲とその妻乙とが、それぞれ100％の株式を保有する完全支配関係がある兄弟会社ＡとＢとが合併をする場合、「一の者が被合併法人及び合併法人の発行済株式等の全部を保有する関係」として、適格無対価合併をすることができるでしょうか。
>
>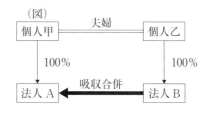

(答)

(1)　税務上、「無対価合併」とは、被合併法人の株主等に合併法人の株式その他の資産が交付されない合併をいいます（法令４の３②一）。その無対価合併は、一の者が合併当事会社の発行済株式の全部を保有しているため、合併に伴い合併会社の新株の交付を受けても、完全支配関係には何ら影響がないような場合に、新株発行の手間を省くために行われます。

(2)　その無対価合併が、同一の者による完全支配関係がある合併として適格合併に該当する一つの態様として、「被合併法人および合併法人の株主等のすべてについて、その者の被合併法人に対する持株割合と合併法人に対する持株割合とが等しい場合におけるその被合併法人と合併法人

との間の関係」があり、かつ、その合併後にその同一の者と合併法人との間にその同一の者による完全支配関係が継続することが見込まれている、という合併があります（法令4の3②二ロ、（問）7－2参照）。

(3)　この場合の「被合併法人および合併法人の株主等」について、完全支配関係を判定する場合のように（法令4の2②）、個人株主と「特殊の関係のある個人」を一人としてみるかどうかが問題です。もし、「株主等」に個人株主と「特殊の関係のある個人」が含まれるとしたら、ご質問の法人Aと法人Bは、個人甲（またはその妻乙）が被合併法人（法人B）および合併法人（法人A）の発行済株式等の全部を保有し、その持株割合が等しいといえましょう。

(4)　しかし、適格無対価合併の要件を定めた「株主等」には、個人株主と「特殊の関係のある個人」が含まれるとする旨の規定はありません。そのことを定めた法人税法施行令4条の3第2項2号ロにおいては、単に「株主等」と規定するだけで、完全支配関係を定めた法人税法施行令4条の2第2項を引用していることもありません。

　　したがって、ご質問の法人Aと法人Bは、上記(2)の関係がありませんから、その限りでは、適格無対価合併を行うことはできないものと考えます。

　　これは、ご質問のような場合に、無対価合併を認めますと、妻（個人乙）から夫（個人甲）へ無償で資産の移転ができますから、これを防止する趣旨によるものでしょう。

7 ― 4　完全支配子会社同士が無対価合併をする場合の親会社の有する子会社株式の処理等

> **(問)**　A社の完全支配関係がある子会社B（株式の帳簿価額3億円）を合併法人、子会社C（株式の帳簿価額0）を被合併法人とする無対価合併をすることになりましたが、子会社C株式については、過年度に会計上計上した減損損失の税務上の否認額1億円が申告書別表五㈠に記載されています。
>
> 　この合併に伴い、A社保有の消滅する子会社C株式については、どのように処理をしたらよいでしょうか。特に、申告書別表五㈠に記載されている、減損損失の否認額は、どのように処理をすべきでしょうか。

(答)

⑴　ご質問の合併は、合併前にその合併に係る被合併法人と合併法人との間に同一の者による完全支配関係、すなわち兄弟会社間の無対価合併です。

　無対価合併が適格合併に該当する一つの態様として「被合併法人および合併法人の株主等のすべてについて、その者の被合併法人に対する持株割合と合併法人に対する持株割合とが等しい場合におけるその被合併法人と合併法人との間の関係」があり、かつ、その合併後にその同一の者と合併法人との間にその同一の者による完全支配関係が継続することが見込まれている、という合併があります（法法2十二の八イ、法令4の3②二ロ、（問）7―2参照）。

ご質問の場合には、その合併後に親会社Aと合併法人である子会社B との間に親会社Aによる完全支配関係が継続することが見込まれていれ ば、無対価適格合併に該当します。

(2) この適格無対価合併が行われた場合、合併法人の株主である法人は、 消滅する被合併法人の株式の帳簿価額はその合併法人の株式の帳簿価額 に加算します（法令119の3⑳、119の4①）。この場合の、被合併法人 の株式の帳簿価額は税務上の帳簿価額をいいます。

したがって、ご質問の場合には、被合併法人である子会社C株式の税 務上の帳簿価額は1億円ですから、その1億円を合併法人である子会社 B株式の帳簿価額3億円に加算すべきことになります。

ただ、子会社C株式については減損損失1億円を自己否認して申告書 別表五㈠に記載されており、これが子会社C株式の税務上の帳簿価額で すから、合併後は、その否認額は子会社B株式の否認額（帳簿価額）と して管理していくことになります。

7－5　法人が非適格合併を行った場合の抱合株式の処理

> **(問)**　A社はB社（時価純資産額5,000万円、資本金等の額1,000万
> 円、利益積立金額3,000万円）の発行済株式を60％（時価3,000万円、
> 簿価2,500万円）保有していたところ、このほどB社を吸収合併する
> こととし、A社が保有するB社株式には合併対価を交付せず、残り
> 40％の株主に金銭2,000万円の交付を行うこととしましたが、A社が
> 保有するB社株式はどのように処理すればよいでしょうか。

(答)

⑴　合併法人が合併の直前に有していた被合併法人の株式等または被合併
　法人が合併の直前に有していた他の被合併法人の株式等を「抱合株式」
　といいます（法法24②）。会社法上、合併法人が被合併法人の株主に対
　して金銭等を割り当てる場合、抱合株式には金銭等の割当ては認められ
　ません（会社法749①三）。

　　ご質問のA社が保有するB社株式は、抱合株式に該当し、合併対価の
　交付はできません。

⑵　そこでご質問の場合には、他の株主に金銭の交付をしますから、非適
　格合併に該当します。非適格合併を行う場合には、みなし配当が生じま
　す（法法24①一）。

　　そのみなし配当の額の計算上は、抱合株式に対して合併対価の交付を
　しなかった場合においても、その交付があったものとしてみなし配当の
　額を計算しなければなりません（法法24②）。

　　ご質問の場合には、合併対価として交付を受けたとみなされる金額

は、次のようになります。

$$\frac{金銭交付額2,000万円}{他の株主持分40\%} \times A社持分60\% = 3,000万円$$

　この結果、A社に対するみなし配当の額は、次の算式により計算されます（法法24①、法令23①一）。

　　みなし交付金3,000万円 − B社資本金等の額1,000万円 × 60%
　　= 2,400万円

⑶　一方、その抱合株式の消滅について、従来は次の算式により計算した金額1,900万円は、株式の譲渡損として計上することになっていました（旧法法61の2①③）。

　　（みなし合併交付金3,000万円 − みなし配当2,400万円）− 譲渡原価
　　2,500万円 = △1,900万円

　この点、平成22年度の税制改正により、非適格合併の場合の抱合株式の譲渡損益の計算について、譲渡対価の額は抱合株式の合併直前の帳簿価額相当額とし、譲渡損益の計上はできないこととされました（法法61の2①③）。つまり、抱合株式の譲渡損益の計算においては、抱合株式につき合併対価が交付されたとみなす取扱いは廃止されました。上記⑵のみなし配当の計算とその取扱いが違っていますので、留意を要します。

⑷　そして、次の算式により計算した金額は、資本金等の額の減少として処理します（法令8①五）。

　　（金銭交付2,000万円 + みなし交付金3,000万円）−（金銭交付2,000万円 + 抱合株式簿価2,500万円 + みなし配当2,400万円）= △1,900万円

　この抱合株式の譲渡損益の不計上に関する取扱いは、完全支配関係がある法人間の合併に限られないことに留意を要します。

⑸　そこで、ご質問の場合の税務上の処理は、次のようになります。

純資産	5,000万円	現金預金	2,000万円
資本金等の額	1,900万円	B社株式	2,500万円
		受取配当金	2,400万円

　このように、平成22年度税制改正後は、改正前では損金算入が認められた譲渡損失の額1,900万円は、損金算入することはできず、資本金等の額の減少として処理しなければなりません。

　ご質問の場合は非適格合併ですから、B社の純資産は時価5,000万円で引き継ぎます（法法62）。

⑹　なお、被合併法人であるB社の譲渡損益は、次により計算されます（法法62①）。

　　移転時価純資産額5,000万円－移転簿価純資産額4,000万円＝1,000万円

7－6　法人が適格合併を行った場合の抱合株式の処理

(問)　Ａ社はＢ社（時価純資産額5,000万円、資本金等の額1,000万円、利益積立金額3,000万円）の発行済株式を100％（時価5,000万円、簿価4,000万円）保有していたところ、このほどＢ社を吸収合併することとし、Ａ社が保有するＢ社株式には合併対価を交付しないこととしましたが、Ａ社が保有するＢ社株式はどのように処理すればよいでしょうか。

(答)

(1)　合併法人が合併の直前に有していた被合併法人の株式等を「抱合株式」といいます（法法24②）。会社法上、合併法人が被合併法人の株主に対して金銭等を割り当てる場合、抱合株式には金銭等の割当ては認められません（会社法749①三）。

　　ご質問のＡ社が保有するＢ社株式は、抱合株式に該当し、合併対価の交付はできません。

(2)　ご質問の場合には、Ａ社とＢ社との間に完全支配関係があり、かつ、被合併法人の株主に金銭等の交付がありませんから、適格合併に該当します（法法２十二の八、法令４の３②）。

　　したがって、そもそもみなし配当が生じませんから、非適格合併のような、抱合株式につき合併対価が交付されたと擬制する（法法24②）ような必要もありません（(問)７－５参照）。

　　また、平成22年度の税制改正により、抱合株式の譲渡損益の計算における、抱合株式につき合併対価が交付されたとみなす取扱いは廃止され

ました。抱合株式の譲渡損益の計算について、譲渡対価の額は抱合株式の合併直前の帳簿価額相当額とします（法法61の2①③、（問）7―15参照）。

⑶　そこで、ご質問の場合の税務上の処理は、次のようになります。

| 純資産 | 4,000万円 | ／ | B社株式 | 4,000万円 |
| 資本金等の額 | 3,000万円 | | 利益積立金額 | 3,000万円 |

借方・資本金等の額3,000万円は、次の算式により計算されます（法令8①五）。

被合併法人の資本金等の額1,000万円－抱合株式の簿価4,000万円＝△3,000万円

⑷　なお、ご質問の場合は適格合併ですから、B社の純資産は簿価4,000万円（資本金等の額1,000万円と利益積立金額3,000万円）で引き継ぎます（法法62の2）。したがって、B社には譲渡損益は生じず、課税関係はありません。

7－7　完全支配関係法人間で土地、建物だけを分割することの可否

> **(問)**　完全支配関係がある親会社から子会社に対して、親会社が有する土地、建物を分割により移転したいと考えていますが、その土地、建物に関連する事業の移転は行いません。
>
> 　このような、事業の移転を伴わないような、土地、建物だけの移転であっても「分割」とすることができるでしょうか。

(答)

⑴　「分割」という用語については、一般的な意味では各種のものがあり、いろいろな場面で使用されます。それにもかかわらず、法人税法では分割自体の意義や定義を定めていません。

　それは、法人税法にあっては、事柄の性格上、会社法等における「分割」を当然の前提にしているからです。したがって、会社法等において分割に該当するのであれば、法人税法上も分割に該当するといえましょう。

　ご質問のような土地、建物のみの移転を対象とするような分割も、会社法等で分割に該当するというのであれば、法人税法上も分割として取り扱ってよいものと考えます。

⑵　そこで、会社法では、会社分割において承継の対象になる財産について、「その事業に関して有する権利義務の全部又は一部」とされています（会社法2二十九、三十）。

　これは、会社分割の対象について、「事業」という事業活動を含む概

念ではなく、「事業に関して有する権利義務」という財産に着目した規定として設けたものである、といわれています。したがって、事業活動を承継していない場合であっても、そのことをもって吸収分割に瑕疵が生ずることはありません。会社分割は、分割手続を経てはじめて実現される組織法上の行為であるから、事業活動の承継を要件とする必要はない、ということです（相澤哲他編著『論点解説 新・会社法千問の道標』商事法務669頁）。

⑶ 法人税法においても、分割には事業の移転を伴わないものがあることを前提とした規定があります。たとえば、繰越欠損金の控除に関して「適格組織再編成等が事業を移転しない適格分割若しくは適格現物出資又は適格現物分配である場合」として、それに対応する取扱いが定められています（法令113⑤）。この場合、分割法人または現物出資法人が分割承継法人または被現物出資法人に対してその有する株式のみを移転する適格分割または適格現物出資は「事業を移転しない適格分割又は適格現物出資」に該当する、と解されています（法基通12-1-6）。

　このような規定があること自体、分割には事業の移転を伴わないものがあることを意味しているといえます。

⑷ なお、分割前に分割法人と分割承継法人との間にいずれか一方の法人による完全支配関係があり、その分割後に分割法人と分割承継法人との間にいずれか一方の法人による完全支配関係が継続することが見込まれている分割は、「適格分割」に該当します（法法２十二の十一イ、法令４の３⑥一ロ）。

　したがって、ご質問の場合、親会社と子会社の完全支配関係がその分割後も継続することが見込まれていれば、適格分割に該当し、その土地、建物を帳簿価額で移転することができるものと考えます（法法62の

2、62の3）。

(5)　もし、親会社と子会社の完全支配関係がその分割後に継続することが
見込まれていない場合には、「非適格分割」となります。その場合には、
その土地、建物は時価譲渡があったものとして処理しなければなりませ
ん（法法62①）。ただし、その土地、建物が譲渡損益調整資産に該当す
れば、その譲渡損益については課税の繰延べをすることができます（法
法61の11）。

7—8　個人株主による完全支配関係がある法人が単独新設分割型分割を行う場合の適格分割該当性

> **(問)**　個人甲とその妻乙が100％の株式を保有するＡ法人が、その事業の一部を新設法人Ｂに対して分割により切り出し、その分割対価としてＢ法人の発行株式を、Ａ法人の株主である甲と乙に交付する予定にしていますが、この分割は適格分割に該当するでしょうか。

(答)

⑴　ご質問の分割は、単独新設分割（法人を設立する分割で一の法人のみが分割法人となるもの）のうち分割型分割（分割法人が交付を受ける分割対価資産のすべてがその分割の日において分割法人の株主に交付される分割）に該当します（法法２十二の九、法令４の３⑥一）。

　　そして、分割承継法人（Ｂ法人）から分割対価（Ｂ法人株式）が分割法人（Ａ法人）の株主（甲、乙）に交付されますから、無対価分割ではありません。

⑵　この単独新設分割型分割にあっては、分割承継法人の株式以外の資産が交付されず、かつ、その分割後に同一の者と分割承継法人との間にその同一の者による完全支配関係が継続することが見込まれていれば、「適格分割」に該当します（法法２十二の十一イ、法令４の３⑥二ハ）。

　　完全支配関係の判定における、株主である「一の者」が個人である場合には、その者と親族等をまとめて「一の者」とします（法法２十二の七の六、法令４の２①②）。したがって、単独新設分割型分割が適格分割に該当するかどうかの判定における「同一の者」が個人である場合に

は、親族等を含めて「同一の者」とします。

⑶ ご質問の場合、個人甲とその妻乙とは「同一の者」になりますから、A法人、B法人とも同一の者による完全支配関係がある法人に該当し、A法人の株主である甲、乙に対してB法人株式以外の資産が交付されず、その分割後に甲、乙とB法人との間に完全支配関係が継続することが見込まれていれば、適格分割に該当します。

この場合、分割後に同一の者（甲、乙）と分割法人（A法人）との間に完全支配関係が継続する必要はありません。

7−9 親子会社間で分社型無対価分割を行った場合の適格分割該当性

> **(問)** 会社分割にあっては、分割承継法人は分割法人から移転を受ける純資産の対価として分割法人に株式を交付するのが普通ですが、完全支配関係がある会社間の分割であるため分割対価である株式を交付しない場合でも、適格分割に該当するでしょうか。

(答)

(1) 分割の形態について、会社法は分社型分割のみですが、法人税には依然として分社型分割（分割対価資産が分割法人の株主等に交付されない分割）のほか、分割型分割（分割対価資産が分割法人の株主等に交付される分割）がありますので留意を要します（法法2十二の九、十二の十）。これは、法人税法上、多様な分割形態に対処しようとするものです。

(2) ご質問のような、分割対価資産がない分割を一般に「無対価分割」といいます（法法2十二の九ロ）。その無対価分割が適格分割に該当するかどうか、従来から議論がありました。しかし、単に株式の交付を省略したということであれば、いったん株式を発行し、その後株式の併合を行えば同じ結果が得られますから、無対価分割であっても、移転純資産価額相当額だけ従来から有している子会社株式の価額を増加させればよく、適格分割に該当すると解されていました（旧・国税庁法人税質疑応答事例「子会社を分割承継法人とする分割において対価の交付を省略した場合の税務上の取扱いについて」）。

⑶　すなわち、適格分社型分割の場合には、次のように観念し処理を行います（法令8①七、119の3㉓）。

①　分割法人

負　　債　　　70　／　資　　　産　　　100
子会社株式　　30
（移転純資産価額）

②　分割承継法人

資　　　産　　　100　／　負　　債　　　70
　　　　　　　　　　　　　資本金等の額　30
　　　　　　　　　　　　　（移転純資産価額）

⑷　この点、平成22年度の税制改正により、分割対価資産が交付されない分割も分割型分割と分社型分割に含まれ（法法2十二の九、十二の十）、完全支配関係がある法人間の無対価分割は適格分割に該当することが明確化されました（法法2十二の十一、十二の十二、十二の十三、法令4の3⑥⑦⑧）。

　なお、無対価の合併についても、完全支配関係がある法人間の合併であれば、適格合併に該当します（法法2十二の八、法令4の3②③④）。

7─10 完全支配関係子会社が他の子会社に無対価分割を行う場合の適格分割該当性

（問） 親会社Aは完全支配関係がある子会社Bと子会社Cとを有しており、子会社Bの事業の一部を子会社Cに無対価分割により移転する予定ですが、その無対価分割は適格分割に該当するでしょうか。

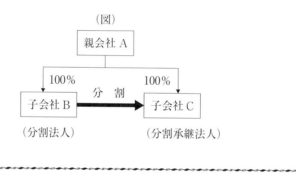

（図）

（答）

⑴ 税務上、分割対価資産がない分割を「無対価分割」といいます（法法2十二の九ロ）。

その無対価分割で、その分割の直前において、①分割承継法人が分割法人の発行済株式の全部を保有している場合または②分割法人が分割承継法人の株式を保有していない場合の無対価分割は、「分割型分割」に該当します（法法2十二の九ロ）。

一方、無対価分割で、その分割の直前において、分割法人が分割承継法人の株式を保有している場合（分割承継法人が分割法人の発行済株式の全部を保有している場合を除く。）の無対価分割は、「分社型分割」に該当します（法法2十二の十ロ）。

　ご質問の無対価分割は、分割法人である子会社Bが分割承継法人である子会社Cの株式を保有していませんので、「分割型分割」に該当することになります。

(2)　ご質問の場合には、分割前に分割法人（子会社B）と分割承継法人（子会社C）との間に同一の者（親会社A）による完全支配関係がある、新設分割以外の無対価の分割型分割に該当します。

　その同一の者による完全支配関係がある無対価の分割型分割にあっては、次に掲げる関係があり、その分割後に同一の者による分割承継法人との間に完全支配関係が継続することが見込まれているものが「適格分割」に該当します（法法2十二の十一イ、法令4の3⑥二イ）。

　イ　分割承継法人が分割法人の発行済株式等の全部を保有する関係

　ロ　分割法人および分割承継法人の株主等のすべてについて、その者の分割法人に対する持株割合と分割承継法人に対する持株割合とが等しい場合におけるその分割法人と分割承継法人との間の関係

(3)　ご質問の無対価の分割型分割は、上記(2)ロの関係に該当しますので、その分割後に同一の者（親会社A）による分割承継法人（子会社C）との間に完全支配関係が継続することが見込まれていれば、適格分割に該当します。

　この場合、分割後に同一の者（親会社A）と分割法人（子会社B）との間に完全支配関係が継続する必要はありません。

7—11　単独新設分社型分割後に交付を受けた分割承継法人の株式を譲渡する場合の適格分割性

> **（問）**　法人Ａ（個人甲の100％持株会社）が単独新設分社型分割により法人Ｂを設立し、その設立後、法人Ａはその分割により法人Ｂから交付を受けたＢ株式を個人甲の長男である個人乙に譲渡しましたが、この分割は株式継続保有要件を満たさないものとして、非適格分割になるでしょうか。

（答）

(1)　法人を設立する分割で一の法人のみが分割法人となるものを「単独新設分割」といい（法令４の３⑥一）、その単独新設分割のうち分社型分割に該当するものを、一般に「単独新設分社型分割」と呼びます（法令４の３⑥二ハ(2)参照）。分社型分割であれば、分割により分割承継法人が発行する株式は、分割対価として分割法人に交付されます（法法２十二の十）。

　　ご質問の分割の場合、分割承継法人である法人Ｂが発行する株式は、分割法人である法人Ａに交付されることになります。

(2)　ご質問の分割は、単独新設分社型分割のうち、その分割後に分割法人と分割承継法人との間に同一の者による完全支配関係があるもの、ということになります。その分割にあっては、①分割対価として分割承継法人の株式以外の資産が交付されないこと（金銭不交付要件）と②その分割後に分割法人と分割承継法人との間に同一の者による完全支配関係が継続すること（株式継続保有要件）が見込まれていれば、適格分割に該

当します（法法２十二の十一、法令４の３⑥二ハ⑵）。

　したがって、分割法人が交付を受けた分割承継法人の株式を他に譲渡すれば、同一の者による完全支配関係が継続しませんから、適格分割には該当しないことになります。

⑶　ただし、この場合の「同一の者」には、その個人と親族関係にある者が含まれます（法令４の２②）。ご質問の分割の場合、分割法人Ａが分割承継法人Ｂから交付を受けたＢ株式を個人甲の長男である個人乙に譲渡しても、「同一の者」である個人甲による完全支配関係は継続していることになります。

　分割承継法人ＢのＢ株式を個人甲の長男に譲渡する前は、個人甲を頂点とする分割法人Ａと分割承継法人Ｂは親子関係であったものが、その譲渡後は兄弟会社の関係になります。それでも個人甲（乙）による完全支配関係は継続していますから、ご質問の分割は適格分割に該当するものと考えます。

7－12　同一の者による完全支配関係がある分割で分割法人が解散する予定である場合の適格分割性

> **(問)**　当社の完全支配関係がある子会社Aを分割法人、同子会社B
> を分割承継法人とする分割型分割を計画しており、その分割後、分割
> 法人である子会社Aは存在意義が薄くなるので解散をする予定です
> が、このような分割は、完全支配関係継続要件に触れることになるの
> でしょうか。

(答)

(1)　法人の分割前に分割法人と分割承継法人との間に同一の者による完全
支配関係がある場合の、吸収分割型分割にあっては、その分割後にその
同一の者と分割承継法人との間に、その同一の者による完全支配関係が
継続することが見込まれていること（完全支配関係継続要件）が、適格
分割の要件とされています（法令4の3⑥二イ）。

　　したがって、ご質問の場合、貴社が分割後も分割承継法人である子会
社B株式の保有を継続する予定であれば、分割承継法人との間に同一の
者による完全支配関係が継続することが見込まれていることになり、適
格分割に該当します。

(2)　完全支配関係継続要件は、分割承継法人との間でのみ要求され、分割
法人との間では必要ありません。したがって、分割法人である子会社A
が解散をし、完全支配関係がなくなったとしても、完全支配関係継続要
件に触れることはありません。

　　この点、従来、分割法人についても完全支配関係継続要件が必要とさ

れていましたが、平成29年度の税制改正により、分割法人との完全支配関係の継続は不要とされました。これは、近年行われている多様な組織再編成に的確に対応する趣旨によるものです。

　なお、上記の取扱いは、支配関係がある場合の吸収分割型分割にあっても同じです（法令4の3⑦二）。

7—13　新設分割によるスピンオフにより事業部門を独立会社とするための方法

> **(問)**　当社の事業と関連性が薄くなってきた、研究開発部門を独立した別会社にしたいと考えていますが、当社にも株主にも課税関係が生じないような組織再編成の方法があるでしょうか。

(答)

⑴　ご質問のような、事業関連性が希薄になった部門の切り出しや、意思決定の短縮による機動的な経営などを目的に、企業が事業の一部門を分離独立させ別の会社にする方法として「スピンオフ」があります。

　　そのスピンオフには各種の方法が考えられています。そのうち、分割による方法は、新会社を設立してその新会社に特定の事業部門を分割により切り出して、その新会社の発行株式を旧会社の株主に分配し、その株主は旧会社と新会社の株主となることにより、新会社は旧会社から独立した会社となります。

⑵　このスピンオフについて、従来は非適格組織再編成と取り扱われてきました。しかし、平成29年度の税制改正により、一定の要件を満たす①新設分割と②株式分配によるスピンオフは適格組織再編成と位置づけられました。

　　そのうち、①の新設分割によるスピンオフは、分割法人の分割事業を新たに設立する分割承継法人において独立して行うための分割であり（法法２十二の十一ニ）、具体的には次に掲げる要件のすべてに該当するものが「適格分割」に該当します（法令４の３⑨）。

イ　単独新設分割型分割（法人を設立する分割で一の法人のみが分割法人となる分割型分割をいい、分割型分割と分社型分割の双方が行われたとみなされる分割を除く。）であること。

ロ　分割に伴って分割法人の株主の持株数に応じて分割承継法人の株式のみが交付されること。

ハ　分割法人が分割直前に他の者による支配関係がなく、かつ、分割承継法人が分割後に他の者による支配関係があることとなることが見込まれていないこと。

ニ　分割前の分割法人の役員等（重要な使用人を含む。）のいずれかが分割承継法人の特定役員（社長、副社長、代表取締役、代表執行役、専務取締役、常務取締役等）となることが見込まれていること。

ホ　分割法人の分割事業に係る主要な資産・負債が分割承継法人に移転していること。

ヘ　分割法人の分割直前の分割事業に係る従業者のうち、80％以上の者が分割後に分割承継法人の業務に従事することが見込まれていること。

ト　分割法人の分割事業が分割後に分割承継法人において引き続き行われることが見込まれていること。

　この適格分割に該当すれば、分割法人は資産・負債の帳簿価額による引継ぎができ（法法62の2②）、また、分割法人の株主に対するみなし配当課税もありません（法法24①二、所法25①二）。

⑶　この適格分割の要件は、他の適格組織再編成とほぼ同様ですが、上記⑵イ、ハの要件などが分割承継法人を独立した法人とするための特異な要件となっています。

　また、上記⑵ニの「役員等」には、分割事業に係る業務に従事してい

た重要な使用人が含まれる点に留意を要します。この「重要な使用人」とは、会社法においてその選任・解任につき取締役会の決定事項とされている重要な使用人（同法362④三）と同様のものであり、具体的には支店長、本店部長、執行役員等が該当します（国税庁・法人税質疑応答事例「単独新設分割型分割（スピンオフ）に係る適格要件のうち役員引継要件における「重要な使用人」について」参照）。

(4) なお、この適格分割は、「分割事業を独立して行うための分割」ですから、当初の適格分割後に他の組織再編成、すなわち合併等の二次組織再編成が見込まれている場合の要件の緩和措置は講じられていません。

7−14　単独新設分割型分割によるスピンオフの適格要件である非支配要件の判定

(問)　単独新設分割型分割によるスピンオフが適格分割に該当するための要件の一つに、他の者による支配関係がないことというのがありますが、その場合の「他の者」には株主が個人であるときは、他の親族等も含めて「他の者」とするのでしょうか。

(図)

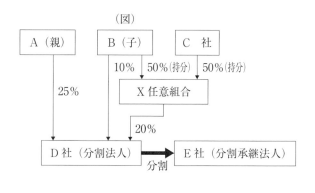

(答)

(1)　ご質問のとおり、単独新設分割型分割を利用したスピンオフが、適格分割に該当するための要件の一つに、「分割法人が分割直前に他の者による支配関係がなく、かつ、分割承継法人が分割後に他の者による支配関係があることとなることが見込まれていないこと。」というものがあります（法令4の3⑨一、(問) 7−13）。

スピンオフは、企業が事業の一部門を分離独立させ別の会社にする組織再編成ですから、この要件が適格分割としての大きな鍵となっています。

316

(2)　この場合の「他の者」というのは、株主が複数いるときの他の株主と
　　いった意味ですが、その「他の者」が個人である場合には、その個人と
　　の間に親族等特殊の関係のある者（法令４①）を含みます。

　　　また、「他の者」には、その者が締結している任意組合契約（民法667
　　①）、投資事業有限責任組合契約（投資事業有限責任組合契約に関する
　　法律３①）および有限責任事業組合契約（有限責任事業組合契約に関す
　　る法律３①）等（組合契約）ならびに次に掲げる組合契約に係る他の組
　　合員である者を含みます（法令４の３⑨一）。

　　イ　その者が締結している組合契約による組合が締結している組合契約
　　ロ　上記イまたは下記ハに掲げる組合契約による組合が締結している組
　　　合契約
　　ハ　上記ロに掲げる組合契約による組合が締結している組合契約

(3)　そこで、ご質問の（図）の場合、まず個人Ａ、Ｂは親子ですから、一
　　緒にして「他の者」とします。そうしますと、Ａ25％とＢ20％（10％
　　＋20％×50％）の持株割合の合計は45％ですから、その限りではＤ社に
　　対する「他の者」による支配関係（50％）はないことになります。

　　　しかし、ＢがＸ任意組合と組合契約を締結していますから、他の組合
　　員であるＣ社も一緒に「他の者」であるＡ（またはＢ）に含まれます。
　　その結果、Ａ25％、Ｂ20％、Ｃ社10％（20％×50％）となり、その持株
　　割合の合計は55％となりますから、Ｄ社に対しては「他の者」による支
　　配関係があることになり、適格分割の要件を満たしません（国税庁・法
　　人税質疑応答事例「独立して事業を行うための分割に係る適格要件（非
　　支配要件）の判定について」参照）。

7 ─15　株式分配によるスピンオフにより事業部門を独立会社 とするための方法

> **(問)**　会社の特定事業部門を独立した会社とするためのスピンオフ
> の方法には、単独新設分割型分割によるもののほか、株式分配による
> 方法がある、といわれていますが、その株式分配によるスピンオフが
> 適格株式分配に該当するための要件は、どのようなものでしょうか。

(答)

⑴　ご質問のとおり、平成29年度の税制改正により、スピンオフについて
　①単独新設分割型分割によるもののほか（(問) 7 ─13参照）、②株式分
　配によるもので、一定の要件を満たすものが適格株式分配とされまし
　た。
　　株式分配によるスピンオフは、親会社が有する子会社株式を親会社の
　株主に現物分配し、親会社の株主はその親会社と子会社の株主となるこ
　とにより、子会社は親会社から独立した会社とする方法です。
　　税務上、「株式分配」とは、現物分配（剰余金の配当または利益の配
　当に限る。）のうち、完全子法人（現物分配直前において現物分配法人
　により発行済株式等の全部を保有されていた法人）の株式の全部が移転
　するもの（完全子法人株式の移転を受ける者が現物分配法人との間に完
　全支配関係がある者のみである現物分配を除く。）をいいます（法法 2
　十二の十五の二）。
⑵　上記完全子法人の株式のみが移転する株式分配のうち、完全子法人と
　現物分配法人とが独立して事業を行うための株式分配で（法法 2 十二の

318

十五の三）、次に掲げる要件のすべてに該当するものが「適格株式分配」に該当します（法令4の3⑯）。

イ　株式分配により現物分配法人の株主の持株数に応じて完全子法人株式のみが交付されること。

ロ　株式分配法人が分配直前に他の者による支配関係がなく、かつ、完全子法人が株式分配後に他の者による支配関係があることとなることが見込まれていないこと。

ハ　株式分配前の完全子法人の特定役員（社長、副社長、代表取締役、代表執行役、専務取締役、常務取締役等）のすべてがその株式分配に伴って退任をするものでないこと。

ニ　完全子法人の株式分配直前の従業者のうち、80％以上の者がその完全子法人の業務に引き続き従事することが見込まれていること。

ホ　完全子法人の株式分配前に行う主要な業務がその完全子法人において引き続き行われることが見込まれていること。

　この適格株式分配に該当すれば、現物分配法人は完全子法人の株式を帳簿価額により譲渡したものとされ（法法62の5③）、また、現物分配法人の株主に対するみなし配当課税もありません（法法24①三、所法25①三）。

⑶　この適格株式分配は、「独立して事業を行うための株式分配」ですから、単独新設分割型分割によるスピンオフと同様、当初の適格株式分配後に他の組織再編成、すなわち二次組織再編成が行われることが見込まれている場合の要件の緩和措置は講じられていない点に留意を要します。

7—16 単独新設分社型分割と株式分配によるスピンオフにより事業部門を独立会社とするための方法

> **(問)** 会社の特定事業部門を独立した会社とするためのスピンオフの方法には、単独新設分割型分割または株式分配によるものがあると聞いていますが、これらの方法以外に、たとえば分社型分割を利用したスピンオフの方法はないのでしょうか。

(答)

(1) ご質問のとおり、スピンオフの方法には、①単独新設分割型分割による方法と②株式分配による方法とがあります（(問) 7—13、7—15参照）。これらの方法は、分割型分割（分割対価資産のすべてが分割の日において分割法人の株主等に交付される分割）または株式分配を単独で利用して行うものです。

　これらの方法のほか、単独新設分社型分割（法人を設立する分割で一の法人のみが分割法人となる分社型分割）または単独新設現物出資（法人を設立する現物出資で一の法人のみが現物出資法人となるもの）と株式分配を組み合わせたスピンオフが考えられます。

(2) すなわち、①まず他の者による支配関係がない法人が、単独新設分社型分割または単独新設現物出資により完全支配関係がある子会社を設立して事業の一部門を移転した上で、②次に親会社がその設立により取得した子会社の株式をその親会社の株主に株式分配することにより、事業の一部門を切り出し、その子会社を独立させる方法です（法令4の3⑥一ハ、4の3⑬一ロ）。

　この方法を利用すれば、分社型分割（分割対価資産が分割の日において分割法人の株主等に交付されない分割）であっても、スピンオフの目的を達することができます。

⑶　単独新設分割にあっては、その単独新設分割後に分割法人と分割承継法人との間の完全支配関係が継続することが見込まれていなければ適格分割に該当しません。しかし、その単独新設分割後に分割承継法人を完全子法人とする適格株式分配を行うことが見込まれている場合には、その単独新設分割後の時から適格株式分配の直前の時まで完全支配関係が継続することが見込まれていれば適格分割に該当します（法令４の３⑥一ハ）。

⑷　また、単独新設現物出資にあっては、その単独新設現物出資後に現物出資法人と被現物出資法人との間の完全支配関係が継続することが見込まれていなければ適格現物出資に該当しません。しかし、その単独新設現物出資後に被現物出資法人を完全子法人とする適格株式分配を行うことが見込まれている場合には、その単独新設現物出資の時から適格株式分配の直前の時まで完全支配関係が継続することが見込まれていれば適格現物出資に該当します（法令４の３⑬一ロ）。

　このように、適格分割または適格現物出資と適格株式分配を組み合わせれば、課税関係が生じることなく、事業の一部門をスピンオフすることができます。

7―17　金銭出資を利用したスピンオフの適格分割該当性

> **(問)**　当社はある免許事業を行っていますが、この免許事業を独立
> した会社とするスピンオフを計画しています。その方法として、金銭
> 出資により子会社を設立し、その子会社に事前に免許を取得させた上
> で、免許事業を切り出し、その子会社を独立した免許事業会社にした
> い、と考えています。
>
> 　このように、金銭出資を利用したスピンオフについて、適格組織再
> 編成に該当する余地はないのでしょうか。

(答)

⑴　スピンオフの方法には、①単独新設分割型分割による方法、②株式分
　配による方法および③単独新設分社型分割または単独新設現物出資と株
　式分配を組み合わせた方法があります（(問)　7―13、7―15、7―16
　参照)。

　　従来、金銭出資を利用したスピンオフは、株式継続保有要件を満たさ
　ないため、適格組織再編成として認められていませんでした。この点、
　平成30年度の税制改正により、金銭出資を利用したスピンオフも、適格
　組織再編成として認められることになりました。

　　これは、ご質問のような、免許事業や許認可事業を行う法人が、その
　免許事業等を独立会社とするため、金銭出資により子会社を設立し、そ
　の子会社に先行的に免許や許認可を取得させることを、阻害しないよう
　にする趣旨によるものです。

⑵　この金銭出資による方法は、①まず他の者による支配関係がない法人

が、金銭出資により完全支配関係がある子会社を設立し、②その子会社が事前に免許や許認可を取得した後、③親会社は免許事業や許認可事業をその子会社に分割により移転し、④親会社はその取得した子会社の株式をその親会社の株主に株式分配することにより、免許事業や許認可事業を切り出し、その子会社を独立させる方法です（法令4の3⑥一ロ）。

(3) 新設分割以外の分社型分割にあっては、株式継続保有要件、すなわちその分割後に分割法人と分割承継法人との間に完全支配関係が継続することが見込まれていること、というのが適格分割の要件の一つとされています。そうしますと、スピンオフでは、その分割後に親会社が取得した子会社株式を株式分配によりその親会社の株主に分配することを予定していますから、この株式継続保有要件を満たさないことになります。

そこで、平成30年度の税制改正により、その分割後に分割承継法人を完全子法人とする適格株式分配を行うことが見込まれている場合には、その分割の時から適格株式分配の直前の時まで完全支配関係が継続することが見込まれていればよいこととされました（法令4の3⑥一ロ）。

7—18　現物出資に伴い消費税等を支払った場合の適格現物出資性

> **(問)**　現物出資による資産の移転は、消費税では資産の譲渡等に該当しますから、現物出資により建物や機械装置等の課税資産を移転した場合には、消費税額が生じます。
>
> そこで、現物出資に際して、被現物出資法人から現物出資法人に対して、消費税額を支払った場合、金銭交付があったものとして、適格現物出資には該当しなくなるのでしょうか。

(答)

⑴　現物出資前に現物出資法人と被現物出資法人との間にいずれか一方の法人による完全支配関係があり、その現物出資後に現物出資法人と被現物出資法人との間にいずれか一方の法人による完全支配関係が継続することが見込まれている現物出資は、「適格現物出資」に該当します。

　　ただし、現物出資法人に被現物出資法人の株式のみが交付されるものに限られます（法法2十二の十四、法令4の3⑬）。このように、適格現物出資には金銭不交付要件が付されています。

⑵　一方、消費税において、「資産の譲渡等」とは、事業として対価を得て行われる資産の譲渡、貸付けおよび役務の提供をいいます。この資産の譲渡等には、金銭以外の資産の出資、すなわち現物出資が含まれます（消法2①八、消令2①二）。

　　ご質問の建物や機械装置等の現物出資は、消費税の課税対象になります。これは、法人税でいう適格現物出資であるか、非適格現物出資であ

るかを問いません。

　資産を現物出資した場合には、現物出資法人ではその現物出資により取得する、被現物出資法人株式の時価相当額が譲渡対価の額となります（消令45②三）。一方、被現物出資法人では、課税仕入れに係る支払対価の額は、授受することとした株式の交付時の時価相当額とします（消基通11-4-1）。

(3)　このように、現物出資をした場合には、消費税の課税関係が生じますから、現物出資法人と被現物出資法人との間で消費税額等の授受を行います。その消費税額等の授受が金銭不交付要件に触れるかどうかが問題です。

　この点、課税資産を現物出資する際の消費税等相当額の金銭の交付は、現物出資への対価として交付されるものではなく、あくまでも現物出資の対価は被現物出資法人の株式に限定されると解されています。したがって、消費税等相当額の金銭の交付があっても適格現物出資に該当するといわれています（田代和之講演「組織再編税制における実務上の留意点」『租税研究』 2013.7）。

　これは、課税当局（東京国税局）の担当者の講演内容ですから、課税当局はそのように解し運用している、といってよいでしょう。

7－19　現物出資と金銭出資が同時に行われる場合の適格現物出資の判定

> **(問)**　A社とB社とは、ともに精密機械の製造業を営んでおり、最新鋭の機械を開発、製造するため、共同して新会社を設立し、A社は機械の開発・製造部門の資産を現物出資し（出資割合70％）、B社は金銭出資（出資割合30％）をする予定ですが、この現物出資が適格現物出資に該当するかどうかは、共同事業を行うための現物出資として判定するのでしょうか。

(答)

⑴　法人を設立する現物出資で、一の法人のみが現物出資法人となるものを「単独新設現物出資」といいます（法令4の3⑬一）。

　　ご質問の場合、新会社の設立に際してA社とB社、複数の法人が出資をしますが、現物出資をするのはA社のみですから、単独新設現物出資に該当します。A社とB社とが共同で事業を行うための出資ではありますが、税務上の共同事業を行うための現物出資（法法2十二の十四ハ、法令4の3⑮）ではありません。

⑵　そこで、ご質問の単独新設現物出資が適格現物出資に該当するためには、次に掲げる要件のすべてを満たす必要があります（法法2十二の十四ロ、法令4の3⑭ロ）。

　イ　単独新設現物出資後に現物出資法人と被現物出資法人との間にその現物出資法人による支配関係があること。

　ロ　単独新設現物出資後に上記支配関係が継続することが見込まれてい

ること（支配関係継続要件）。

ハ　現物出資事業（現物出資法人の現物出資前に行う事業のうち、被現物出資法人において行われることになるもの）に係る主要な資産・負債が被現物出資法人に移転していること（主要資産等移転要件）。

ニ　現物出資の直前の現物出資事業に係る従業者のうち、その総数のおおむね80％以上の者が被現物出資法人の業務に従事することが見込まれていること（従業者引継要件）。

ホ　現物出資事業が現物出資後に被現物出資法人において引き続き行われることが見込まれていること（事業継続要件）。

⑶　なお、上記ニの従業者引継要件にあっては、現物出資法人から引き継いだ従業者は、必ずしも被現物出資法人の業務ではなく、その被現物出資法人と完全支配関係がある他の法人の業務に従事することでも差し支えありません。

　また、ホの事業継続要件についても、現物出資法人から引き継いだ業務は、その被現物出資法人と完全支配関係がある他の法人が行うことができます（（問）7－1参照）。

7-20　デット・エクイティ・スワップを行った場合の損益の認識の要否

> **(問)**　新型コロナウイルス禍により苦境にある子会社の金利負担を軽減するため、その子会社に対する貸付金を資本に振り替える、デット・エクイティ・スワップ（DES）を行うことを予定していますが、DESは金銭債権（貸付金）と資本（株式）の交換に過ぎませんので、譲渡損益などは生じないと考えますが、どうでしょうか。

(答)

(1)　法人が金銭以外の資産を出資し、被現物出資法人から株式等の交付を受けることを「現物出資」といいます。その場合、現物出資をする資産が金銭債権であるものを「債務の株式化」といい、債務と資本を交換することで、一般にDES（debt・equity・swap）と呼ばれています。多くの場合、経営が苦境にある子会社や関連会社等の再建支援策として利用されます。

　　そのDESにより債務者が金銭債務（債権）を資本に振り替える金額について、理論上、券面額説と評価額説との二つの考え方があります。

(2)　「券面額説」は、金銭債務の券面額を資本に振り替えるというものです。そのため、DESが行われても、券面額の金銭債務が消滅し、同額の資本金等の額が増加するだけですから、なんら損益は生じません。

　　これに対し、「評価額説」は、金銭債務の時価相当額を資本に振り替えるという考え方です。この考え方によれば、券面額の金銭債務が消滅しますが、増加する資本金等の額は、その金銭債務の時価相当額になり

ます。

(3)　法人税では、DESは現物出資ですから、そのDESにおける債務者（被現物出資法人）は、その出資を受けた資産（金銭債権）の時価相当額を資本金等の額に計上します（法法２十六、法令８①一）。これは、上記評価額説の考え方といえましょう。

　　その結果、債務者においては金銭債務の券面額と時価との差額相当額の債務消滅益が生じ、この債務消滅益は、課税の対象になります。ただし、その債務消滅益が更生手続開始の決定や再生手続開始の決定などがあったことに伴い生じた場合には、控除期限切れの欠損金額を復活させて控除をすることができます（法法59、法令116の３〜117、法基通12-3-1）。

　　法人税法59条１項および２項では、「当該債権につき債務の免除を受けた場合（当該債権が債務の免除以外の事由により消滅した場合でその消滅した債務に係る利益の額が生じるときを含む。）」と規定しています。これは、DESによる債務消滅益が生じることを予定したものです。

(4)　一方、そのDESが完全支配関係がある法人間で行われる適格現物出資（法法２十二の十四、法令４の３⑩〜⑮）に該当する場合には、債務者は現物出資を受けた資産の取得価額は、債権者が付していた資産の帳簿価額相当額とし（法令123の５）、同額を資本金等の額の増加として処理します（法令８①八）。その結果、そのDESが適格現物出資である場合には、金銭債務の債務消滅益などは生じません。これらの取扱いは、上記券面額説の考え方といえましょう。

(5)　上述の取扱いは債務者側の処理ですが、一方債権者側は、まずそのDESが適格現物出資である場合には、債務者の処理と裏腹のこととして、債務者に対して資産（金銭債権）を帳簿価額により譲渡をしたもの

として、所得金額を計算します（法法62の4①）。その結果、譲渡損益や貸倒損失などは生じません。

⑹　一方、そのDESが適格現物出資に該当しない場合には、評価額説の考え方で処理しますから、現物出資をする金銭債権の券面額と時価（交付を受けた株式の時価）との差額が生じます。その差額が貸倒損失として認められるかどうかが問題です。

　会計上は、DESにより取得する株式の取得価額は、債務者側が券面額説と評価額説との処理のいかんにかかわらず、現物出資をする金銭債権の時価相当額とします（企業会計基準委員会・平成14.10.9「デット・エクイティ・スワップの実行時における債権者側の会計処理に関する実務上の取扱い」）。現物出資をする金銭債権の券面額と時価との差額は、貸倒損失として処理されます。

⑺　これに対し、法人税では、その貸倒損失の損金算入は、債務者の合理的な再建計画等の定めるところにより生じたものでなければなりません（法基通2-3-14）。合理的な再建計画等に基づかない場合には、債務者に対する寄附金として処理すべきことになりましょう。

　なお、更生会社におけるDESにあっては、更生計画の定めるところにより債権者が取得する、更生会社の新株の取得価額は、その取得時の時価とします（法基通14-3-6）。更生会社の場合には、更生計画の定めるところにより新株を取得しますから、金銭債権の券面額と時価との差額は、貸倒損失として認められます。

7―21 子会社が保有する孫会社株式を親会社に譲渡し、持株会社制に移行するための方法

> **(問)** 当社の属する法人グループでは、持株会社制への移行を予定しており、その一環として当社が保有する子会社（親会社にとっての孫会社）の株式を親会社に移すことを考えていますが、譲渡損益を生じさせずに移す方法があるでしょうか。

(答)

(1) 平成22年度の税制改正において、適格現物分配制度が創設されました。その「適格現物分配」とは、内国法人を現物分配法人とする現物分配のうち、その現物分配により資産の移転を受ける者が、その現物分配の直前においてその内国法人との間に完全支配関係がある内国法人（普通法人または協同組合等に限る。）のみであるものをいいます（法法2二十二の十五）。

　　ここで、「現物分配」とは、法人（公益法人等および人格のない社団等を除く。）がその株主等に対し剰余金・利益の配当、剰余金の分配、残余財産の分配等として金銭以外の資産を交付することをいいます（法法2二十二の五の二）。

(2) そして、法人が適格現物分配により被現物分配法人に資産の移転をしたときは、その資産は帳簿価額による譲渡をしたものとして課税所得を計算します（法法62の5③）。

　　一方、適格現物分配により資産の移転を受けた法人（被現物分配法人）は、その資産の移転による収益の額は、益金の額に算入しないこと

ができます（法法62の5④）。ただし、その移転を受けた資産の取得価額は、現物分配法人におけるその資産の帳簿価額相当額となります（法令123の6①）。

⑶　これらの取扱いにより、現物分配を行う法人、現物分配を受ける法人いずれも課税関係を生じさせることなく、資産の移転をすることができます。これは、まさに法人の組織再編成を阻害しないよう、組織再編成税制のひとつとして創設されたものです。

　したがって、この適格現物分配制度を利用し、ご質問の子会社（親会社にとっての孫会社）の株式を親会社に移転することにより、課税関係を生じさせることなく、その孫会社を親会社の子会社とし、持株会社制に移行することができます。

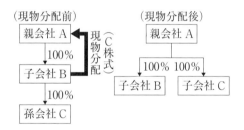

7—22　適格現物分配により金銭債権を移転することの可否と
　　　　貸倒引当金の処理

> **(問)**　完全支配関係がある子会社（資本金5,000万円）がその保有す
> る貸付金を、債権回収にノウハウを持つその親会社に移転したいと考
> えていますが、金銭債権も一括評価金銭債権または個別評価金銭債権
> を問わず、適格現物分配の対象になりますか。
>
> 　もし、適格現物分配の対象になるとした場合には、子会社は現物分
> 配をする前に貸倒引当金を設定するようなことが認められますか。

(答)

⑴　「現物分配」は、法人（公益法人等および人格のない社団等を除く。）
　がその株主等に対し、剰余金・利益の配当、剰余金の分配、残余財産の
　分配等として金銭以外の資産を交付することです（法法２十二の五の
　二）。そのうち、内国法人を現物分配法人とし、現物分配により資産の
　移転を受ける者が、その現物分配の直前においてその内国法人との間に
　完全支配関係がある内国法人（普通法人または協同組合等に限る。）の
　みであるものを「適格現物分配」といいます（法法２十二の十五）。

　　このように、現物分配は、分配する資産が金銭以外のものであればよ
　く、その資産の種類に制限はありません。したがって、金銭債権も適格
　現物分配の対象にすることができますし、その金銭債権が一括評価金銭
　債権であるか個別評価金銭債権であるかを問いません。

⑵　そこで、適格現物分配により金銭債権を親会社に移転する場合、子会
　社（適格現物分配の直前の時を事業年度終了の時とした場合に資本金１

億円以下であるもの等に限る。）においては、適格現物分配の直前の時
を事業年度終了の時としたときに計算される、個別貸倒引当金または一
括貸倒引当金の額を損金算入することができます（法法52⑤⑥）。これ
を、それぞれ「期中個別貸倒引当金勘定」および「期中一括貸倒引当金
勘定」と呼びます。

　　ただし、期中個別貸倒引当金勘定または期中一括貸倒引当金勘定の額
を損金算入するためには、適格現物分配の日以後2月以内に所定の書類
を所轄税務署長に提出しなければなりません（法法52⑦、法規25の6）。

　　従来、法人が適格分割等（適格分割、適格現物出資）を行った場合、
子会社の期中における貸倒引当金の設定については、個別貸倒引当金に
限って認められていました。これが、平成22年度の税制改正により、適
格現物分配が組織再編成の一つとされたことなどを契機に、一括貸倒引
当金についても、期中において設定できるようになりました。

(3)　法人が適格現物分配（残余財産の全部の分配に限る。）を行った場合
　　には、現物分配法人である子会社で残余財産の確定事業年度に損金算入
　　された貸倒引当金勘定の金額は、被現物分配法人である親会社に引き継
　　ぎます（法法52⑧一）。

　　　また、適格現物分配（残余財産の全部の分配を除く。）に伴い子会社
　　が損金算入した期中個別貸倒引当金勘定または期中一括貸倒引当金勘定
　　の金額についても、親会社に引き継ぎます（法法52⑧二）。

(4)　そして、親会社が引継ぎを受けた、これら貸倒引当金勘定、期中個別
　　貸倒引当金勘定または期中一括貸倒引当金勘定の金額は、適格現物分配
　　の日の属する事業年度において取り崩し、益金算入を行います（法法52
　　⑪）。

7—23 資本等取引としての残余財産の分配とその譲渡損益に対する課税の関係

> **(問)** 平成22年度の税制改正により、残余財産の分配・引渡しは資本等取引に含まれる一方、残余財産の全部の分配・引渡しによる譲渡損益は時価を基準として課税することとされ、これは一見すると矛盾しているようにみえますが、両者の関係はどのように理解したらよいでしょうか。

(答)

(1) 平成22年度の税制改正により、資本等取引の範囲に「残余財産の分配又は引渡し」が追加されました（法法22⑤）。これは、残余財産の分配又は引渡しについては、損益は生じないという趣旨です。

　ここで「残余財産の分配」は、株主等に対する残余財産の分配をいい、「残余財産の引渡し」は、公益法人等が国・公共法人や同種の公益法人等に対する残余財産の寄附（引渡し）をいいます。

(2) 一方、残余財産の全部の分配または引渡しにより資産の移転をするときは、残余財産の確定時の時価による譲渡をしたものとして（法法22の2⑥）、その譲渡損益額は、残余財産の確定の日の属する事業年度において課税されます（法法62の5①②）。

(3) ただし、残余財産の全部の分配または引渡しが適格現物分配（完全支配関係がある普通法人・協同組合等のみに対する現物分配）に該当するときは、帳簿価額による譲渡をしたものとして課税所得を計算します（法法2十二の十五、法法62の5③）。

(4)　そこで、残余財産の分配または引渡しは資本等取引に含まれるとしな
　がら、一方で現物分配する資産の譲渡損益が生じるというのは、矛盾で
　はないかという疑問が湧きます。資本等取引からは損益は生じないと考
　えられるからです。

　　この点、残余財産の全部の分配または引渡しは、①残余財産の時価と
　帳簿価額との差額は譲渡損益となる損益取引と②残余財産の分配・引渡
　しの行為自体は損益が生じない資本等取引との混合取引であり、次のよ
　うに観念することができます。

　　　現金預金　　　　　　　1000　／　資　　産　　　　300
　　　　　　　　　　　　　　　　　　　　譲渡益　　　　　700
　　　繰越利益剰余金　　　1000　／　現金預金　　　1000

　　この借方・繰越利益剰余金1000を費用や損失として認識しないという
　ことが、資本等取引を表しています。

7—24　外国法人を中心として完全支配関係が成立している場合の適格現物分配性

> **(問)**　外国法人Aが親会社、内国法人Bと内国法人Cがその子会社、内国法人Dがその孫会社という完全支配関係がある場合において、内国法人Dが内国法人Bと内国法人Cに対して現物分配をしたときでも、適格現物分配に該当しますか。
>
>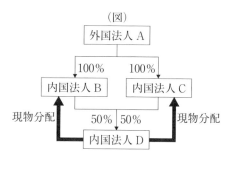
>
> (図)

(答)

⑴ 「現物分配」とは、法人（公益法人等および人格のない社団等を除く。）がその株主等に対し剰余金・利益の配当、剰余金の分配、残余財産の分配等として金銭以外の資産を交付することをいいます（法法２十二の五の二）。

　この現物分配のうち、内国法人を現物分配法人とする現物分配で、その現物分配により資産の移転を受ける者が内国法人との間に完全支配関係がある内国法人である普通法人または協同組合等のみであるものを「適格現物分配」と定義しています（法法２十二の十五）。

⑵ そこで（図）の場合、適格現物分配は、現物分配法人（D）と被現物

分配法人（B・C）とが内国法人であり、かつ、両者間に現物分配の直前に（外国法人による完全支配関係であったとしても、）完全支配関係があればよく、外国法人（A）が現物分配の当事者でなければ適格現物分配に該当します（国税庁法人課税課情報（平成22.8.10）「問14　完全支配関係が外国法人によるものである場合の現物分配」参照）。その完全支配関係は、内国法人によるものか、外国法人によるものかを問いません。

　したがって、内国法人Dが内国法人Bと内国法人Cに対して行う現物分配は、適格現物分配に該当することになります。

7 —25 金銭分配と現物分配がある場合の適格現物分配に該当
の有無

> **(問)** この度、剰余金の配当として金銭分配と現物分配を行うこと
> としましたが、金銭分配と現物分配を受ける者があっても、現物分配
> を受ける者が完全支配関係がある普通法人または協同組合等のみであ
> れば、適格現物分配に該当すると考えてよいでしょうか。

(答)

(1) 会社法上、現物配当を行う場合において、①現物配当を望まない株主
には配当財産に代えて金銭を交付することや②一定の数以上の株式を有
する株主には現物を配当し、一定の数未満の株式を有する株主には金銭
を支払うことを定めることができます（会社法454④）。このようなこと
からしますと、同じ剰余金の配当であっても、金銭分配と現物分配を行
うことができるといえます。

(2) 法人税法上、「適格現物分配」とは、内国法人を現物分配法人とする
現物分配（法法2十二の五の二）のうち、その現物分配により資産の移
転を受ける者がその現物分配の直前においてその内国法人との間に完全
支配関係がある普通法人または協同組合等のみであるものをいいます
（法法2十二の十五）。

(3) したがって、金銭分配と現物分配とが行われる場合であっても、現物
分配を受ける者が完全支配関係がある普通法人または協同組合等のみで
あれば、その現物分配は適格現物分配に該当するものと考えます。

7—26　適格現物分配を行った場合の親子会社の処理

（問）　完全支配関係がある子会社が投資目的の保有株式（時価1,000万円、簿価400万円）を親会社に対して現物分配をし、その簿価400万円をもって繰越利益剰余金から配当する会計処理を行いましたが、これは税務上も同じであり、何ら申告調整は要しないと考えてよいでしょうか。

（答）

(1)　「現物分配」とは、法人（公益法人等および人格のない社団等を除く。）がその株主等に対し剰余金・利益の配当、剰余金の分配、残余財産の分配等として金銭以外の資産を交付することをいいます（法法2十二の五の二）。

　　また、「適格現物分配」とは、内国法人を現物分配法人とする現物分配のうち、その現物分配により資産の移転を受ける者が内国法人との間に完全支配関係がある内国法人である普通法人または協同組合等のみであるものをいいます（法法2十二の十五）。

(2)　適格現物分配により資産の移転をしたときは、その資産の帳簿価額により譲渡をしたものとし、譲渡損益の計上はできません（法法2十二の十五、62の5③）。

　　また、現物分配は所得税法上、配当所得に該当しますが、適格現物分配の場合には、所得税等の源泉徴収は不要です（所法24①、181）。

(3)　会計上、企業集団内の企業へ現物配当を行う場合には、その資産の適正な帳簿価額をもってその他資本剰余金またはその他利益剰余金（繰越

340

利益剰余金）を減額し、損益の計上はできません（企業会計基準委員会「自己株式及び準備金の額の減少等に関する会計基準の適用指針」10項）。

その結果、現物分配を行った**子会社の会計上の処理**は次のとおりで、これは税務上と同じ処理です。税務上、何ら申告調整などは要しません（法令9八）。

    繰越利益剰余金　　400万円　／　有価証券　　400万円

⑷　一方、適格現物分配を受けた**親会社の会計上の処理**は次のとおりです。

    有価証券　　400万円　／　受取配当金　　400万円

しかし、税務上は収益（受取配当金）は益金不算入（法法62の5④、法令123の6）となりますから、次のような申告調整を行います。

（別表四）

区　　　分		総　　額	留　　保	社外流出
減算	適格現物分配に係る益金不算入額　17	4,000,000		4,000,000

（別表五㈠）　処理なし

⑸　なお、企業集団内の企業への現物配当でない場合には、配当財産の時価と帳簿価額との差額は損益に計上し、その時価でもってその他資本剰余金またはその他利益剰余金（繰越利益剰余金）を減額します。

    繰越利益剰余金　　1,000万円　／　有価証券　　400万円
    　　　　　　　　　　　　　　　　　譲渡益　　　600万円

⑹　税務上においても、非適格現物分配の場合には、非適格現物分配を行う子会社ではその譲渡益は益金になり（法法62の5③、法令9八）、これは会計上の処理と同じです。

一方、非適格現物分配を受けた親会社は、受取配当等の益金不算入の規定を適用します（法法23①）。

7—27　子会社が保有する親会社株式を現物分配することの可否とその処理

> **（問）**　完全支配関係がある子会社が保有するその親会社の株式（時価1,000万円、簿価400万円）を親会社に対して現物分配をしたいと考えていますが、親会社株式を現物分配するようなことが認められますか。
>
> 　もし、認められるとした場合には、子会社と親会社の処理はどのようになりますか。

（答）

(1)　会社法においては、子会社がその親会社の株式を取得することは原則として禁止されています（会社法135①）。例外的に、事業の全部の譲受けや合併、分割といった組織再編成などの場面では、その取得が認められます（会社法135②）。

　　ただ、子会社が保有する親会社株式は、相当の時期に処分しなければなりません（会社法135③）。その処分の方法として、親会社自身に自己株式として現物分配をすることが考えられます。

(2)　税務上、「現物分配」とは、法人（公益法人等および人格のない社団等を除く。）がその株主等に対し剰余金・利益の配当、剰余金の分配、残余財産の分配等として金銭以外の資産を交付することをいいます（法法2十二の五の二）。その現物分配のうち、その現物分配により資産の移転を受ける者が内国法人との間に完全支配関係がある内国法人である普通法人または協同組合等のみであるものが「適格現物分配」です（法

法22の十五)。

(3) その適格現物分配により資産の移転をしたときは、現物分配法人は資産の帳簿価額により譲渡をしたものとし、譲渡損益の計上はできません（法法22の十五、62の5③）。これに対応して、被現物分配法人においては、その収益は益金不算入、資産の取得価額は現物分配法人の帳簿価額相当額とします（法法62の5④、法令123の6①）。

　この適格現物分配をする資産は、金銭以外の資産であればよく、親会社自身の株式（自己株式）であっても可能です（国税庁法人課税課情報（平成22．8．10）「問15　親会社株式の現物分配」参照）。

(4) そこで適格現物分配をする**子会社**は、現物分配は株主等に対する剰余金の配当等ですから、次のような**会計上、税務上の処理**を行います（法令9八、（問）7—26参照）。親会社株式の時価1,000万円と簿価400万円との差額600万円を譲渡利益として認識する必要はありません。

　　　繰越利益剰余金　　400万円　／　有価証券　　400万円

　このような会計上の処理を行う限り、子会社は特に申告調整などは要しません。

(5) 一方、適格現物分配を受ける**親会社は、会計上、次のような処理**を行います（（問）5—1参照）。

　　　自己株式　　400万円　／　受取配当金　　400万円
　　　（純資産の部）

　しかし、税務上は、親会社にとっては自己株式の取得であり、その収益（受取配当金）400万円は益金不算入（法法62の5④、法令123の6①）となりますから、次のような処理を行います（法令8①二十、9四）。

　　　資本金等の額　　400万円　／　利益積立金額　　400万円

（別表四）

区　　分			総　　額	留　　保	社外流出
減算	適格現物分配に係る益金不算入額	17	4,000,000		4,000,000

（別表五㈠）

Ⅰ　利益積立金額の計算に関する明細書

区　　分		期首積立金	当期の減	当期の増	期末積立金
資本金等の額	3			4,000,000	4,000,000
	4				

Ⅱ　資本金等の額の計算に関する明細書

区　　分		期首資本金等	当期の減	当期の増	期末資本金等
利益積立金額	34		4,000,000		△4,000,000
	35				

⑹　なお、適格現物分配を受ける親会社にあっては自己株式の取得ですか
ら、みなし配当が生じるのではないかという疑義が生じます。しかしな
がら、みなし配当が生じるのは、自己株式を譲渡する法人（子会社）
が、自己株式を取得する法人（親会社）からその対価として金銭や金銭
以外の資産の交付を受ける場合です（法法24①五参照）。

　現物分配は、子会社は親会社から対価の交付を受けるわけではありま
せんから、みなし配当は生じません。正に本来の配当そのものというこ
とができます。

7—28　残余財産の分配を現金と現物で行う場合のみなし配当の計算と親子会社の処理

> **(問)**　完全支配関係がある子会社が解散し、残余財産が確定しましたので、その残余財産である現金（400万円）と土地（時価3,000万円、簿価1,600万円）をその親会社（保有株数1万株、1株当たりの簿価600円、払戻等対応資本金額等500円）に分配することになりましたが、みなし配当の計算と子会社と親会社の処理は、どのようになりますか。

(答)

⑴　法人が解散し、残余財産の分配を行う場合には、みなし配当が生じます。そのみなし配当の額は、ご質問の場合には、次の算式により計算されます（法法24①四、法令23①四）。

　　　（現金400万円＋土地1,600万円）−1株当たり払戻等対応資本金額等

　　　500円×保有株数1万株＝1,500万円

　　ご質問の場合、土地の分配は、現物分配になりますが、完全支配関係がある会社間の残余財産の分配ですから、適格現物分配に該当します。適格現物分配の場合には、帳簿価額による譲渡をしたものとされますから（法法62の5③）、みなし配当の計算においては、土地の帳簿価額1,600万円を交付した資産の価額とします。

⑵　このみなし配当1,500万円のうち、現金と土地に係るそれぞれの部分の金額は、次の算式により計算します（国税庁法人課税課情報（平成22.10.6）「問13　残余財産の分配が金銭と金銭以外の資産の両方で行

われる場合のみなし配当の計算」参照)。

① 現金部分——みなし配当1,500万円 × $\dfrac{\text{現金400万円}}{\text{現金400万円＋土地1,600万円}}$

　 = 300万円

② 土地部分——みなし配当1,500万円 × $\dfrac{\text{土地1,600万円}}{\text{現金400万円＋土地1,600万円}}$

　 = 1,200万円

　みなし配当1,500万円のうち、現金部分のみなし配当については、所得税等の源泉徴収61万2,600円（300万円×20.42％）を要します。しかし、土地部分の配当については、適格現物分配に該当しますから、所得税等の源泉徴収は要しません（所法24、181）。その源泉徴収の要否と益金不算入処理を行う場合の根拠規定（法法23、62の5④）の違いにより、みなし配当を現金分配と現物分配とに区分する必要があります。

(3)　以上の結果、**子会社の税務上の処理**は次のようになります。

資本金等の額	5,000,000	/	現　金	3,387,400
利益積立金額	15,000,000		土　地	16,000,000
			預り金	612,600

　したがって、子会社が会計上、土地につき譲渡損益を計上しない限り、特に申告調整は要しません。

(4)　一方、残余財産の分配を受ける**親会社の会計上の処理**は、次のように行います。

現　金	3,387,400	/	有価証券	6,000,000
土　地	16,000,000		譲渡益	14,000,000
租税公課	612,600			

　これに対して、**親会社の税務上の処理**は次のようになります。

現　金	3,387,400	/	有価証券	6,000,000
土　地	16,000,000		受取配当金	15,000,000
租税公課	612,600			
資本金等の額	1,000,000			

(5)　親会社における土地の取得価額は、適格現物分配による取得ですか
ら、子会社の帳簿価額相当額の1,600万円となります（法令123の6①）。

　また、借方・資本金等の額100万円は、次の算式により計算されます
（法法61の2⑰、法令8①二十二）。

　　（みなし配当1,500万円＋譲渡原価600万円）－分配額2,000万円
　　＝100万円

　すなわち、みなし配当が生じる事由（解散による残余財産の分配）に
より完全支配関係がある子会社から資産の交付を受けますので、子会社
株式の譲渡損相当額100万円は損金にならず、資本金等の額の減少とし
て処理しなければなりません。

（別表四）

区　　分			総　　額	留　　保	社外流出
加算	受取配当の益金算入額	10	15,000,000	15,000,000	
減算	受取配当等の益金不算入額	14	3,000,000		3,000,000
	適格現物分配に係る益金不算入額	17	12,000,000		12,000,000
	譲渡益の益金不算入額	21	14,000,000	14,000,000	

㊟　源泉徴収所得税額等612,600円については、所得税額控除の適用を受けることがで
きます（法法68）。

(別表五(一))

Ⅰ 利益積立金額の計算に関する明細書

区　　　分		期首積立金	当期の減	当期の増	期末積立金
有価証券譲渡益	3		14,000,000	15,000,000	1,000,000
	4				

Ⅱ 資本金等の額の計算に関する明細書

区　　　分		期首資本金等	当期の減	当期の増	期末資本金等
利益積立金額	34		1,000,000		△1,000,000
	35				

7—29　現物分配による資産の移転に対する消費税の課税関係

（問）　法人税においては、非適格現物分配による資産の移転はその資産の時価で、適格現物分配による資産の移転はその資産の簿価で、それぞれ譲渡をしたものとして課税所得を計算することになっていますが、現物分配は消費税でも資産の譲渡等として課税対象になるでしょうか。

　もし、課税対象になるとしたら、非適格現物分配と適格現物分配とでは、課税標準の額が異なることになるのでしょうか。

（答）

⑴　法人税法上、「現物分配」とは、法人（公益法人等および人格のない社団等を除く。）がその株主等に対し剰余金・利益の配当、剰余金の分配、残金財産の分配等として金銭以外の資産を交付することをいいます（法法２十二の五の二）。その現物分配が行われた場合には、その資産を時価により譲渡をしたものとして課税所得を計算します。

　ただし、適格現物分配を行う場合には、その資産の適格現物分配の直前の帳簿価額による譲渡をしたものとして課税所得の計算を行います（法法２十二の十五、法法62の５③）。

　このように、法人税においては、非適格現物分配または適格現物分配により資産を移転することは、資産の譲渡として取り扱われます。

⑵　一方、消費税の課税対象となる「資産の譲渡等」とは、事業として対価を得て行われる資産の譲渡および貸付けならびに役務の提供をいいます（消法２八）。つまり、消費税の課税対象となる「資産の譲渡等」は、

①事業性、②対価性および③資産等の譲渡性の三つの要件を満たすもの
です。

　そこで、現物分配は法人が行う資産の移転ですから、まず①事業性の
要件は満たします。

(3)　次に問題は、②対価性と③資産等の譲渡性の有無です。現物分配は、
法人がその株主等に対し剰余金・利益の配当、剰余金の分配等として現
物を交付することです。考え方によっては、現物分配は法人が出資を受
けた金銭の一種の使用料であるから、対価性を有するのではないか、と
いう意見もありましょう。

　しかし、現物分配は株主たる地位に基づく、一種の出資の払戻しとみ
られますから、使用料として対価性がある資産の譲渡等とはいえないと
考えられます（消基通5-2-8参照）。

(4)　また、法人税では現物分配は、①資産の譲渡取引（損益取引）と②剰
余金の配当等取引（資本等取引）との二つの混合取引であると考えてい
ますから（（問）7―23参照）、資産の譲渡取引の段階で消費税の課税関
係が生じるのではないか、という見解が考えられます。そう考えない
と、資産を他に譲渡して現金化し、その現金を分配する場合には、資産
の譲渡段階で消費税の課税関係が生じることと権衡がとれません。

　しかし、消費税は現物分配をそのような擬制をおいて処理するような
ことにはなっていません。剰余金の配当等が現金で行われたか、現物で
行われたかの違いで、剰余金の配当等であることに変わりはありません
ので、対価性がある資産の譲渡等とはいえないと考えられます。

(5)　したがって、非適格現物分配または適格現物分配による資産の移転
は、消費税においてはいわゆる不課税取引に該当するものと考えられま
す。課税取引でも非課税取引でもありませんから、課税売上割合の計算
に当たって、一切影響させる必要はありません。

7 ─30　共同事業を営むための株式交換の適格要件である役員
　　　　継続要件の判定

> **（問）**　共同で事業を営むための株式交換の適格要件の一つである役員継続要件は、その株式交換前の完全子法人の特定役員のすべてがその株式交換に伴って退任をするものでないこととされています。
>
> 　この場合、特定役員の退任が、その株式交換後、どれくらいの日にちが経っていれば、「その株式交換に伴って退任をするものでないこと」に該当するでしょうか。

（答）

⑴　「株式交換」とは、株式会社がその発行済株式の全部を他の株式会社または合同会社に取得させることをいいます（会社法２三十一）。

　法人が自己を完全子法人とする株式交換を行った場合、①完全子法人の株主は、旧株の譲渡損益の課税繰延べができます（法法61の２⑨）。

　一方、②完全子法人は、株式交換の直前に有する時価評価資産（帳簿価額が1,000万円以上の固定資産、土地、有価証券、金銭債権、繰延資産等）は時価評価を行い、その評価損益を課税対象にしなければなりません。ただし、適格株式交換の場合には、時価評価は不要です（法法62の９、法令123の11①）。

⑵　共同で事業を営むための株式交換にあっては、次に掲げる要件のすべてを満たすものが「適格株式交換」に該当します（法法２十二の十七ハ、法令４の３⑳）。

　イ　完全子法人の子法人事業と完全親法人の親法人事業とが相互に関連

するものであること。

ロ　①完全子法人と完全親法人のそれぞれの事業の売上金額、従業者の数などの規模の割合がおおむね5倍を超えないことまたは②完全子法人の特定役員（社長、副社長、代表取締役、代表執行役、専務取締役、常務取締役等）のすべてがその株式交換に伴って退任をするものでないこと。

ハ　完全子法人の従業者のうち、おおむね80％以上の者が完全子法人の業務（その完全子法人との間に完全支配関係がある法人の業務を含む。）に引き続き従事することが見込まれていること。

ニ　完全子法人の株式交換前に営む主要な事業が完全子法人（その完全子法人との間に完全支配関係がある法人を含む。）において引き続き営まれることが見込まれていること。

ホ　株式交換により交付される完全親法人株式のうち支配株主に交付されるものの全部が支配株主により継続保有することが見込まれていること。

ヘ　株式交換後に完全親法人と完全子法人との間に完全親法人による完全支配関係が継続することが見込まれていること。

(3)　上記(2)ロ②の役員継続要件は、従来「特定役員のいずれかが当該株式交換に伴って退任をするものでないこと。」とされていましたが、平成28年度の税制改正により、「特定役員の全てが当該株式交換に伴って退任をするものでないこと。」とされました。その結果、特定役員の1人でも残留すればこの要件を充足することになりました。

　　この場合の「当該株式交換に伴って退任をする」というのは、基本的にはその株式交換と同時期ないし付随して退任をするかどうかにより判定すべきものと考えられます。どれくらいの日にちが経っていればよい

というものではありませんが、特別に完全子法人の役員の退任を意図するものでない限り、是認されるものと考えます。

(4)　なお、株式移転（1または2以上の株式会社がその発行済株式の全部を新たに設立する株式会社に取得させること。会社法2三十二）についても、同様の改正が行われています（法法2十二の十八ハ、法令4の3㉔）。

7―31　非適格株式交換を行った場合の時価評価資産の範囲

> **(問)**　従来、非適格株式交換を行った場合、完全子法人は自家創設営業権につき時価評価をすべきかどうか、必要論、不要論の議論がありました。
> 　この点、平成29年度の税制改正により、自家創設営業権の時価評価は不要になった、と聞いていますが、具体的にはどのような改正が行われたのでしょうか。

(答)

⑴　法人が非適格株式交換等（適格株式交換等および適格株式移転に該当しないもの）を行った場合には、完全子法人がその非適格株式交換等の直前の時において有する時価評価資産について時価評価を行い、評価益または評価損を計上する必要があります（法法62の9、(問) 7―30参照）。

　ここで「時価評価資産」とは、固定資産、土地、有価証券、金銭債権および繰延資産で所定のものをいいます（法法62の9①、法令123の11①）。

　時価評価資産の時価評価に関し、旧連結納税の開始または旧連結納税の加入の際の時価評価（旧法法61の11、61の12、旧法令122の12）とともに、自家創設営業権の時価評価の要否について、必要論、不要論の議論がありました。

⑵　「必要論」は時価評価資産から営業権を除外することにはなっていないなどといい、「不要論」は営業権はのれんと同様の概念であるから、

354

資産・負債のすべてを評価しなければならず、固定資産、土地などの一部の資産だけを時価評価するという制度の趣旨に反するなどと主張してきました。

　課税庁の立場は、必要論であったといえましょう。

(3)　このような議論による混乱に終止符を打つため、平成29年度の税制改正により、帳簿価額が1,000万円に満たない資産は時価評価資産の範囲から除外されました（法令123の11①四、法規27の16の2）。

　今後は、自家創設営業権は帳簿価額は零ですから、非適格株式交換等の際に時価評価をする必要はなくなりました。

(4)　自家創設営業権の時価評価の要否は、非適格株式交換等の場合より、むしろグループ通算制度の開始・加入・離脱をする場合の方が影響が大きい問題です。

　この点、グループ通算制度に関しても、帳簿価額が1,000万円に満たない資産は時価評価資産の範囲から除外されています（法令131の15、131の16、131の17）。

　グループ通算制度の開始・加入・離脱をする際の自家創設営業権の時価評価は不要です。

7—32　非適格株式交換に伴う完全子法人における金銭債権の時価評価の方法

> **(問)**　非適格株式交換が行われた場合、その完全子法人は資産を時価評価し、その評価損益は課税対象にしなければなりませんが、その時価評価をすべき資産が金銭債権であるときは、どのようにして時価評価をしたらよいでしょうか。

(答)

⑴　法人が自己を株式交換完全子法人とする非適格株式交換を行った場合、その完全子法人は、その有する固定資産、土地等、有価証券、金銭債権および繰延資産（これらの資産のうちその含み損益が資本金等の額の2分の1または1,000万円とのいずれが少ない金額に満たないもの等を除く。「時価評価資産」）について時価評価を行い、その評価損益は課税対象にしなければなりません（法法62の9、法令123の11）。

　　この取扱いは、株式交換は合併と同じような効果をもつ組織法上の行為ですから、非適格合併の場合、被合併法人は資産を時価でもって合併法人に引き継ぐことと平仄を図る趣旨のものといえましょう。

⑵　そこで、上述のとおり、時価評価資産には金銭債権が含まれますから、その時価評価をする必要があります。固定資産、土地等、有価証券などは、取引事例や市場価額、公表価額などがあり、その時価評価は比較的し易いといえましょう。

　　これに対し、金銭債権の時価評価は、取引事例や市場価額などはなく、その回収可能性を測定することになりますから、なかなか難しいも

のがあります。しかし、その時価評価方法について、法令、通達など定めたものはありません。

⑶　一方、似たような資産の時価評価を行うべき場面として、グループ通算制度の開始ないし加入の場合があります（法法64の11、64の12）。そのグループ通算制度の開始・加入の場合も、金銭債権について時価評価をしなければなりません。

　　そこで、グループ通算制度では、金銭債権の時価評価は、次のような方法によることとされています（法基通12の7-3-1⑴ニ、12の7-3-8）。

イ　その一部につき貸倒れその他これに類する事由により損失が見込まれる金銭債権——その金銭債権の額から個別貸倒引当金繰入限度額（法法52①）に相当する金額を控除した金額をもって時価とする方法

ロ　イ以外の金銭債権——その金銭債権の帳簿価額をもって時価とする方法

⑷　等しく金銭債権について時価評価を行いますから、このグループ通算制度における方法は、非適格株式交換の場合であっても、準用してよいものと考えます。

　　上記⑶イの方法は、個別貸倒引当金繰入限度額は金銭債権の取立てまたは弁済の見込みがない部分の金額を合理的に算定し、計算するものですから、金銭債権の額から個別貸倒引当金繰入限度額を控除した金額がその金銭債権の時価を表している、とみるものです。

　　この場合、貸倒引当金の繰入れが認められていない（法法52①②）、金融・保険業等以外の大法人であっても、もちろんこの方法を採用することができます。グループ通算制度や非適格株式交換の適用のために、個別貸倒引当金繰入限度額に相当する金額を算定すればよいことです。

⑸　これに対し、上記⑶ロの貸倒れ等の懸念がない金銭債権であっても、

純粋理論的には弁済期限や利率等によっては、現在価値額によって時価評価をすべきであるかもしれません。

　しかし、実務的には現在価値額の算定も難しい問題であり、また、貸倒れ等の懸念がなければ、回収可能性はその帳簿価額相当額ということですから、帳簿価額をもって時価とする方法も認められるものと考えます。

(6)　なお、貸倒れ等の懸念がある金銭債権について評価損を計上する場合、もし過年度に貸倒れ等の状況が生じていたとすれば、その過年度において貸倒損失を計上すべきであったのであり、非適格株式交換を機に評価損として損金算入するのは問題である、という意見が考えられます。

　たしかに、金銭債権が過年度に既に法的整理等により切り捨てられているのに、法人がその切捨て時に貸倒処理をしていないような場合には、非適格株式交換を奇貨として、その貸倒損失相当額を評価損として実現させることはできないといえましょう。

　一方、その金銭債権に過年度から貸倒れ等の懸念は生じていたが、切り捨てられるような状況にはなく、法的に債権が存在している場合には、貸倒損失をいつ認識するかは債権者の回収の努力や債務者の態度など、一次的には法人の考え方と処理が尊重されるべきですから、このような問題は生じないものと考えます。

7 —33　自己株式に交付を受けた株式移転完全親法人株式を譲渡した場合の課税関係

> **(問)**　A社（株式移転完全子法人）は、株式移転によりB社（株式移転完全親法人）を設立し、その株式移転に際して自己株式（取得価額5,000万円）を保有していたことから、その自己株式に対してB社株式の割当てを受け保有していますが、会社法上、親会社株式の保有は認められませんので、そのB社株式を他へ譲渡（譲渡価額4,000万円）する場合、その譲渡損益はどのように計算されますか。

(答)

(1)　会社法上、「株式移転」とは、1または2以上の株式会社がその発行済株式の全部を新たに設立する株式会社に取得させることをいいます（同法2三十二）。具体的には、既存の会社が新たに完全親会社となる会社を設立し、完全子会社となる既存の会社（株式移転完全子法人）の株主が保有する株式と完全親会社となる新会社（株式移転完全親法人）の発行株式との交換を行うことです。

(2)　株式移転においては、株式移転完全子法人の株主に対して、株式移転完全親法人の発行株式が交付されます。そのため、株式移転完全子法人となる法人が自己株式を保有している場合には、その自己株式に対して株式移転完全親法人の株式が交付されます（会社法773①五、②）。その結果、ご質問の株式移転完全子法人であるA社は、株式移転完全親法人であるB社株式を取得し、親会社B社の株主になります。

　ところが、会社法上、子会社が親会社の株式を取得することは、事業

譲渡や合併、分割等に伴う取得の場合を除き、禁止されています。もし取得した場合には、相当の時期にその有する親会社株式を処分しなければなりません（会社法135、会社法施行規則23）。

⑶　そこで、会計上、A社における自己株式の取得時、B社株式の取得時およびB社株式の譲渡時のそれぞれの処理は、次のとおりです（みなし配当はないものと仮定）。

　　イ　自己株式取得時──自己株式　5,000万円／現金預金　5,000万円
　　　　　　　　　　　　　（純資産の部）

　　ロ　B社株式取得時──B社株式　5,000万円／自己株式　5,000万円
　　　　　　　　　　　　　　　　　　　　　　　　　（純資産の部）

　　ハ　B社株式譲渡時──現金預金　4,000万円／B社株式　5,000万円
　　　　　　　　　　　　　譲渡損　　1,000万円

　　会計上は、自己株式の取得時にはその取得価額をもって「自己株式」として計上し、「純資産の部」から控除する形式で表示します。そして、その自己株式の取得価額5,000万円を、新たに取得したB社株式へ取得価額として引き継ぎます。

　　その結果、取得価額5,000万円のB社株式を4,000万円で譲渡しますから、1,000万円の譲渡損が生じます。

⑷　これに対し、税務上は、次のように処理すべきことになります。

　　イ　自己株式取得時──資本金等の額　5,000万円／現金預金　5,000万円

　　ロ　B社株式取得時──処理なし（帳簿価額なし）

　　ハ　B社株式譲渡時──現金預金　4,000万円／譲渡益　4,000万円

　　税務上、有価証券の範囲から自己株式は除かれ（法法2二十一）、自己株式の取得は資本金等の額の減少として処理しますから（法令8①二十、二十一）、自己株式が資産として認識されることはありません。つまり、自己株式に取得価額はないことになります。

　一方、株式移転により株式移転完全親法人の株式の交付を受けた場合
の、その株式移転完全親法人の株式の取得価額は、株式移転完全子法人
の株式の譲渡直前の帳簿価額を引き継ぎます（法令119①十一）。そうし
ますと、株式移転完全子法人の株式であるＡ社株式の譲渡直前の帳簿価
額はゼロですから、取得したＢ社株式の取得価額もゼロということにな
ります。

　その結果、取得価額ゼロのＢ社株式を4,000万円で譲渡しますから、
その譲渡価額4,000万円がそのまま譲渡益になるわけです。

⑸　現行法令上は、上記⑷のように解さざるを得ないものと考えられ、判
例でも支持されています（東京地判・平成23.10.11税資261号順号
11781、東京高判・平成24.6.20税資262号順号11970）。このような事態
を避けるためには、株式移転前に自己株式の消却や譲渡などの対処をし
ておく必要があります。

　しかし、このような税務上の処理については、資本等取引と損益取引
を混同するものであり、次のように処理すべきである、という反対論が
みられます。

イ　自己株式取得時——資本金等の額 5,000万円／現金預金 5,000万円

ロ　Ｂ社株式取得時——Ｂ社株式 5,000万円／資本金等の額 5,000万円

ハ　Ｂ社株式譲渡時——現金預金　4,000万円／Ｂ社株式　5,000万円
　　　　　　　　　　　譲渡損　　1,000万円

⑹　株式移転により自己株式に対しＢ社株式の交付を受けるのは、対価が
現金であるか現物であるかの違いに過ぎず、自己株式を処分したことと
何ら異なりません。そうしますと、自己株式を処分した場合には、資本
金等の額の増加として処理しますから（法令8①一参照）、上記のよう
な処理をすべきであることになります。

　上記(4)のような税務上の処理には違和感があり、会計上の考え方や上記のような処理に合理性があると認められますので、税制改正ないし弾力的な運用が望まれるところです。

7―34 適格組織再編成に該当するための要件である事業関連性の判定

> **(問)** 法人が共同事業を行うための合併、分割等の組織再編成が適格組織再編成に該当する要件として、当事者間の事業の「事業関連性」の要件がありますが、その事業関連性は具体的にはどのように判定したらよいでしょうか。

(答)

⑴ 法人が共同事業を行うための組織再編成（合併、分割、現物出資、株式交換および株式移転）が、適格組織再編成に該当する要件として、当事者である法人の事業が相互に関連するものであること、といういわゆる「事業関連性要件」があります（法令4の3④一、⑧一、⑮一、⑳一、㉔一）。

　また、適格合併による被合併法人からの欠損金額の引継制限（法法57③、法令112③一）および支配関係法人との間に特定適格組織再編成等が行われた場合の譲渡損失額の損金不算入（法法62の7①）についても、共同事業を行う場合の「事業関連性要件」があります。

⑵ この事業関連性要件である「事業が相互に関連するものであること」というのは、典型的には当事者法人の事業が同種である場合でしょう。しかし、「相互に関連するもの」ですから、たとえば同一製品の製造業と卸売・小売業や不動産の販売業と賃貸業などは相互に関連するものと考えられます。

　また、自社製品の部品加工を行う下請先を吸収合併するような場合

も、事業関連性がある、とみてよいでしょう。

(3)　国税庁の質疑応答事例では、持株会社と事業会社が合併する場合の事業関連性について、持株会社はグループの事業最適化等を踏まえた事業計画の策定や営業に関する指導、監査業務などの経営管理業務を行うことによって、単に株主としての立場のみだけでなく、持株会社としてグループ全体の財務面、監査を行う場合には、事業関連性があるとしています（国税庁・法人税質疑応答事例「持株会社と事業会社が合併する場合の事業関連性の判定について」）。

　このように、事業関連性は、必ずしも同じような事業を行っていることだけを意味するものではありません。事業は異なっていても、経営的、経済的な関連がある場合も、事業関連性があるといえましょう。

8 中小企業者に対する特例

8-1 中小企業者の課税特例の適用対象外となる中小企業者の判定方法

(問) 完全支配関係がある親会社の資本金が5億円、その子会社の資本金が1億円、その孫会社の資本金も1億円の場合、中小企業者に対する課税特例の適用対象外となる会社は、どのように判定したらよいでしょうか。

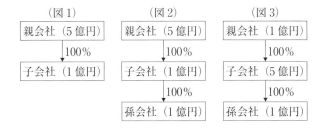

(答)

(1) 資本金（出資金）が1億円以下の法人に対しては、次に掲げる中小企業者に対する課税の特例の適用が認められます。ただし、資本金（出資金）が1億円以下の普通法人であっても、資本金（出資金）が5億円以上である法人による完全支配関係がある普通法人については、これらの中小企業者に対する課税の特例は適用できません。

① 貸倒引当金の繰入れ（法法52、措法57の９）

② 繰越欠損金の所得100％控除（法法57⑪）

③ 法人税率の軽減（法法66、措法42の３の２）

④ 特定同族会社の特別税率の不適用（法法67）

⑤ 交際費等の損金不算入の定額控除額（措法61の４②）

⑥ 青色欠損金の繰戻しによる還付（措法66の12）

⑵　そこで（図１）の場合が典型例で、親会社は資本金が５億円であり、子会社はその親会社との間に完全支配関係がありますから、親会社、子会社とも上記中小企業者に対する課税の特例の適用はありません。

⑶　（図２）の場合、親会社は資本金が５億円であり、子会社はその親会社との間に（直接）完全支配関係が、孫会社はその親会社との間に（間接）完全支配関係がありますから、親会社、子会社、孫会社とも上記中小企業者に対する課税の特例の適用は認められません（法基通16-5-1）。

　子会社の資本金は１億円で孫会社との間は（直接）完全支配関係ですが、孫会社は親会社との間にその親会社による（間接）完全支配関係がありますから、孫会社にも上記中小企業者に対する課税の特例の適用はないことに留意を要します。

⑷　（図３）の場合、親会社は資本金が１億円ですから、上記中小企業者に対する課税の特例の適用があります。一方、子会社は資本金が５億円であり、孫会社はその子会社との間に完全支配関係がありますから、子会社と孫会社には上記中小企業者に対する課税特例の適用はありません。

　この法人グループの頂点に立つ親会社に中小企業者に対する課税の特例の適用があり、その子会社と孫会社にその特例の適用がないというのも、感覚的にはやや違和感があります。しかし、制度上はこのような結果になりますから、留意が必要です。

8-2 親会社が自己株式を保有している場合の「大法人」の判定

> **（問）** 資本金が5億円以上の親会社と完全支配関係がある子会社に対しては、仮にその子会社の資本金が1億円以下であっても、各種の中小企業者に対する課税の特例は適用されませんが、親会社が自己株式を保有している場合には、その親会社の資本金が5億円以上であるかどうかは、その自己株式を除いて判定してよいでしょうか。

（答）

(1) ご質問のとおり、資本金が5億円以上である親会社（大法人）との間に完全支配関係がある子会社に対しては、仮にその子会社の資本金が1億円以下であっても、各種の中小企業者に対する課税の特例は適用されません（法法66⑥二、三等、（問）8-1参照）。

　　この場合の大法人との間に「完全支配関係」があるかどうかは、子会社の発行済株式等の中から自己株式は除外して判定を行います（法法2十二の七の六、十二の七の五、（問）1-7参照）。

(2) これに対して、親会社が資本金5億円以上の大法人であるかどうかについては、その親会社の発行済株式等の中から自己株式は除外して判定する旨の定めはありません（法法66⑥二）。

　　したがって、親会社が自己株式を保有している場合であっても、その親会社の資本金が5億円以上であるかどうかは、その自己株式を除いて判定することはできないものと考えます。

8-3　株式の持合いがある場合の中小企業者の課税特例の適用の有無

(問)　グループ法人内で株式の持合いを行っている場合には、完全支配関係があるとして取り扱われるようですが、その場合、中小企業者に対する課税の特例の適用対象になるかどうかは、どのように判定したらよいでしょうか。

(図)

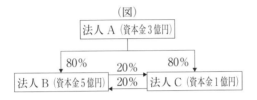

(答)
(1)　資本金（出資金）が1億円以下の普通法人であっても、資本金（出資金）が5億円以上である法人による完全支配関係がある普通法人については、中小企業者に対する課税の特例は適用できません（(問) 8-1参照）。

　（図）の場合、法人A、法人B、法人Cで株式の保有関係が完結していますから、これらの法人間には完全支配関係があるものとして取り扱われます（(問) 1-6、国税庁法人課税課情報（平成22.8.10）「問4 資本関係がグループ内で完結している場合の完全支配関係」参照）。

　そこで（図）の場合、法人Aと法人Bは、それぞれ資本金が3億円と5億円ですから、そもそも中小企業者に対する課税の特例の適用はありません。

⑵　問題は法人Ｃですが、この法人グループの親会社は法人Ａであり、その法人Ａの資本金は３億円ですから、法人Ｃについては、中小企業者に対する課税の特例の適用が認められます（国税庁法人課税課情報（平成22.10.6）「問３　株式持ち合いの場合の中小特例の適用の有無」参照）。もう一人の株主である法人Ｂの資本金が５億円であっても、法人Ｃについては中小企業者に対する課税の特例の適用があることに留意を要します。

8−4　外国法人との間に完全支配関係がある場合の中小企業者の課税特例の適用の有無

（問）　当社（資本金1億円）は、米国に本店を置く外国法人の100％子会社ですが、その外国法人の資本金が5億円以上である場合には、中小企業者に対する課税の特例は適用されないことになるのでしょうか。

　もし適用されないとした場合、その外国法人の資本金はドル建てですが、いつ、どのように円貨に換算して資本金が5億円以上であるかどうかを判定したらよいでしょうか。

（答）

(1)　資本金（出資金）の額が1億円以下の普通法人であっても、資本金（出資金）の額が5億円以上である法人（大法人）による完全支配関係があるものについては、中小企業者に対する課税の特例の適用は認められません（（問）8−1参照）。

　この場合の大法人の意義は、単に「資本金の額又は出資金の額が5億円以上である法人」と規定されているだけで（法法66⑥二）、内国法人に限定されていません。大法人には資本金（出資金）の額が5億円以上であれば、外国法人も含まれます。

　したがって、資本金（出資金）の額が5億円以上である外国法人による完全支配関係がある普通法人であっても、中小企業者に対する課税の特例の適用はできません。

(2)　そこで次に、外国法人の資本金（出資金）の額は、いつの時点でどの

ように円換算するかが問題となります。

　この点、外国法人が「資本金の額又は出資金の額が5億円以上である法人」に該当するかどうかは、その子会社のその事業年度終了の時におけるその外国法人の「資本金の額又は出資金の額」について、その事業年度終了の日の電信売買相場の仲値により円換算した金額により判定します（法基通16-5-2）。

　したがって、外国法人の外貨建ての資本金（出資金）の額は同一であっても、為替相場の変動により各事業年度ごとに中小企業者に対する課税の特例の適用があったり、なかったりすることがあり得ます。

8－5　大法人と完全支配関係がある法人が解散した場合の欠損金の繰戻し還付の可否

> **(問)**　資本金が1億円以下の普通法人のうち、資本金が5億円以上である法人による完全支配関係があるものについては、青色欠損金の繰戻しによる還付請求をすることはできませんが、この取扱いは資本金が1億円以下の普通法人が解散した場合にも適用され、その還付請求はできないのでしょうか。

(答)

(1)　法人の青色の確定申告書を提出する事業年度において生じた欠損金額がある場合には、その確定申告書の提出と同時に、欠損金額が生じた事業年度開始の日前1年以内に開始したいずれかの事業年度に納付した法人税の還付を請求することができます（法法80①）。

(2)　ただし、この還付請求は、原則として資本金（出資金）が1億円以下の法人を除き、法人の平成4年4月1日から令和6年3月31日までの間に終了する各事業年度において生じた欠損金額には適用されません（措法66の12）。

　　この取扱いに関し、資本金（出資金）が1億円以下の法人の範囲から資本金（出資金）が5億円以上の法人と完全支配関係がある普通法人が除かれ、資本金（出資金）が1億円以下の普通法人であっても、還付請求ができないこととされています（(問) 8－1参照）。

(3)　一方、法人が解散した場合において、その解散の日前1年以内に終了したいずれかの事業年度または解散の日の属する事業年度において生じ

た青色欠損金額があるときは、欠損金の繰戻しによる還付請求ができる特例が認められています。この場合、税務署長に対する還付請求書は、解散の日以後1年以内に提出すれば足ります（法法80④）。

(4)　この法人が解散した場合の還付請求の特例は、従来から適用停止になっておらず、中小企業者に限らず、大法人についても、解散した場合には適用されます。したがって、資本金が1億円以下の普通法人が解散した場合には、仮に資本金が5億円以上の法人と完全支配関係があっても、この特例による還付請求をすることができます。

　なお、清算中に終了する各事業年度においては、資本金の多寡、完全支配関係の有無にかかわらず、上記(1)の還付請求をすることが認められています（措法66の12①）。

8－6　協同組合等とその子会社に対する中小企業者の課税特例の適用の有無

> **(問)**　A農協（出資金総額50億円）は、B社（資本金1億円）の発行済株式の全部を保有していますが、A農協とB社との間には完全支配関係が成立し、B社には中小企業者に対する課税の特例の適用はないことになるでしょうか。

(答)

⑴　完全支配関係の有無を判定する場合の「一の者」すなわち株主等には、農業協同組合や漁業協同組合、消費生活協同組合などの協同組合等も含まれます（(問) 1－2参照）。したがって、ご質問のA農協とB社との間には完全支配関係が成立します。

⑵　一方、「資本金の額又は出資金の額が5億円以上である法人」との間に、その法人による完全支配関係がある普通法人については、中小企業者に対する課税の特例の適用はありません（法法66⑥）。このように、「出資金の額が5億円以上である法人」との間に完全支配関係がある普通法人についても、その特例の適用は認められません。

　　したがって、A農協は出資金の総額が50億円ですから、B社は中小企業者に対する課税の特例の適用は受けられません。

⑶　なお、中小企業者に対する課税の特例を対象外とする措置は、普通法人に限られています。そもそも農業協同組合などの協同組合等は、普通法人ではありませんから、仮に出資金の額が1億円以下であっても、その特例を対象外とする措置の適用の可否を検討する必要はありません。

中小企業者に対する課税の特例が、そもそも協同組合等にも適用される
のかどうかのみを検討すれば足ります。

8 − 7　複数の大法人の完全支配関係子会社に対する中小企業者の課税特例の適用の可否

(問)　複数の大法人との間に完全支配関係がある資本金の額が1億円以下の法人については、その複数の大法人のひとつにでも資本金が5億円以上の法人があれば、中小企業者に対する課税の特例の適用はないことになるのでしょうか。

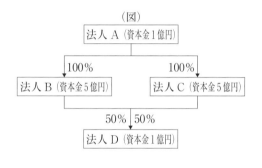

(図)

(答)

(1)　ご質問の（図）の場合、法人A、法人B、法人C、法人Dとの間には、完全支配関係が成立します。そこで問題は、法人Dに中小企業者に対する課税の特例の適用ができるかどうかです。

　　法人Dに対する法人Bと法人Cの株式の保有割合はそれぞれ50％ですから、法人Dと法人Bおよび法人Cとの間には、法人Bおよび法人Cによる完全支配関係はありません。すなわち法人Dは、資本金が1億円である法人Aとの間の法人Aによる完全支配関係ですから、その限りでは中小企業者に対する課税の特例の適用ができます。

(2)　しかし、平成23年6月の税制改正により、普通法人との間に完全支配

関係があるすべての大法人（資本金（出資金）の額が5億円以上の法人）が有する株式等の全部をその大法人のうちいずれか一の法人が有するとみなした場合において、その一の法人と普通法人との間にそのいずれか一の法人による完全支配関係があることとなるときの普通法人は、中小企業者に対する課税の特例の適用はできないこととされました（法法66⑥三）。

(3)　その結果、（図）の場合には、法人Bまたは法人Cが法人Dの株式の全部を保有するとみなした場合には、法人Dとの間には法人Bまたは法人Cによる完全支配関係があることになります。したがって、法人Dについては、中小企業者に対する課税の特例の適用は認められません。

　　仮に、法人Bまたは法人Cのいずれかの資本金が5億円未満であれば、このみなし規定の適用はありません。法人Dに対しては、中小企業者に対する課税の特例が適用されます。

(4)　なお、法人Aは資本金が1億円ですから、中小企業者に対する課税の特例の適用があります。これに対し、法人Bと法人Cは資本金が5億円ですから、そもそも中小企業者に対する課税の特例の適用はできません。

8 ― 8　大規模法人の完全支配関係子会社に対する特別償却と特別税額控除の適用の可否

> **(問)**　資本金が1億円以下の中小企業者に認められる、試験研究を行った場合の特別税額控除や中小企業者が機械等を取得した場合の特別償却などには、資本金が5億円以上の法人との間に完全支配関係がある中小企業者はその適用対象外とするような措置はないようですが、資本金が1億円以下の中小企業者である限り、その特別税額控除や特別償却の適用があると考えてよいでしょうか。

(答)

⑴　中小企業者に対しては、租税特別措置法上、次のような特別償却や特別税額控除等の特例が認められています。

　イ　中小企業者が試験研究を行った場合の特別税額控除の特例（措法42の4④、措令27の4㉜九、十三）

　ロ　中小企業者が機械等を取得した場合の特別償却または特別税額控除（措法42の6）

　ハ　地方活力向上地域等において特定建物等を取得した場合の特別償却または特別税額控除（措法42の11の3①、措令27の11の3）

　ニ　中小企業者等が特定経営力向上設備等を取得した場合の特別償却または特別税額控除（措法42の12の4）

　ホ　給与等の支給額が増加した場合の特別税額控除（措法42の12の5②）

　ヘ　被災代替資産等の特別償却（措法43の3①②）

　ト　特定事業継続力強化設備等の特別償却（措法44の2）

　チ　中小企業事業再編投資損失準備金（措法56）

　リ　中小企業者の少額減価償却資産の取得価額の損金算入（措法67の
　　　5）

⑵　これらの特例が適用できる中小企業者は、基本的に資本金（出資金）
　が1億円以下の法人をいいます（措法42の4⑲七、措令27の4㉕）。

　　そして、これら中小企業者に対する特別償却や特別税額控除に関して
　は、資本金が5億円以上の法人との間に完全支配関係がある中小企業者
　はその適用対象外とするような規定はありません。

　　その限りでは、資本金（出資金）が1億円以下の法人であれば、特別
　償却や特別税額控除の適用があるようにみえます。

⑶　しかし、中小企業者に対する特別償却や特別税額控除等における中小
　企業者の範囲から、次に掲げる法人は除かれています（措令27の4㉕）。
　すなわち、次に掲げる法人は仮に資本金（出資金）が1億円以下であっ
　ても、特別償却や特別税額控除等の適用はありません。

　イ　発行済株式等の2分の1以上が同一の大規模法人（①資本金（出資
　　　金）が1億円を超える法人、②資本を有しない法人のうち常時使用す
　　　る従業員の数が1,000人を超える法人または③大法人との間にその大
　　　法人による完全支配関係がある普通法人）の所有に属している法人

　　㊟　「大法人」とは、資本金（出資金）の額が5億円以上である法人、相互会社、
　　　　受託法人をいう。

　ロ　発行済株式等の3分の2以上が大規模法人の所有に属している法人
　　　（問）8－1における中小企業者に対する課税の特例とは、適用除外
　　となる中小企業者の範囲が異なっている点に留意を要します。

⑷　したがって、資本金が5億円以上の法人との間に直接完全支配関係が

ある中小企業者は、上記イの法人に該当し、特別償却や特別税額控除等の適用は認められないことになります。むしろ、ここでは「大規模法人」の範囲が資本金（出資金）が1億円を超える法人ですから、その点では特別償却や特別税額控除等の適用除外の方が要件が厳しいといえましょう。

　ただし、資本金が5億円以上の法人との間に間接完全支配関係や法人相互の完全支配関係があるだけでは、上記イの法人には該当しませんから、特別償却や特別税額控除等の適用ができます。

　もっとも、たとえば次のような場合には、法人Eは上記ロの法人に該当し、特別償却や特別税額控除等の適用は認められません。

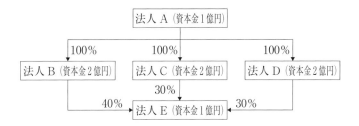

8-9　適用除外事業者の判定における新設法人の過去3事業年度の平均所得金額の計算

> **(問)**　平成29年度の税制改正において、資本金額が1億円以下の中小企業者であっても、過去3事業年度の平均所得金額が15億円を超える法人は、中小企業者等の試験研究費に係る特別税額控除などは適用除外とされました。
>
> 　当社（資本金5,000万円）は、ベンチャー企業で設立後日が浅く、まだ3事業年度を経過していませんが、当社のような場合、過去3事業年度の平均所得金額は、どのように計算したらよいでしょうか。

(答)

(1)　租税特別措置法においては、資本（出資）金額が1億円以下の中小企業者に対して、各種の特別償却や特別税額控除などの特例の適用が認められています（（問）8-1、8-8参照）。

　この点に関し、従来から、会計検査院が財政状態が脆弱でない中小企業者に特例を認めることへの問題提起の意見表示を行っています（会計検査院の財務大臣・経済産業大臣に対する意見表示（平成22.10.26）。

　平成28年度の税制改正大綱において、中小法人課税については、実態を丁寧に検証しつつ、資本金1億円以下の法人に対して一律に同一の制度を適用していることの妥当性について検討を行い、法人の規模や活動実態を的確に表す基準に見直すと表明しました。

(2)　そこで、平成29年度の税制改正において、適用除外事業者という概念が導入され、次に掲げる中小企業者に対する特例については、中小企業

者の範囲から適用除外事業者に該当するものは除外されました（措法42
の4④）。その「適用除外事業者」とは、その事業年度開始の日前3年
以内に終了した各事業年度の平均所得金額が15億円を超える法人をいい
ます（措法42の4⑲八、措令27の4㉖㉗）。

イ　法人税率の軽減の特例（措法42の3の2）

ロ　中小企業者の試験研究費の特別税額控除（措法42の4④）

ハ　中小企業者の取得機械の特別償却または特別税額控除（措法42の
　6）

ニ　地方活力向上地域の特別償却または特別税額控除の投資規模要件の
　特例（措法42の11の3、措令27の11の3）

ホ　中小企業者の特定経営力向上設備等の特別償却または特別税額控除
　（措法42の12の4）

ヘ　給与等の支給額が増加した場合の特別税額控除（措法42の12の5
　②）

ト　被災代替資産等の特別償却（措法43の3①②）

チ　特定事業継続力強化設備等の特別償却（措法44の2）

リ　特定地域における工業用機械等の特別償却（措法45②）

ヌ　中小企業事業再編投資損失準備金の積立て（措法56）

ル　一括評価貸倒引当金の法定繰入率の適用（措法57の9）

ヲ　少額減価償却資産の取得価額の損金算入（措法67の5）

　したがって、資本（出資）金額が1億円以下の法人であっても、過去
3事業年度の平均所得金額が15億円を超えるものは、中小企業者等の試
験研究費に係る特別税額控除などは適用できないことになりました。

⑷　この特例の適用に関して、ご質問の新設法人のように、過去3事業年
　度がない法人の平均所得金額は、どう計算したらよいか、という問題が

あります。

　この点、設立後３年を経過していない場合には、過去３事業年度の平均所得金額は零とします（措法42の４⑲八、措令27の４㉒一、㉓一）。ご質問の場合、中小企業者等の試験研究費に係る特別税額控除などの適用は可能です。

⑸　なお、中小企業者に対する特例であっても、例えば、特別試験研究に該当する委託試験研究先である特定中小企業者等（措令27の４㉜九、十三）や交際費課税における中小企業者（措法61の４②）については、適用除外事業者としての除外措置の適用はありません。

　しかし、資本金が５億円以上である法人による完全支配関係がある法人については、中小企業者に該当しません（（問）８－１参照）。

9 評価損その他の特例

9—1 解散が予定されている完全支配関係子会社の株式に対する評価損計上の可否

> **(問)** 完全支配関係がある子会社が平成22年10月1日以後に解散し、残余財産が確定した場合、その親会社が保有する子会社株式の消滅損は損金算入が認められませんが、それを避けるため、その子会社株式について解散前または清算中に評価損を計上するようなことができるでしょうか。

(答)

(1) 完全支配関係がある子会社が平成22年10月1日以後に解散し、残余財産の分配を受け、あるいは残余財産の分配を受けないことが確定し、その子会社株式が消滅した場合も、株式の譲渡に該当します。ただ、その場合の子会社株式の譲渡価額は、譲渡原価（帳簿価額）相当額とされています（法法61の2⑰）。すなわち、完全支配関係がある子会社の解散による子会社株式の消滅損の損金算入はできません。

　そして、次の算式により計算した金額を資本金等の額の減少として処理します（法令8①二十二）。これは、税務上の子会社株式の消滅損に相当する金額は、一種の減資として処理するということです。

　　（みなし配当の額＋譲渡対価（譲渡原価）の額）－交付を受けた金銭
　　等の額

⑵　そのため、残余財産の確定まで子会社株式を帳簿価額のまま保有して
いますと、その消滅損は損金算入ができなくなります。そこで、子会社
の解散前または清算中に評価損を計上すれば、消滅損の損金不算入を回
避することができます。子会社の解散は、業績不振による債務超過の状
態にあることによる場合が多いでしょうから、評価損の計上要件を満た
すことができると考えられます。

　　この点、従来は解散前または清算中の評価損の計上は禁止されていな
かったことから、評価損を計上することは認められるといった意見があ
りました。一方、租税回避行為に当たるといった議論や評価損の計上事
由は解散前や清算中に急に生じるものではないから、解散前や清算中に
評価損を計上しても、その計上時期が恣意的で認められない、といった
見解もみられました。

　　また、完全支配関係がある子会社が解散した場合には、その子会社が
有する未処理欠損金額は親会社へ引き継いで親会社で繰越控除をするこ
とができます（法法57②）。

⑶　そこで、平成23年6月の税制改正により、完全支配関係がある子会社
で①清算中のもの、②解散をすることが見込まれるものおよび③完全支
配関係がある他の法人との間で適格合併を行うことが見込まれるものの
株式については、評価損の計上はできないものとされました（法法33
⑤、法令68の3）。

　　今後は、実務問題として、たとえば「解散をすることが見込まれる」
とは、どのような状況のことをいうのか、難しい判断が必要になってき
ます。ただ単に欠損状態が続いているからといって、「解散をすること

が見込まれている」とはいえないでしょう。

　社内である程度、解散や合併の方向性、合意ができている必要があるものと考えます。

9－2　子会社株式簿価減額特例が適用された子法人株式に対し評価損を計上する場合の帳簿価額

> **(問)**　特定支配関係がある子法人からその子法人株式の帳簿価額に比して多額の配当を受けた場合には、その受取配当額のうち益金不算入額相当額は、その子法人株式の帳簿価額から減額をすべきこととされていますが、その子法人株式に対して評価損を計上する場合、評価損の額の計算の基礎になる帳簿価額は、その減額後の帳簿価額になるのでしょうか。

(答)

⑴　従来から、子法人株式の譲渡に当たり、そのまま譲渡すると譲渡益が生じると見込まれる場合、その子法人から臨時的に多額の配当を受けてその純資産額を減少させ、子法人株式の評価額が下落した後、子法人株式を譲渡して譲渡損を創出するような事例がみられました。

　これは受取配当は益金不算入、譲渡損は損金算入になることを企図した行為であり、国際的な租税回避に用いられているとの指摘がされてきたところです。

⑵　そこで、令和2年度の税制改正により、特定関係子法人（その配当等の決議の日において特定支配関係、すなわち一の者が直接・間接に50%超の保有割合を有する関係がある法人）から受ける配当等の額が、その子法人株式の帳簿価額の10%相当額を超える場合には、その配当等の額のうち益金不算入額相当額はその子法人株式の帳簿価額から減額することとされました（法令119の3⑩〜⑯、119の4①）。これを、通称「子

会社株式簿価減額特例」といいます。

　その子法人株式の帳簿価額を減額しておけば、その株式の譲渡時に譲渡益が実現し、受取配当の益金不算入額の取戻しができるということです。

　ただし、特定支配関係発生日から10年経過後に受ける配当等や配当金額が2,000万円を超えない配当等については、この特例の適用はありません。

(3)　この子会社株式簿価減額特例の適用がある場合、税務上の仕訳と申告調整は、次のようになります（特定関係子法人から受けた配当の益金不算入額は5,000万円と仮定）。

　　利益積立金額　50,000,000　／　子法人株式　50,000,000

（別表四）

	区　　　　分		総　　額	留　　保	社外流出
減算	受取配当等の益金不算入額	14	50,000,000		50,000,000

（別表五㈠）

区　　　分		期首積立金額	当期の減	当期の増	期末積立金額
子法人株式	3			△50,000,000	△50,000,000

(4)　特定関係子法人株式の帳簿価額から減額する金額は、利益積立金額の減少として処理します（法令9一ワ）。これは税務上の特定関係子法人株式の帳簿価額は、会計上の帳簿価額より5,000万円少ないことを意味しています。

　したがって、その特定関係子法人株式に対して評価損を計上する場合

の、評価損の額の計算の基礎になる帳簿価額は、会計上の帳簿価額から5,000万円を減額した後の金額となります（法基通9-1-12の2）。

　その特定関係子法人株式の時価が5,000万円を減額した後の帳簿価額のおおむね50％相当額を下回ることとなり、かつ、近い将来その価額の回復が見込まれない場合に、評価損の計上事由である「著しい価額の低下」に該当します（法令68①二イ、ロ、法基通9-1-7、9-1-11）。

9－3　適格分社型分割により交付を受けた子会社株式に対する評価損の処理方法

> **(問)**　適格分社型分割により子会社から交付を受けた子会社株式の帳簿価額が、税務上は1,500万円、会計上は1,100万円のため、その差額400万円は申告書別表五㈠に記載していますが、その子会社株式の時価が500万円になったことから、税務上、評価損1,000万円を損金算入しようとする場合、400万円部分について損金経理ができませんので、申告調整により損金算入してよいでしょうか。

(答)

⑴　会計上、親会社が子会社に事業分離（ある企業を構成する事業を他の企業に移転すること）を行った場合には、移転した事業に係る移転損益は認識せず、対価として受け取った子会社株式の取得原価は、移転した事業に係る資産と負債の適正な帳簿価額の差額相当額として処理します（企業会計基準委員会・平成17.12.27「事業分離等に関する会計基準」17項、18項、10項⑴）。これは、分割が行われた場合の処理です。

⑵　その分割のうち「分社型分割」とは、分割により分割法人が交付を受ける分割対価資産が分割法人の株主等に交付されない場合のその分割をいいます（法法２十二の十）。その分割対価資産は、分割法人に交付されます。

　　完全支配関係（100％の持株関係）がある親子会社間や兄弟会社間の分割が「適格分割」の典型例です（法法２十二の十一、法令４の３⑤～⑨）。

　税務上、適格分社型分割により分割対価として交付を受けた子会社株式の取得価額は、子会社に移転した資産と負債の差額である、簿価純資産価額相当額とします（法令119①七）。これは、上記会計上の考え方や処理方法と同じであり、その限りでは、会計上と税務上の子会社株式の取得原価（取得価額）は一致します。

⑶　ところが、適格分社型分割により子会社に移転した資産に法人税申告書別表五㈠に記載されている償却超過額や引当金繰入超過額（400万円）などがあれば、会計上の記帳金額（1,100万円）と税務上の取得価額（1,500万円）とが異なることがあり得ます。税務上は、いわば簿外の資産・負債（別表五㈠に記載されている資産・負債）を含めて子会社に移転した資産・負債の簿価純資産価額を計算するからです（法基通12の2-1-1参照）。

　そこで、ご質問の子会社株式に対して評価損を計上する場合、会計上は評価損の額が600万円（1,100万円－500万円）で、次のように経理処理します。

　　株式評価損　600万円　／　子会社株式　600万円

　これに対し、税務上は評価損の額が1,000万円（1,500万円－500万円）となりますが、会計上は600万円しか損金経理できません。しかし、税務上の評価損の損金算入は、損金経理が要件です（法法33②）。

　そこで、その差額400万円について損金経理はありませんが、申告調整により損金算入できるかどうかが問題になります。

⑷　過去の評価損否認金のある資産につき評価損の計上ができる事実が生じた場合には、改めて評価損の損金経理をすることなく、申告調整による損金算入が認められています（法基通9-1-2）。しかし、ご質問の場合には、過去にも評価損の損金経理がありません。

　一方、減価償却資産の償却に関しては、組織再編成により会計上と税務上の資産の取得価額が異なる場合には、その差額は損金経理により償却したものとみなす、というみなし損金経理額の取扱いがあります（法法31⑤、法令61の4）。これは過去にも償却費の損金経理はありませんが、会計上と税務上の処理が異なることを調整する趣旨によるものです。

　これらの取扱いの趣旨等からみて、ご質問の会計上と税務上の評価損の差額400万円は、申告調整により損金算入してよいものと考えます。その場合の申告調整は次のとおりです。

（別表四）

区　　　　分			総　　額	留　　保	社外流出
減算	株式評価損の損金算入額	21	4,000,000	4,000,000	

（別表五㈠）

区　　　分		期首積立金額	当期の減	当期の増	期末積立金額
子会社株式	3	4,000,000	4,000,000		

9－4　完全支配関係法人に対する金銭債権を貸倒引当金の設定対象にすることの可否

> **(問)**　令和4年4月1日からのグループ通算制度の適用開始に伴い、完全支配関係がある法人に対して有する金銭債権は、貸倒引当金の設定対象から除外されますが、この取扱いは、グループ通算法人のみならず、グループ通算制度を適用しない単体納税法人であっても、同じでしょうか。

(答)

⑴　資本金額1億円以下の中小企業者と金融・保険会社等については、①個別評価による貸倒引当金と②一括評価による貸倒引当金の繰入額の損金算入が認められています（法法52）。

　　その「個別評価による貸倒引当金」は、更生会社に対する金銭債権など個別に回収可能性を評価し、貸倒れによる損失の見込額として、その取立てまたは弁済の見込みがない部分の金額を貸倒引当金勘定に繰り入れるものです（法法52①）。

　　これに対し、「一括評価による貸倒引当金」は、法人の有する売掛金、貸付金等の貸倒れによる損失の見込額として、当期末の金銭債権の額に最近の貸倒実績率（または法定繰入率）を乗じて計算した金額を貸倒引当金勘定に繰り入れるものをいいます（法法52①、措法57の9）。

⑵　これら貸倒引当金の設定対象になる金銭債権には、その法人との間に完全支配関係がある他の法人に対して有する金銭債権は含まれません（法法52⑨二）。これは、企業グループ内の法人間での金銭の貸借を任意

に行い、繰入限度額を操作するようなことを排除する趣旨によるものです。

　この取扱いは、令和4年4月1日からのグループ通算制度の適用開始に伴って、同日以後開始する事業年度から適用されます。しかし、この取扱いは、グループ通算法人はもとより、グループ通算制度を適用しない単体納税法人であっても同じです。

　また、完全支配関係がある法人に対して有する金銭債権の適用除外は、個別評価による貸倒引当金、一括評価による貸倒引当金とも同じであることに留意を要します。

(3)　なお、資本金額1億円以下の法人であっても、大法人（資本金額が5億円以上である法人、相互会社等）との間に、その大法人による完全支配関係があるものは、中小企業者の範囲から除外され、個別評価による貸倒引当金、一括評価による貸倒引当金とも設定することはできません（法法52①一、66⑥二、三）。

　ただし、リース債権や質屋契約の債権、貸金業者の貸付債権などを有する場合には、これらの債権については貸倒引当金の設定が認められます。

9—5　資産の譲渡に係る特別控除を複数の完全支配関係法人が行う場合の適用方法

> **(問)**　当期において、複数のグループ法人が収用等に伴う資産の譲渡を行いましたが、代替資産の取得をしないため、5,000万円特別控除の適用を受ける場合、そのグループ法人間に完全支配関係があるときは、その特別控除額はグループ全体で計算するのでしょうか。

(答)

(1)　法人が、その有する資産が収用等された場合において、収用等があった場合の代替資産の圧縮記帳（措法64〜65）の適用を受けないときは、その譲渡益の額と5,000万円とのいずれか低い金額を損金の額に算入することができます（措法65の2）。これを、一般に所得の5,000万円特別控除といいます。

　このような資産を譲渡した場合の所得の特別控除は、他に①特定土地区画整理事業のために土地等を譲渡した場合の2,000万円特別控除（措法65の3）、②特定住宅地造成事業のために土地等を譲渡した場合の1,500万円特別控除（措法65の4）、③農業保有の合理化のために農地等を譲渡した場合の800万円特別控除（措法65の5）および④特定の長期所有土地等を譲渡した場合の1,000万円特別控除（措法65の5の2）があります。

(2)　法人が、同一年において譲渡した対象資産につき、これら所得の特別控除を2以上適用する場合には、その特別控除額は5,000万円（定額控除限度額）を限度とします（措法65の6）。

　たとえば、同一年において収用等による土地等の譲渡と特定土地区画
整理事業のための土地等の譲渡がある場合、特別控除額の合計額は7,000
万円（5,000万円＋2,000万円、「調整前損金算入額」）となります。しか
し、実際に控除する特別控除額は5,000万円で頭打ちになり、その5,000
万円を超える2,000万円は損金算入することはできません。

⑶　この定額控除限度額である5,000万円について、特別控除の適用を受
ける法人間に完全支配関係がある場合には、その完全支配関係がある法
人全体で計算します（措法65の6）。

　たとえば、完全支配関係があるA社が5,000万円、B社が2,000万円、
C社が1,000万円の特別控除額がある場合、その調整前損金算入額は
8,000万円で、定額控除限度額5,000万円を超える3,000万円がグループ
全体の損金不算入額になります。

　そこで、各法人における損金不算入額は、次のとおりです。

　A社──3,000万円×5,000万円／8,000万円＝1,875万円

　B社──3,000万円×2,000万円／8,000万円＝750万円

　C社──3,000万円×1,000万円／8,000万円＝375万円

⑷　この定額控除限度額を完全支配関係がある法人全体で計算する取扱い
は、法人による完全支配関係がある場合に限ります（措法65の6）。個
人による完全支配関係がある場合には、適用はありません（（問）3─
1参照）。

　また、この取扱いは、グループ通算法人のみならず、グループ通算制
度を適用しない単独納税法人にも適用されることに留意を要します。

9－6 完全支配関係子会社等に係る配当等の源泉徴収義務が免除される株式等の範囲

> **(問)** 令和4年度の税制改正により、法人が有する完全子法人株式等および関連法人株式等に係る配当等については、所得税等が非課税とされ、源泉徴収は要しないこととされましたが、その源泉徴収不要とされる完全子法人株式等および関連法人株式等は、法人税の受取配当等の益金不算入制度におけるものと同じでしょうか。

(答)

⑴　令和4年度の税制改正により、法人が受ける完全子法人株式等および関連法人株式等に係る配当等について所得税等が非課税とされ、源泉徴収も不要とされました（所法177、212③、所令301②）。

　　これは、会計検査院の、完全子法人株式等および関連法人株式等に係る配当等は原則全額が益金不算入になる一方、これらの配当等に係る源泉所得税は、親会社において税額控除され、還付とともに還付加算金が付されている事例が多くあることから、源泉徴収事務の考慮をした上、効率性、有効性等を高める検討を行うべきである、との指摘を受けたことによるものです（会計検査院「令和元年度決算検査報告の概要」）。

⑵　具体的に、源泉徴収が不要とされる株式等は、法人が有する株式等のうち、次に掲げるものです（所法177、212③、所令301②）。

　イ　受取配当等の益金不算入制度における完全子法人株式等に該当する株式等（法法23⑤）のうち、法人が自己の名義をもって有するもの

　ロ　法人が基準日において有する他の法人の持株割合が3分の1超であ

る株式等のうち、法人が自己の名義をもって有するもの

　イは、受取配当等の益金不算入制度における完全子法人株式等に相当するものです。しかし、「自己の名義をもって有するもの」とされていますので、組合や信託経由で間接的に保有するもの以外のものということになります。

　また、ロは関連法人株式等に相当するものですが、これも「自己の名義をもって有するもの」に限られ、その持株割合は基準日において判定します。

⑶　このように、源泉徴収が不要とされる株式等は、法人税の受取配当等の益金不算入制度における完全子法人株式等や関連法人株式等と必ずしも同じではありません。源泉徴収が不要とされる株式等は、名義によって形式的に判断できるようになっていますが、これは源泉徴収義務者の事務負担を考慮したものです。

　なお、この所得税等の非課税と源泉徴収義務の免除は、一般社団法人および一般財団法人（公益社団法人および公益財団法人を除く。）、人格のない社団等、認可地縁団体、管理組合法人、団地管理組合法人などが受ける配当等については適用されません（所法177、所令301①）。

⑷　この所得税等の非課税と源泉徴収義務の免除は、令和5年10月1日以後支払を受けるべき配当等について適用されます。

　この源泉徴収の見直しにより、令和5年度の税収が減少すると見込まれること等を踏まえ、その影響を緩和するための必要な対応等について、令和5年度税制改正において検討する、とされています（自由民主党・公明党「令和4年度税制改正大綱」第一1.⑼）。どのような改正が行われるのか注目されます。

10　法人の解散をめぐる税務

10―1　清算所得課税の廃止に伴う法人税の各種制度の適用関係

> **(問)**　平成22年度の税制改正において、清算法人に対する清算所得
> 課税が廃止され、継続企業の通常事業年度の所得課税と同様の課税が
> 行われるようになりましたが、これに伴い解散に関する法人税の各種
> 制度の適用関係はどうなりますか。

(答)

(1)　平成22年度の税制改正により清算所得課税が廃止されたのは、法人の
解散前は損益課税、解散後は財産課税と、課税体系が大きく変化するこ
とを解消する趣旨によるものです。その前提には、解散後も依然として
通常の経営を続ける法人が少なからず存在することがあります。

　　それでも、清算法人は通常の法人とは異なりますから、各種の特例が
設けられています。

　　そこで、従来どおり適用される制度は、おおむね次のとおりです。

①　解散した場合のみなし事業年度（法法14①一、二、五、六）

②　解散による残余財産の分配に伴うみなし配当（法法24①四）

③　清算中の圧縮記帳の不適用（法法42、措法64、65の7等）

④　清算中の特定同族会社の留保金課税の不適用（法法67①）

⑤　清算中の中間申告の不適用（法法71①）

⑥　解散した場合の青色欠損金の繰戻し還付の特例（法法80④、措法66
の12）

⑦　清算中の特別償却および特別税額控除の不適用（措法42の 4 、42の
6 等）

⑧　清算中の準備金の積立ての不適用（措法55、55の 2 等）

(2)　新たに創設、改正等された制度は、おおむね次のとおりです。

①　残余財産の分配または引渡しは、資本等取引に該当すること（法法
22⑤）

②　完全支配関係法人間の受贈益、寄附金の課税の特例の適用があるこ
と（法法25の 2 、37②）

③　残余財産の全部の分配により適格現物分配を行った減価償却資産ま
たは繰延資産の償却超過額は、被現物分配法人の損金経理額に含まれ
ること（法法31④、32⑥）

④　残余財産が確定した場合には、一括償却資産の金額は損金算入する
こと（法令133の 2 ④）

⑤　解散が見込まれる完全支配関係子会社等の株式等の評価損は計上で
きないこと（法法33⑤、法令68の 3 ）

⑥　残余財産の全部の分配により適格現物分配を行った場合には、繰延
消費税額は被現物分配法人に引き継ぐこと（法令139の 4 ⑫一）

⑦　残余財産の確定事業年度においては、原則として貸倒引当金および
返品調整引当金の設定はできないこと（法法52、旧53）

　㊟　返品調整引当金については、平成30年度の税制改正により、所要の経過措置
　　を設けた上、廃止されました。

⑧　完全支配関係がある子会社が解散し、その残余財産が確定した場合には、原則として子会社の控除未済欠損金額は親会社に引き継ぐこと（法法57②、58②）

⑨　解散し残余財産がないと見込まれる場合（解散時に実質的に債務超過である場合）には、控除期限切れの欠損金額の控除ができること（法法59④、法令117の5）

⑩　解散した法人のマイナス資本金等の額は、控除期限切れ欠損金額に含めて控除できること（法法59④、法令117の5）

⑪　完全支配関係がある子会社が解散し、その子会社株式を有しなくなった場合には、子会社株式の譲渡価額は帳簿価額相当額とされ、譲渡損益の計上はできないこと（法法61の2⑰）

⑫　完全支配関係法人間の譲渡損益調整資産を譲渡した場合の譲渡損益額の課税繰延べの適用があること（法法61の11）

⑬　解散し残余財産の全部の分配または引渡しにより資産の移転をする場合、適格現物分配を除き、残余財産確定時の時価により譲渡したものとして課税所得を計算すること（法法62の5①～③）

⑭　残余財産確定事業年度の事業税額は、その事業年度に損金算入すること（法法62の5⑤）

⑮　グループ通算制度における通算子法人には清算中の法人を含むこと（法法64の9①）

⑯　清算中の法人であっても、法人税率は、各事業年度の所得に対する税率を適用すること（法法66）

⑰　清算中の各事業年度は、通常の事業年度と同様に、原則として事業年度終了の日の翌日から2月（残余財産が確定した場合には1月）以内に確定申告をすること（法法74）

⑱　残余財産確定事業年度には確定申告書の提出期限の延長の特例は適用されないこと（法法75の２）

⑲　清算中の各事業年度の所得税額で控除し切れないものは還付されること（法法78）

⑳　清算中に終了する事業年度においては、資本金（出資金）の額に関係なく、青色欠損金の繰戻し還付請求ができること（法法80、措法66の12）

㉑　粉飾決算による過大納付法人税について、残余財産が確定した場合、合併による解散をした場合、破産手続開始の決定による解散をした場合には、即時還付を受けられること（法法135）

㉒　清算中の各事業年度にあっても、交際費等の損金不算入が適用されること（措法61の４）

10―2　法人が解散した場合の「残余財産の確定」の意義

> **(問)**　法人が解散した場合には、たとえば残余財産が確定した場合
> のみなし事業年度や完全支配関係がある子会社の控除未済欠損金額の
> 引継ぎ、確定申告期限の特例など多くの場面で「残余財産の確定」が
> 問題になりますが、その「残余財産の確定」とは、どのような状態の
> ことをいうのでしょうか。

(答)

⑴　たしかに、法人が解散した場合において「残余財産の確定」が問題と
　なる、課税上の取扱いは少なくありません。たとえば、次のような取扱
　いがあげられます（（問）10―1参照）。

①　残余財産が事業年度の中途において確定した場合のみなし事業年度
　（法法14①五）

②　残余財産が確定した場合の一括償却資産の金額の損金算入（法令
　133の2④）

③　残余財産の全部分配により適格現物分配を行った場合の繰延消費税
　額の被現物分配法人への引継ぎ（法令139の4⑫一）

④　残余財産確定事業年度における貸倒引当金および返品調整引当金の
　設定不可（法法52、旧53）

⑤　完全支配関係がある子会社の残余財産が確定した場合の子会社の控
　除未済欠損金額の親会社への引継ぎ（法法57②、58②）

⑥　残余財産の全部の分配または引渡しにより資産の移転をする場合の
　残余財産確定時の時価による譲渡課税（法法62の5①～③、法令123

の6②）

⑦　残余財産確定事業年度の事業税額の損金算入（法法62の5⑤）

⑧　残余財産確定事業年度の1月以内の確定申告（法法74）

⑨　残余財産が確定した場合の粉飾決算による過大納付法人税の即時還付（法法135）

⑵　ところが、法人税において「残余財産の確定」の定義や意義についての定めはありません。これは残余財産の確定は、個々の事案に応じた事実認定に負うところが大きく、一義的に定めることは難しいという理由によるものでしょう。

それでも敢えて「残余財産の確定」を定義すれば、清算中の法人の財産の換価や債権の取立て、債務の弁済が終了し、株主等に分配すべき財産が確定したことをいう、といえましょう。会社法でも、清算株式会社は債務の弁済をした後でなければ、その財産を株主に分配することはできないとされています（会社法502）。その後、残余財産の分配をしようとするときは、清算人の決定によって残余財産の種類と株主に対する残余財産の割当てに関する事項を定めなければなりません（会社法504）。

典型的には、財産の換価や債権の取立て、債務の弁済が終了し、すべて現金化したことが該当するといえます。

⑶　しかし、財産を現金化せず、株主等に現物で分配するような場合も考えられます。たとえば、人格のない社団等が事業を行わないこととして、その有する財産の全部を分配または引渡しをした場合には、分配または引渡しをした日に解散し残余財産の確定があったものと取り扱われます（法基通1-2-8）。このように、残余財産の確定は、必ずしもすべての財産や負債を現金化したことのみをいうわけではありません。

消費税では「残余財産が確定した場合」とは、一切の資産、負債の額

が具体的に確定したことをいうが、解散した法人の資産、負債の一切を
その法人の首脳者等が引き継いで事業を承継し、実質的に事業の譲渡を
したと認められるような場合には、その引継があったときに残余財産が
確定したものとして取り扱うこととされています（消基通15-2-6）。

(4)　したがって、「残余財産の確定した日」については、実務的にはそれ
ぞれの清算法人の実情に応じて、すべての財産や負債を現金化した日、
租税債務を除いて分配すべき財産を確定した日、清算人の残余財産の決
定の日（会社法504）など、合理的に判断すればよいものと考えます。

　　なお、清算中の法人は、法的、形式的には「清算結了」の登記をもっ
て消滅します（会社法929一）。しかし、清算結了の登記と残余財産の確
定は、別の概念のものですから、形式的に清算結了の登記をもって残余
財産の確定とすることはできないものと考えます。

10―3　解散に伴う会社法の清算事務年度と法人税法のみなし事業年度との関係

> **（問）**　会社法では、株式会社が解散した場合には、解散の日の翌日から1年ごとを事業年度とすることになっており、これを清算事務年度と呼んでいますが、この清算事務年度は法人税でも事業年度になるのでしょうか。

（答）

⑴　平成22年度の税制改正により、清算法人に対する清算所得課税は廃止され、清算中の法人にも継続企業の通常の事業年度と同様、「各事業年度の所得に対する法人税」が課されます。その限りでは、法人の解散前と解散後とで事業年度を区切る実益に乏しく、みなし事業年度は不要であるともいえましょう。

　しかし、法人が解散しますと経営実態等が大きく変わります。そのため、法人税法では、従来どおり法人が解散した場合のみなし事業年度（その事業年度開始の日から解散の日までの期間と解散の日の翌日から事業年度終了の日までの期間）の規定が存置されています（法法14①一）。

⑵　一方、会社法上、株式会社が解散した場合には「清算事務年度」という概念があり、解散した日の翌日から1年間ごとが清算中の各事業年度になります（会社法494①）。

　そこで、法人税法のみなし事業年度と会社法の清算事務年度とは、どちらの事業年度が優先して適用されるのか疑義が生じます。

(3) 平成18年度の税制改正において、「事業年度」とは「法人の財産及び損益の計算の単位となる期間（会計年度)」で、法令で定めるものまたは法人の定款、寄附行為などに定めるものをいうと定義されました（法法13①）。これは、法人税法の事業年度は、基本的に会社法の事業年度によることを明らかにする趣旨です。

(4) そこで、株式会社が解散等した場合の清算中の事業年度は、会社の定款で定めた事業年度にかかわらず、清算事務年度になると解されています（法基通1-2-9）。すなわち、株式会社が解散等した場合には、法人税法の解散した場合のみなし事業年度（法法14①一）の適用はないということです。

　この清算事務年度は、一般社団法人や一般財団法人が解散した場合にも適用されます（一般社団法人及び一般財団法人に関する法律227①）。

(5) ただし、株式会社が破産による解散をした場合には、会社法上、清算事務年度は適用されません（会社法475、494①）。破産会社には、法人税法上のみなし事業年度（法法14①一）が適用されます。

　また、会社法上の清算事務年度は、株式会社だけにある制度ですから、持分会社（合名会社、合資会社、合同会社）、協同組合、医療法人等には適用がありません。すなわち、これらの法人が解散した場合には、法人税法上のみなし事業年度（法法14①一）が適用されます。

10―4　法人が解散した場合の控除期限切れ欠損金額の控除の適用要件

> **(問)**　法人が解散し、残余財産がないと見込まれるときは、いわゆる控除期限切れの欠損金額の控除ができますが、「残余財産がないと見込まれるとき」とは、どのような状態のことをいい、それはどのように証明すればよいでしょうか。

(答)

(1)　平成22年度の税制改正により、清算法人に対する清算所得課税が廃止され、清算中の法人については、継続企業の事業年度と同様の法人税が課されます。そうしますと、法人が解散し清算事務に入ると、債権者から債務の免除や経営者から私財の提供等を受けることがありますが、その債務免除益等について課税関係が生じることになります。

　　しかし、それは適当ではありませんので、債務免除益等の課税に対処するため、清算中に終了する各事業年度の課税所得の計算上、残余財産がないと見込まれるときは、控除期限切れの欠損金額を復活させて控除することが認められています（法法59④、法令117の5）。

(2)　この場合、「残余財産がないと見込まれる」かどうかは、清算中の各事業年度終了時の現況により（法基通12-3-7）、当該事業年度終了時において債務超過の状態にあれば、「残余財産がないと見込まれるとき」に該当します（法基通12-3-8）。

　　たとえば、その清算が破産や特別清算、民事再生、会社更生、公的機関等が関与する清算による場合などは、「残余財産がないと見込まれる

とき」に該当するといえましょう。もちろん、「残余財産がないと見込まれる」のは、このような法的手続きが採られる場合だけに限るものではありません。業績不振等による普通の解散であっても、「残余財産がないと見込まれる」のは一般的なことです。

(3)　その「残余財産がないと見込まれるとき」には、確定申告書等に「残余財産がないと見込まれることを説明する書類」の添付を要しますから（法法59⑥、法規26の6三）、その書類により証明をすることになります。これには清算中に終了する各事業年度終了時の実態貸借対照表（資産・負債の処分時価または使用収益時価により作成される貸借対照表）が該当します（法基通12-3-9）。

　　もっとも、「残余財産がないと見込まれることを説明する書類」は、実態貸借対照表だけに限らず、「破産手続開始決定書の写し」、「特別清算開始決定書の写し」、「再生計画又は更生計画に従った清算であることを示す書面」等々でも差し支えありません（国税庁法人課税課情報（平成22.10.6）「問10　残余財産がないと見込まれることの意義」参照）。

10—5　未払法人税等を計上して残余財産の有無を判定することの可否

(問)　A社は業績不振による債務超過のため解散し、清算事務を進めていますが、その清算過程で土地の譲渡による多額の譲渡益が生じ、法人税等を納付する必要が出てきました。

　この場合、控除期限切れ欠損金額の控除の適用要件である、「残余財産がないと見込まれるとき」の判定に当たっては、その未払法人税等を負債とみてよいでしょうか。

(答)

(1)　法人が解散した場合、清算中に終了する各事業年度の課税所得の計算上、残余財産がないと見込まれるときは、控除期限切れの欠損金額を控除することができます（法法59④）。

　この「残余財産がないと見込まれるとき」は、清算中の各事業年度終了時の現況により（法基通12-3-7）、当該事業年度終了時において債務超過の状態にあれば、「残余財産がないと見込まれるとき」に該当します（法基通12-3-8）。

(2)　そこで、債務超過の状態の判定が問題ですが、基本的には負債の額が資産の額を上回る、すなわち純資産の額がマイナスの状態のことをいいます。

　この場合、当該事業年度の所得に対する法人税や住民税等も負債である未払金として認識し、債務超過の状態を判定してよいかどうかです。法人税や住民税等は法人税の課税所得の計算上、損金算入が認められま

せんから（法法38①②）、負債として認識することはできないのではな
いか、という疑問があります。

(3)　しかし、債務超過の状態にあるかどうかは、清算中に終了する各事業
年度終了時の「実態貸借対照表」により証明します（法基通12-3-9、
（問）10―4参照）。その実態貸借対照表は、資産の含み損益額や従業員
の退職金の見積額なども反映して作成されます。すなわち、実態貸借対
照表は、法人税の課税上、損金として認められるか否かは関係なく、株
主等に最終的に分配すべき財産があるかどうかを表す観点から作成され
るものです。

したがって、法人税や住民税等の損金算入ができないものであって
も、将来発生が見込まれるものである限り、負債に含めて債務超過の状
態を判定してよいものと考えます。

10—6　代表者から債務免除を受け、債務超過でなくなった場合の控除期限切れ欠損金額の控除の可否

> **(問)**　清算中の法人に残余財産がないと見込まれる場合には、控除期限切れ欠損金額の控除が認められていますが、代表者からの借入金について債務免除を受けることにより、債務超過の状態でなくなったときは、控除期限切れ欠損金額の控除はできなくなり、その債務免除益に対して課税されることになるのでしょうか。

(答)

⑴　ご質問のとおり、清算中の法人に残余財産がないと見込まれる場合には、控除期限切れの欠損金額を復活させて控除することができます（法法59④）。この場合の残余財産がないと見込まれるかどうかは、清算中の各事業年度終了時の現況により（法基通12-3-7）、その事業年度終了時において債務超過の状態にあるかどうかにより判定します（法基通12-3-8、(問) 10—4参照）。

⑵　これは債務超過の状態にあれば、そもそも残余財産はなく、株主等に対する残余財産の分配もないであろうことを前提としていると考えられます。控除期限切れ欠損金額の控除が認められているのは、平成22年税制改正前の清算所得課税との権衡を図る趣旨があります。すなわち、改正前の清算所得課税では、清算中に債務免除が生じたとしても、最終的に残余財産がなければ、清算所得課税はなく、債務免除益には課税されない結果になっていました。

　そこで、残余財産がなく、株主等に対して残余財産の分配がないよう

な状態の場合の、債務免除益などの課税に対処するため、控除期限切れ欠損金額の控除が認められています。

⑶　したがって、代表者からの借入金について債務免除を受け、債務超過の状態でなくなったときは、残余財産があり、株主等が残余財産の分配を受ける可能性がありますから、控除期限切れ欠損金額の控除はできなくなるものと考えます。その結果、繰越控除できる青色欠損金もないとすれば、債務免除益に対する課税が生じることになるかも知れません。もちろん、代表者からの借入金について債務免除を受けても、そもそも財産がなく、株主等に分配すべき残余財産がなければ、控除期限切れ欠損金額の控除はできます。

⑷　なお、代表者からの借入金につき債務免除を受けた後、債務超過の状態でなくなるというのは、あまり例がないと思われます。もし、代表者の債務免除の意図が、債務免除を行うことにより残余財産を残し、その残余財産を他の株主に分配することにあるとすれば、課税上問題が生じる可能性があります。すなわち、代表者から他の株主に対して贈与があったとみられ、贈与税の課税問題が生じるかも知れません。

10—7 法人が解散した場合の控除期限切れ欠損金額の控除の適用範囲

> **(問)** 控除期限切れ欠損金額の控除に関して、法人の会社更生や民事再生の場合には、債務免除益や私財提供益、資産の評価益の金額の範囲内で控除が認められているようですが、法人が解散した場合の控除期限切れ欠損金額の控除も同様に、これらの事実が生じた場合のその金額に限って適用されるのでしょうか。

(答)

(1) たしかに、法人の会社更生や民事再生の場合にあっても、控除期限切れ欠損金額の控除が認められています。その場合には、債権者からの債務免除益、役員等からの私財提供益、更生手続きや再生手続きに伴う資産の評価益の金額の範囲内で、控除期限切れ欠損金額の控除ができます（法法59①②）。

　その点では、法人の会社更生や民事再生の場合には、控除期限切れ欠損金額は債務免除や私財提供、資産の評価換えによる益金に充当され、その意味で欠損金額の使途が限定されているといえましょう。また、その控除は、これらの事実により益金が生じた事業年度において、一回だけ行うことができます。

(2) これに対し、法人が解散した場合の控除期限切れ欠損金額の控除の趣旨も、清算中に生じる債務免除益や私財提供益などに対する課税を緩和するためのものです。しかし、その控除については、会社更生や民事再生の場合と異なり、債務免除益や私財提供益、資産の評価益の金額に限

られていません。単に、清算中の各事業年度の終了時において、残余財産がないと見込まれれば、その控除をすることができます（法基通12-3-7、（問）10—4参照）。その益金がどのような事情によって生じたかを問いません。

したがって、債務免除益や私財提供益、資産の評価益によって、その事業年度に所得が生じる場合はもちろん、たとえば清算に伴う現務の結了の過程で在庫商品を処分し、利益が生じたような場合であっても、控除期限切れ欠損金額の控除ができます。

また、控除期限切れ欠損金額が残っていれば、清算中の各事業年度の終了時において、残余財産がないと見込まれる限り、何度でもその控除をすることができます。

10─8　法人が解散した場合の控除期限切れ欠損金額の算定方法

> **(問)**　法人が解散し、残余財産がないと見込まれるときに控除ができる、控除期限切れの欠損金額は、法人の設立以来の発生した欠損金額と実際に控除した金額を調査し、その残額として算定することになるのでしょうか。

(答)

⑴　法人が解散し、残余財産がないと見込まれるときに控除することができる控除期限切れ欠損金額は、適用事業年度終了時における前事業年度以前からの繰越欠損金額の合計額（マイナス資本金等の額を含む。）から青色欠損金（法法57）と災害損失欠損金（法法58）で適用年度に損金算入される欠損金額を控除した金額をいいます（法法59④、法令117の5）。青色欠損金と災害損失欠損金を優先して控除しなければなりません。

⑵　従来から、会社更生等による債務免除があった場合に控除できる控除期限切れ欠損金額は、決算書上の金額ではなく、税務上の金額であり、法人税申告書別表五㈠の「期首現在利益積立金額」の合計額がマイナスである場合のそのマイナスの金額によるものとされています（法基通12-3-2）。

⑶　そこで、法人が解散し、残余財産がないと見込まれるときに控除できる控除期限切れの欠損金額についても、法人税申告書別表五㈠の「期首現在利益積立金額」の合計額がマイナスである場合のそのマイナスの金

額によります（法基通12-3-2）。これは、繰越欠損金額は会計上ではな
く税務上のものをいいますから、申告書別表五㈠に記載されている繰越
欠損金額が、税務上の調整を加えた繰越欠損金額であると考えられると
いう趣旨によるものです。

⑷　したがって、具体的に控除できる控除期限切れの欠損金額は、法人税
　申告書別表五㈠の「期首現在利益積立金額」の合計額のマイナスの金額
　（マイナス資本金等の額を含む。）から当期に控除される青色欠損金と災
　害損失欠損金を控除した金額ということになります（法法59④、法令
　117の5、国税庁法人課税課情報（平成22.10.6）「問8　期限切れ欠損
　金額の算定方法」参照）。

10—9　法人が解散した場合の控除期限切れ欠損金額を実額で算定することの可否

（問）　法人が解散し、残余財産がないと見込まれる場合には、清算中の各事業年度の課税所得の計算上、控除期限切れの欠損金を復活させて控除することができますが、その控除期限切れの欠損金は、申告書別表五㈠の「期首現在利益積立金額」の合計額がマイナスである場合のそのマイナスの金額によるものとされています。

しかし、法人の設立以来の発生した欠損金額と実際に控除した金額を調査し、その実額が把握できるような場合には、その実額によることはできないでしょうか。

（答）

⑴　清算中の法人の各事業年度終了時において、残余財産がないと見込まれる場合には、控除期限切れ欠損金額を復活させて控除することができます（法法59④）。

その「控除期限切れ欠損金額」は、適用事業年度終了の時における前事業年度以前の事業年度から繰り越された欠損金額の合計額から青色欠損金（法法57）と災害損失欠損金（法法58）で、その適用年度に損金算入される欠損金額を控除した金額をいいます（法法59④、法令117の5）。

ここで、「前事業年度以前の事業年度から繰り越された欠損金額の合計額」は、会社の設立が古くなれば、いつ欠損金が発生して、いついくらの控除をし、前事業年度末の欠損金額がいくらであるか、計算するのはほとんど不可能かもしれません。

(2)　そこで、法人が解散し、残余財産がないと見込まれるときに控除できる控除期限切れ欠損金額については、法人税申告書別表五㈠の「期首現在利益積立金額」の合計額がマイナスである場合のそのマイナスの金額によるものとされています（法基通12-3-2、（問）10―8参照）。

　これは、繰越欠損金額は会計上ではなく税務上のものをいいますから、申告書別表五㈠に記載されている「期首現在利益積立金額」のマイナスの金額が、税務上の調整を加えた繰越欠損金額であるとみられるという趣旨によるものでしょう。

(3)　ただ問題は、控除期限切れ欠損金額は、いかなる場合にも申告書別表五㈠の「期首現在利益積立金額」のマイナスの金額によらなければならないのか、すなわち実額での計算が可能なような場合にもその実額によることはできないのか、という点です。

　特に、組織再編成などを行っている場合、たとえば合併により利益積立金額の移転があった場合のように、「期首現在利益積立金額」が、所得金額（欠損金額）と連動せず、その会社自身に固有に生じた利益積立金額の実態を表していないような場合です。

(4)　この点、法文上はあくまでも「前事業年度以前の事業年度から繰り越された欠損金額の合計額」とされています。その合計額を申告書別表五㈠の「期首現在利益積立金額」の合計額のマイナスの金額によるというのは、実務上の便宜であると考えられます。

　したがって、ご質問のような方法により、その合計額が明確に計算できるのであれば、その金額によってよいのではないか、と考えます。

10—10　資本金等の額がマイナスの場合の控除期限切れ欠損金額の範囲

> **（問）**　平成23年6月の税制改正により、マイナスの資本金等の額も控除期限切れ欠損金額に加算して控除してよいことにされたといわれていますが、その規定では「当該適用年度終了の時における資本金等の額が零以下である場合には、当該欠損金額の合計額から当該資本金等の額を減算した金額」とされており、むしろマイナスの資本金等の額は控除期限切れ欠損金額から減算するように思われますがどうでしょうか。
>
> 　また、そもそも資本金等の額が零以下である場合というのは、どのような場合に生じるのでしょうか。

（答）

(1)　ご質問のとおり、平成23年6月の税制改正により、残余財産がないと見込まれる場合に控除することができる控除期限切れ欠損金額に、マイナスの資本金等の額も含まれることになりました。

　　たしかに、そのことを定めた法人税法施行令117条の5第1号では、「前事業年度以前の事業年度から繰り越された欠損金額の合計額（当該適用年度終了の時における資本金等の額が零以下である場合には、当該欠損金額の合計額から当該資本金等の額を減算した金額）」と規定されています。

(2)　しかし、これは控除期限切れ欠損金額から資本金等の額を減算する意味ではなく、控除期限切れ欠損金額に加算することを表しています。

　たとえば、前事業年度以前の事業年度から繰り越された欠損金額の合計額が100、マイナスの資本金等の額が30の場合には、次のとおり控除期限切れ欠損金額は130となります。

　　　　100−(−30)＝130

　つまり、当該欠損金額の合計額から減算することとされている「当該資本金等の額」は、マイナスの資本金等の額です。その結果、マイナスを減算するというのは、プラスになるということです。条文の「当該資本金等の額を減算した金額」というのは、そのことを規定しています。

⑶　資本金等の額が零以下（マイナス）である場合は、たとえば自己株式を市場で取得した場合が考えられます。

　仮に資本金等の額が100の法人が、市場で自己株式を130で取得した場合には、税務上、次のような処理を行います（法令8①二十）。

　　　　資本金等の額　　130　／　現金預金　　130

　その結果、資本金等の額が零以下、すなわちマイナス30となります。このマイナスの資本金等の額は、前事業年度から繰り越された欠損金額と同様のものと考えられるところから、控除が認められることとされたものです。

10—11　帳簿上の資産・負債の残高が実際の金額と異なる場合の欠損金額の計算等－その発生時期が更正期限を徒過している場合

> **（問）**　法人が解散し、清算事務を行う過程で帳簿上の売掛金が500万円過大になり、逆に買掛金が1,000万円過少になっており、その発生原因を調査したところ10年前の事業年度の売上の過大計上と仕入の過少計上によることが判明しましたが、控除期限切れ欠損金額の控除における「残余財産がないと見込まれる」かどうかの判定や欠損金額の計算において、これらの売掛金と買掛金はどのように取り扱い、また、帳簿上から消去するための処理は、どのようにしたらよいでしょうか。

（答）

(1)　法人が解散した場合の、控除期限切れ欠損金額の控除は「残余財産がないと見込まれる」ときに認められます。この「残余財産がないと見込まれる」ときとは、当該事業年度終了時において、実質的に債務超過の状態にあることをいいます（法基通12-3-8、（問）10—4参照）。

　　そこで、実質的に債務超過の状態にあるかどうかは、資産・負債を時価評価しなければなりませんが、その大前提として資産・負債の存在や金額の適否を確認する必要があります。

　　その確認の結果に基づき、適正な資産・負債の金額を基礎にして、債務超過の状態にあるかどうかを判定します。

(2)　ご質問の場合、売掛金の過大と買掛金の過少の原因の発生は、10年前

の事業年度における売上の過大計上と仕入の過少計上によるものですから、既に減額更正の期限である5年が徒過しています（通法70①）。そのため、それが粉飾決算で法人税を過大に納付していたとしても、その過大に納付した法人税の還付のための減額更正を受けることはできません。

　ただ、その場合であっても、帳簿に計上されている売掛金500万円と計上されていない買掛金1,000万円は、事実と異なりますから、帳簿上の金額を修正する必要があります。そこで、会計上、たとえば次のような処理を行います。

　　　　過年度損益修正損　　1,500万円　／　売掛金　　　　500万円
　　　　　　　　　　　　　　　　　　　　　　買掛金　　1,000万円

(3)　これに対し、税務上の処理は、次のようになります。すなわち、過年度損益修正損1,500万円は損金の額に算入されません。

　　　　利益積立金額　　1,500万円　／　売掛金　　　　500万円
　　　　　　　　　　　　　　　　　　　　買掛金　　1,000万円

（別表四）

区　　分			総　額	留　保	社外流出
加算	過年度損益修正損の損金不算入額	10	15,000,000	15,000,000	
	小計	11			

（別表五㈠）

I　利益積立金額の計算に関する明細書

区　　分		期首積立金	当期の減	当期の増	期末積立金
売掛金	3	△5,000,000	△5,000,000		―
買掛金	4	△10,000,000	△10,000,000		―

(4)　法人税申告書別表五㈠の「期首現在利益積立金額」の売掛金と買掛金のマイナスは、更正期限の徒過による過大な売掛金500万円と過少な買掛金1,000万円を帳簿に受け入れるものであり、本来利益積立金額がその分少なかったということを表しています。控除期限切れ欠損金額は、申告書別表五㈠の「期首現在利益積立金額」の合計額がマイナスである場合のそのマイナスの金額によりますから（法基通12-3-2、（問）10―8）、このマイナス1,500万円は控除期限切れ欠損金額の計算の基礎になります。

(5)　なお、仮にご質問の過大売掛金と過少買掛金の発生原因や発生時期が、合理的な調査、確認等を行っても判明しない場合には、上述したところと同様の処理を行ってよいものと考えます（国税庁法人課税課情報（平成22.10.6）「問11　実在性のない資産の取扱い」参照）。

10—12 帳簿上の資産・負債の残高が実際の金額と異なる場合の欠損金額の計算等－その発生時期が更正期限を徒過していない場合

（問）　法人が解散し、清算事務を行う過程で帳簿上の売掛金が500万円過大になり、逆に買掛金が1,000万円過少になっており、その発生原因を調査したところ３年前の事業年度の売上の過大計上と仕入の過少計上によることが判明しましたが、控除期限切れ欠損金額の控除における「残余財産がないと見込まれる」かどうかの判定や欠損金額の計算において、これらの売掛金と買掛金はどのように取り扱い、また、帳簿上から消去するための処理は、どのようにしたらよいでしょうか。

（答）

⑴　ご質問の場合には、（問）10—11と異なり、売掛金の過大と買掛金の過少の原因の発生が、３年前の事業年度における売上の過大計上と仕入の過少計上によるものですから、減額更正の期限は徒過していません（通法70①）。そこで、それが粉飾決算で法人税を過大に納付していたとしても、粉飾決算の事実につき修正の経理をし、その修正の経理をした事業年度の確定申告書を提出すれば、粉飾決算を行った事業年度の減額更正を受け、法人税の還付または税額控除をすることができます（法法129①、135、70①）。

　　その場合、修正の経理は、次のように行うのが原則です（大阪地判・平成元. 6 .29・税資170号952頁）。

　　過年度損益修正損　　1,500万円　／　売掛金　　　500万円
　　　　　　　　　　　　　　　　　　　　買掛金　　1,000万円

(2)　この借方・過年度損益修正損1,500万円は、修正の経理をした事業年度の損金になるものではありませんから（審判所裁決・昭和62.11.6・裁決事例集No.34・53頁）、税務上は次のような処理を行います。

　　売掛金　　　500万円　／　過年度損益修正損　　1,500万円
　　買掛金　　1,000万円

　　この借方・売掛金500万円と買掛金1,000万円とは、粉飾決算をした事業年度の減額更正は受けていませんから、税務上はまだ過大売掛金と過少買掛金はそのままにしておくという意味です。

(別表四)

区　　　分		総　　額	留　　保	社外流出
加算	過年度損益修正損の損金不算入額 10	15,000,000	15,000,000	
	小計 11			

(別表五㈠)

Ⅰ　利益積立金額の計算に関する明細書

区　　　分		期首積立金	当期の減	当期の増	期末積立金
売掛金	3			5,000,000	5,000,000
買掛金	4			10,000,000	10,000,000

(3)　そして、税務署長の粉飾決算をした事業年度の減額更正は、次のように行われます。

　　売　上　　　500万円　／　売掛金　　　500万円
　　仕　入　　1,000万円　　　買掛金　　1,000万円

426

(別表四)

区　　　分			総　　額	留　　保	社外流出
減算	売上の益金不算入額	10	5,000,000	5,000,000	
	仕入の損金算入額		10,000,000	10,000,000	

(別表五㈠)

Ⅰ　利益積立金額の計算に関する明細書

区　　　分		期首積立金	当期の減	当期の増	期末積立金
売掛金	3			△5,000,000	△5,000,000
買掛金	4			△10,000,000	△10,000,000

⑷　その減額更正に伴って、修正の経理をした事業年度の申告書別表五㈠は、次のようになります。

(別表五㈠)

Ⅰ　利益積立金額の計算に関する明細書

区　　　分		期首積立金	当期の減	当期の増	期末積立金
売掛金	3	△5,000,000		5,000,000	—
買掛金	4	△10,000,000		10,000,000	—

　この申告書別表五㈠の「期首現在利益積立金額」を基礎に控除期限切れ欠損金額の計算を行います。

10—13　残余財産がないとして欠損金控除をした後、残余財産が生じた場合の修正申告の要否

> **(問)**　法人が清算中の前期末に「残余財産がないと見込まれる」と判断して控除期限切れ欠損金額の控除を行って申告しましたが、当期末においては、土地が予想以上に高く売却できたことにより残余財産があることになったような場合、前期末には控除期限切れ欠損金額の控除はできなかったとして、修正申告をする必要があるでしょうか。

(答)

⑴　法人が解散し、控除期限切れ欠損金額の控除における「残余財産がないと見込まれる」かどうかは、清算中の各事業年度終了時の現況で（法基通12-3-7）、当該事業年度終了時において債務超過の状態にあるかどうかにより判定します（法基通12-3-8）。すなわち、清算中の各事業年度ごとに「残余財産がないと見込まれる」かどうかを判定しますから、控除期限切れ欠損金額の控除ができる事業年度とできない事業年度とがあることになります。

⑵　その判定の結果、前期末に債務超過の状態にあると合理的に判断し、控除期限切れ欠損金額の控除を行ったことは、前期の処理としては間違っていなかったわけです。したがって、当期末において、残余財産があると見込まれるようになったとしても、前期について修正申告をする必要はありません（国税庁法人課税課情報（平成22.10.6）「問9　残余財産がないことの見込みが変わった場合の期限切れ欠損金額の取扱い」参照）。

⑶ ただ、実務的には、当期末において残余財産があると見込まれるので
あれば、前期末の時価評価などの判断が適切であったかどうか、疑義を
招く恐れがあります。各事業年度末の判断を合理的、適切に行い、資料
等を整備して、その判断の合理性を説得的に説明できるようにしておく
ことが望まれます。

10—14 法人が解散した場合の役員等に対する退職給与の打切り支給の可否

> **(問)** 所得税基本通達では、法人が解散し、引続き清算事務に従事する役員または使用人に対する退職給与の打切り支給が認められていますが、法人税基本通達にはこのような取扱いがありませんから、法人税の課税上は、退職給与として損金算入はできないことになるのでしょうか。

(答)

⑴ 会社が解散した場合には、取締役は株主総会の決議を要せず、清算人に就任します（会社法478）。取締役の地位は喪失しますが、役員である清算人になりますから（法法2十五）、会社を退職したとはいえません。

しかし、法人が解散した場合には、普通であれば法人の実態が大きく違ってきますから、解散を機に引続き清算事務に従事する役員または使用人に退職給与を打切り支給する例がみられます。

⑵ その場合に退職給与として支給する金員について、所得税基本通達には、退職給与として取り扱う旨の定めがあります（所基通30-2⑹）。

これに対し、法人税基本通達には、法人が解散した場合の役員等に対する退職給与の打切り支給に関する明文の取扱いはありません。

この点が清算所得課税の廃止に伴い、清算法人も継続企業の通常の事業年度と同様の課税に服するようになったことにより顕在化してきました。

⑶ たしかに、法人税基本通達には、所得税基本通達のような明文の取扱

いはありません。しかし、法人税においても、次のような場合には、原則として退職給与の打切り支給が認められています（法基通9-2-32）。

① 常勤役員が非常勤役員になったこと。

② 取締役が監査役になったこと。

③ 分掌変更等の後における役員の給与が激減（おおむね50％以上の減少）したこと。

(4) 会社が解散した場合には、取締役は自動的に清算人に就任するとはいえ、取締役から清算人になるということは、分掌変更に当たります。したがって、その給与が50％以上減少すれば、退職給与の打切り支給が認められます。

　そこで問題は、清算人の給与が50％以上減少しない限り、退職給与の打切り支給はできないのかどうかです。この点、取締役から清算人への就任は、常勤役員から非常勤役員、取締役から監査役への就任と同様の事情にあるとみてよいと思われます。

(5) したがって、所得税基本通達ではその打切り支給が認められていることもあり、清算会社が営業取引を休止し、清算人が現務の結了に向けて粛々と清算事務を行っているような場合には、給与が50％以上減少しないとしても、退職給与の打切り支給は認められるものと考えます。

　なお、課税庁も退職給与として取扱う旨明らかにしています（国税庁・法人税質疑応答事例「解散後引続き役員として清算事務に従事する者に支給する退職給与」）。

10—15　残余財産が確定した場合に損金算入される事業税額の計算と処理

> **（問）**　解散した会社が残余財産の確定日の属する事業年度の事業税額を、その事業年度の損金とする場合、所得割の事業税額については、法人税の所得金額と事業税額の計算が循環することになりますが、その事業税額はどのように計算し、処理すればよいでしょうか。

（答）

⑴　法人が解散し、残余財産の確定日の属する事業年度に係る事業税の額および特別法人事業税の額は、その事業年度の損金の額に算入することができます（法法62の5⑤）。

　　当該事業年度の事業税額は、申告書を提出した日または更正・決定があった日の属する事業年度、すなわち翌事業年度以降において損金算入するのが原則です（法基通9-5-1、9-5-2）。これに対し、解散による残余財産の確定日の属する事業年度は、法人にとって最後の事業年度ですから、損金算入時期につき特例が認められています。

⑵　その場合、所得割の事業税額は、法人税の所得金額が基礎になりますから、事業税額が確定しないと法人税の所得金額が計算できず、法人税の所得金額が確定しないと事業税額が計算できないという循環が生じます。

⑶　この問題を解消するため、所得割の事業税額は、その事業年度の所得金額の計算上、事業税の額は損金の額に算入せずに計算することになっています（地法72の23②）。

　そこで、残余財産が確定した場合の損金算入する事業税額は、法人税申告書別表四の「50」欄までで計算した所得金額を基礎に計算するため、同別表四は、その計算された事業税額は同別表四の最終の加・減算欄である「51」欄で所得金額から減算するよう設計されています。

(4)　そのようにして計算される事業税額が仮に90万円、特別法人事業税10万円である場合は、次のように税務上の処理を行います。

　　　租税公課　　　100万円　／　未払事業税　　　100万円

(別表四)

区　　　　分		総　　額	留　　保	社外流出
残余財産の確定の日の属する事業年度に係る事業税及び特別法人事業税の損金算入額	51	△1,000,000	△1,000,000	
所得金額又は欠損金額	52			

(別表五㈠)

Ｉ　利益積立金額の計算に関する明細書

区　　　　分		期首積立金	当期の減	当期の増	期末積立金
未払事業税	3			△1,000,000	△1,000,000
	4				

10—16　清算所得金額の計算におけるマイナス利益積立金額の取扱い

> **(問)**　平成22年10月１日前に解散をした法人については、清算所得課税が行われますが、その残余財産が5,000万円、資本金が6,000万円、利益積立金額がマイナス2,000万円とした場合、清算所得の金額は、残余財産5,000万円−（資本金6,000万円＋利益積立金額０）で、ないということでよいでしょうか。

(答)

(1)　平成22年度の税制改正により、法人が平成22年10月１日以後に解散をする場合には、清算所得課税は廃止され、継続企業と同じように、「各事業年度の所得に対する法人税」が課されます（法法５）。

　　一方、平成22年10月１日前に解散をした法人については、同日以後に残余財産が確定する場合であっても、従来どおり清算所得に対する法人税が課されます（平成22年改正法法附則10②）。その意味では、従来の清算所得課税にも注意を払う必要があります。

(2)　その清算所得の金額は、次の算式により計算されます（旧法法93）。

　　　残余財産の価額−（資本金等の額＋利益積立金額）

　　この清算所得金額の計算要素である「資本金等の額」と「利益積立金額」とには、マイナスが生じることがあり得るところから（法法２十六、十八、法令８、９）、これらの金額にマイナスがある場合には、どう取り扱うか議論があります。

(3)　ご質問のように、①マイナス利益積立金額はゼロとする考え方や②上

記(2)の算式のかっこの中の資本金等の額と利益積立金額とはマイナスを通算するという考え方、③残余財産の価額から直接マイナス利益積立金額を控除するという考え方などがみられます。このうち、マイナス利益積立金額はゼロとする考え方が多く主張されてきたように思われ、実務上にはやや混乱がありました。

(4) この点、国税不服審判所は、ご質問のような場合であれば、次のように取り扱うべきであると裁決しています（審判所裁決・平成21.11.27裁決事例集No.78・397頁）。

残余財産の価額5,000万円−（資本金等の額6,000万円＋△利益積立金額2,000万円）＝清算所得金額1,000万円

すなわち、資本金等の額と利益積立金額とは、マイナスがあれば、そのマイナスを通算するという考え方に立っています。これが現在の有権的解釈と考えられますから、留意が必要です。

10—17　法人が解散した場合の決算確定の手続きと確定申告書の添付書類

> **(問)**　会社法では、清算会社は貸借対照表と事務報告、付属明細書のみ作成し、損益計算書や事業報告は作成する必要はありませんから、法人税の確定申告書には株主総会等の承認を受けていない損益計算書などを添付することにもなりますが、確定した決算に基づかない申告として問題になり、損金経理要件がある減価償却費や引当金、評価損などは損金算入ができないといったことにはならないでしょうか。

(答)

⑴　法人税の確定申告は、確定した決算に基づき行わなければなりません（法法74①）。この場合の「確定した決算」とは、一般に株主総会や社員総会、組合員総会などの承認を受けた決算をいうと解されています。

　　そして、確定申告書には、その事業年度の貸借対照表、損益計算書、株主資本等変動計算書、勘定科目内訳明細書、事業等の概況説明書類などの添付を要します（法法74③、法規35）。これらのことは、解散した日の属する事業年度や清算中の各事業年度、残余財産確定の日の属する事業年度の確定申告についても、全く同じです。

⑵　一方、会社法においては、清算会社は貸借対照表と事務報告、付属明細書のみ作成すればよく（会社法494）、必ずしも損益計算書や事業報告は作成する必要はありません。そうしますと、株主総会等で承認する計算書類は、貸借対照表と事務報告、付属明細書でよく、損益計算書や事

436

業報告はその承認を受ける必要はないと考えられます。

　そこで、株主総会等の承認を受けていない損益計算書等を確定申告書に添付した場合、その確定申告は確定した決算に基づいたものといえるのか、また、損金経理が要件になっている費用項目（償却費、引当金、評価損等）の損金算入が認められるのか、といった問題が生じてきます。

(3)　しかし、法人税法上の「確定した決算」は、形式的に株主総会等で計算書類の承認を受けることのみをいうわけではなく、実体的に決算の承認がされていればよいものと考えられます。その意味では、貸借対照表と事務報告、付属明細書につき株主総会等の承認がされ、その貸借対照表とともに、損益計算書や株主資本等変動計算書などが添付されれば、確定した決算に基づく確定申告として認められるものと考えます。

　複式簿記の原則によれば、貸借対照表と損益計算書は表裏一体のものですから、その添付される損益計算書に費用または損失として計上される限り、損金経理が要件の費用項目についても、損金算入ができるといえましょう。

(4)　なお、判例には、わが国の株式会社や有限会社の大部分を占める中小企業においては、株主総会等の決議を経ることなく、代表者や会計担当者等の一部の者のみで決算が組まれ、これに基づいて申告がなされているのが実情であり、このような実情のもとでは、株主総会等の承認を効力要件とすることは実体に即応しないというべきであるから、株主総会等の承認を経ていない決算書類に基づいて確定申告が行われたからといって、その申告が無効となると解するのは相当ではない、というものがみられます（福岡高判・平成19.6.19 訟務月報53巻9号2728頁）。

10—18　清算中の事業年度に対する確定申告書の提出期限の延長の特例の適用の可否

> **(問)**　法人が解散し清算中の事業年度の確定申告書の提出期限については、解散前に指定を受けた、その提出期限の延長の特例の効力は及ぶのでしょうか、それとも新たにその承認を受ける必要があるでしょうか。

(答)

(1)　法人税の確定申告書の提出期限は、原則として各事業年度終了の日の翌日から2月以内です（法法74）。しかし、定款等の定めにより、または特別の事情があることにより、その2月以内に定時総会が招集されない常況にあると認められる場合などには、所轄税務署長の指定を受けて、その提出期限を原則として1月延長することができます（法法75の2、法基通17-1-4の2、17-1-4の3）。

　この提出期限の延長の特例は、所轄税務署長から一度指定を受けておけばよく、各事業年度ごとに指定を受ける必要はありません。

(2)　この確定申告書の提出期限の延長の特例は、清算中の各事業年度についても適用されます。ただし、残余財産の確定の日の属する事業年度については、適用されません（法法75の2①）。このことから、清算中の各事業年度についても、提出期限の延長の特例が適用されることは明らかでしょう。

　その場合、法人が解散前に受けた所轄税務署長の指定の効力は、法人が解散したとしても及びます。したがって、法人が解散したからといっ

て、新たに指定を受ける必要はないものと考えます。

⑶　なお、所轄税務署長は、延長の事情に変更が生じたと認める場合には、提出期限の延長の処分を取り消し、または指定月数を変更することができます（法法75の2②）。

　法人が解散したことにより、事業規模が大幅に縮小し、事業年度終了の日の翌日から2月以内に確定申告をすることに支障がなくなった場合や租税債権の早期確保を図る必要があるような場合には、提出期限の延長の処分の取消しや指定月数の変更があり得るかもしれません。

10—19　清算結了した法人に対する税務調査の有無と追徴法人税額の納付義務

> **(問)**　会社が解散し、清算結了の登記をしますと、会社は完全に消滅してしまいますが、このように会社が消滅した後においても、税務調査が行われるようなことがあるのでしょうか。
>
> 　もし税務調査が行われるとしたら何年分調査され、その税務調査で追徴法人税額が生じた場合には、その法人税額は誰が納めることになるのでしょうか。

(答)

⑴　法人は、一般的には解散によってその目的を失い、法人格を喪失すると考えられます。ただ、会社法においては、清算をする会社は、清算の目的の範囲内において清算が結了するまではなお存続するものとみなされます（会社法476）。そして、会社は残余財産の全部を分配した後、清算結了の登記をもって消滅します（会社法926、929、932）。

⑵　一方、法人税にあっては、法人が清算結了の登記をした場合においても、その法人は、各事業年度の所得に対する法人税を納める義務を履行するまではなお存続するものと解されています（法基通1-1-7）。清算の結了は、単に形式的な登記の有無ではなく、実質的に判定すべきものだからです。そのように解さないと、容易に法人税の課税を免れることができる結果になってしまいます。

⑶　そこで、会社が解散して残余財産の分配も終わり、清算結了の登記をしたとしても、継続中または清算中の各事業年度の法人税の申告に問題

があり、あるいは所得があるにもかかわらず無申告であるような場合に
は、当然に税務調査が行われるでしょう。

　その場合の更正・決定の期間制限は、法定申告期限から５年、７年ま
たは10年であることは、継続企業の場合と全く同じです（通法70）。し
たがって、清算結了した会社の継続中であった事業年度の法人税につい
ても、遡って税務調査が行われることはあり得ます。

(4)　その税務調査の結果、継続中または清算中の各事業年度の法人税額が
過少で、追徴法人税額が生じる場合には、その追徴法人税額は、第一次
的には清算結了した会社が納付すべきことになります。

　ところが、会社は残余財産を全部分配して清算結了し、納付すべき現
金等の財産を有していませんから、追徴法人税額を納付することができ
ません。

(5)　その場合には、清算人および残余財産の分配または引渡しを受けた者
が、第二次納税義務を負い、追徴法人税額を納付しなければなりませ
ん。すなわち、法人が解散した場合において、その法人に課されるべき
国税を納付しないで、残余財産の分配または引渡しをしたときは、その
法人に対し滞納処分を執行してもなおその徴収すべき額に不足すると認
められるときに限り、清算人および残余財産の分配または引渡しを受け
た者は、第二次納税義務を負います。

　ただし、清算人は分配または引渡しをした財産の価額の限度におい
て、残余財産の分配または引渡しを受けた者はその受けた財産の限度に
おいて、それぞれ納税義務を負えば足ります（徴法34）。

11　グループ通算制度の特例

11—1　グループ通算制度を適用する場合の完全支配関係の判定

> **(問)**　令和4年4月1日以後開始する事業年度からグループ通算制度が適用され、その適用対象法人は完全支配関係がある親法人および子法人とされていますが、その完全支配関係の判定は、グループ通算制度を適用しない場合と同じでしょうか。

(答)

(1)　グループ通算制度の適用対象法人は、国税庁長官の承認を受けた、内国法人である親法人（他の内国法人による完全支配関係がある子法人を除く。）とその親法人との間に完全支配関係がある子法人のすべてです（法法64の9）。その国税庁長官の承認を受けた親法人を「通算親法人」、子法人を「通算子法人」といい（法法2十二の六の七、十二の七）、その通算親法人と通算子法人とを合わせて「通算法人」といいます（法法2十二の七の二）。

　　ここで「完全支配関係」は、直接・間接の持株割合が100％である法人の関係であり（法法2十二の七の六、法令4の2②)、通算親法人と通算子法人との間の完全支配関係または通算親法人との間に完全支配関

係がある通算子法人相互の関係を「通算完全支配関係」といいます（法法２十二の七の七）。

(2) このように、グループ通算制度にあっても、完全支配関係は基本的には一般の場合と同じです。ただし、通算除外法人および外国法人が介在しない完全支配関係に限られます（法法２十二の七の七、64の９①、法令131の11②）。この「通算除外法人」とは、通算承認の取りやめや青色申告の承認の取消しがあってから５年を経過していない法人、投資法人、特定目的会社、普通法人以外の法人、破産手続開始決定を受けた法人などをいいます（法法64の９①、法令131の11①）。

(3) したがって、たとえば、普通法人以外の法人すなわち協同組合や外国法人を通じて完全支配関係がある場合には、通算完全支配関係は成立せず、グループ通算制度の適用はありません。

このような完全支配関係の取扱いは、あくまでもグループ通算制度の適用対象法人の判定に関するものです。グループ法人税制における、受贈益・寄附金の損益金不算入や譲渡損益調整資産の譲渡損益の繰延べなどは、通算除外法人ないし外国法人が介在する完全支配関係であっても適用されることに留意を要します。

11―2　通算開始・加入時に欠損金額の引継ぎ制限を受ける法人の範囲とその引継ぎ制限の趣旨

> **(問)**　グループ通算制度において、通算開始・加入時に資産の時価評価を行う法人については、その通算開始・加入前において生じた欠損金額は通算制度に引き継ぐことはできず、切り捨てることになっていますが、なぜ時価評価を行う法人は欠損金額の引継ぎができないのでしょうか。

(答)

⑴　通算法人は、通算開始直前事業年度終了時に有する時価評価資産について時価評価を行い、その評価損益の額を通算開始直前事業年度において、益金の額または損金の額に算入しなければなりません（法法64の11、法令131の15①）。

　　ここで「時価評価資産」とは、固定資産、土地、有価証券、金銭債権および繰延資産で帳簿価額が1,000万円以上のものをいいます。

　　ただし、次に掲げる法人は、時価評価資産の時価評価を要しません（法法64の11①、法令131の15③④）。

イ　いずれかの子法人との間に完全支配関係の継続が見込まれる親法人

ロ　親法人との間に完全支配関係の継続が見込まれる子法人

⑵　また、通算制度に加入する法人にあっても、その通算加入直前事業年度の終了時に有する、所定の時価評価資産について、時価評価を行う必要があります（法法64の12、法令131の16）。

　　このように、通算開始・加入時に資産の時価評価を行うのは、親法

人、子法人との間に完全支配関係の継続が見込まれないような法人について単体納税のもとにおける課税関係を清算するという趣旨です。

　そこで、通算開始・加入時に資産の時価評価を行う法人（時価評価法人）にあっては、単体納税における課税関係を清算し、資産の含み損益をすべて吐き出しますから、その通算開始・加入前において生じた欠損金額は、通算制度に引き継ぐことはできず、切り捨てることになります（法法57⑥）。

⑶　一方、資産の時価評価を行わない法人（時価評価除外法人）の欠損金額は、原則として通算制度に引き継ぐことができます。

　ただし、①通算承認の効力発生日の5年前の日から通算親法人との間に支配関係がなく、②その通算承認後に通算法人と他の通算法人とが共同事業を行わず、③その通算法人と通算親法人との間の支配関係発生日以後に新たな事業を開始した場合には、支配関係事業年度前に生じた欠損金額の引継ぎはできません（法法57⑧、法令112の2③④）。

11—3　通算法人間における損益通算の方法と欠損法人の益金算入の趣旨

> **(問)**　グループ通算制度の適用上、当期に欠損が生じた通算法人の欠損金額は、所得が生じた他の通算法人に配分し、その配分を受けた所得が生じた通算法人において損金算入する一方、欠損が生じた通算法人ではその配分した金額を益金算入しますが、なぜ欠損が生じた通算法人で益金算入をするのでしょうか。

(答)

⑴　グループ通算制度の適用上、その事業年度において通算法人に所得が生じた法人（所得法人）と欠損が生じた法人（欠損法人）とがある場合、欠損法人の通算前欠損金額（損益通算等をする前の欠損金額）の合計額（所得法人の所得金額合計額を限度）は、所得法人の通算前所得金額（損益通算等をする前の所得金額）の比で所得法人に配分し、その配分を受けた所得法人において損金の額に算入します（法法64の5①②）。

その配分する欠損金額を算式で表せば、次のとおりです。

$$他の通算法人の通算前欠損金額の合計額 \times \frac{通算法人の通算前所得金額}{通算法人の通算前所得金額の合計額}$$

⑵　一方、その所得法人に配分された欠損金額の合計額と同額の所得金額を、欠損法人の通算前欠損金額の比で欠損法人に配分し、その配分を受けた欠損法人において益金の額に算入します（法法64の5③④）。

その益金算入する所得金額を算式で示せば、次のとおりです。

$$\text{他の通算法人の通算前} \atop \text{所得金額の合計額} \times \frac{\text{通算法人の通算}\atop\text{前欠損金額}}{\text{通算法人の通算前}\atop\text{欠損金額の合計額}}$$

　このように、欠損法人において、所得法人に配分された欠損金額と同額の所得金額を益金算入するのは、その欠損金額は欠損法人では使用していませんが、所得法人において既に使用し使用済みのものです。そこで、その後繰越欠損金額となって控除するような、欠損金額の二重控除を防止するためです。

(3)　これが「損益通算」で、まさにグループ通算制度の存在理由の一つであり、ポイントです。

　通算法人全体で所得金額がプラスの場合には、欠損法人は所得法人にすべての欠損金額を配分しますから、所得金額がマイナスになる通算法人はありません。これに対し、通算法人全体で所得金額がマイナスの場合には、欠損法人には所得法人に配分しきれない欠損金額が残り、これは翌期へ繰り越す欠損金額となります。

(4)　損益通算を設例で示せば、次のとおりです。

　イ　通算前所得金額の合計額が通算前欠損金額の合計額より多い場合

	P社（親法人）	S 1社（子法人）	S 2社（子法人）	S 3社（子法人）
通算前所得（欠損）	所得事業年度 500	所得事業年度 100	欠損事業年度 △50	欠損事業年度 △250
損益通算	△300×500 /600＝250 ⇨損金算入	△300×100 /600＝50 ⇨損金算入	300×50 /300＝50 ⇨益金算入	300×250 /300＝250 ⇨益金算入
損益通算後	所得　250	所得　50	欠損　0	欠損　0

ロ　通算前欠損金額の合計額が通算前所得金額の合計額より多い場合

	P社（親法人）	S1社 （子法人）	S2社 （子法人）	S3社 （子法人）
通算前所得 （欠損）	所得事業年度 250	所得事業年度 50	欠損事業年度 △500	欠損事業年度 △100
損益通算	△300×250 ／300＝250 ⇨損金算入	△300×50 ／300＝50 ⇨損金算入	300×500 ／600＝250 ⇨益金算入	300×100 ／600＝50 ⇨益金算入
損益通算後	所得　　0	所得　　0	欠損　△250 ⇨翌期繰越	欠損　△50 ⇨翌期繰越

㊟　国税庁「グループ通算制度に関するQ&A」の（問）49（通算制度の当初申告における損益通算の計算）を基に作成

11―4　通算法人の繰越控除の対象になる欠損金額の通算の方法

> **(問)**　グループ通算制度には、当年度において生じた損益の通算の
> ほか、過年度において生じた繰越控除対象欠損金の通算があります
> が、その繰越控除対象欠損金の通算は、通算法人すべて同じ方法で行
> うのでしょうか。

(答)

⑴　通算法人の過年度において生じた欠損金額のうち、繰越控除の対象に
なる欠損金額（控除対象欠損金額）は、通算法人間において通算し損金
算入することができます。その「控除対象欠損金額」は、通算法人の欠
損金の繰越控除の適用を受ける事業年度開始の日前10年以内に開始した
各事業年度において生じたものです（法法64の7①一）。

　その控除対象欠損金額は、①特定欠損金額（時価評価除外法人の所得
金額のみから控除できる欠損金額）と②非特定欠損金額（特定欠損金額
以外の欠損金額）とに区分され、その合計額とします（法法64の7①
二、②、法令131の9）。

⑵　そして、まず①特定欠損金額について、各通算法人が自己の欠損控除
前所得金額の範囲内で繰越控除額の計算を行います（法法64の7①三
イ）。特定欠損金額は、時価評価除外法人が通算開始・加入時に資産の
時価評価を行わず、過去から保有するものですから、通算制度に持ち込
み、その通算法人のみにおいて繰越控除ができる、ということです。

　次に、②非特定欠損金額について、通算法人の非特定欠損金額の合計

額を各通算法人の特定欠損金繰越控除後の損金算入限度額の比で配賦
し、その配賦された欠損金額を基礎に繰越控除額を計算します（法法64
の7①二ロ〜ニ、三ロ）。非特定欠損金額は、時価評価法人において生
じたもの、すなわち通算制度開始・加入後に生じたものですから、各通
算法人に配賦する、ということです。

　したがって、各通算法人の欠損金額の繰越控除額は、自己の固有の特
定欠損金額と他の通算法人から配賦を受けた非特定欠損金額との合計額
を基礎として計算した金額になります。時価評価法人または時価評価除
外法人かによって、欠損金額の繰越控除額は違ってきます。

11—5　受取配当等の益金不算入に当たり関連法人株式等の配当等から控除する利子相当額の計算

> **(問)**　関連法人株式等の配当等にあっては、その配当等の額から利子相当額を控除した金額が益金不算入額となり、その利子相当額は、①関連法人株式等の配当額の４％相当額と②当期の支払利子等の額の10％相当額とのいずれか少ない金額とされていますが、グループ通算制度を適用する場合、その利子相当額はどのように計算するのでしょうか。

(答)

⑴　受取配当等の益金不算入の適用に当たって、関連法人株式等の配当等にあっては、その受け取った配当等の額から利子相当額を控除した金額が益金不算入額となります（法法23①）。

　　ここで「関連法人株式等」とは、法人が３分の１超の保有割合を有する株式等で、その配当等の額の支払基準日以前６月間以上引き続いて有しているものをいいます。この場合の保有割合は、完全支配関係がある法人グループ全体の保有割合によって判定します（法法23④、法令22、(問) 2—1参照)。これは、通算法人であっても同じです。

⑵　従来、関連法人株式等の配当等の額から控除する負債利子額は、当期の支払利子の総額を総資産按分等の方法により計算することとされていました（旧法令21、22）。この点、令和４年４月１日以後開始する事業年度から、その利子相当額は、次に掲げるイの金額を原則とします（法令19①）。ただし、その金額が次のロの金額以下である場合には、ロの

金額とします（法令19②）。すなわち、利子相当額は、当期の支払利子
等の額の10％相当額を上限とする、ということです。

　イ　その事業年度の関連法人株式等の配当等の額の合計額× 4 ％

　ロ　その事業年度の支払利子等の額の合計額×10％

　一の事業年度において複数の配当等を受けている場合のロの金額は、
関連法人株式等に係る配当等の額の比で按分します。

(3)　上記(2)ロの金額について、その法人が通算法人である場合には、通算
　法人の支払利子等の額の合計額を各通算法人の関連法人株式等に係る配
　当等の額の比で配分した金額の10％相当額とします（法法23①、法令19
　②④）。

　　ただし、この支払利子等の額の合計額の10％相当額を上限とする取扱
　いを適用するためには、すべての通算法人において、その適用年度の確
　定申告書、修正申告書または更正請求書に、その適用を受ける旨および
　支払利子等の額の合計額を記載した書類の添付を要します（法令19⑨）。

11―6　外国子会社からの受取配当等の益金不算入の対象になる外国子会社の判定

> **(問)**　外国子会社から受ける配当等については、その配当等の額の95％相当額が益金不算入額とされていますが、その外国子会社の判定上、通算法人には何か特例がありますか。

(答)

⑴　法人が外国子会社から受ける剰余金の配当等の額がある場合には、課税所得の計算上、その剰余金の配当等の額の95％相当額は益金不算入とすることができます（法法23の２、法令22の４）。

　　ここで「外国子会社」とは、①外国法人の発行済株式等（または議決権）のうちにその法人が保有している株式等（または議決権）の占める割合が25％以上であり、かつ、②その状態が剰余金の配当等の支払義務が確定する日以前６月以上継続している場合の、その外国法人をいいます（法法23の２①、法令22の４①）。

⑵　この場合、保有割合25％以上の要件について、租税条約の二重課税排除条項においてその保有割合が25％未満に軽減されているときは、その軽減された割合以上とします（法令22の４⑦）。

　㊟　「二重課税排除条項」とは、わが国以外の締約国または締約者の居住者である法人が納付する租税をわが国の租税から控除する定めをいいます。アメリカ、ブラジル、オーストラリア、オランダ、カザフスタンの条約では10％、フランスの条約では15％とする定めがあります。

⑶　この25％以上の保有割合について、通算法人である場合には、他の通算法人と合わせた発行済株式等（または議決権）により判定します（法

令22の４①）。

　この場合、上記(1)の６月以上継続保有要件は、通算法人と他の通算法人との間に、株式保有期間において通算完全支配関係が継続していたかどうかは問いません（法基通3-3-1）。

　したがって、各通算法人の保有割合は25％未満であっても、通算法人全体で25％以上の保有割合があれば、その外国子会社から受ける剰余金の配当等につき益金不算入の適用をすることができます。

　ただし、通算法人全体で25％以上の保有割合がない場合であっても、上記(2)の租税条約により軽減割合が定められているときは、通算法人単独でその25％未満の割合を満たし、その状態が６月以上継続していれば、外国子会社に該当します。

11―7　保有する他の通算法人の株式等に対する評価損益の計上の可否

> **(問)**　法人が保有する、完全支配関係がある子会社で清算中や解散、適格合併が見込まれるものの株式等についての評価損は計上することはできませんが、これは通算法人であっても同じでしょうか。

(答)

⑴　法人との間に完全支配関係がある他の法人で、次に掲げるものの株式等については、仮に評価損の計上ができる事由が生じていても、その評価損を損金算入することはできません（法法33⑤、法令68の3）。

　イ　清算中のもの

　ロ　解散（合併による解散を除く。）をすることが見込まれるもの

　ハ　その法人との間に完全支配関係がある他の法人との間で適格合併を行うことが見込まれるもの

⑵　この取扱いは、完全支配関係がある子会社の解散による、その子会社株式等の消滅損の損金不算入（法法61の2⑰、法令8①二十二）を免れるような行為を防止する趣旨によるものです。

　また、完全支配関係がある子会社が解散した場合には、その子会社の欠損金額は親会社に引き継げる特例（法法57②）との二重の特典を認めないといった趣旨もありましょう（(問) 9―1参照）。

⑶　通算法人が有する他の通算法人（初年度離脱通算子法人および通算親法人を除く。）の株式等に対する評価損の計上は認められません（法法33⑤、法令68の3②）。他の通算法人の株式等も、完全支配関係がある法人の株式等であるからです。

　ただし、単独納税法人の場合と異なり、他の通算法人に上記(1)のような事由が生じていることといった要件はありません。他の通算法人が清算中であるか、あるいは解散が見込まれているか等を問わず、そもそも評価損の計上はできない、ということです。

(4)　なお、通算法人が有する他の通算法人（初年度離脱通算子法人および通算親法人を除く。）の株式等に対する評価益についても、計上することはできません（法法25④、法令24の3）。

　このように、通算法人が有する他の通算法人の株式等に評価損益の計上ができないとされているのは、利益または損失の二重計上を防止するための措置です。

11—8　通算法人間で譲渡損益調整資産の譲渡があった場合の譲渡損益の繰延べと戻入れの可否

> **(問)**　法人が完全支配関係がある法人に対して譲渡損益調整資産を譲渡した場合には、その譲渡損益額は認識せず、課税の繰延べをし、その後、その資産の譲受法人が譲渡等をした場合に戻し入れをしますが、通算法人間の譲渡損益調整資産の譲渡であっても、同様に処理するのでしょうか。

(答)

(1)　普通法人または協同組合等が譲渡損益調整資産（固定資産、土地、有価証券、金銭債権および繰延資産で、その帳簿価額が1,000万円以上のもの）を完全支配関係がある普通法人または協同組合等に譲渡した場合には、その譲渡損益額は認識せず、課税の繰延べを行います（法法61の11①）。

　　その課税を繰り延べた譲渡損益額を「譲渡損益調整額」といい、その譲渡損益調整額は、その譲渡を受けた法人（譲受法人）において譲渡損益調整資産の譲渡、償却、評価換え、貸倒れ、除却などの事由が生じたときに戻入れを行い、益金の額または損金の額に算入します（法法61の11②、法令122の12④〜⑩）。

(2)　この譲渡損益調整資産の譲渡損益額の取扱いは、通算法人間の譲渡であっても、基本的には同じです。すなわち、通算法人同士は完全支配関係がある法人ですから、通算法人が他の通算法人に対して譲渡損益調整資産を譲渡した場合には、その譲渡損益額は認識せず、課税の繰延べを

する必要があります。

　ただし、譲渡損益調整額の戻入れについて、その譲渡損益調整資産の譲渡が、他の通算法人（初年度離脱通算子法人および通算親法人を除く。）の株式等であり、その株式等を当該他の通算法人以外の通算法人に譲渡するものである場合には、譲渡損益調整額の戻入れは行いません（法法61の11⑧、法令122の12⑯）。この取扱いの適用がある株式等の譲渡益または譲渡損の額は、その譲渡時において利益積立金額に加算し、または利益積立金額を減算します（法令9一チ）。

⑶　これは、通算法人が有する他の通算法人の株式等を、更に別の通算法人に譲渡した場合には、譲渡損益調整額の戻し入れは行わず、そもそもその譲渡損益の計上は認められない、ということです。通算グループ法人内において複数回の譲渡を繰り返すようなことによって、利益ないし損失の二重計上を行うことを防止する趣旨によるものです。

　この点、通算法人が有する他の通算法人の株式等については、評価益または評価損の計上は認められない、とされていることも同様です（法法25④、33⑤、（問）11─7参照）。

⑷　なお、その譲渡損益調整資産が他の通算法人の株式等以外の資産である場合には、原則として通常どおり、譲渡損益調整額の戻入れを行います（（問）11─9参照）。

11―9　通算開始・加入・離脱時に有する譲渡損益調整額の戻入れの要否

> **(問)**　法人が完全支配関係がある法人に対して譲渡損益調整資産を譲渡し、その譲渡損益額は「譲渡損益調整額」として課税の繰延べをしていますが、通算制度の開始・加入・離脱のときには、その譲渡損益調整額は戻し入れをする必要があるのでしょうか。

(答)

⑴　法人が譲渡損益調整資産を完全支配関係がある法人に譲渡した場合には、その譲渡損益額は認識せず、課税の繰延べを行います（法法61の11①）。その課税を繰り延べている譲渡損益額を「譲渡損益調整額」といいます。

　　そして、その譲渡損益調整額は、その譲渡を受けた法人（譲受法人）において譲渡損益調整資産の譲渡、償却、評価換え、貸倒れ、除却などの事由が生じたときや譲受法人との間に完全支配関係を有しないこととなったときに戻入れを行い、益金の額または損金の額に算入します（法法61の11②③、法令122の12④～⑩）。

⑵　そこで、通算制度の開始・加入・離脱のときに有する譲渡損益調整額は戻し入れをする必要があるのかどうかです。

　　この点、時価評価法人は、通算制度の開始・加入または離脱の別に、それぞれ次のように処理します（法法61の11④、法令122の12⑪）。時価評価除外法人は、その処理は要しません。

　イ　通算制度の開始・加入の場合――通算法人が時価評価事業年度（通

算開始直前事業年度または通算加入直前事業年度）以前から有する譲渡損益調整額（1,000万円未満のものを除く。）は、その時価評価事業年度において戻入れを行い、益金の額または損金の額に算入

ロ　通算制度の離脱の場合——次に掲げる場合に応じ、それぞれ次のように処理

(イ)　通算離脱法人の行う主要な事業が継続することが見込まれていない場合（離脱の直前における資産の評価益の額が評価損の額以上である場合を除く。）——通算法人が時価評価事業年度（通算終了直前事業年度）以前から有する譲渡損益調整額で、次に掲げるものは、その時価評価事業年度において戻入れを行い、益金の額または損金の額に算入

①　1,000万円以上の譲渡損益調整額

②　次に掲げる要件を満たす譲渡損益調整額

　　A　10億円を超えること。

　　B　譲渡損失額に係るものであること。

　　C　a譲受法人において譲渡、償却等の戻入事由が生じていることまたはb譲受法人との間に完全支配関係を有しないこととなることが見込まれていること。

(ロ)　(イ)以外の場合——通算法人が時価評価事業年度（通算終了直前事業年度）以前から有する譲渡損益調整額（1,000万円未満のものを除く。）は、その時価評価事業年度において戻入れを行い、益金の額または損金の額に算入

(3)　なお、通算制度の開始・加入・離脱があった場合、時価評価法人は、上記譲渡損益調整額のほか、通算開始直前事業年度、通算加入直前事業年度または通算終了直前事業年度終了の時に有する、次に掲げる金額は

損益に計上し、または取崩しを行って益金の額に算入します。

イ　リース譲渡に係る延払基準による繰延損益の額（1,000万円未満のものを除く。法法63④、法令127）

ロ　収用等の場合の圧縮記帳に係る特別勘定の額（1,000万円未満のものを除く。措法64の2⑪、措令39㉕）

ハ　特定資産の買換え等の場合の圧縮記帳に係る特別勘定の額（1,000万円未満のものを除く。措法65の8⑪、措令39の7㊲）

11—10　通算法人が中小企業者に該当するかどうかの判定

> **(問)**　法人税の課税上、中小企業者に対しては、各種の特例の適用
> が認められていますが、その中小企業者の判定は通算法人であっても
> 同じでしょうか、何か異なった取扱いがあるのでしょうか。

(答)

⑴　法人税の課税上、中小企業者は各種の特例を適用することが認められ
　ていますが、その「中小企業者」とは、基本的には資本金の額（または
　出資金の額）が１億円以下の法人（中小法人）をいいます（法法52①一
　イ、66②、措法42の３の２、42の４⑲七、措令27の４㉕等）。

　　ただし、中小法人であっても、①大法人の子会社、②大規模法人の子
　会社または③適用除外事業者に該当するものは、中小企業者になれませ
　ん。

⑵　そこで、中小企業者の範囲から除外される法人の態様ごとに、中小企
　業者に対する特例や特別措置の適用ができなくなる制度を整理してみる
　と、おおむね次のとおりです（（問）８—１、８—８、８—９参照）。

　イ　大法人（資本金額５億円以上の法人）との間に完全支配関係がある
　　子会社（法法66⑤）

　　①　貸倒引当金の繰入れ（法法52）

　　②　繰越欠損金の所得100％控除（法法57⑪）

　　③　法人税率の軽減（法法66②⑤）

　　④　特定同族会社の特別税率の不適用（法法67）

　　⑤　法人税率の軽減の特例（措法42の３の２）

462

⑥　一括評価貸倒引当金の法定繰入率の適用（措法57の９）

⑦　交際費等の損金不算入の定額控除（措法61の４②）

⑧　青色欠損金の繰戻しによる還付（措法66の12）

ロ　大規模法人（資本金額１億円超の法人、大法人との間に完全支配関係がある法人等）の保有割合が２分の１（または３分の２）以上である子会社（措法42の４⑲七、措令27の４㉕）

①　特別償却（措法42の６①、42の11の３①、42の12の４①、43の３、44の２）

②　特別税額控除（措法42の４④、42の６②、42の11の３②、42の12の４②、42の12の５②）

③　中小企業事業再編投資損失準備金の積立て（措法56）

④　少額減価償却資産の取得価額の損金算入（措法67の５）

ハ　適用除外事業者（過去３事業年度の平均課税所得が15億円超の法人）に該当する法人（措法42の４⑲八）

①　法人税率の軽減の特例（措法42の３の２）

②　特別償却（措法42の６①、42の11の３①、42の12の４①、43の３、44の２、45②）

③　特別税額控除（措法42の４④、42の６②、42の11の３②、42の12の４②、42の12の５②）

④　中小企業事業再編投資損失準備金の積立て（措法56）

⑤　一括評価貸倒引当金の法定繰入率の適用（措法57の９）

⑥　少額減価償却資産の取得価額の損金算入（措法67の５）

(3)　通算制度における中小企業者の判定について、通算グループ内のいずれかの通算法人が中小企業者に該当しない場合には、通算法人のすべてが中小企業者になりません。

　この「中小企業者に該当しない場合」というのは、その通算法人の資本金の額が1億円超であるため、そもそも中小法人に該当しない場合が典型例です。そのほか、その通算法人の資本金の額は1億円以下で中小法人に該当するが、上記(2)のイ大法人の子会社、ロ大規模法人の子会社またはハ適用除外事業者に該当するため、中小企業者から除外される場合があります（法法66⑥、措法42の4④⑲七、八、八の二、42の6①、措令27の4㉕、27の6⑦）。

　ここで通算法人が適用除外事業者に該当するかどうかは、各通算法人ごとに、その法人の所得金額により判定します（措法42の4⑲八、措令27の4㉖㉗）。通算グループ内の通算法人の所得金額の合計額で判定する必要はありません。

(4)　このように、通算法人のうちいずれかの通算法人が中小企業者に該当しない場合には、すべての通算法人が「大通算法人」となり、すべての通算法人が中小法人に該当する場合には、すべての通算法人が「中小通算法人」に該当します（法法66⑥）。

　その中小通算法人に対して、中小企業者に対する特例や特別措置の適用ができることになります。たとえばその通算法人自体は資本金の額が1億円以下であっても、他に資本金の額が1億円超の通算法人や中小企業者から除外される通算法人が1社でもあれば、中小企業者に対する特例や特別措置の適用は認められません。そのグループ全体の通算法人が大通算法人である、ということです。

11—11 外国税額控除または試験研究費の特別税額控除における控除額の計算方法

(問) 通算法人の外国税額控除または試験研究費の特別税額控除における控除額は、通算法人全体の納付外国法人税額や支出試験研究費の額などを基礎に計算することとされていますが、そうしますと、実際に納付外国法人税額や支出試験研究費の額がない通算法人であっても、外国税額控除や試験研究費の特別税額控除ができるのでしょうか。

(答)

(1) 法人が外国税額控除の適用を受ける場合、当期の納付法人税額から控除できる控除限度額は、概略、次の算式により計算されます（法法69①、法令142）。

$$ 当期の法人税額 \times \frac{当期の国外所得金額}{当期の所得金額} $$

法人が納付する外国法人税額は、この控除限度額を限度として控除することができます。

(2) 通算法人がこの外国税額控除の適用を受ける場合、その控除限度額は、通算法人の納付すべき法人税額の合計額に、通算法人の所得金額の合計額のうちに占める各通算法人の国外所得金額の割合を乗じて計算した金額とします（法法69⑭、法令148）。

これは、通算法人全体の所得金額、国外所得金額および法人税額を基礎に、各通算法人の控除限度額を計算するということです。その控除限

度額と自社が納付した外国法人税額とのいずれか少ない金額が、各通算
法人の実際の控除額となります。

　　したがって、納付外国法人税額がない法人が外国税額控除の適用を受
けることはありません。

(3)　次に、研究開発税制（試験研究費の特別税額控除）には、①一般型の
　税額控除、②中小企業者等の税額控除（中小企業技術基盤強化税制）お
　よび③特別試験研究費の税額控除（オープンイノベーション型の税額控
　除）の３つの態様があります。これらいずれの態様の税額控除でも、次
　のイ、ロの金額のいずれか少ない金額が控除できる金額（税額控除可能
　額）となります（措法42の４）。

　　イ　支出額基準（税額控除限度額）――支出試験研究費の額×税額控除
　　　割合

　　ロ　法人税額基準（控除上限額）――調整前法人税額×25％または10％

(4)　通算法人が研究開発税制の適用を受ける場合、通算法人を一体として
　税額控除限度額と控除上限額を計算した上、そのいずれか少ない金額
　（税額控除可能額）に、通算法人の調整前法人税額の合計額のうちに占
　める各通算法人の調整前法人税額の割合を乗じて計算した金額を各通算
　法人の税額控除可能分配額とします（措法42の４①④⑦⑧三八九⑱）。

　　これは、通算法人全体の税額控除可能額、納付法人税額を基礎に、各
　通算法人へ税額控除限度額を分配するということです。

(5)　その結果、仮に試験研究費の支出がない通算法人に対しても調整前法
　人税額がある限り、税額控除可能額が配分されますから、その税額控除
　をすることができます。

　　一方、試験研究費の支出があっても、調整前法人税額がない場合に
　は、配分される税額控除可能額が算出されませんから、その税額控除は

できません。

11—12　軽減税率適用所得金額または交際費課税の定額控除額の計算方法

> **（問）**　中小通算法人における軽減税率適用対象金額または交際費課税の定額控除限度額の800万円は、各通算法人がそれぞれ800万円まで適用してよいのでしょうか。

（答）

⑴　中小企業者の各事業年度の所得金額のうち年800万円以下の金額については、15％の軽減税率が適用されます（法法66②、措法42の3の2①②）。

　通算法人にあっては、この軽減税率適用対象金額は、800万円に中小通算法人の合計所得金額のうちに占める各通算法人の所得金額の割合を乗じた金額とします（法法66⑥⑦）。すなわち、800万円を各通算法人の所得金額の比で配分した金額とするということです。各通算法人がそれぞれ800万円を使用することはできません。

　なお、軽減税率が適用される中小企業者について、通算法人のいずれかの法人が中小企業者に該当しないときは、通算法人のすべてが中小企業者にならないことに留意が必要です（（問）11—10参照）。

⑵　法人が支出する交際費等の額は、原則として接待飲食費の額の50％相当額を除き、損金の額に算入することはできません（措法61の4①）。ただし、中小企業者にあっては、800万円までの交際費等の額（定額控除限度額）は、損金算入が認められます（措法61の4②）。

　通算法人については、この定額控除限度額は、800万円に中小通算法

人の支出交際費等の額の合計額のうちに占める各通算法人の支出交際費
等の額の割合を乗じた金額とします（措法61の4③）。各通算法人がそ
れぞれ800万円を使用することはできません。

　この場合も通算法人のいずれかの法人が中小企業者に該当しないとき
は、通算法人のすべてが中小企業者にならず、定額控除限度額は使用で
きないことに留意します。

(3)　なお、資本金の額が100億円を超える法人については、接待飲食費の
　額の50％相当額の損金算入はできません（措法61の4①）。すなわち、
　支出交際費等の額の全額が損金不算入になります。

　　通算法人がこの接待飲食費の50％損金算入を適用する場合、通算法人
　との間に通算完全支配関係がある他の通算法人のうちいずれかの法人の
　資本金の額が100億円を超えるときは、接待飲食費の50％損金算入の適
　用はできません（措法61の4①）。自社の資本金の額は100億円以下で
　あっても、通算法人のなかに1社でも資本金の額が100億円を超える法
　人があれば、すべての通算法人が接待飲食費の50％損金算入はできない
　ことになります。

11—13　通算法人間で通算税効果額の授受をしなかった場合の課税関係

（問）　損益通算や欠損金の通算など通算法人のみに適用される規定を適用した結果、納付法人税額が減少した通算法人は通算税効果額を支払うことになりますが、その通算税効果額は必ず授受しなければならないのでしょうか。

（答）

(1)　通算法人が、たとえば損益通算を行う場合、欠損法人に生じた欠損金額は、所得法人に配分され所得法人において損金算入しますから、所得法人が納付すべき法人税額は減少します（（問）11—3参照）。

　　そうしますと、所得法人は欠損法人の欠損金額を使用して納付法人税額が減少しますから、所得法人から欠損法人に対してなんらかの対価を支払うべきではないか、ということになります。

　　そこで、損益通算（法法64の5①）または欠損金の通算（法法64の7）その他通算法人のみに適用される規定を適用することにより減少する法人税・地方法人税額（利子税額を除く。）相当額として通算法人間で授受される金額を「通算税効果額」といいます（法法26④）。

(2)　法人が他の法人から通算税効果額を受け取る場合には、その受け取る金額は、益金の額に算入する必要はありません（法法26④）。

　　一方、通算税効果額を支払う場合には、その支払う金額は、損金の額に算入することはできません（法法38③）。

　　これら通算税効果額は法人税・地方法人税に相当する金額ですから、

470

受け取る場合は法人税の還付金、支払う場合は、法人税の納付額と位置づけられている、といえましょう。

その通算税効果相当額は、合理的に計算する必要があります。

⑶　ご質問のようにこの通算税効果額は必ず授受する必要があるのかどうか、また、仮に授受したとしても、その金額が合理的でない場合はどうするのか、という問題があります。この点、法令上の規定振りからみて、その授受を強制することは予定しておらず、通算法人間で授受する約束などがあれば、授受すればよいものと考えます。

仮に、その授受をすべきであるにもかかわらず授受をしない場合の処理は、次のようになります。受取側に寄附金、支払側に受贈益が生じても、完全支配関係がある法人間の取引ですから、結果的にグループ内で課税関係は生じません。これは、授受した金額が合理的でない場合も同じです。

（受取側）

　　未収還付金　1,000　／　還付金収入　1,000
　　寄附金　　　1,000　　　未収還付金　1,000

（支払側）

　　法人税額　　1,000　／　未払法人税　1,000
　　未払法人税　1,000　　　受贈益　　　1,000

11─14　通算法人における法人税の申告・納付の方法

> **(問)**　通算制度にあっては、連結納税制度と異なり、通算法人が個々に申告・納付をすることになっていますから、資本金の額が1億円以下の通算法人は電子申告をする必要はないと考えますが、どうでしょうか。

(答)

⑴　連結納税制度にあっては、連結親法人が、連結グループ法人全体の所得金額と納付法人税額を計算し、まとめて申告・納付をすることになっていました。

　これに対し、通算制度では、通算法人それぞれが、所得金額と納付法人税額を計算し、個々に申告・納付を行います（法法74）。通算親法人がまとめて申告・納付をするものではありません。この点が連結納税制度と決定的に異なり、まさに通算制度導入のポイントの一つです。

　このように、通算制度は各通算法人を納税単位とする単体納税が原則です。ただ、通算法人は、他の通算法人の各事業年度の法人税（通算法人と他の通算法人との間に通算完全支配関係がある期間内に納税義務が成立したものに限る。）について連帯納付の責任を負います（法法152①②）。その点では、完全な単体納税ではない、ともいえましょう。

⑵　当該事業年度開始時の資本金（出資金）の額が1億円を超える法人は、電子情報処理組織（e-Tax）を使用する方法により、仮決算による中間申告および確定申告（期限後申告、修正申告を含む。）をしなければなりません（法法75の4、「電子申告」）。

　ただし、通算法人にあっては、仮にその通算法人の当該事業年度開始時の資本金の額が1億円以下であっても、電子申告をする必要があります（法法75の4①②）。すなわち、通算法人は自己または他の通算法人の資本金の額が1億円を超えるかどうかにかかわらず、すべて電子申告をしなければなりません。

　この場合、通算親法人が、通算子法人の申告について、その通算親法人の電子署名によりe-Taxで提供した場合には、その通算子法人がe-Taxにより申告をしたものとみなされます（法法150の3、法規68）。

⑶　なお、通算法人の申告・納付に関しては、上記のような特例のほか、次のような取扱いがあります。

　イ　中間申告には、①予定申告と②仮決算による中間申告との二つがあるが、仮決算による中間申告は、すべての通算法人が行わなければならないこと（法法72⑤）。

　ロ　決算の確定が遅れるような場合の確定申告書の提出期限の延長の特例は、原則2月間の延長が認められ、その延長申請は通算親法人が行い、通算親法人に対して延長の処分があった場合には、他の通算法人のすべてについて延長がされたものとみなされること（法法75の2⑪）。

11—15　通算法人に修正・更正があった場合の他の通算法人への影響の遮断措置

> **(問)**　通算制度では、税務調査等により通算法人に修正・更正の事実が生じても、他の通算法人の所得金額や納付法人税額の計算には影響を及ぼさないような措置がとられていますが、具体的にはどのようなものでしょうか。

(答)

(1)　連結納税制度は、連結法人グループを一体として、連結親法人がまとめて法人税の申告・納付を行う仕組みでした。そのため、連結法人の1社でも税務処理に誤り等があり、修正申告や更正決定が行われる場合には、すべての連結法人の所得金額や法人税額の計算をやり直す必要がありました。

　この点が、修正申告時や更正決定時に納税者にも課税庁にも多大な事務負担を強い、連結納税制度の問題点である、と指摘されていたところです。

(2)　そこで、通算制度にあっては、通算法人に修正申告や更正決定が行われる場合でも、他の通算法人には影響を及ぼさない、いわゆる「修正・更正の遮断措置」が導入されました。これが、連結納税制度から通算制度へ移行した最大の理由です。

　その修正・更正の遮断措置は、基本的に通算法人の所得金額や欠損金額、法人税額の計算に誤りがあっても、他の通算法人には影響を及ぼさず、その誤りがあった通算法人のみでその修正・更正の処理を行いま

す。

⑶　その修正・更正の遮断措置は、通算法人全体の金額を基礎に按分計算の調整などを要する、すべての項目に設けられていますが、その主なものは次のとおりです。

　　イ　損益通算（法法64の5⑤〜⑧）

　　ロ　欠損金の通算（法法64の7④〜⑧）

　　ハ　軽減税率の適用対象所得金額（法法66⑧⑨）

　　ニ　外国税額控除（法法69⑮〜⑲）

　　ホ　研究開発税制（措法42の4⑧⑩〜⑱）

　　ヘ　交際費課税の定額控除限度額（措法61の4③）

　　ト　受取配当等の益金不算入（法令19⑤〜⑦）

⑷　たとえば、損益通算における修正・更正の遮断措置は、通算法人の通算事業年度の通算前所得金額または通算前欠損金額が、当初に申告した金額（当初申告通算前所得金額または当初申告通算前欠損金額）と異なるときは、その当初申告通算前所得金額を通算前所得金額と、当初申告通算前欠損金額を通算前欠損金額と、それぞれみなすというものです（法法64の5⑤）。

　　つまり、損益通算は当初申告した所得金額または欠損金額のまま固定し、他の通算法人には影響させません。誤りがあった通算法人のみが、当初の損益通算はそのままにして、所得金額または欠損金額を修正、再計算します。

⑸　ただ、上記のような、修正・更正の遮断措置を適用しますと、たとえば意図的に過大な欠損金額を計上し、他の通算法人に配分したような場合も、そのまま損益通算が認められる結果になります。

　　そこで、税務署長は、修正・更正の遮断措置を適用したならば、法人

税の負担を不当に減少させる結果となると認めるときは、修正・更正の遮断措置を適用しないことができます。その適用しないこととなる修正・更正の遮断措置は、次のとおりです（法法64の5⑧、法令131の7②）。

イ　損益通算の遮断措置（法法64の5⑤）

ロ　欠損金の通算の遮断措置（法法64の7④～⑦）

ハ　外国税額控除の遮断措置（法法69⑮⑲）

ニ　受取配当等の益金不算入の遮断措置（法令19⑤⑥）

ホ　研究開発税制の遮断措置（措法42の4⑧四～七、⑫⑭）

ヘ　仮装経理に基づく過大申告の遮断措置（措法42の14②）

ト　沖縄の認定法人の課税特例の遮断措置（措法60⑤⑦）

チ　国家戦略特別区域の指定法人の課税特例の遮断措置（措法61④⑥）

リ　新鉱床炭鉱費または海外新鉱床炭鉱費の特別控除の遮断措置（措令35④）

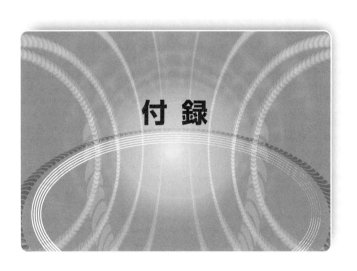

付　録

法人課税課情報 審理室情報 調査課情報	第 4 号 第 1 号 第 2 号	平成22年 8 月10日	国税庁 法人課税課 審理室 調査課

平成22年度税制改正に係る法人税質疑応答事例（グループ法人税制関係）（情報）

(注)　この情報は、平成22年 6 月30日現在の法令・通達に基づいて作成しています。
　　なお、この情報で取り上げているグループ法人税制は、原則として、平成22年10月 1 日以後の取引について適用されます。

目次

省略用語例

本文中略語	法令等の名称
法	法人税法
法令	法人税法施行令
措法	租税特別措置法
改正法附則	所得税法等の一部を改正する法律（平成22年3月31日法律第6号）附則
改正令附則	法人税法施行令の一部を改正する政令（平成22年3月31日政令第51号）附則
基通	法人税基本通達
連基通	連結納税基本通達

問 1　完全支配関係を有することとなった日の判定

> 問　当社は現在、A社の発行済株式の 80％を保有していますが、今後、残りの 20％を購
> 入して、A社を100％子会社化する予定です。
> 　　この場合、完全支配関係を有することとなった日は、A社の株式の購入に係る契約日
> となるのでしょうか。

答　株式の購入に係る契約日ではなく、A社の株式の引渡しを受けて、その発行済株式の
すべてを保有することとなった日となります。

【解説】
　平成22年度の税制改正により、100％持株関係のある法人間の取引等について一定の
措置が講じられました。この 100％持株関係のことを「完全支配関係」といいますが、
完全支配関係を有するに至る原因が株式の購入である場合の完全支配関係を有すること
となった日とは、株式の購入に係る契約の成立した日、あるいは株式の引渡しの日等の
いずれの日をいうのかという疑義が生じます。
　この点、完全支配関係を有することとなった日とは、一方の法人が他方の法人を支配
することができる関係が生じた日をいい、株式の購入により完全支配関係を有すること
となる場合には、株式の購入に係る契約が成立した日ではなく、当該株式の株主権が行
使できる状態になる株式の引渡しが行われた日となります。
　なお、お尋ねとは逆のケースで、株式の譲渡により完全支配関係を有しないこととな
る場合において、完全支配関係を有しないこととなった日とは、株主権が行使できない
状態になる株式の引渡しの日となります。

(注1)　連結納税制度における完全支配関係を有することとなった日の判定についても同
　　　様の取扱いとすることとし、平成22年10月1日前に締結された株式の購入に係る
　　　契約については、従前どおり株式の購入に係る契約の成立した日により判定するこ
　　　ととしています。
(注2)　法人が株式を譲渡した場合の譲渡損益については、原則として、株式の引渡しの
　　　日ではなく、その譲渡に係る契約をした日の属する事業年度に計上することとなり
　　　ます。

【関係法令】
　　法2十二の七の六、61の2①
　　基通1－3の2－2
　　連基通1－2－2
　　連基通経過的取扱い(1)

問2　いわゆる「みなし直接完全支配関係」

> 問　完全支配関係の判定において、いわゆる「みなし直接完全支配関係」とは、具体的に
> どのように株式を保有している場合をいうのでしょうか。

　答　一の者が法人の発行済株式等の全部を保有する場合における当該一の者と当該法人と
　　の間の関係を直接完全支配関係といい、当該一の者がこれとの間に直接完全支配関係が
　　ある法人を通じて他の法人の発行済株式等の全部を保有する場合における当該一の者と
　　当該他の法人との間の関係を一般的に「みなし直接完全支配関係」と言っています。

【解説】

1　一の者が法人の発行済株式等の全部を保有する場合における当該一の者と当該法人
　との間の関係を直接完全支配関係といいます。

2　また、一の者が法人の発行済株式等の全部を直接に保有する場合に限らず、次の①、
　②のように、一の者がこれとの間に直接完全支配関係がある法人（G1）を通じて他
　の法人（G2）の発行済株式等の全部を保有する場合にも、当該一の者と当該他の法
　人（G2）との間には直接完全支配関係があるとみなされます。

　①　一の者及びこれとの間に直接完全支配関係がある法人（G1）が他の法人（G2）
　　の発行済株式等の全部を保有する場合（直接保有割合＋間接保有割合＝100％）　［例1］
　②　一の者との間に直接完全支配関係がある法人（G1）が他の法人（G2）の発行
　　済株式等の全部を保有する場合（間接保有割合＝100％）　［例2］

［例1］　　　　　　　　　　　　　　　　［例2］

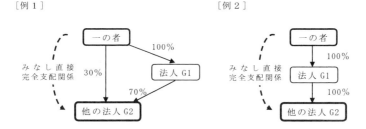

3　さらに、直接完全支配関係があるとみなされた当該他の法人（G2）との間に直接
　完全支配関係がある別の法人（G3）がある場合には、当該一の者と当該別の法人（G
　3）との間にも直接完全支配関係があるとみなされます。［例1'、例2'］

［例１'］

［例２'］

(注)　一の者は、必ずしも完全支配関係のあるグループの最上層に位置する者に限られるものではありません。上記の例において、Ｇ３からみれば、Ｇ２も一の者とみることができます。

4　２と３のように、一の者との間に直接完全支配関係があるとみなされる関係を一般的に「みなし直接完全支配関係」と言っており、その関係は、そのみなされた法人による直接完全支配関係（みなし直接完全支配関係を含みます。）がある法人が存在する限り連鎖することになります。

【関係法令】
　　法２十二の七の六
　　法令４の２②

484

問3　完全支配関係における5％ルール

> 問　当社は、発行済株式100,000株のうち98,000株を親会社に保有され、残り2,000株を当社従業員のみで構成される従業員持株会に保有されています。
> 　ところで、グループ法人税制が適用される完全支配関係とは100％の持株関係をいうと聞きましたが、当社と親会社とは98％の保有関係しかないことから、グループ法人税制の適用はないのでしょうか。

答　完全支配関係の判定上、一定の従業員持株会の株式保有割合が5％未満である場合には、その5％未満の株式を発行済株式から除いたところで保有割合を計算することとされています。
　貴社の従業員持株会が一定の要件を満たすものである場合、持株会保有株式を除く発行済株式（98,000株）の100％を親会社が保有することから、貴社と親会社との間には完全支配関係があると判定され、その取引等にグループ法人税制が適用されます。

【解説】
　1　完全支配関係とは、一の者が法人の発行済株式（当該法人が有する自己の株式を除きます。）の全部を直接又は間接に保有する関係（以下「当事者間の完全支配の関係」といいます。）又は一の者との間に当事者間の完全支配の関係がある法人相互の関係をいいます。
　　そして、この完全支配関係があるかどうかの判定上、発行済株式の総数のうちに次の①及び②の株式の合計数の占める割合が5％に満たない場合には、①及び②の株式を発行済株式から除いて、その判定を行うこととされています。
　　①　法人の使用人が組合員となっている民法第667条第1項に規定する組合契約（当該法人の発行する株式を取得することを主たる目的とするものに限ります。）による組合（組合員となる者が当該使用人に限られているものに限ります。）の主たる目的に従って取得された当該法人の株式
　　②　会社法第238条第2項の決議等により法人の役員等に付与された新株予約権等の行使によって取得された当該法人の株式（当該役員等が有するものに限ります。）
　2　したがって、お尋ねの場合の完全支配関係の判定においては、民法上の組合に該当するいわゆる証券会社方式による従業員持株会が保有する株式は、上記①の株式に該当します（完全支配関係：有）が、人格のない社団等に該当するいわゆる信託銀行方式による従業員持株会が保有する株式は、上記①の株式には該当しない（完全支配関係：無）ことに注意する必要があります。

【関係法令】
　　法2十二の七の六
　　法令4の2②
　　基通1－3の2－3

－ 4 －

問4　資本関係がグループ内で完結している場合の完全支配関係

> 問　下図のように子会社間（B、C）で発行済株式の一部を相互に持ち合っている場合には、親会社Aと子会社Bの間、親会社Aと子会社Cの間及び子会社BとCの間に完全支配関係はないものと考えてよろしいでしょうか。
>
> 【株式の保有関係図】
>
>
>
> 相互に持合い

　答　親会社Aと子会社Bの間、親会社Aと子会社Cの間及び子会社BとCの間には、それぞれ完全支配関係があることとなります。

【解説】
　1　法人税法上、完全支配関係とは、①一の者が法人の発行済株式等の全部を直接若しくは間接に保有する関係として政令で定める関係（以下「当事者間の完全支配の関係」といいます。）又は②一の者との間に当事者間の完全支配の関係がある法人相互の関係をいいます。
　　　お尋ねのように、子会社Bと子会社Cとの間でその発行済株式の一部を相互に保有し合い、相互保有の株式以外の株式のすべてを親会社Aが保有している場合には、①親会社Aは、子会社（B又はC）の発行済株式のすべてを保有していないことから、親会社Aと子会社Bとの間及び親会社Aと子会社Cとの間には当事者間の完全支配の関係がないことになるのか、②そうであれば、子会社Bと子会社Cとの間にも当事者間の完全支配の関係がある法人相互の関係もないことになるのか、という疑義が生じます。
　2　この点について、平成22年度の税制改正により、100％持株関係のあるグループ内の法人間の取引につき課税上の措置が講じられた趣旨は、グループ法人が一体的に経営されている実態に鑑みれば、グループ内法人間の資産の移転が行われた場合であっても実質的には資産に対する支配は継続していること、グループ内法人間の資産の移転の時点で課税関係を生じさせると円滑な経営資源再配置に対する阻害要因にもなりかねないことから、その時点で課税関係を生じさせないことが実態に合った課税上の取扱いであると考えられたものです。
　　　そして、この100％持株関係について、「完全支配関係」と定義されたものです。
　　　これらのことを前提とすれば、完全支配関係とは、基本的な考え方として、法人の発行済株式のすべてがグループ内のいずれかの法人によって保有され、その資本関係がグループ内で完結している関係、換言すればグループ内法人以外の者によってその発行済株式が保有されていない関係をいうものと解されます。
　3　したがって、お尋ねのようにグループ内法人以外の者によってその発行済株式が保有されていない子会社Bと親会社Aの間、子会社Cと親会社Aの間及び子会社BとCの間には、完全支配関係があるものとして取り扱うこととなります。

【関係法令】
　　法2十二の七の六
　　法令4の2②

問5　グループ法人税制の適用対象法人等の比較

> **問**　平成 22 年度の税制改正により措置されたグループ法人税制については、例えば、寄
> 附金の損金不算入・受贈益の益金不算入の規定は、法人による完全支配関係がある内国
> 法人間の寄附金・受贈益に限って適用されるなど、100％グループ内の法人間の取引で
> あっても、制度によって適用対象法人等に違いがあると聞いています。
> 　そこで、グループ法人税制の各制度について、その違いを教えてください。

答　平成 22 年度の税制改正により措置された主なグループ法人税制の各制度について、適
用対象法人、取引相手の制限及び完全支配関係に関する制限をまとめると、次の表のよ
うになります。

【グループ法人税制の比較（主なもの）】

制　度	適用対象法人	取引相手の制限	完全支配関係に関する制限
ⅰ　100％グループ内の法人間の資産の譲渡取引等（譲渡損益の繰延べ）（法 61 の 13）	資産の譲渡法人〔内国法人（普通法人又は協同組合等に限る。）〕	資産の譲受法人〔完全支配関係のある他の内国法人（普通法人又は協同組合等に限る。）〕	制限なし
ⅱ　100％グループ内の法人間の寄附金の損金不算入（法 37②）	寄附を行った法人〔内国法人〕	寄附を受けた法人〔完全支配関係のある他の内国法人〕	法人による完全支配関係に限られる。
ⅲ　100％グループ内の法人間の受贈益の益金不算入（法 25 の 2）	寄附を受けた法人〔内国法人〕	寄附を行った法人〔完全支配関係のある他の内国法人〕	法人による完全支配関係に限られる。
ⅳ　100％グループ内の法人間の現物分配（適格現物分配による資産の簿価譲渡）（法 2 十二の六、十二の十五、62 の 5 ③）	現物分配法人〔内国法人（公益法人等及び人格のない社団等を除く。）〕	被現物分配法人〔完全支配関係のある他の内国法人（普通法人又は協同組合等に限る。）〕	制限なし
ⅴ　100％グループ内の法人からの受取配当等の益金不算入（負債利子控除をせず全額益金不算入）（法 23①④⑤）	配当を受けた法人・内国法人・外国法人(注)	配当を行った法人〔配当等の額の計算期間を通じて完全支配関係があった他の内国法人（公益法人等及び人格のない社団等を除く。）〕	制限なし
ⅵ　100％グループ内の法人の株式の発行法人への譲渡に係る損益（譲渡損益の非計上）（法 61 の 2 ⑯）	株式の譲渡法人〔内国法人〕	株式の発行法人〔完全支配関係がある他の内国法人〕	制限なし

(注)　上記のとおりⅰ〜ⅳ及びⅵの制度は、外国法人について適用がありません。したがっ
　　て、ⅴの制度のみが外国法人に適用されますが、その適用対象となる外国法人は法人税
　　法第 141 条第 1 号から第 3 号《外国法人に係る各事業年度の所得に対する法人税の課税
　　標準》に掲げる外国法人、換言すれば、いわゆる恒久的施設が我が国にあることにより

　法人税の納税義務を有する外国法人に限られます。

【関係法令】

　法 2 十二の六、十二の六の二、十二の十五、23①④⑤、25 の 2 、37②、61 の 2 ⑯、61 の 13、62 の 5 ③、141、142

［参考図］

i　100％グループ内の法人間の資産の譲渡取引等（譲渡損益の繰延べ・法61の13）

100％の持株関係
制度適用あり（譲渡損益の繰延べとなる資産譲渡）
制度適用なし（譲渡損益の繰延べとならない資産譲渡）

（ケース１）内国法人から他の内国法人への譲渡損益調整資産の譲渡

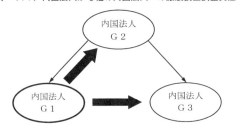

内国法人から他の内国法人への譲渡損益調整資産の譲渡は、その譲渡損益を繰り延べる。

（ケース２）内国法人から個人への譲渡損益調整資産の譲渡

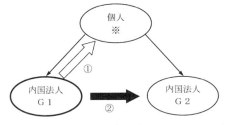

① 内国法人から個人への譲渡損益調整資産の譲渡は、その譲渡損益の繰延べの適用はない。

② ケース１と同じ。

※　個人及びその個人と法令４①に規定する特殊の関係のある個人をいう（法令４の２②）。以下ⅱ～ⅳまでにおいて同じ。

（ケース３）内国法人から外国法人への譲渡損益調整資産の譲渡

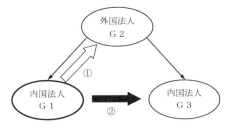

① 内国法人から外国法人への譲渡損益調整資産の譲渡は、その譲渡損益の繰延べの適用はない。

② ケース１と同じ。

ii・iii　100%グループ内の法人間の寄附金の損金不算入、受贈益の益金不算入（法37②、法25の2）

（ケース1）内国法人による完全支配関係がある内国法人間の寄附金・受贈益

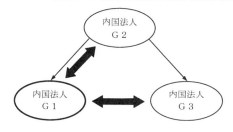

法人による完全支配関係のある内国法人間の寄附金の額は全額損金不算入、受贈益の額は全額益金不算入。

（ケース2）個人による完全支配関係がある内国法人間の寄附金・受贈益

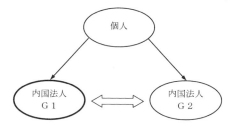

個人による完全支配関係のある内国法人間の寄附金の額は損金算入限度額あり、受贈益の額は全額益金算入。

（ケース3）外国法人による完全支配関係がある法人間の寄附金・受贈益

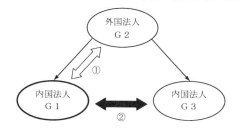

①　外国法人への寄附金の額（その外国法人の国内PEに帰属しないものに限ります。）は国外関連者に対する寄附金損金不算入制度（措法66の4③）が適用され全額損金不算入、外国法人からの受贈益の額は全額益金算入。

②　ケース1と同じ。

490

iv　100％グループ内の法人間の現物分配（適格現物分配による資産の簿価譲渡・法２十二の六、
十二の十五、法 62 の５③）

（ケース１）内国法人から他の内国法人への現物分配（適格現物分配）

（ケース２）内国法人から個人への現物分配

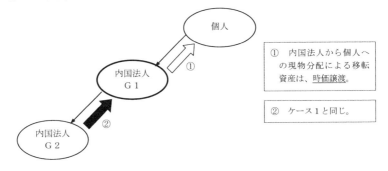

（ケース３）内国法人から外国法人への現物分配

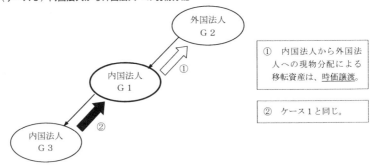

v　100%グループ内の法人からの受取配当等の益金不算入（負債利子控除をせず全額益金不算入・法23①④⑤）

（注1）　いずれのケースにおいても、配当等の額の計算期間を通じて配当等を行った他の内国法人との間に完全支配関係があったものとします。
（注2）　外国法人の課税関係については、租税条約の適用を前提としていません。（以下viにおいても同様です。）

（ケース1）内国法人が他の内国法人から受ける受取配当等

（ケース2）外国法人（国内PEあり）が内国法人から受ける受取配当等

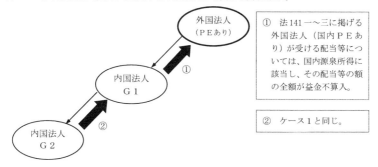

（ケース3）外国法人（国内PEなし）が内国法人から受ける受取配当等

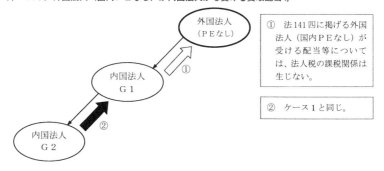

492

vi　100%グループ内の法人の株式の発行法人への譲渡に係る損益（譲渡損益の非計上・法61の
　2⑯）

（ケース１）内国法人が株式の発行法人（内国法人）に対して行う当該株式の譲渡

当該株式の譲渡は簿価
譲渡となり、その譲渡損益
を計上しない。

（ケース２）外国法人（国内ＰＥあり）が株式の発行法人（内国法人）に対して行う当該株式
　　　　　の譲渡

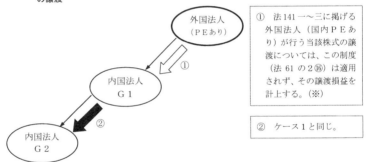

①　法141一～三に掲げる
　外国法人（国内ＰＥあ
　り）が行う当該株式の譲
　渡については、この制度
　（法61の2⑯）は適用
　されず、その譲渡損益を
　計上する。（※）

②　ケース１と同じ。

（ケース３）外国法人（国内ＰＥなし）が株式の発行法人（内国法人）に対して行う当該株式
　　　　　の譲渡

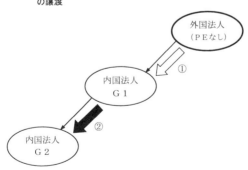

①　法141四に掲げる外国
　法人（国内ＰＥなし）が
　行う当該株式の譲渡に
　ついては、原則として法
　人税の課税関係は生じ
　ない。
　　ただし、事業譲渡類似
　株式の譲渡益など、その
　株式の譲渡益が国内源
　泉所得に該当する場合
　には、（※）と同じ。

②　ケース１と同じ。

問6　完全子法人株式等に該当するかどうかの判定

問　当社（3月決算、内国法人）は、当期（自平成22年4月1日至平成23年3月31日）
中の平成22年7月30日に、数年前から発行済株式の100％を継続保有している子会社
（4月決算、内国法人）から配当の額を受けました。
　　当該子会社における当該配当の額の計算期間は、平成22年度の税制改正前の期間を
含む平成21年5月1日から平成22年4月30日までの期間ですが、この配当の額につ
いては、税務上、どのように取り扱われますか。

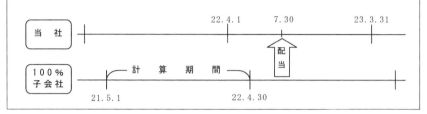

答　貴社が受ける当該配当の額は、完全子法人株式等に係る配当等の額に該当し、負債利
子を控除することなく、その全額が益金不算入となります。

【解説】
1　法人が支払を受ける「完全子法人株式等」に係る配当等の額については、負債の利
　子の額を控除することなく、その全額が益金不算入とされます。
　　この場合の「完全子法人株式等」とは、配当等の額の計算期間の開始の日から当該
　計算期間の末日まで継続して、配当等の額の支払を受ける内国法人と配当等の額を支
　払う他の内国法人との間に完全支配関係があった場合の当該他の内国法人の株式又は
　出資をいいます。
2　ところで、お尋ねのように配当等の額を支払う他の内国法人における計算期間が平
　成22年度の税制改正前、すなわち平成22年4月1日前に開始している場合には、当
　該計算期間の開始の日から平成22年3月31日までの間は「完全子法人株式等」とい
　う概念がないと考えれば、結果として従前の課税関係（関係法人株式等に係る配当等
　の額として、負債利子を控除した金額を益金不算入とする。）になるのではないかとの
　疑義が生じ得ます。
3　しかしながら、この完全子法人株式等に係る配当等の額についての措置は、平成22
　年4月1日以後に開始する事業年度の所得に対する法人税について適用され、同日前
　に開始した事業年度の所得に対する法人税については従前の課税関係どおりとされて
　おり、その適用関係は配当等の額の支払を受ける内国法人の事業年度の開始の日がい
　つであるかにより定められているのであって、配当等の額を支払う法人における計算
　期間によるものではありません。
4　したがって、配当等の額を支払う他の内国法人の計算期間の開始の日が平成22年4
　月1日前であっても、当該計算期間を通じて、配当等の額の支払を受ける内国法人と
　当該他の内国法人との間に100％の持株関係（完全支配関係）がある場合には、当該
　内国法人の平成22年4月1日以後に開始する事業年度において支払を受ける当該配
　当等の額は、完全子法人株式等に係る配当等の額に該当し、負債利子を控除すること
　なく、その全額が益金不算入となります。

494

【関係法令】

　　法 23①④⑤⑥

　　法令 22 の 2 ①、22 の 3 ①

　　改正法附則 10①

　　改正令附則 2 ①

問7　寄附修正事由が生じた場合の株主の処理

> 問　次のような内国法人による完全支配関係がある法人間で寄附が行われた場合、その寄附を行った又は寄附を受けた法人の株主においてはどのような処理を行うこととなりますか。
> (1)　G2がG3に対して寄附金の額100を支出した場合
> (2)　G2がG4に対して寄附金の額100を支出した場合
> (3)　G1がG3に対して寄附金の額100を支出した場合
>
>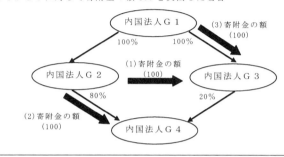

答
(1)　G2とG3の株主であるG1において、G2株式及びG3株式の帳簿価額の修正を行うこととなります。
(2)　G2の株主であるG1において、G2株式の帳簿価額の修正を行い、G4の株主であるG2及びG3において、G4株式の帳簿価額の修正を行うこととなります。
(3)　G3の株主であるG1において、G3株式の帳簿価額の修正を行うこととなります。

【解説】

1　寄附修正の概要

　　法人が有する当該法人との間に完全支配関係がある法人（以下「子法人」といいます。）の株式等について次のイ又はロに掲げる事由（以下「寄附修正事由」といいます。）が生ずる場合には、以下の算式により計算した金額を利益積立金額及びその寄附修正事由が生じた時の直前の子法人の株式等の帳簿価額に加算することとされています。
　イ　子法人が法人による完全支配関係のある他の内国法人から益金不算入の対象となる受贈益の額を受けたこと
　ロ　子法人が法人による完全支配関係のある他の内国法人に対して損金不算入の対象となる寄附金の額を支出したこと

(算　式)

　　この算式の持分割合とは、当該子法人の寄附修正事由が生じた時の直前の発行済株式又は出資（当該子法人が有する自己の株式又は出資を除きます。）の総数又は総額のうちに当該法人が当該直前に有する当該子法人の株式又は出資の数又は金額の占める割合をいいます。

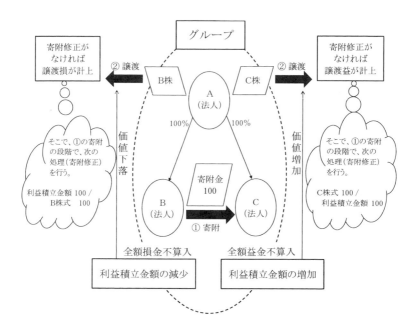

2　G2がG3に対して寄附金の額100を支出した場合（お尋ねの(1)の場合）

　G1との間に完全支配関係があるG2及びG3の株式について寄附修正事由が生じているため、G1はG2株式について寄附金の額100に持分割合100%を乗じた金額100を利益積立金額から減算するとともに、同額を寄附修正事由が生じた時の直前のG2株式の帳簿価額から減算し、減算後の帳簿価額を株式の数で除して計算した金額を1株当たりの帳簿価額とします。

　また、G3株式については、受贈益の額100に持分割合100%を乗じた金額100を利益積立金額に加算するとともに、同額を寄附修正事由が生じた時の直前のG3株式の帳簿価額に加算し、加算後の帳簿価額を株式の数で除して計算した金額を1株当たりの帳簿価額とします。

＜G1の処理＞

　（申告調整）
　　利益積立金額　　100　／　G2株式　　　　100
　　G3株式　　　　　100　／　利益積立金額　100

＜G1の別表五(一)の記載例（抜粋）＞

区分	期首	減	増	期末
G2株式（寄附修正）		100		△　100
G3株式（寄附修正）			100	100
計		100	100	0

付　　録　　　497

3　G2がG4に対して寄附金の額100を支出した場合（お尋ねの(2)の場合）

　　G1との間に完全支配関係があるG2の株式について寄附修正事由が生じているため、G1はG2株式について寄附金の額100に持分割合100％を乗じた金額100を利益積立金額から減算するとともに、同額を寄附修正事由が生じた時の直前のG2株式の帳簿価額から減算し、減算後の帳簿価額を株式の数で除して計算した金額を1株当たりの帳簿価額とします。

　　また、G2及びG3との間に完全支配関係があるG4の株式について寄附修正事由が生じているため、G2は受贈益の額100に持分割合80％を乗じた金額80を利益積立金額に加算するとともに、同額を寄附修正事由が生じた時の直前のG4株式の帳簿価額に加算し、加算後の帳簿価額を株式の数で除して計算した金額を1株当たりの帳簿価額とします。

　　同様に、G3は受贈益の額100に持分割合20％を乗じた金額20を利益積立金額に加算するとともに、同額を寄附修正事由が生じた時の直前のG4株式の帳簿価額に加算し、加算後の帳簿価額を株式の数で除して計算した金額を1株当たりの帳簿価額とします。

　　なお、これによりG1、G2及びG3が別表五(一)に記載した金額に相当する金額が、同別表の左余白に記載された検算式と不符合となりますのでご注意ください。

【参考：別表五(一)の検算式】

　「期首現在利益積立金額合計「31」①」　＋　「別表四留保所得金額又は欠損金額「44」」　－　「中間分、確定分法人税県市民税の合計額」　＝　「差引翌期首現在利益積立金額合計「31」④」

＜G1の処理＞

（申告調整）
　利益積立金額　100　／　G2株式　　100

＜G1の別表五(一)の記載例（抜粋）＞

区分	期首	減	増	期末
G2株式（寄附修正）		100		△ 100
計		100		△ 100

＜G2の処理＞

（申告調整）
　G4株式　　80　／　利益積立金額　　80

＜G2の別表五(一)の記載例（抜粋）＞

区分	期首	減	増	期末
G4株式（寄附修正）			80	80
計			80	80

- 17 -

＜G3の処理＞

```
（申告調整）
  G4株式     20  ／  利益積立金額     20
```

＜G3の別表五（一）の記載例（抜粋）＞

区分	期首	減	増	期末
G4株式（寄附修正）			20	20
計			20	20

4　G1がG3に対して寄附金の額100を支出した場合（お尋ねの(3)の場合）

　　G1との間に完全支配関係があるG3の株式について寄附修正事由が生じているため、G1はG3株式について受贈益の額100に持分割合100％を乗じた金額100を利益積立金額に加算するとともに、同額を寄附修正事由が生じた時の直前のG3株式の帳簿価額に加算し、加算後の帳簿価額を株式の数で除して計算した金額を1株当たりの帳簿価額とします。

　　なお、これによりG1が別表五(一)に記載した金額に相当する金額が、同別表の左余白に記載された検算式と不符合となりますのでご注意ください。

＜G1の処理＞

```
（申告調整）
  G3株式    100  ／  利益積立金額    100
```

＜G1の別表五（一）の記載例（抜粋）＞

区分	期首	減	増	期末
G3株式（寄附修正）			100	100
計			100	100

5　G1が4において寄附修正を行ったG3株式を売却した場合

　　G1が上記4において帳簿価額の修正を行ったG3株式を他に売却した場合には、修正後の帳簿価額によりその譲渡損益の計算を行うことになります。

　　例えば、寄附修正前のG3株式の帳簿価額を1,000、寄附修正後の帳簿価額を1,100、売却した価額を1,200とした場合の処理は次のとおりです。

＜G1の処理＞

```
（会計上）
  現金     1,200  ／  G3株式      1,000
                  ／  株式売却益      200

（税務上）
  現金     1,200  ／  G3株式      1,100
                  ／  株式売却益      100

（申告調整）
  株式売却益   100  ／  G3株式        100
```

＜Ｇ１の別表四の記載例（抜粋）＞

区分		総額	処分	
			留保	社外流出
		①	②	③
当期利益又は当期欠損の額	1	200	200	
減算 株式売却益（Ｇ３株式）		100	100	
所得金額又は欠損金額	44	100	100	

＜Ｇ１の別表五（一）の記載例（抜粋）＞

区分	期首	減	増	期末
Ｇ３株式（寄附修正）	100	100		0
計	100	100		0

【適用関係】

　この措置は、平成 22 年 10 月 1 日以後に寄附修正事由が生じる場合について適用することとされています。

【関係法令】

　法令 9 ① 七、119 の 3 ⑥
　改正令附則 5 ② ⑥、13 ①

問8　完全支配関係がある法人間の資産の譲渡取引における譲渡の意義

> 問　内国法人G1は完全支配関係のある他の内国法人G2に対して譲渡損益調整資産を
> 譲渡して、その譲渡に係る譲渡損益を繰り延べました。
> 　その後、譲渡を受けた他の内国法人G2が完全支配関係のある別の内国法人G3にそ
> の譲渡損益調整資産を譲渡しましたが、完全支配関係のあるグループ内の法人間の譲渡
> であることから、G1は譲渡損益の戻入処理を行うことなく、繰り延べたままにしてお
> くのでしょうか。

答　G1から譲渡損益調整資産を譲り受けたG2が、その後、グループ内のG3にその資
　産を譲渡した場合には、G1は繰り延べていた譲渡損益の戻入れを行うこととなります。

【解説】
　　内国法人が完全支配関係のある他の内国法人に譲渡した譲渡損益調整資産に係る譲渡
　利益額又は譲渡損失額を繰り延べた場合において、その譲渡を受けた他の内国法人にお
　いてその譲渡損益調整資産の譲渡、償却、評価換え、貸倒れ、除却等の事由が生じたと
　きは、その譲渡利益額又は譲渡損失額に相当する金額は、所定の計算により算出した金
　額を益金の額又は損金の額に算入する（戻し入れる）こととされています。
　　上記の「譲渡」からは、完全支配関係のある別の内国法人への譲渡が除かれていませ
　んので、譲渡損益調整資産をG1から取得したG2が、さらにその資産をグループ内の
　G3に譲渡した場合には、G1は繰り延べた譲渡損益を戻し入れることとなります。
　　一方、G2は、その譲渡損益調整資産をG3に譲渡したことにより生じた譲渡利益額
　又は譲渡損失額に相当する金額を損金の額又は益金の額に算入して譲渡損益を繰り延べ
　ることとなります。

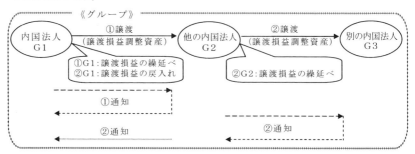

【適用関係】
　　上記の措置は、法人が平成22年10月1日以後に行う譲渡損益調整資産の譲渡に係る
　譲渡利益額又は譲渡損失額について適用されます。

【関係法令】
　　　法61の13①②
　　　法令122の14④⑥
　　　改正法附則22①
　　　改正令附則15①

問9　非適格合併による資産の移転と譲渡損益の繰延べ

> 問　次の前提においてグループ法人間で非適格合併が行われた場合の被合併法人及び合
> 併法人の申告調整等の処理はどのようになりますか。
> 《前提》
> イ　被合併法人の合併直前のＢ／Ｓは次のとおりです。
>
> （被合併法人の合併直前のＢ／Ｓ）
>
> | 資産A　　1,800
（含み益　　200） | 利益積立金額 1,900 |
> |---|---|
> | 資産B　　　600
（含み益　　300） | 資本　　　　500 |
>
> ロ　資産Aは譲渡損益調整資産に該当します（時価 2,000）。
> ハ　資産Bは譲渡損益調整資産に該当しません（時価 900）。
> ニ　最後事業年度の当期利益の額は、1,000 とします。
> ホ　合併対価は、2,900 とします。
> ヘ　被合併法人から合併法人への移転資産（資産A、B）の移転は、会計上、被合併法
> 人の帳簿価額が引き継がれています。

答
〔被合併法人の処理〕
（資産A）　申告調整をする必要はありません。
（資産B）　時価譲渡したものとして時価と帳簿価額との差額について申告調整をする
　　　　　必要があります。
〔合併法人の処理〕
（資産A）　被合併法人の帳簿価額で受け入れるとともに、本来の取得価額（時価）と
　　　　　の差額を利益積立金額として処理します。
（資産B）　時価で受け入れるとともに、時価と会計上の帳簿価額との差額を利益積立
　　　　　金額として処理します。

【解説】
1　処理の概要

　　非適格合併（適格合併に該当しない合併をいいます。）が行われた場合には、被合併
法人である内国法人が合併法人に対して移転する資産及び負債はその移転時の価額に
より譲渡したものとされ、その移転した資産及び負債に係るその移転による譲渡利益
額又は譲渡損失額は被合併法人の最後事業年度（被合併法人の合併の日の前日の属す
る事業年度をいいます。以下同じです。）の所得の金額の計算上、益金の額又は損金の
額に算入されます。

　　また、合併法人においては、その移転を受けた資産及び負債はその移転時の価額に
より受け入れることとなります。

　　ただし、グループ法人間で非適格合併が行われた場合において、被合併法人である
内国法人から移転した資産が譲渡損益調整資産に該当するときには、被合併法人にお
いては、その譲渡損益調整資産に係る譲渡利益額又は譲渡損失額を計上しないことと
なります。一方、合併法人においては、移転を受けたその譲渡損益調整資産を被合併
法人の帳簿価額により受け入れることとなります。

- 21 -

　つまり、グループ法人間で非適格合併が行われた場合には、その合併によって移転した譲渡損益調整資産に係る譲渡損益は合併時に被合併法人において認識することなく、合併法人に帳簿価額で移転し、例えば、合併法人がその譲渡損益調整資産を他に譲渡したときなどに損益を認識することとなります。

2　被合併法人における処理

　非適格合併により移転した資産が譲渡損益調整資産に該当する場合には、その譲渡損益調整資産に係る譲渡利益額又は譲渡損失額に相当する金額は、被合併法人の最後事業年度において、損金の額又は益金の額に算入されることとなりますので、被合併法人の所得の金額に何ら影響しないこととなり、お尋ねの前提のように帳簿価額による引継ぎが行われているときには、被合併法人がその最後事業年度において行う申告調整は結果としてありません。

　したがって、資産Aに係る申告調整はありません。

　また、譲渡損益調整資産に該当しない資産を移転した場合において、帳簿価額により引継ぎが行われているときには、時価と帳簿価額の差額を移転資産に係る譲渡損益として申告調整を行うこととなりますので、資産Bについては、その資産に係る時価と帳簿価額の差額について申告調整を行うこととなります。

　お尋ねの前提に基づく具体的な処理例については、次のとおりとなります。

○　被合併法人の処理（申告調整）

イ　別表四

（資産Aに係る処理はない。）

（資産Bは法61の13①適用なし）

区分		総額	処分	
			留保	社外流出
		①	②	③
当期利益又は当期欠損の額	1	1,000	1,000	
非適格の合併等又は残余財産の全部分配等による移転資産等の譲渡利益又は譲渡損失額	40	300		※　300
所得金額又は欠損金額	44	1,300	1,000	300

ロ　別表五（一）

　　記載なし

　㊟　法人税法第61条の13第3項《完全支配関係がある法人の間の取引の損益》において、完全支配関係を有しなくなった場合の譲渡損益の戻入れについて規定されていますが、非適格合併による合併法人への譲渡損益調整資産の移転により被合併法人が同条第1項の規定の適用を受けた場合を除く旨が規定されていますので、譲渡損益を繰り延べた直後に合併法人との間に完全支配関係を有しないこととなった場合であっても、譲渡損益の戻入れを行う必要はありません。

　　この譲渡損益については、被合併法人において戻入れを行いませんが、その譲渡損益調整資産は合併法人に帳簿価額で移転しますので（次の3を参照してください。）、合併法人がその譲渡損益調整資産を他に譲渡したときなどに損益が認識されることとなります。

3　合併法人における処理

　　非適格合併における被合併法人において、譲渡損益調整資産に係る譲渡利益額又は
　譲渡損失額を計上しないこととされた場合には、その譲渡利益額に相当する金額はそ
　の非適格合併に係る合併法人のその譲渡損益調整資産の取得価額に算入しないものと
　し、その譲渡損失額に相当する金額はその合併法人のその譲渡損益調整資産の取得価
　額に算入するものとされています。

　　この場合において、合併法人において譲渡損益調整資産の取得価額に算入しない譲
　渡利益額に相当する金額から譲渡損益調整資産の取得価額に算入する譲渡損失額に相
　当する金額を減算した金額は、合併法人の利益積立金額の期末の減算項目とされてい
　ます。

　　したがって、資産Aについては、譲渡損益調整資産に該当する資産の移転であるこ
　とから帳簿価額で受け入れ、譲渡利益額に相当する額（本来の取得価額（時価）と被
　合併法人における帳簿価額との差額）を利益積立金額の減算項目として処理します。

　　また、資産Bについては、譲渡損益調整資産に該当しない資産の移転であることか
　ら、時価で受け入れることとなります。

　　簿価引継ぎなど、お尋ねの前提に基づく具体的な処理例については、次のとおりと
　なります。

○　合併法人の処理（申告調整）

　　合併法人において、非適格合併により受け入れた資産A及び資産Bについて、会
　計上、簿価（資産A 1,800、資産B 600）で受け入れ、簿価と時価との差額は通常
　のれんとして処理します。この場合の申告調整は次のとおりです。

```
（会計上）
　資産A　　　　1,800　／　合併対価　　2,900
　資産B　　　　　600　／
　のれん　　　　　500　／

（税務上）
　資産A　　　　1,800　／　合併対価　　2,900
　資産B　　　　　900　／
　利益積立金額　　200　／

（申告調整）※
　資産B　　　　　300　／　のれん　　　　500
　利益積立金額　　200　／
```

※　この処理の考え方を仕訳により説明すれば、次のとおりです。
・　非適格合併における移転資産の移転時の価額による受入れ
　　資産A　　　　　200　／　のれん　　　　　500
　　資産B　　　　　300　／
・　被合併法人において繰り延べた譲渡損益調整資産に係る譲渡利益額に相当する金額を
　　移転資産の取得価額に不算入（法61の13⑦）
　　利益積立金額　　200　／　資産A　　　　　200

504

イ　別表四
記載なし

ロ　別表五（一）

区分	期首	減	増	期末
（資産Ａ）		(200)	(200)	(0)
資産Ｂ			300	300
のれん		500		△ 500
計		500 (700)	300 (500)	△ 200

【適用関係】

　上記の措置は、法人が平成22年10月1日以後に行う譲渡損益調整資産の譲渡に係る譲渡利益額又は譲渡損失額について適用されます。

【関係法令】

　法61の13①③⑦、62
　法令9①一ル、9の2①一ル
　改正法附則22①
　改正令附則15①

問 10　譲渡損益調整資産（非減価償却資産）を簿価により譲渡した場合の課税関係

問　内国法人Ｇ１は、完全支配関係を有する他の内国法人Ｇ２に対して時価 100 百万円の
　　土地をＧ１の帳簿価額 80 百万円で譲渡することとしました。
　　　帳簿価額で譲渡することとした理由は、グループ法人税制の創設によって、①完全支
　　配関係がある法人間の譲渡損益調整資産の譲渡による譲渡利益額は繰り延べられるこ
　　ととされ、また、②時価と帳簿価額との差額をＧ１において寄附金の額とし、Ｇ２にお
　　いて受贈益の額としても、寄附金の損金不算入及び受贈益の益金不算入規定により、い
　　ずれの法人においても所得の金額に影響がないと思われるからです。
（1）　このように譲渡損益調整資産を帳簿価額で譲渡した場合には、Ｇ１及びＧ２の所
　　　得の金額に影響がないことから、税務上もＧ１の土地の譲渡対価の額を帳簿価額で
　　　ある 80 百万円とし、Ｇ２の当該土地の取得価額を 80 百万円としてもよろしいでし
　　　ょうか。
（2）　仮に（1）の処理が認められない場合には、譲渡法人Ｇ１及び譲受法人Ｇ２は、それ
　　　ぞれどのような申告調整を行う必要がありますか。

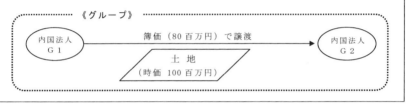

答
（1）　Ｇ１及びＧ２の所得の金額に影響があるなしにかかわらず、税務上は時価により譲
　　　渡があったものとなりますので、Ｇ１の譲渡対価の額は 100 百万円、Ｇ２の取得価額
　　　は 100 百万円として、それぞれ申告調整を行うこととなります。
（2）　譲渡法人Ｇ１は、時価（100 百万円）と帳簿価額（80 百万円）との差額（20 百万
　　　円）について、①譲渡利益額（20 百万円）の計上と②その繰延べ処理及び③寄附金
　　　認容（20 百万円）と④その損金不算入処理を行います。
　　　　また、譲受法人Ｇ２は、⑤受贈益（20 百万円）の計上（取得価額の加算）と⑥そ
　　　の益金不算入処理を行います。

【解説】
1　譲渡対価の額と取得価額（低廉譲渡の場合）
（1）　譲渡に係る対価の額（Ｇ１の処理）
　　　　譲渡損益調整資産に該当する資産の譲渡であっても、資産の譲渡であることには
　　　変わりはありませんので、その譲渡に係る対価の額は実際に収受した金銭等の額で
　　　はなく、譲渡時の当該資産の価額（時価）によることとなります。
　　　　100％グループ法人間の譲渡損益調整の規定（法61の13）は、このことを前提とし
　　　た上で、その譲渡に係る譲渡利益額又は譲渡損失額を調整することとしたものです。
　　　　したがって、Ｇ１における譲渡対価の額は、譲渡損益調整資産である土地の譲渡
　　　時の時価（100百万円）となります。
（2）　土地の取得価額（Ｇ２の処理）
　　　　法人が無償又は低廉により資産を取得した場合でその資産の価額のうち贈与

506

又は経済的利益の供与を受けたと認められる部分があるときは、その資産の取得のために通常要する価額（時価）が取得価額となります。

したがって、G2が取得した土地に付すべき取得価額は、当該土地の譲渡の時の時価である100百万円となります。

2 譲渡法人と譲受法人の申告調整の概要

1のとおり完全支配関係を有する法人間で帳簿価額により譲渡損益調整資産を譲渡した場合において、譲渡法人、譲受法人がともに会計上も帳簿価額による譲渡と処理しているときには、次の(1)、(2)の区分に応じ、それぞれ次のように申告調整することになります。

(1) 低廉譲渡（時価＞簿価）の場合

譲渡法人においては、時価と譲渡対価の額との差額（以下「時価差額」といいます。）を譲渡利益額として計上した上で、その譲渡利益額の繰延べ処理を行います。また、同額を寄附金の額として認容した上で、その全額を損金不算入とする申告調整を行います。

譲受法人においては、時価差額を受贈益として計上し、資産の取得価額に加算した上で、その全額を益金不算入とする申告調整を行います。

譲渡法人の税務処理	譲受法人の税務処理
・譲渡利益額の計上 ・譲渡利益額の繰延べ（益金不算入） ・寄附金認容 ・寄附金の損金不算入	・受贈益の計上 ・受贈益の益金不算入

(2) 高額譲渡（時価＜簿価）の場合

譲渡法人においては、時価差額を譲渡損失額として計上した上で、その譲渡損失額の繰延べ処理を行います。また、同額を受贈益として計上した上で、その全額を益金不算入とする申告調整を行います。

譲受法人においては、時価差額を寄附金の額として認容し、資産の取得価額から減算した上で、その全額を損金不算入とする申告調整を行います。

譲渡法人の税務処理	譲受法人の税務処理
・譲渡損失額の計上 ・譲渡損失額の繰延べ（損金不算入） ・受贈益の計上 ・受贈益の益金不算入	・寄附金認容 ・寄附金の損金不算入

3 具体的な申告調整例

お尋ねの場合には、低廉譲渡に当たりますので、具体的な申告調整等は次のとおりとなります。

《税務仕訳等》　　　　　　　　　　　　　　　　　　　（単位：百万円）

内　容	譲渡法人（Ｇ１）の処理	譲受法人（Ｇ２）の処理
譲渡時	《会計処理》 　現金　　80／土地　　　80	《会計処理》 　土地　　80／現金　　　80
① 譲渡利益額の 計上 （法22②）	《税務仕訳》 　現金　　80／土地　　　80 　未収入金20／譲渡益　　20 《申告調整》 　譲渡益計上もれ20（加算・留保）	
② 譲渡利益額の 繰延べ （法61の13①）	《税務仕訳》 　譲渡損益調整勘定繰入額（損金）20 　　　　／譲渡損益調整勘定20 《申告調整》 　譲渡損益調整勘定繰入額20 　　　　　　　　（減算・留保）	
③ 寄附金認容 （法22③）	《税務仕訳》 　寄附金　　20／未収入金　　20 《申告調整》 　寄附金認容20（減算・留保）	
④ 寄附金の損金 不算入 （法37②）	《税務仕訳》 　寄附金損金不算入20 　　　　　／その他流出20 《申告調整》 　寄附金損金不算入20（加算・流出）	
⑤ 受贈益の計上 （法22②）		《税務仕訳》 　土地　　　100／現金　　　80 　　　　　　／受贈益　　20 《申告調整》 　受贈益計上もれ20（加算・留保） ※　上記の留保は、土地の取得価額の 　　増加となる。
⑥ 受贈益の益金 不算入 （法25の2）		《税務仕訳》 　受贈益益金不算入20 　　　　　／その他流出20 《申告調整》 　受贈益益金不算入20 　　　　　　　　（減算・流出）

508

《別表記載例》
譲渡法人（G1）
別表四
(単位：円)

	区分		総額	留保		社外流出	
加算	譲渡益計上もれ		20,000,000	①	20,000,000		
	小計	13	20,000,000		20,000,000		
減算	譲渡損益調整勘定繰入額		20,000,000	②	20,000,000		
	寄附金認容		20,000,000	③	20,000,000		
	小計	25	40,000,000		40,000,000		
寄附金の損金不算入額		27	20,000,000			その他	④ 20,000,000
所得金額又は欠損金額		44	0	△20,000,000			20,000,000

別表五（一）

区分	期首	減		増		期末
未収入金		③	20,000,000	①	20,000,000	0
譲渡損益調整勘定（土地）		②	20,000,000			△20,000,000
計			40,000,000		20,000,000	△20,000,000

譲受法人（G2）
別表四

	区分		総額	留保		社外流出	
加算	受贈益計上もれ		20,000,000	⑤	20,000,000		
	小計	13	20,000,000		20,000,000		
減算	受贈益の益金不算入額	18	20,000,000			※	⑥ 20,000,000
	小計	25	20,000,000				20,000,000
所得金額又は欠損金額		44	0	20,000,000			△20,000,000

別表五（一）

区分	期首	減	増		期末
土地			⑤	20,000,000	20,000,000
計				20,000,000	20,000,000

【関係法令】
　　法 22②③、25 の 2 、37②⑧、61 の 13①
　　基通 12 の 4 － 1 － 1

問 11　譲渡損益調整資産（減価償却資産）を簿価で譲り受けた場合の譲受法人の申告調整

問　内国法人Ｇ１は、完全支配関係を有する他の内国法人Ｇ２に対して時価 100 百万円の機械をＧ１の帳簿価額 80 百万円で譲渡することとしました。
　この場合、譲受法人Ｇ２の譲受けの日を含む事業年度における申告調整はどのようになりますか。

答　譲受法人Ｇ２は、①受贈益の計上（取得価額の加算）、②その益金不算入処理及び③減価償却超過額の損金不算入処理を行います。

【解説】
　譲受法人Ｇ２における具体的な申告調整は、次のとおりとなります。
①　譲受法人Ｇ２において時価よりも低い価額で取得した機械（減価償却資産）について、その取得価額として経理した金額（80 百万円）がその機械の取得時の時価（100 百万円）に満たない場合のその満たない金額（20 百万円）をその機械の取得価額に加算し、同額を内国法人Ｇ１からの受贈益として、益金の額に加算します。

　≪税務仕訳≫　　機械　　20 百万円／受贈益　　20 百万円
　≪申告調整≫　　受贈益計上もれ　　20 百万円（加算・留保（機械））

②　この受贈益の額は完全支配関係のある内国法人Ｇ１から受けた受贈益の額であることから、その全額を益金不算入とします。

　≪申告調整≫　　受贈益の益金不算入　　20 百万円（減算・その他流出）

③　この機械に係る減価償却費の損金算入限度額の計算については、上記①により調整した税務上の取得価額（100 百万円）を基礎として、当該機械の譲受時（事業供用時）から当該事業年度末までの期間分の減価償却費の損金算入限度額を計算します。

④　譲受法人Ｇ２が当該事業年度においてその償却費として損金経理をした金額のうち、上記③により計算した損金算入限度額を超える部分の金額が減価償却超過額として損金不算入となります。
　お尋ねのように、減価償却資産を時価よりも低い価額で譲り受けた場合で、その譲り受けた価額をその取得価額として経理しているときには、上記①により当該機械の取得価額に加算した時価に満たない金額（20 百万円）は、「償却費として損金経理をした金額」に含まれますので（基通７−５−１(4)）、減価償却超過額の計算に当たっては、この 20 百万円を償却費として損金経理をした金額に含めて計算を行います。
　例えば、当該機械に係る上記③により計算した減価償却費の損金算入限度額が

15 百万円、当該事業年度においてその償却費として損金経理した金額が 30 百万円（会計上 10 百万円＋加算分 20 百万円）である場合には、減価償却超過額は 15 百万円（30 百万円－15 百万円）となりますので、15 百万円を減価償却超過額として損金不算入とします。

≪税務仕訳≫　　減価償却費　　　　　20 百万円／機械　　　　　20 百万円
　　　　　　　　減価償却超過額　　15 百万円／減価償却費　　15 百万円
≪申告調整≫　　減価償却費認容　　20 百万円（減算・留保）
　　　　　　　　減価償却超過額　　15 百万円（加算・留保）

《別表記載例》

譲受法人（G2）

別表四　　　　　　　　　　　　　　　　　　　　　　　　　　　　　（単位：円）

区分			総額	留保		社外流出	
加算	受贈益計上もれ		20,000,000	①	20,000,000		
	減価償却の償却超過額	7	15,000,000	④	15,000,000		
	小計	13	35,000,000		35,000,000		
減算	受贈益の益金不算入額	18	20,000,000			※ ②	20,000,000
	減価償却費認容		20,000,000	④	20,000,000		
	小計	25	40,000,000		20,000,000		20,000,000
所得金額又は欠損金額		44	△ 5,000,000		15,000,000		△20,000,000

別表五（一）

区分	期首	減		増		期末
減価償却超過額				④	15,000,000	15,000,000
機械		④	20,000,000	①	20,000,000	0
計			20,000,000		35,000,000	15,000,000

【関係法令】

　　法 22②、25 の 2、31
　　基通 7 － 5 － 1 (4)

問 12　譲渡損益調整資産が減価償却資産である場合の戻入額の計算

> **問**　譲渡法人から譲り受けた譲渡損益調整資産が譲受法人において減価償却資産である場合において、その譲渡法人が繰り延べている譲渡利益額又は譲渡損失額の戻入額の計算はどのように行うこととなりますか。

答　譲渡法人における戻入額（益金の額又は損金の額に算入する金額）の計算は次の①原則法又は②簡便法により行うこととなります。

> **① 原則法**
>
> 戻入額(注1)　＝　譲渡損益調整資産に係る譲渡利益額又は譲渡損失額に相当する金額　×　$\dfrac{\text{譲受法人において償却費として損金の額に算入された金額}}{\text{譲受法人における譲渡損益調整資産の取得価額}}$

> **② 簡便法**
>
> 戻入額　＝　譲渡損益調整資産に係る譲渡利益額又は譲渡損失額に相当する金額　×　$\dfrac{\text{譲渡法人の当該事業年度開始の日からその終了の日までの期間(注2)の月数}}{\text{譲受法人がその譲渡損益調整資産について適用する耐用年数×12}}$

(注1)　調整済額がある場合には一定の調整計算を要します。
　　　　調整済額とは、譲渡損益調整資産に係る譲渡利益額又は譲渡損失額に相当する金額につき、既に譲渡法人の各事業年度の所得の金額又は各連結事業年度の連結所得の金額の計算上益金の額又は損金の額に算入された金額の合計額をいいます。
(注2)　譲渡の日を含む事業年度にあっては譲渡の日から当該事業年度終了の日までの期間となります。
(注3)　②の簡便法の適用をするためには一定の要件を満たす必要があります。

【解説】

　譲受法人において減価償却資産に該当する譲渡損益調整資産については、その償却費が損金の額に算入された場合、譲渡利益額又は譲渡損失額を繰り延べている内国法人（譲渡法人）は、その繰り延べている譲渡利益額又は譲渡損失額に相当する金額に一定割合を乗じて計算した戻入額を、益金の額又は損金の額に算入することとなります。
　この戻入額を計算する方法には、原則法、簡便法の二つがあります。
　原則法とは、譲受法人における譲渡損益調整資産の取得価額に占める償却費として損金の額に算入された金額の割合を用いる方法をいい、簡便法とは、譲受法人が適用する耐用年数に 12 を乗じたものに占める譲渡法人の事業年度の月数の割合を用いる方法をいいます。
　なお、簡便法を適用する場合には次の点に注意する必要があります。
(1)　**対象資産**
　　簡便法は譲受法人において減価償却資産又は繰延資産に該当するものに限り適用することができます。
(2)　**適用要件**
　　簡便法を適用しようとする譲渡損益調整資産の譲渡の日の属する事業年度の確定申告書に簡便法により計算した益金の額又は損金の額に算入する金額及びその計算

512

に関する明細の記載がある場合に限り適用されます(この明細の記載がない場合には原則法によります。)。この明細の記載に当たっては、別表十四(四)の該当欄を使用します。

(3)　宥恕規定

上記(2)の記載がない確定申告書の提出があった場合でも、その記載がなかったことについてやむを得ない事情があると認められるときは、簡便法を適用することができます。

(4)　その他

簡便法を適用した場合の戻入額は、譲受法人において償却費として損金の額に算入された金額に関係なく、その譲渡損益調整資産について譲受法人が適用する耐用年数を基礎として計算を行うこととなりますので、譲受法人において償却費として損金の額に算入した金額を毎期譲渡法人に対して通知する必要はなく、取得時に適用する耐用年数を通知するだけで足ります。

なお、譲受法人において償却費として損金の額に算入された金額にかかわらず（例えばゼロであっても）、譲渡法人側においては簡便法により計算した戻入額を益金の額又は損金の額に算入することとなります。

【適用関係】

上記の措置は、法人が平成22年10月1日以後に行う譲渡損益調整資産の譲渡に係る譲渡利益額又は譲渡損失額について適用されます。

【関係法令】

法61の13②
法令122の14④⑤⑥⑧⑨⑰⑱
改正法附則22①
改正令附則15①

問 13　譲渡損益調整資産に係る通知義務

> 問　譲渡損益調整資産の譲渡損益の繰延制度（法 61 の 13）について、譲渡損益調整資産
> の譲渡法人及び譲受法人にはそれぞれ通知義務があるとのことですが、その通知義務の
> 内容について教えてください。
> 　また、その通知については、何か決められた方法や手続等があるのでしょうか。

答　通知義務の内容については、【解説】の表 1、表 2 を参照してください。
　　また、通知の方法については法令上、特に決められた方法はありません。

【解説】

1　通知義務の内容

　　お尋ねの「譲渡損益調整資産の譲渡損益の繰延制度」とは、内国法人（以下「譲渡
法人」といいます。）が譲渡損益調整資産を譲渡法人との間に完全支配関係がある他の
内国法人（以下「譲受法人」といいます。）に譲渡した場合に、その譲渡損益調整資産
に係る譲渡利益額又は譲渡損失額に相当する金額をその譲渡した日の属する事業年度
の所得の金額の計算上、それぞれ損金の額又は益金の額に算入することによって課税
を繰り延べる制度です。

　　この制度により譲渡法人において繰り延べられた譲渡損益は、譲受法人において譲
渡損益調整資産の譲渡が行われた場合など一定の事由（以下「戻入事由」といいます。）
が生じた場合に取り戻すこととされています。

　　したがって、譲渡法人又は譲受法人において、次の表 1 に掲げる通知事由が生じた
場合には、譲受法人又は譲渡法人に対して、それぞれ次の表 1 に掲げる通知内容を通
知しなければならないこととされています。

［表 1］（通知事由と通知内容）

通知者	通　知　事　由	通　知　内　容
譲渡法人	譲渡損益調整資産を譲受法人に譲渡したこと	譲受法人に対して譲渡した資産が譲渡損益調整資産である旨（減価償却資産又は繰延資産につき簡便法（※）の適用を受けようとする場合には、その旨を含みます。）（法令 122 の 14⑯）
譲受法人	（ⅰ）　譲渡損益調整資産が売買目的有価証券であること	その旨（法令 122 の 14⑰一）
	（ⅱ）　譲渡損益調整資産が減価償却資産又は繰延資産である場合において譲渡法人から簡便法を適用しようとする旨の通知を受けたこと	当該資産について適用する耐用年数又は当該資産の支出の効果の及ぶ期間（法令 122 の 14⑰二）
	（ⅲ）　表 2 に掲げる戻入事由（上記（ⅱ）の通知を受けていた場合の表 2⑤及び⑥の事由が生じた場合を除きます。）が生じたこと	その旨（減価償却資産又は繰延資産の場合には、その償却費の額を含みます。）及びその生じた日（法令 122 の 14⑱）

514

[表2] 譲受法人における戻入事由ごとの譲渡法人における戻入額

戻　入　事　由	戻　入　額
① 譲渡損益調整資産の譲渡、貸倒れ、除却、その他これらに類する事由	譲渡利益額又は譲渡損失額に相当する金額（以下「A」といいます。）
② 譲渡損益調整資産の適格分割型分割による分割承継法人（譲渡法人との間に完全支配関係があるものを除きます。）への移転	
③ 普通法人又は協同組合等である譲受法人が公益法人等に該当することとなったこと	
④ 譲渡損益調整資産が譲受法人において、	
法人税法第25条第2項に規定する評価換えによりその帳簿価額を増額され、その増額された部分の金額が益金の額に算入されたこと	
法人税法第25条第3項に規定する資産に該当し、当該譲渡損益調整資産の同項に規定する評価益の額として一定の金額が益金の額に算入されたこと	
⑤ 譲渡損益調整資産が譲受法人において減価償却資産に該当し、その償却費が損金の額に算入されたこと	（A）× $\dfrac{\text{損金の額に算入された償却費の金額}}{\text{譲渡損益調整資産の取得価額又は額}}$（※）
⑥ 譲渡損益調整資産が譲受法人において繰延資産に該当し、その償却費が損金の額に算入されたこと	
⑦ 譲渡損益調整資産が譲受法人において、	
法人税法第33条第2項に規定する評価換えによりその帳簿価額を減額され、当該譲渡損益調整資産の同項に規定する差額に達するまでの金額が損金の額に算入されたこと	（A）
法人税法第33条第3項に規定する評価換えによりその帳簿価額を減額され、その減額された部分の金額が損金の額に算入されたこと	
法人税法第33条第4項に規定する資産に該当し、当該譲渡損益調整資産の同項に規定する評価損の額として一定の金額が損金の額に算入されたこと	
⑧ 有価証券である当該譲渡損益調整資産と銘柄を同じくする有価証券（売買目的有価証券を除きます。）の譲渡（譲受法人が取得した当該銘柄を同じくする有価証券である譲渡損益調整資産の数に達するまでの譲渡に限ります。）	（A）のうちその譲渡をした数に対応する部分の金額
⑨ 譲渡損益調整資産が譲受法人において法人税法施行令第119条の14に規定する償還有価証券に該当し、当該譲渡損益調整資産につき法人税法施行令第139条の2第1項に規定する調整差益又は調整差損が益金の額又は損金の額に算入されたこと	（A）× $\dfrac{\text{(B)のうち譲渡法人の当該事業年度の日数}}{\text{譲渡法人の当該事業年度開始の日から当該償還有価証券の償還日までの期間の日数（B）}}$
⑩ 譲渡損益調整資産が譲受法人において法人税法第61条の11第1項に規定する時価評価資産に該当し、当該譲渡損益調整資産につき同項に規定する評価益又は評価損が益金の額又は損金の額に算入されたこと	（A）

※　上記⑤及び⑥の戻入額については原則法による計算式を記載しています。簡便法による戻入額の計算式については、問12を参照してください。

2　通知の方法

　　通知については、譲渡法人と譲受法人という民間において行われるものであること
から、法令等において特段、その方法や手続（様式など）は定められていません。し
たがって譲渡法人と譲受法人との間で任意の方法を用いて通知を行っていただくこと
になります。

　　また、連結納税を選択している企業グループ内にあっては、連結親法人が連結法人
の帳簿等を集約して決算・申告の事務を行っている実態などから、事実上、連結法人
間の通知行為が行われているとみることもできますので、このような場合には形式的
な通知は省略しても差し支えないものと考えられます。

　　なお、法令で定められた通知内容を盛り込んだ通知書の書式の例として、別紙のよ
うなものが考えられますので、実務上の参考としてください（36、37ページ参照）。

【関係法令】

　　法61の13①②

　　法令122の14④⑤⑯⑰⑱

516

法人税法第61条の13（完全支配関係がある法人の間の取引の損益）に規定する譲渡損益調整資産に関する通知書

譲渡法人（甲）

| （法人名） |
| （住　所） |
| （連絡先） |

譲受法人（乙）

| （法人名） |
| （住　所） |
| （連絡先） |

（譲渡法人→譲受法人）

［通知年月日］　平成○年○月○日

1　当社（甲）が、平成○年○月○日付で貴社（乙）に譲渡した次の資産については、法人税法第61条の13に規定する譲渡損益調整資産に該当しますので、その旨通知します。

資産の種類	固定資産　・　土地　・　有価証券　・　金銭債権　・　繰延資産
資産の名称	
譲渡数量	

（譲渡損益調整資産が固定資産又は繰延資産である場合）

2　なお、上記の資産が貴社（乙）において、減価償却資産又は繰延資産に該当する場合には、当社（甲）では、法人税法施行令第122条の14第6項に規定する簡便法の適用を（　受ける　・　受けない　）　予定ですので、その旨通知します。

（譲受法人→譲渡法人）

［通知年月日］　平成○年○月○日

3　上記1の資産は、当社（乙）において、次のとおりとなりますので、その旨通知します。

・上記1の資産が、有価証券である場合 　当社（乙）において、売買目的有価証券に	該当する　・　該当しない
・上記1の資産が、貴社（甲）において固定資産である場合 　当社（乙）において、減価償却資産に	該当する　・　該当しない
減価償却資産に該当する場合に、 　その減価償却資産に適用される耐用年数	年
・上記1の資産が、貴社（甲）において繰延資産である場合 　当社（乙）において、繰延資産に	該当する　・　該当しない
繰延資産に該当する場合に、 　その繰延資産となった費用の支出の効果の及ぶ期間	年

［通知年月日］　平成○年○月○日

4　上記1の資産について、当社（乙）において次の事由が生じましたので、その旨通知します。

該当有無 ○表示	発　生　事　由	発生年月日	左記の日の属 する事業年度	備　考
	①　上記1の資産について次の事実が発生したこと 【　譲渡　・　貸倒れ　・　除却　・　その他類する事由　】 　　その他類する事由（　　　　　　　　　　）	平　・　・	自:平　・　・ 至:平　・　・	
	②　上記1の資産を適格分割型分割により分割承継法人 へ移転したこと	平　・　・	自:平　・　・ 至:平　・　・	
	③　普通法人又は協同組合等である当社（乙）が、公益法 人等に該当することとなったこと	平　・　・	自:平　・　・ 至:平　・　・	
	④　上記1の資産につき当社（乙）において、 ・　法人税法第25条第2項に規定する評価換えによりそ 　の帳簿価額を増額し、その増額した部分の金額を益金の 　額に算入したこと ・　法人税法第25条第3項に規定する資産に該当し、上 　記1の資産の同項に規定する評価益の額として政令で 　定める金額を益金の額に算入したこと	平　・　・	自:平　・　・ 至:平　・　・	
	⑤　上記1の資産が当社（乙）において、減価償却資産に 該当し、その償却費を損金の額に算入したこと	償却費を損金の額に算入した事業年度 　　自:平　・　・ 　　至:平　・　・ ※　上記事業年度の末日が発生年月日です		損金の額に算入 した償却費の額 円
	⑥　上記1の資産が当社（乙）において、繰延資産に該当 し、その償却費を損金の額に算入したこと	償却費を損金の額に算入した事業年度 　　自:平　・　・ 　　至:平　・　・ ※　上記事業年度の末日が発生年月日です		損金の額に算入 した償却費の額 円
	⑦　上記1の資産につき当社（乙）において、 ・　法人税法第33条第2項に規定する評価換えによりそ 　の帳簿価額を減額し、上記1の資産の同項に規定する差 　額に達するまでの金額を損金の額に算入したこと ・　法人税法第33条第3項に規定する評価換えによりそ 　の帳簿価額を減額し、その減額した部分の金額を損金の 　額に算入したこと ・　法人税法第33条第4項に規定する資産に該当し、上 　記1の資産の同項に規定する評価損の額として政令で 　定める金額を損金の額に算入したこと	平　・　・	自:平　・　・ 至:平　・　・	
	⑧　上記1の資産が有価証券である場合で、当社（乙）に おいて、上記1の資産と銘柄を同じくする有価証券（売 買目的有価証券以外のもの）を譲渡したこと 　（上記1の資産の数に達するまでの譲渡に限る。）	平　・　・	自:平　・　・ 至:平　・　・	譲渡した数量
	⑨　上記1の資産が当社（乙）において、法人税法施行令 第119条の14に規定する償還有価証券に該当し、上 記1の資産について法人税法施行令第139条の2第1 項に規定する調整差益又は調整差損を益金の額又は損 金の額に算入したこと	平　・　・	自:平　・　・ 至:平　・　・	
	⑩　上記1の資産が当社（乙）において、法人税法第61条 の11第1項に規定する時価評価資産に該当し、上記1 の資産について同項に規定する評価益又は評価損を益 金の額又は損金の額に算入したこと	平　・　・	自:平　・　・ 至:平　・　・	

518

問 14　完全支配関係が外国法人によるものである場合の現物分配

問　当グループの株式の保有関係は下図のとおりであり、Ｇ１からＧ４までの各法人（いずれも普通法人）の間には完全支配関係がありますが、Ｇ１とＧ２との間又はＧ１とＧ３との間の完全支配関係は外国法人Ｇ４によるものとなっています。Ｇ１がグループ内の他の内国法人であるＧ２及びＧ３に対して、現物分配により資産を移転した場合に、Ｇ１の課税関係はどうなりますか。

（図）

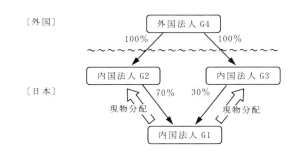

答　お尋ねの現物分配は適格現物分配に該当しますから、Ｇ１が行ったＧ２及びＧ３に対する現物分配による資産の移転は、その適格現物分配の直前のＧ１における当該資産の帳簿価額により譲渡したものとして所得の金額を計算することとなります。

【解説】

1　平成22年度の税制改正前において、法人が剰余金の配当又は利益の配当として金銭以外の資産を移転した場合には、無償による資産の譲渡に該当し、当該資産の譲渡益又は譲渡損の額は益金の額又は損金の額に算入することとされていました。

平成22年度の税制改正により、現物分配が組織再編成の一形態として位置付けられ、適格現物分配の場合、内国法人が被現物分配法人（現物分配により現物分配法人から資産の移転を受けた法人をいいます。）にその有する資産の移転をしたときには、その被現物分配法人に移転をした資産のその適格現物分配の直前の帳簿価額による譲渡をしたものとして所得の金額を計算することとされました。

2　この現物分配とは、法人（公益法人等及び人格のない社団等を除きます。）がその株主等に対し当該法人の剰余金の配当などの一定の事由により金銭以外の資産を交付することと定義されています。また、適格現物分配とは、内国法人を現物分配法人（現物分配によりその有する資産の移転を行った法人をいいます。）とする現物分配のうち、その現物分配により資産の移転を受ける者がその現物分配の直前において当該内国法人との間に完全支配関係がある内国法人（普通法人又は協同組合等に限ります。）のみであるものをいうと定義されています。

このように、適格現物分配の定義上、完全支配関係がある現物分配法人と被現物分配法人がともに一定の内国法人であれば足りることから、お尋ねのように、内国法人である現物分配法人Ｇ１と他の内国法人である被現物分配法人Ｇ２及びＧ３との間の完全支配関係がいずれも外国法人Ｇ４によるものであったとしても、その外国法人Ｇ

　　4が現物分配の当事者でなければ、適格現物分配に該当するかどうかの判定に影響はありません。
3　　したがって、下図のように、内国法人Ｇ１の行った現物分配における被現物分配法人が複数ある場合において、その被現物分配法人の中に外国法人（Ｇ３）が含まれるときには、その現物分配全体が適格現物分配に該当しないことになります。
（図）

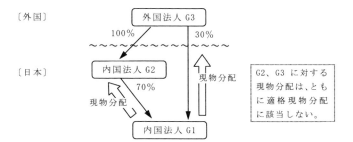

【適用関係】
　　上記の措置は、平成 22 年 10 月 1 日以後に現物分配（残余財産の分配にあっては、同日以後の解散によるものに限ります。）が行われる場合における法人の各事業年度の所得に対する法人税について適用されます。

【関係法令】
　　法 2 十二の六、十二の六の二、十二の十五、22②、62 の 5 ③
　　改正法附則 10②

520

問 15　親会社株式の現物分配

問　内国法人Ｇ２（普通法人）は、自らを合併法人とする吸収合併により被合併法人Ａが
保有していた内国法人Ｇ１（普通法人）の株式を承継しましたが、Ｇ１とＧ２との間に
はＧ１がＧ２の発行済株式の全部を保有する完全支配関係があったことから、当該吸収
合併により承継したＧ１株式をＧ１に対し現物分配を行う予定です。
　　当該現物分配は適格現物分配として取り扱われますか。

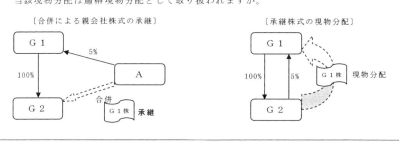

答　お尋ねの現物分配は適格現物分配となります。

【解説】
　　現物分配とは、法人（公益法人等及び人格のない社団等を除きます。）がその株主等に
対し当該法人の次に掲げる事由により金銭以外の資産を交付することをいいます。
① 　剰余金の配当（株式又は出資に係るものに限るものとし、資本剰余金の額の減少に
伴うもの及び分割型分割によるものを除きます。）若しくは利益の配当（分割型分割に
よるものを除きます。）又は剰余金の分配（出資に係るものに限ります。）
② 　法人税法第 24 条第 1 項第 3 号から第 6 号まで《配当等の額とみなす金額》に掲げる
事由
　　この現物分配によりその有する資産の移転を行った法人を現物分配法人、現物分配に
より現物分配法人から資産の移転を受けた法人を被現物分配法人といいます。
　　そして、適格現物分配とは、内国法人を現物分配法人とする現物分配のうち、その現
物分配により資産の移転を受ける者がその現物分配の直前において当該内国法人との間
に完全支配関係がある内国法人（普通法人又は協同組合等に限ります。）のみであるもの
をいいます。
　　このように、適格現物分配の要件として、被現物分配法人に交付する資産については
金銭以外の資産であれば特に制限がないことから、お尋ねのように親会社（Ｇ１）に対
して親会社自身の株式（Ｇ１株）を交付する場合であっても、現物分配の直前に子会社
（Ｇ２）と親会社（Ｇ１）との間に完全支配関係があるときには、その現物分配は適格
現物分配となります。

【関係法令】
　　法 2 十二の六、十二の六の二、十二の十五、24①

問 16　適格現物分配制度の創設に伴う欠損金の制限措置の改正

> 問　適格現物分配の制度が創設されたことにより、欠損金の制限措置についても、これに
> 関連した改正が行われ、この制限措置により被現物分配法人において切り捨てられる欠
> 損金額を適格現物分配による移転資産の含み益の範囲内とする特例が設けられたと聞
> いています。
> 　ところで、問 15 のように適格現物分配による移転資産が現物分配法人（親会社）
> の自己株式である場合、その親会社株式の市場における価額が現物分配法人の帳簿価額
> を上回っているときには、この特例の適用において、移転資産には含み益があるものと
> して取り扱われることとなりますか。

　答　お尋ねのケースでは、移転資産（親会社株式）の含み益はないものとして、この特例
　を適用することとなります。

【解説】
　1　平成 22 年度の税制改正により適格現物分配の制度が創設されたことにより、欠損金
　　の制限措置についても、これに関連した改正が行われています。
　　　具体的には、内国法人と支配関係法人（当該内国法人との間に支配関係がある法人
　　をいいます。）との間で当該内国法人を被現物分配法人とする適格現物分配が行われた
　　場合には、一定の場合を除き、その内国法人の適格現物分配の日の属する事業年度開
　　始の日前 7 年以内に開始した各事業年度において生じた欠損金額のうち、①支配関係
　　事業年度（当該内国法人と当該支配関係法人との間に最後に支配関係があることとな
　　った日の属する事業年度をいいます。）前に生じた金額及び②支配関係事業年度以後に
　　生じた金額のうち法人税法第 62 条の 7 第 2 項《特定資産に係る譲渡等損失額の損金不
　　算入》に規定する特定資産譲渡等損失額相当額の合計額は、ないもの（切り捨てるも
　　の）とする措置が設けられました（法 57④）。これは、適格合併などの適格組織再編
　　成等と同様に、移転資産から生ずる利益と内国法人が有していた欠損金を相殺する租
　　税回避行為を防止することを目的としたものです。
　　　また、この欠損金の制限措置に関し、確定申告書への明細書の添付等を要件として、
　　この措置によりないものとする（切り捨てられる）欠損金額を移転資産の含み益の範
　　囲内とすることができる特例が設けられました（令 113⑤⑥）。
　2　この特例の適用に関して、お尋ねのケースのように適格現物分配による移転資産が
　　被現物分配法人（親会社）の自己株式である場合で、例えば、親会社株式について市
　　場における価額が 150、現物分配法人の当該適格現物分配の直前における帳簿価額が
　　100 であるときに、親会社にとって含み益があるのかないのか疑義が生じます。
　　　この点、親会社にとって自己株式の取得は資本等取引であり、適格現物分配により
　　移転を受けた自己株式については、現物分配法人における当該適格現物分配の直前の
　　帳簿価額に相当する金額を資本金等の額から減算することとされていることから、税
　　法上、親会社においてその自己株式は資産として取り扱われません。
　　　したがって、お尋ねのケースのように親会社が移転を受けた自己株式（移転資産）
　　については、含み益の計算には影響させないものとして、この特例を適用することと
　　なります。

【関係法令】
　　法 57④、62 の 5 ③⑥
　　法令 8 ①十八ロ、112⑧、113⑤⑥、123 の 6 ①

法人課税課情報 審理室情報 調査課情報	第5号 第2号 第3号	平成22年10月6日	国税庁 法人課税課 審理室 調査課

<h3 style="text-align:center">平成22年度税制改正に係る法人税質疑応答事例</h3>

（グループ法人税制その他の資本に関係する取引等に係る税制関係）（情報）

(注)　この情報は、平成22年6月30日現在の法令・通達に基づいて作成しています。

　　なお、この情報で取り上げているグループ法人税制は、原則として、平成22年10月1日以後の取引について適用されます。

<h2 style="text-align:center">目次</h2>

省略用語例

本文中略語	法令等の名称
法	法人税法
法令	法人税法施行令
法規	法人税法施行規則
措法	租税特別措置法
所法	所得税法
改正法附則	所得税法等の一部を改正する法律（平成22年 3 月31日法律第 6 号）附則
改正令附則	法人税法施行令の一部を改正する政令（平成22年 3 月31日政令第51号）附則
改正法規附則	法人税法施行規則の一部を改正する省令（平成22年 3 月31日省令第13号）附則
基通	法人税基本通達
グループ法人税制情報	平成22年 8 月10日付法人課税課情報・審理室情報・調査課情報「平成22年度税制改正に係る法人税質疑応答事例（グループ法人税制関係)」（情報）

問 1　完全支配関係を系統的に示す図

> **問**　内国法人が、100％子会社や親会社、あるいはグループ内の兄弟会社など、当該内国法人との間に完全支配関係がある他の法人を有する場合には、法人税の確定申告書に当該内国法人との間に完全支配関係がある法人との関係を系統的に示した図を添付する必要があるとのことですが、この完全支配関係がある法人との関係を系統的に示した図は、どのようなものを添付すればよろしいのでしょうか。

答　お尋ねの完全支配関係がある法人との関係を系統的に示した図の作成に当たっては、【解説】の出資関係図の作成例を参照してください。

【解説】

　平成22年度の税制改正により、内国法人が、当該内国法人との間に完全支配関係がある他の法人を有する場合には、法人税の確定申告書に当該内国法人との間に完全支配関係がある法人との関係を系統的に示した図（以下「出資関係図」といいます。）を添付することとされています(注)。

　この出資関係図には、原則として、当期末において当該内国法人との間に完全支配関係があるすべての法人を記載することとなります。

　なお、この出資関係図の作成に当たっては、次のページの作成例を参照してください。

(注)　連結確定申告書についても同様です。なお、仮決算による中間申告書、連結法人の個別帰属額の届出書及び清算事業年度予納申告書に関しては、添付不要です。

○ 出資関係図の作成例

(1) 出資関係を系統的に記載した図

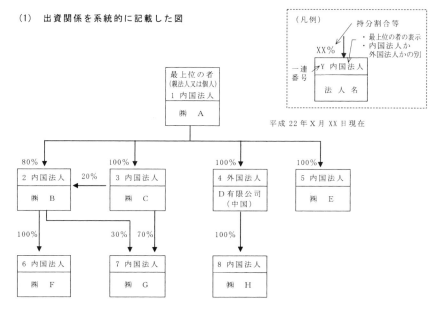

（凡例）
持分割合等
・最上位の者の表示
・内国法人か外国法人かの別

XX%

一連番号 → Y 内国法人

法人名

平成 22 年 X 月 XX 日現在

（注） 1　原則として、グループ内の最上位の者及びその最上位の者との間に完全支配関係があるすべての法人を記載してください。

　　　 2　グループ法人が外国法人である場合には、法人名の下にその所在地国を記載してください。

(2) グループ一覧

平成 22 年 X 月 XX 日現在

一連番号	所轄税務署名	法人名	納税地	代表者氏名	事業種目	資本金等（千円）	決算期	備考
1	麹町	㈱ A	千代田区大手町 1-3-3	a	鉄鋼	314,158,750	3.31	
2	仙台北	㈱ B	仙台市青葉区本町 3-3-1	b	機械修理	34,150,000	6.30	
┊	┊	┊	┊	┊	┊	┊	┊	┊

（注） 1　一連番号は、上記(1)の出資関係を系統的に記載した図の一連番号に合わせて付番してください。

　　　 2　最上位の者が個人である場合には、その氏名を「法人名」欄に記載してください。

（出資関係図の作成に当たって）
1　出資関係図は、期末時点における状況に基づいて記載します。
2　出資関係図には、当該法人との間に完全支配関係があるグループ内の最上位の者（法人又は個人）を頂点として、その出資関係を系統的に記載します。
3　グループ全体の出資関係図を作成することになりますから、グループ内のすべての法人の決算期が同一の場合には、各法人の確定申告書には同一の出資関係図をそれぞれに添付することになります（決算期が異なる法人がグループ内に存している場合には、その異なる決算期末の時点の出資関係図を作成し、当該法人の確定申告書に添付することになります。）。
4　出資関係図には、出資関係を系統的に図に示すほか、グループ内の各法人の法人名、納税地、所轄税務署、代表者氏名、事業種目、資本金等の額、決算期などの項目を記載していただくことになりますが、グループ内の法人が多数である場合には、これらすべての記載項目を記入することは困難ですから、前ページの作成例のとおり、系統図とは別の様式で作成して差し支えありません。

【適用関係】
　平成 22 年 4 月 1 日以後に開始する事業年度の所得に対する法人税及び同日以後に開始する連結事業年度の連結所得に対する法人税について適用されます。

【関係法令】
　法 2 十二の七の六
　法規 35 四、37 の 12 五
　改正法規附則 2 ①

528

問2　出資関係図に記載するグループ内の法人

> 問　内国法人である当社（G4）は、外国に本店を置く外国法人G1の傘下にあるグルー
> プ内の法人です。
> 　平成22年度の税制改正により、完全支配関係がある法人を有する場合には、問1の
> ような出資関係図を、法人税の確定申告書に添付する必要があるとのことですが、当社
> が所属するG1グループは、世界各地に関連会社を有しており、当社においては完全支
> 配関係がある法人がどれだけあるのか把握していません。
> 　ところで、当社のように、完全支配関係がある法人をすべて把握していない場合には、
> この出資関係図には、グループ内の法人をどの程度記載すればよろしいですか。

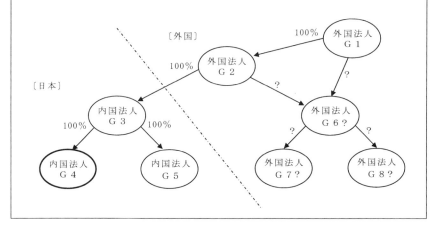

答　お尋ねの出資関係図には、把握できた範囲で貴社と完全支配関係があるグループ内の
　法人を記載していただくことになります。
　　なお、いわゆるグループ法人税制は、貴社において完全支配関係がある他の法人を把
　握していたかどうかにかかわらず、その適用がありますので、貴社との間に取引関係や
　出資関係がある法人については、完全支配関係があるかどうかにつき特に留意する必要
　があります。

【解説】
　1　出資関係図には、原則として、当期末において当該内国法人との間に完全支配関係
　　があるすべての法人を記載することとなります。
　　　この完全支配関係とは、①一の者が法人の発行済株式等の全部を直接若しくは間接
　　に保有する関係として政令で定める関係（以下「当事者間の完全支配の関係」といい
　　ます。）又は②一の者との間に当事者間の完全支配の関係がある法人相互の関係をいい、
　　この一の者が個人である場合には、その個人の親族など特殊の関係のある個人を含め
　　て完全支配関係があるかどうか判定することとなります。
　　　ところで、お尋ねのケースのように、グループ内の法人に外国法人が含まれている
　　場合には、その外国法人についても完全支配関係があるかどうかを判定する必要があ
　　りますが、大規模な企業グループなどにあっては、そのグループ内の法人のすべてを

把握できないことも考えられるところです。

　例えば、内国法人G4が、G4との間に完全支配関係がある法人を判定するに当たり、G1がグループ内の最上位の法人であることは承知しているものの、取引関係や出資関係が全くないG6、G7、G8については、同じG1傘下の法人でありながらそのような法人があるのかどうか、グループ内の法人に当たるかどうかを把握していないケースなどが考えられます。

　この点について、出資関係図には、原則として法人税の確定申告書を提出する法人との間に完全支配関係がある法人のすべてを記載することとなりますが、お尋ねのように、グループ内の法人のすべてを把握できない場合には、把握できた範囲で完全支配関係がある法人を記載することとなります。

　ただし、いわゆるグループ法人税制は、当該法人において、完全支配関係がある他の法人を把握していたかどうか（当該他の法人との間に完全支配関係があることを知っていたかどうか）にかかわらず、その適用があります。したがって、当該法人から見て、当該法人との間に取引関係や出資関係がある法人のうちに完全支配関係のある他の法人が含まれていないかどうか、あるいは、当該法人との間に完全支配関係がある上位の法人のうちに資本金5億円以上の大法人が含まれていないかどうかといった点に注意する必要があります。

2　また、完全支配関係を成立させている一の者が個人の場合、その個人の親族（6親等内の血族、配偶者及び3親等内の姻族）など特殊の関係のある個人が発行済株式の全部を保有している法人との間にも完全支配関係があることになり、これらの法人を含めてその全体が一つのグループとなります。例えば、次のケースでは、G1からG7までのすべての法人の間に完全支配関係がありますが、G1において、G1の株主である個人Aの孫（個人C）が発行済株式の全部を保有する法人（G6及びG7）まで把握していないことも考えられます。このような場合であっても、G6及びG7はG1と同一のグループ内の法人としてグループ法人税制の適用があります。

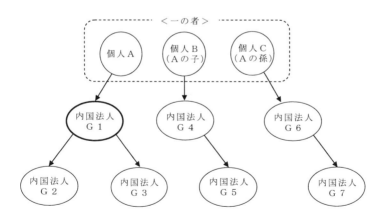

　※　矢印は、100％の持株割合を表します。

530

【適用関係】

　平成 22 年 4 月 1 日以後に開始する事業年度の所得に対する法人税及び同日以後に開始する連結事業年度の連結所得に対する法人税について適用されます。

【関係法令】

　法 2 十二の七の六
　法令 4 ①、4 の 2 ②
　法規 35 四、37 の 12 五
　改正法規附則 2 ①

問3　株式持ち合いの場合の中小特例の適用の有無

> 問　下図のように法人間（Ｂ社、Ｃ社）で発行済株式の一部を相互に持ち合っている場合
> には、Ａ社とＢ社の間、Ａ社とＣ社の間及びＢ社とＣ社の間には、それぞれ完全支配関
> 係があると聞いています（グループ法人税制情報問4）。Ｃ社（資本金1億円）は、資
> 本金5億円のＢ社にその株式の一部を保有されていますが、この場合、Ｃ社は中小特例
> の適用がないことになりますか。
>
> 【株式の保有関係図】
>
>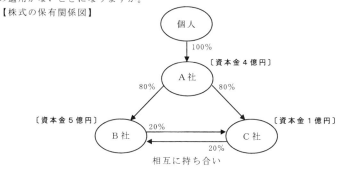

答　お尋ねの場合、Ｃ社には中小特例の適用があります。

【解説】

1　法人税法上、期末の資本金の額又は出資金の額が1億円以下の法人については、中
　小企業向け特例として、①軽減税率の適用、②特定同族会社の特別税率の不適用、③
　貸倒引当金の法定繰入率の選択適用、④交際費等の損金不算入制度における定額控除、
　⑤欠損金の繰戻しによる還付の各特例（以下「中小特例」といいます。）が設けられて
　います。
　　ただし、これらの①から⑤までの中小特例については、次に掲げる法人（以下「大
　法人」といいます。）との間に当該大法人による完全支配関係がある普通法人には適
　用がありません。
　イ　資本金の額又は出資金の額が5億円以上である法人
　ロ　保険業法に規定する相互会社（外国相互会社を含みます。）
　ハ　法人税法第4条の7に規定する受託法人

2　このように、大法人による完全支配関係がある普通法人につき中小特例を適用しな
　いこととされている趣旨は、次のような事情があったことによるものです。
　①　大法人の 100％子会社は、親会社の信用力を背景として資金調達や事業規模の拡
　　大等が可能と考えられること
　②　大法人は分社化により 100％子会社を自由に設立することが可能であるため、グ
　　ループとして活動しながら単体課税による中小特例のメリットを享受することがで
　　きること

3　お尋ねは、株式の相互持ち合いにより完全支配関係があることとなる場合に、中小
　特例の適用の有無をどのように判定するかということです。株式の持ち合いには様々
　なケースが考えられることから一概には言えませんが、原則として、親法人が大法人
　に該当するかどうかによって判定することとなります。お尋ねの出資関係にあっては

532

B社ではなくA社がC社の親法人となりますから、当該A社が大法人に該当するかどうかによって「大法人による完全支配関係」に該当するかどうかを判定することになります。

したがって、お尋ねの場合のC社にあっては、親法人であるA社の資本金が4億円で大法人に該当しないことから、A社によるC社との完全支配関係は「大法人による完全支配関係」に該当せず、C社には中小特例の適用があることになります。

【関係法令】

法2｜二の七の六、66⑥、67

法令4の2②、139の6の2

措法42の3の2、57の10①、61の4①、66の13

問4　株式持ち合いの場合の寄附修正

> 問　内国法人との間に完全支配関係がある法人（子法人）が、法人による完全支配関係が
> ある他の法人から寄附を受け、又は寄附を行った場合には、当該内国法人（株主）にお
> いて、子会社の株式についてその帳簿価額の修正（寄附修正）を行うこととなります。
> 　ところで、次のように法人間で発行済株式を相互に持ち合っており、かつ、完全支配
> 関係がある法人のグループ内において寄附が行われた場合には、どのように帳簿価額の
> 修正を行うこととなりますか。
> (1)　Ｇ２がＧ３に対して寄附金の額100を支出した場合
> (2)　Ｇ１がＧ３に対して寄附金の額100を支出した場合
>
>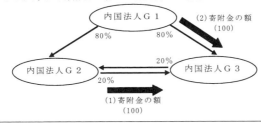

答
(1)　Ｇ２の株主であるＧ１及びＧ３において、Ｇ２株式の帳簿価額の修正を行い、Ｇ３
　　の株主であるＧ１及びＧ２において、Ｇ３株式の帳簿価額の修正を行うこととなりま
　　す。
(2)　Ｇ３の株主であるＧ１及びＧ２において、Ｇ３株式の帳簿価額の修正を行うこととな
　　ります。

【解説】
　1　寄附修正の概要
　　　グループ法人税制情報問7にあるとおり、法人が有する当該法人との間に完全支配
　　関係がある法人の株式について寄附修正事由が生じた場合には、当該株式についてそ
　　の帳簿価額の修正を行うこととなります。
　　　お尋ねは、株式の相互持ち合いがあり、かつ、完全支配関係がある法人のグループ
　　内において寄附が行われた場合に、どのように寄附修正をするのかということですが、
　　この点については、相互に持ち合っている株式（持合株式）であっても、寄附修正事
　　由が生ずる場合にはその持合株式の株主として、持分割合に応じて持合株式の帳簿価
　　額を修正することになります。
　2　Ｇ２がＧ３に対して寄附金の額100を支出した場合（お尋ねの(1)の場合）
　　　Ｇ１及びＧ３との間に完全支配関係があるＧ２の株式について寄附修正事由が生
　　じているため、Ｇ１は、Ｇ２株式について寄附金の額100に持分割合80％を乗じた金
　　額80を利益積立金額から減算するとともに、同額を寄附修正事由が生じた時の直前の
　　Ｇ２株式の帳簿価額から減算し、減算後の帳簿価額を株式の数で除して計算した金額
　　を1株当たりの帳簿価額とします。
　　　Ｇ３は、Ｇ２株式について寄附金の額100に持分割合20％を乗じた金額20を利益
　　積立金額から減算するとともに、同額を寄附修正事由が生じた時の直前のＧ２株式の
　　帳簿価額から減算し、減算後の帳簿価額を株式の数で除して計算した金額を1株当た
　　りの帳簿価額とします。

534

　また、Ｇ１及びＧ２との間に完全支配関係があるＧ３の株式について寄附修正事由が生じているため、Ｇ１は、Ｇ３株式について受贈益の額100に持分割合80％を乗じた金額80を利益積立金額に加算するとともに、同額を寄附修正事由が生じた時の直前のＧ３株式の帳簿価額に加算し、加算後の帳簿価額を株式の数で除して計算した金額を１株当たりの帳簿価額とします。

　Ｇ２は、Ｇ３株式について受贈益の額100に持分割合20％を乗じた金額20を利益積立金額に加算するとともに、同額を寄附修正事由が生じた時の直前のＧ３株式の帳簿価額に加算し、加算後の帳簿価額を株式の数で除して計算した金額を１株当たりの帳簿価額とします。

　なお、寄附修正事由が生じたことによりＧ２及びＧ３が別表五(一)に記載した金額に相当する金額が、同別表の左余白に記載された検算式と不符合となりますのでご注意ください。

【参考：別表五(一)の検算式】

　「期首現在利益積立金額合計「31」①」　＋　「別表四留保所得金額又は欠損金額「44」」　－　「中間分、確定分法人税県市民税の合計額」　＝　「差引翌期首現在利益積立金額合計「31」④」

＜Ｇ１の処理＞

（申告調整）
　利益積立金額　　80　／　Ｇ２株式　　　　80
　Ｇ３株式　　　　80　／　利益積立金額　　80

＜Ｇ１の別表五(一)の記載例（抜粋）＞

区分	期首	減	増	期末
Ｇ２株式（寄附修正）		80		△ 80
Ｇ３株式（寄附修正）			80	80
計		80	80	0

＜Ｇ２の処理＞

（申告調整）
　Ｇ３株式　　　　20　／　利益積立金額　　20

＜Ｇ２の別表五(一)の記載例（抜粋）＞

区分	期首	減	増	期末
Ｇ３株式（寄附修正）			20	20
計			20	20

＜Ｇ３の処理＞

（申告調整）
　利益積立金額　　20　／　Ｇ２株式　　　　20

＜Ｇ３の別表五(一)の記載例（抜粋）＞

区分	期首	減	増	期末
Ｇ２株式（寄附修正）		20		△ 20
計		20		△ 20

3　Ｇ１がＧ３に対して寄附金の額100を支出した場合（お尋ねの(2)の場合）

　　Ｇ１及びＧ２との間に完全支配関係があるＧ３の株式について寄附修正事由が生じているため、Ｇ１は、Ｇ３株式について受贈益の額100に持分割合80％を乗じた金額80を利益積立金額に加算するとともに、同額を寄附修正事由が生じた時の直前のＧ３株式の帳簿価額に加算し、加算後の帳簿価額を株式の数で除して計算した金額を1株当たりの帳簿価額とします。

　　Ｇ２は、Ｇ３株式について受贈益の額100に持分割合20％を乗じた金額20を利益積立金額に加算するとともに、同額を寄附修正事由が生じた時の直前のＧ３株式の帳簿価額に加算し、加算後の帳簿価額を株式の数で除して計算した金額を1株当たりの帳簿価額とします。

　　なお、これにより、Ｇ１及びＧ２が別表五(一)に記載した金額に相当する金額が、同別表の左余白に記載された検算式と不符合となりますのでご注意ください。

＜Ｇ１の処理＞

（申告調整）
　　Ｇ３株式　　　80　／　利益積立金額　　80

＜Ｇ１の別表五(一)の記載例（抜粋）＞

区分	期首	減	増	期末
Ｇ３株式（寄附修正）			80	80
計			80	80

＜Ｇ２の処理＞

（申告調整）
　　Ｇ３株式　　　20　／　利益積立金額　　20

＜Ｇ２の別表五(一)の記載例（抜粋）＞

区分	期首	減	増	期末
Ｇ３株式（寄附修正）			20	20
計			20	20

536

【適用関係】
　この措置は、平成 22 年 10 月 1 日以後に寄附修正事由が生じる場合について適用することとされています。

【関係法令】
　法令 9 ① 七、119 の 3 ⑥
　改正令附則 5 ② ⑥、13 ①

付　録　　　　　　　　　537

問5　譲渡損益調整資産の譲渡原価の額

> 問　内国法人Ｇ１は、完全支配関係を有する他の内国法人Ｇ２に対して譲渡損益調整資産
> に該当する減価償却資産Ｘ（以下「資産Ｘ」といいます。）を事業年度の中途において
> 譲渡しました。
> 　この譲渡した資産Ｘに係る譲渡利益額又は譲渡損失額（以下「譲渡損益額」といいま
> す。）は「譲渡に係る対価の額」と「譲渡に係る原価の額」の差額として計算されます
> が、当該譲渡を行った日の属する事業年度の期首から譲渡時点までの期間分の資産Ｘに
> 係る減価償却費相当額を会計上償却費として計上した場合、譲渡損益額の計算における
> 「譲渡に係る原価の額」には、その減価償却費相当額は含まれないものと解してよろし
> いでしょうか。

答　貴社が期首から譲渡時点までの期間に係る減価償却費相当額を会計上償却費として計
　上した場合には、その減価償却費相当額を税務上も当該事業年度における費用の額とし
　て損金の額に算入することになりますから、譲渡損益額の計算上、その譲渡に係る原価
　の額に含まれません。

【解説】

1　内国法人がその有する譲渡損益調整資産をその内国法人と完全支配関係がある他の
　内国法人に譲渡した場合には、その譲渡損益調整資産に係る譲渡利益額又は譲渡損失
　額に相当する金額（以下「譲渡損益額」といいます。）は、その内国法人の所得の金額
　の計算上、損金の額又は益金の額に算入することとされ、その譲渡の時点において譲
　渡損益額を繰り延べることとなります。そして、この場合の譲渡損益額は、「譲渡に係
　る対価の額」と「譲渡に係る原価の額」の差額として計算することとされています。
2　ところで、お尋ねのように、譲渡損益調整資産に該当する減価償却資産が事業年度
　の中途で譲渡された場合において、法人が当該事業年度の期首から譲渡時点までの期
　間について、月次決算などにより会計上当該減価償却資産に係る償却費を計上してい
　たときには、その譲渡損益額の計算上、その譲渡に係る原価の額から、当該償却費に
　相当する金額を控除することになるのかどうか疑義が生じます。
3　この点、法人が当該減価償却資産について期首から譲渡時点までの期間に係る減価
　償却費相当額を会計上償却費として計上した場合には、その減価償却費相当額（その
　金額が当該事業年度の確定した決算において費用として経理されるものに限ります。
　以下「期中償却額」といいます。）は税務上も当該事業年度における費用の額として損
　金の額に算入することになりますから、譲渡損益額の計算上、当該譲渡に係る原価の
　額には含まれません。
　　一方、当該減価償却資産について、期中償却額がない場合には、当該譲渡に係る原
　価の額は、当該減価償却資産の譲渡直前の帳簿価額となります。
4　なお、譲渡損益調整資産からは、その譲渡の直前の帳簿価額が1,000万円に満たな
　い資産が除かれますが、この1,000万円の判定に当たっても、期中償却額がある場合
　には、その期中償却額を控除した後の当該資産の帳簿価額によることとなります。

【関係法令】

　法31、61の13
　法令122の14
　基通12の4－1－2

- 13 -

538

問6　残余財産が確定した場合の青色欠損金額の引継ぎ

問　内国法人による完全支配関係がある法人グループ内において、未処理欠損金額を有する法人が解散し、その法人の残余財産が確定した場合には、その解散した法人と完全支配関係があり、かつ、その解散した法人の発行済株式を保有する法人は、解散した法人の未処理欠損金額の引継ぎができることとなったと聞いています。

　ところで、次のように未処理欠損金額1,000を有する内国法人G4の残余財産が確定した場合には、その未処理欠損金額は、どのように引き継がれることとなりますか。

　なお、内国法人G1、G2、G3及びG4には、残余財産確定の日よりも5年以上前から支配関係があり、法人税法第57条第3項による欠損金額の引継額の制限はないものとします。

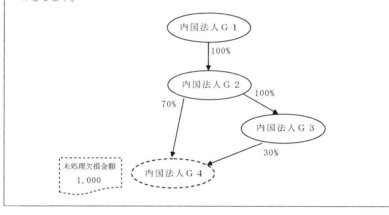

答　G4の未処理欠損金額1,000のうち700はG2が引き継ぎ、残りの300をG3が引き継ぐこととなります。

【解説】

1　残余財産が確定した場合の欠損金の引継ぎの概要

　内国法人（以下「株主等法人」といいます。）との間に完全支配関係がある他の内国法人で株主等法人が発行済株式又は出資の全部又は一部を有するものの残余財産が確定した場合において、当該他の内国法人（以下「残余財産確定法人」といいます。）のその残余財産の確定の日の翌日前7年以内に開始した各事業年度（以下「前7年内事業年度」といいます。）において生じた未処理欠損金額（前7年内事業年度における青色欠損金額から、当該各事業年度の所得の金額の計算上損金の額に算入されたもの及び欠損金の繰戻しによる還付を受けるべき金額の計算の基礎となった金額を除いた金額をいいます。）があるときは、株主等法人のその残余財産の確定の日の翌日の属する事業年度以後の各事業年度における青色欠損金額の繰越控除に関する規定の適用については、残余財産確定法人の前7年内事業年度において生じた未処理欠損金額は、それぞれその未処理欠損金額の生じた前7年内事業年度開始の日の属する株主等法人の各事業年度において生じた欠損金額とみなすこととされています。これは、災害損失欠損金額についても同様です。

　この場合、残余財産確定法人の株主等が2以上あるときには、次の算式により計算

した金額をそれぞれの株主等法人の欠損金額としてみなすこととされています。

（算　式）

$$\frac{\begin{array}{c}未処理欠損金額又は\\未処理災害損失欠損金額\end{array}}{\begin{array}{c}残余財産確定法人の発行済株式\\又は出資（自己株式等を除きま\\す。）の総数又は総額\end{array}} \times \begin{array}{l}株主等法人の有する残余財産確\\定法人の株式又は出資の数又は\\金額\end{array}$$

　この場合の欠損金額の引継ぎは、残余財産確定法人と株主等法人との間に株主等法人による完全支配関係又は一の者との間に当事者間の完全支配の関係がある法人相互の関係がある場合に限られていますので、例えば、親会社が解散して残余財産が確定した場合において、子会社が親会社の株式の一部を保有していたとしても、親会社の未処理欠損金額は子会社には引き継がれないこととなります。

　また、残余財産確定法人の未処理欠損金額には、当該残余財産確定法人と株主等法人との間にその残余財産の確定の日の翌日の属する事業年度開始の日の5年前の日から継続して支配関係（一の者が法人の発行済株式等の50％超を直接又は間接に保有する関係として政令で定める関係（以下「当事者間の支配の関係」といいます。）又は一の者との間に当事者間の支配の関係のある法人相互の関係をいいます。）がある場合等を除き、次に掲げる欠損金額は含まないものとされています。

①　残余財産確定法人の支配関係事業年度（残余財産確定法人と株主等法人との間に最後に支配関係があることとなった日の属する事業年度をいいます。）前の各事業年度で前7年内事業年度に該当する事業年度において生じた欠損金額

②　残余財産確定法人の支配関係事業年度以後の各事業年度で前7年内事業年度に該当する事業年度において生じた欠損金額のうち法人税法第62条の7第2項《特定資産に係る譲渡等損失額の損金不算入》に規定する特定資産譲渡等損失額に相当する金額から成る部分の金額として政令で定める金額

　（①及び②のいずれの欠損金額からも、残余財産確定法人において前7年内事業年度の所得の金額の計算上損金の額に算入されたもの及び欠損金の繰戻しによる還付を受けるべき金額の計算の基礎となったものを除きます。）

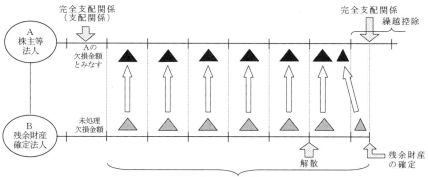

2　残余財産確定法人の株主等が2以上ある場合の欠損金額の引継ぎ（お尋ねの場合）

　　G4との間に完全支配関係がある法人のうち、G4の発行済株式を保有するG2及び
　G3は、G4の未処理欠損金額のうち、それぞれの持分割合に応じた次の金額を引き継
　ぐこととなります。
　(1)　G2　G4の未処理欠損金額1,000のうち、G2の持分割合70%を乗じた金額700
　(2)　G3　G4の未処理欠損金額1,000のうち、G3の持分割合30%を乗じた金額300

【適用関係】
　　この措置は、平成22年10月1日以後に解散した法人の残余財産が確定する場合に適
　用されます。

【関係法令】
　　法2十二の七の五、十二の七の六、57②③、58②
　　法令4の2②、112③④、116の2①②
　　改正法附則10②
　　改正令附則2②

問7　最後に支配関係があることとなった日の判定

問　G3とG4（いずれも3月決算法人）は、G3を合併法人、G4を被合併法人とする適格合併を行うこととなりました。

被合併法人であるG4は未処理欠損金額を有していますが、適格合併により未処理欠損金額を引き継ぐ場合、合併法人と被合併法人との間の支配関係が、当該適格合併の日の属する事業年度開始の日の5年前の日から最後に支配関係があることとなった日の属する事業年度（支配関係事業年度）前に生じた欠損金額及び②支配関係事業年度以後の各事業年度において生じた欠損金額のうち特定資産譲渡等損失額から成る部分の金額は引き継ぐことができないと聞いています。

ところで、ケース1及びケース2のいずれにおいても、G3とG4との間の支配関係は適格合併の日の属する事業年度開始の日の5年前の日から継続していないことから、欠損金の引継制限を受けることになります。このとき、①と②の欠損金額を算定する基礎となる、「G3とG4との間に最後に支配関係があることとなった日」について、ケース1では、G1による支配関係が生じた平成19年4月1日になることに疑義はありませんが、一方のケース2では、G2による支配関係が生じた平成21年4月1日となるのか、あるいは、G1による支配関係が生じた平成19年4月1日のいずれになるのでしょうか。

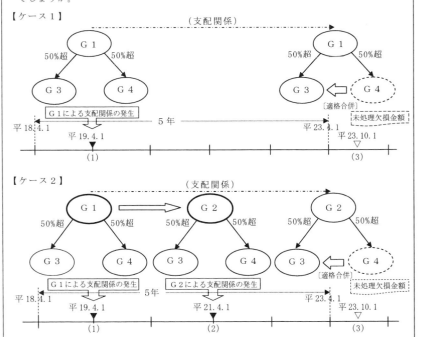

（1）G1がG3及びG4の発行済株式の50％超を保有したことにより支配関係が発生
（2）G1がG2に対して、G1が保有するG3株式及びG4株式のすべてを一括して譲渡したことにより、G2による支配関係が発生
（3）G3とG4による適格合併（※）

542

※　当該適格合併は、法人税法施行令第 112 条第 3 項に規定するみなし共同事業要件を満たしていないものとします。

答　最後に支配関係があることとなった日は、平成 19 年 4 月 1 日になります。

【解説】

1　適格合併が行われた場合において、その被合併法人の当該適格合併の日前 7 年以内に開始した各事業年度（以下「前 7 年内事業年度」といいます。）において生じた未処理欠損金額（前 7 年内事業年度における青色欠損金額及び災害損失欠損金額から、当該各事業年度の所得の金額の計算上損金の額に算入されたもの及び欠損金の繰戻しによる還付を受けるべき金額の計算の基礎となった金額を除いた金額をいいます。）があるときは、その未処理欠損金額は、それぞれその未処理欠損金額の生じた前 7 年内事業年度開始の日の属する合併法人の各事業年度において生じた欠損金額とみなすこととされ、未処理欠損金額の引継ぎができることとされています。

　　ただし、合併法人と被合併法人との間の支配関係（一の者が法人の発行済株式等の50％超を直接又は間接に保有する関係として政令で定める関係（以下「当事者間の支配の関係」といいます。）又は一の者との間に当事者間の支配の関係のある法人相互の関係をいいます。）が、当該適格合併の日の属する事業年度開始の日の 5 年前の日から継続してある場合又は当該適格合併が共同で事業を営むための合併として政令で定めるものに該当する場合のいずれにも該当しない場合には、次に掲げる欠損金額は、合併法人に引き継がれる未処理欠損金額に含まないものとされています。

①　被合併法人と合併法人との間に最後に支配関係があることとなった日の属する事業年度（以下「支配関係事業年度」といいます。）前の各事業年度で前 7 年内事業年度に該当する事業年度において生じた欠損金額

②　支配関係事業年度以後の各事業年度で前 7 年内事業年度に該当する事業年度において生じた欠損金額のうち法人税法第 62 条の 7 第 2 項《特定資産に係る譲渡等損失額の損金不算入》に規定する特定資産譲渡等損失額相当額から成る部分の金額として政令で定める金額

　　（①及び②のいずれの欠損金額からも、被合併法人において前 7 年内事業年度の所得の金額の計算上損金の額に算入されたもの及び欠損金の繰戻しによる還付を受けるべき金額の計算の基礎となったものを除きます。）

〔支配関係の発生時期による欠損金の引継制限〕

前7年内事業年度に被合併法人において生じた未処理欠損金額

2　お尋ねの場合、G3とG4との適格合併は、法人税法施行令第112条第3項に規定するみなし共同事業要件を満たしていないとのことであり、適格合併の日（平成23年10月1日）の属する事業年度開始の日（平成23年4月1日）の5年前の日（平成18年3月31日）から継続してG3とG4との間に支配関係がありませんから、G4の未処理欠損金額については、上記1の引継額の制限を受けることになります。

3　ところで、この場合、上記1の①及び②の欠損金額を算定する基礎となる「最後に支配関係があることとなった日」は、G1による支配関係が発生した平成19年4月1日となるのか、それともG2による支配関係が発生した平成21年4月1日となるのかという疑義が生じます。この点、最後に支配関係があることとなった日とは、合併法人と被合併法人との間において、適格合併の日の直前まで継続して支配関係がある場合のその支配関係があることとなった日をいい、法令の規定上、その支配関係を成立させている一の者が継続していることまで求めているものではありません。

　　そうすると、お尋ねのG3とG4との間には、G1による支配関係が発生した時から継続して支配関係がありますから、G3とG4との間に最後に支配関係があることとなった日は、平成19年4月1日となります。

【適用関係】

　　この措置は、平成22年10月1日以後に合併が行われる場合に適用されます。

544

【関係法令】

　　　法2十二の七の五、57②③
　　　法令4の2①、112①～④
　　　改正法附則10②
　　　改正令附則2②
　　　基通 12 － 1 － 5

問8　期限切れ欠損金額の算定方法

> **問**　平成22年度の税制改正により、解散した法人に残余財産がないと見込まれるときは、いわゆる期限切れ欠損金額を損金の額に算入することができることとなったと聞きました。
>
> 　当社は、現在、債務超過の状態にあり、今後解散する予定です。最終的には清算配当が見込まれないことから、仮に、清算中の事業年度において当社が有する青色欠損金額を超える所得の金額が生じたとしても、いわゆる期限切れ欠損金額を損金の額に算入することができるものと考えています。
>
> 　ところで、この場合の期限切れ欠損金額はどのように算定するのでしょうか。

答　お尋ねの清算中の事業年度において損金算入の対象となる期限切れ欠損金額は、当該事業年度における法人税申告書別表五(一)の「期首現在利益積立金額①」の「差引合計額31」欄に記載されるべき金額がマイナス(△)である場合のその金額から、当該事業年度に損金の額に算入される青色欠損金額又は災害損失欠損金額を控除した金額となります。

　ただし、損金の額に算入することができる期限切れ欠損金額は、当該事業年度の青色欠損金額等の控除後の所得の金額が限度となります。

【解説】

　平成22年度の税制改正により、清算所得課税制度が廃止され、平成22年10月1日以後に解散する法人の清算中に終了する事業年度についても、各事業年度の所得に対する法人税が課されることとされました。また、これに併せて、法人が解散した場合において、残余財産がないと見込まれるときには、清算中に終了する事業年度(法人税法第59条第1項又は第2項の規定の適用を受ける事業年度を除きます。以下「適用年度」といいます。)前の各事業年度において生じた欠損金額(以下「期限切れ欠損金額」といいます。)に相当する金額は、青色欠損金額等の控除後の所得の金額を限度として、当該適用年度の所得の金額の計算上、損金の額に算入することとされました。

　この期限切れ欠損金額とは、次の①に掲げる金額から②に掲げる金額を控除した金額をいいます。

①　適用年度終了の時における前事業年度以前の事業年度から繰り越された欠損金額の合計額

②　法人税法第57条第1項又は第58条第1項の規定により適用年度の所得の金額の計算上損金の額に算入される欠損金額(いわゆる青色欠損金額又は災害損失欠損金額)

　なお、上記①の金額は、法人の決算書上の金額ではなく税務上の金額によることとなります。具体的には、当該適用年度における法人税申告書別表五(一)の「期首現在利益積立金額①」の「差引合計額31」欄に記載されるべき金額がマイナス(△)である場合のその金額(マイナス符号がないものとした金額)によるものとされています。

【適用関係】

　この措置は、平成22年10月1日以後に解散が行われる場合の各事業年度の所得に対する法人税について適用されます。

【関係法令】

　法59③
　法令118
　改正法附則10②
　改正令附則2②
　基通12-3-2

546

問9　残余財産がないことの見込みが変わった場合の期限切れ欠損金額の取扱い

> **問**　当社は、平成23年1月に解散し、清算中の事業年度である平成24年1月期において、残余財産がないと見込まれたことから、いわゆる期限切れ欠損金額を損金の額に算入して法人税の確定申告を行いました。
>
> その後、平成25年1月期末において再判定したところ、残余財産が生じる見込みとなりました。
>
> この場合、平成24年1月期における期限切れ欠損金額の損金算入をさかのぼって修正する必要があるのでしょうか。

答　お尋ねの場合には、平成24年1月期における期限切れ欠損金額の損金算入をさかのぼって修正する必要はありません。

【解説】

期限切れ欠損金額の損金算入制度は、清算中に終了する各事業年度終了の時の現況によって「残余財産がないと見込まれる」と判定される場合にその損金算入を認めるという制度となっていることから、仮に、その後に状況が変わって当初の見込みとは異なる結果となったとしても、過去において行った期限切れ欠損金額の損金算入に影響を与えるものではありません。

したがって、お尋ねの場合には、平成24年1月期における期限切れ欠損金額の損金算入について、さかのぼって修正する必要はありません。

【適用関係】

この措置は、平成22年10月1日以後に解散が行われる場合における法人の各事業年度の所得に対する法人税について適用されます。

【関係法令】

法 59③
法令 118
改正法附則 10②
改正令附則 2②
基通 12－3－7

問 10　残余財産がないと見込まれることの意義

問　平成 22 年度の税制改正により、清算所得課税の制度が廃止され、これに併せて、解散した法人に「残余財産がないと見込まれるとき」には、清算中の事業年度において期限切れ欠損金の損金算入ができることとなったと聞いています。

　この期限切れ欠損金の損金算入ができる「残余財産がないと見込まれるとき」とは、解散した法人が清算中の事業年度終了の時において債務超過の状態にあるときが該当するものと理解しています。また、期限切れ欠損金を損金算入する場合には、その確定申告書に「残余財産がないと見込まれることを説明する書類」を添付する必要がありますが、例えば、法人の清算中の各事業年度終了の時の実態貸借対照表などがこれに該当するものと理解しています。

　ところで、法人の清算が、次の(1)から(3)に掲げる手続により行われている場合には、それぞれの場合が「残余財産がないと見込まれるとき」に該当し、それぞれに掲げる書面が「残余財産がないと見込まれることを説明する書類」に該当するものとして取り扱ってよろしいでしょうか。

(1)　清算型の法的整理手続である破産又は特別清算の手続開始の決定又は開始の命令がなされた場合（特別清算の開始の命令が「清算の遂行に著しい支障を来たすべき事情があること」のみを原因としてなされた場合を除きます。）

> 「破産手続開始決定書の写し」、「特別清算開始決定書の写し」

(2)　再生型の法的整理手続である民事再生又は会社更生の手続開始の決定後、清算手続が行われる場合

> 　民事再生又は会社更生の手続開始の決定後、再生計画又は更生計画の認可決定（以下「計画認可決定」といいます。）を経て事業譲渡が行われ、清算が開始している場合には、
> 「再生計画又は更生計画に従った清算であることを示す書面」
> 　計画認可決定前に事業譲渡が行われ、清算が開始している場合には、
> 「民事再生又は会社更生の手続開始の決定の写し」

(3)　公的機関が関与又は一定の準則に基づき独立した第三者が関与して策定された事業再生計画に基づいて清算手続が行われる場合（注）

> 「公的機関又は独立した第三者の調査結果で会社が債務超過であることを示す書面」

　（注）1　公的機関又は独立した第三者が関与する私的整理手続において、第二会社方式による事業再生（再生会社が第二会社に事業を譲渡し、再生会社自体は清算をするスキームをいいます。）が行われる場合には、公的機関又は独立した第三者が関与した上で債務超過であることの検証がなされ、その検証結果に基づいて策定された事業再生計画に従って再生会社の清算が行われます。
　　　　　2　公的機関又は独立した第三者が関与する私的整理手続としては、例えば、企業再生支援機構、整理回収機構、中小企業再生支援協議会等の公的機関が関与する手続や、私的整理ガイドライン、産業活力再生特別措置法に基づく特定認証紛争解決手続により関与するものが挙げられます。

答 お尋ねのとおり、取り扱って差し支えありません。

【解説】

1 法人が解散した場合において、残余財産がないと見込まれるときは、その清算中に終了する事業年度（法人税法第59条第1項又は第2項の適用を受ける事業年度を除きます。以下「適用年度」といいます。）前の各事業年度において生じた期限切れ欠損金額に相当する金額は、青色欠損金額等の控除後の所得の金額を限度として、当該適用年度の所得の金額の計算上、損金の額に算入することとされています。

　　この「残余財産がないと見込まれる」かどうかの判定は、この措置の適用を受けようとする適用年度終了の時の現況によることとなりますが、解散した法人が当該適用年度終了の時において債務超過の状態にあるときは、「残余財産がないと見込まれるとき」に該当することとなります。

　　また、法人がこの措置の適用を受けるためには、適用年度の確定申告書に期限切れ欠損金額の損金算入に関する明細（法人税申告書別表七（二））の記載があり、かつ、「残余財産がないと見込まれることを説明する書類」の添付が必要とされていますが、この書類には、例えば、法人の適用年度終了の時の実態貸借対照表（当該法人の有する資産及び負債の価額により作成される貸借対照表をいいます。）が該当します。

　(注)　この実態貸借対照表における資産の価額は、清算を前提としていますので、その資産の処分価額によることとされています。ただし、当該法人の解散が事業譲渡等を前提としたもので当該法人の資産が継続して他の法人の事業の用に供される見込みである場合には、その資産が使用収益されるものとして適用年度終了の時において譲渡される場合に通常付される価額によることとされています。

2 このように、「残余財産がないと見込まれる」かどうかは、一般的には、実態貸借対照表によりその法人が債務超過の状態にあるかどうかにより確認することができますが、これに限られるものではなく、例えば、裁判所若しくは公的機関が関与する手続、又は、一定の準則により独立した第三者が関与する手続において、法人が債務超過の状態にあることなどをこれらの機関が確認している場合には、「残余財産がないと見込まれるとき」に該当するものと考えられます。また、この場合の「残余財産がないと見込まれることを説明する書類」は、必ずしも実態貸借対照表による必要はなく、これらの手続の中で作成された書類によることができます。

【適用関係】

　この措置は、平成22年10月1日以後に解散が行われる場合の各事業年度の所得に対する法人税について適用されます。

【関係法令】

　　法 59③
　　法規 26の6 三
　　基通 12-3-7、12-3-8、12-3-9

【参考】

　倒産・事業再生分野の専門的な研究団体である事業再生研究機構において、「平成22年度税制改正後の清算中の法人税申告における実務上の取扱いについて」（平成22年7月）が取りまとめられ、公表されています。

付　録　　　　　　549

問 11　実在性のない資産の取扱い

問　私は、甲社の破産管財人を務めている弁護士ですが、甲社の財産調査の結果、甲社には、貸借対照表上資産として計上されているものの実際には存在しない資産（以下「実在性のない資産」といいます。）があることが判明しました。

甲社の解散の日以後の事業年度に係る法人税の申告に際して、この実在性のない資産については、次のとおり取り扱ってよろしいでしょうか。

また、実在性のない資産の取扱いに関しては、破産以外にも、特別清算や民事再生又は会社更生といった裁判所が関与する法的整理手続や、公的機関が関与又は一定の準則により独立した第三者が関与する私的整理手続に従って清算が行われる場合についても、同様に取り扱ってよろしいでしょうか。

(1)　期限切れ欠損金額の損金算入の可否

法人が、当該事業年度末の時点の実態貸借対照表により債務超過の状態にあるときは、「残余財産がないと見込まれる」ことになるが、実在性のない資産は実態貸借対照表上ないものとして評価されることから、その評価の結果、当該実態貸借対照表上、債務超過の状態にあるときには、「残余財産がないと見込まれる」ことになり、期限切れ欠損金額を損金の額に算入することができる。

(2)　実在性のない資産の取扱い

法人が解散した場合における期限切れ欠損金額の損金算入措置の適用上、実在性のない資産については、過去の帳簿書類等の調査結果に応じて、それぞれ次のとおり取り扱う。

イ　過去の帳簿書類等を調査した結果、実在性のない資産の計上根拠（発生原因）等が明らかである場合

(イ)　実在性のない資産の発生原因が更正期限内の事業年度中に生じたものである場合には、法人税法第 129 条第 1 項《更正に関する特例》の規定により、法人において当該原因に応じた修正の経理を行い、かつ、その修正の経理を行った事業年度の確定申告書を提出した後、税務当局による更正手続を経て、当該発生原因の生じた事業年度の欠損金額（その事業年度が青色申告の場合は青色欠損金額、青色申告でない場合には期限切れ欠損金額）とする。

(ロ)　実在性のない資産の発生原因が更正期限を過ぎた事業年度中に生じたものである場合には、税務当局による更正手続はないものの、実在性のない資産は当該発生原因の生じた事業年度に計上したものであることから、法人において当該原因に応じた修正の経理を行い、その修正の経理を行った事業年度の確定申告書上で、仮に更正期限内であればその修正の経理により当該発生原因の生じた事業年度の損失が増加したであろう金額をその事業年度から繰り越された欠損金額として処理する（期首利益積立金額から減算する）ことにより、当該発生原因の生じた事業年度の欠損金額（その事業年度が青色申告であるかどうかにかかわらず期限切れ欠損金額）とする。

ロ　過去の帳簿書類等を調査した結果、実在性のない資産の計上根拠（発生原因）等が不明である場合

裁判所が関与する破産等の法的整理手続、又は、公的機関が関与若しくは一定の準則に基づき独立した第三者が関与する私的整理手続を経て、資産につき実在性のないことが確認された場合には、実在性のないことの客観性が担保されていると考

－ 25 －

550

えられる。このように客観性が担保されている場合に限っては、その実在性のない
資産がいつの事業年度でどのような原因により発生したものか特定できないとし
ても、その帳簿価額に相当する金額分だけ過大となっている利益積立金額を適正な
金額に修正することが適当と考えられる。

　したがって、このような場合にあっては、法人において修正の経理を行い、その
修正の経理を行った事業年度の確定申告書上で、その実在性のない資産の帳簿価額
に相当する金額を過去の事業年度から繰り越されたものとして処理する（期首利益
積立金額から減算する）ことにより、期限切れ欠損金額とする。

答　お尋ねのとおり、取り扱って差し支えありません。

【解説】

1　裁判所若しくは公的機関が関与する手続、又は、一定の準則により独立した第三者
　が関与する手続に従って清算が行われる次の①から③のような場合には、管財人等の
　独立した第三者が財産調査をする中で、実在性のない資産が把握されることがありま
　す。

　　このような実在性のない資産が把握された場合に、税務上、期限切れ欠損金額の損
　金算入措置の適用はどうなるのか、また、実在性のない資産はどのように取り扱われ
　るのかという点については、お尋ねのとおり取り扱って差し支えないものと考えられ
　ます。

①　清算型の法的整理手続である破産又は特別清算の手続開始の決定又は開始の命令
　がなされた場合（特別清算の開始の命令が「清算の遂行に著しい支障を来たすべき
　事情があること」のみを原因としてなされた場合を除きます。）

②　再生型の法的整理手続である民事再生又は会社更生の手続開始の決定後、清算手
　続が行われる場合

③　公的機関が関与し、又は、一定の準則に基づき独立した第三者が関与して策定さ
　れた事業再生計画に基づいて清算手続が行われる場合

　　実在性のない資産が把握された場合の具体的な処理例については、次ページ以下の
　「実在性のない資産が把握された場合の処理例(1)(2)」を参照してください。

2　なお、お尋ねの内容は、一定の法的整理手続又は私的整理手続に従って清算が行わ
　れる場合における実在性のない資産の取扱いですが、民事再生や会社更生の手続に従
　って会社が存続して再生をする場合や、公的機関が関与又は一定の準則に基づき独立
　した第三者が関与して策定された事業再生計画に従って会社が存続して再生する場合
　においても、お尋ねの内容と同様に実在性のないことの客観性が担保されていると認
　められるときには、これと同様の取扱いとすることが適当と考えられます。

○　実在性のない資産が把握された場合の処理例（1）

　過去の帳簿書類を調査した結果、実在性のない資産の計上根拠等が判明した場合において、その実在性のない資産が<u>更正期限内の事業年度</u>に原因の生じたものであるとき

《前提》

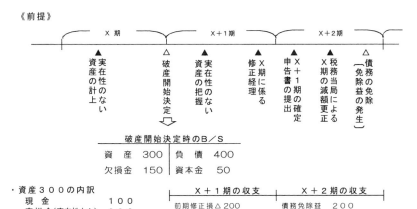

破産開始決定時のB／S

| 資　産 | 300 | 負　債 | 400 |
| 欠損金 | 150 | 資本金 | 50 |

・資産３００の内訳
　　現　金　　　　　　　　１００
　　売掛金（実在性なし）　　２００

・欠損金１５０は青色欠損金とする。

　※　説明の便宜上、Ｘ＋１期、Ｘ＋２期においては、記載された事項以外の益金・損金は無いものとします。

Ｘ＋１期

（会計上）
　　前期損益修正損　200　／　売掛金　　　　　　200
（税務上）
　　売掛金　　　　　200　／　前期損益修正損　200
（申告調整）
　　前期損益修正損　200（加算・留保（売掛金））

＜Ｘ＋１期の別表四の記載例（抜粋）＞

区分		総額	処分	
			留保	社外流出
		①	②	③
当期利益又は当期欠損の額	1	△200	△200	
加算　前期損益修正損加算		200	200	
所得金額又は欠損金額	44	0	0	

＜Ｘ＋１期の別表五（一）の記載例（抜粋）＞

区分		期首	減	増	期末
売掛金				200	200
繰越損益金（損は赤）	26	△ 150	△ 150	△ 350	△ 350
差引合計額	31	△ 150	△ 150	△ 150	△ 150

＜Ｘ＋１期の別表七（一）の記載例（抜粋）＞

事業年度	区分	控除未済欠損金額	当期控除額	翌期繰越額
	青色欠損・連結みなし欠損・災害損失			
Ｘ 期	青色欠損・連結みなし欠損・災害損失	150		150
	計	150		150
当期分	欠 損 金 額	0	欠損金の繰戻し額	
	合 計			150

```
税務当局によるＸ期の減額更正
```

　（税務上）
　　　売上過大計上　　　200　／　売掛金　　　200
　　　青色欠損金の翌期繰越額　　350

```
Ｘ＋２期
```

　（会計上）
　　　負　債　　　　　　200　／　債務免除益　　　200
　（税務上）
　　　青色欠損金（200）の損金算入
　（申告調整）
　　　欠損金の当期控除額 200（減算・流出※）

＜Ｘ＋２期の別表四の記載例（抜粋）＞

区分		総額	処分	
			留保	社外流出
		①	②	③
当期利益又は当期欠損の額	1	200	200	
欠損金の当期控除額	42	△ 200		※ △ 200
所得金額又は欠損金額	44	0	200	※ △ 200

＜Ｘ＋２期の別表五（一）の記載例（抜粋）＞

区分		期首	減	増	期末
繰越損益金（損は赤）	26	△ 350	△ 350	△ 150	△ 150
差引合計額	31	△ 350	△ 350	△ 150	△ 150

＜Ｘ＋２期の別表七（一）の記載例（抜粋）＞

事業年度	区分	控除未済欠損金額	当期控除額	翌期繰越額
Ｘ期	青色欠損・連結みなし欠損・災害損失	350	200	150
	青色欠損・連結みなし欠損・災害損失			
	計	350	200	150
当期分　欠　損　金　額		0	欠損金の繰戻し額	
合　計				150

○　実在性のない資産が把握された場合の処理例（２）

　　過去の帳簿書類を調査した結果、実在性のない資産の計上根拠等が判明した場合において、その実在性のない資産が<u>更正期限を過ぎた事業年度</u>に原因の生じたものであるとき

《前提》

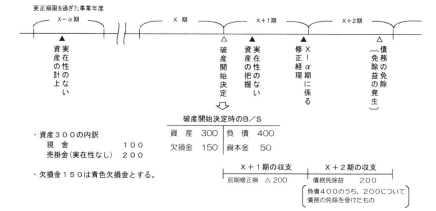

・資産３００の内訳
　　現　金　　　　　　　　　１００
　　売掛金（実在性なし）　　２００

・欠損金１５０は青色欠損金とする。

※　説明の便宜上、Ｘ＋１期、Ｘ＋２期においては、記載された事項以外の益金・損金は無いものとします。

Ｘ＋１期

（会計上）
　　前期損益修正損　２００　／　売掛金　　　　２００
（税務上）
　　利益積立金額　　２００　／　売掛金　　　　２００
　（期限切れ欠損金　２００　）
（申告調整）
　　前期損益修正損　２００（加算・留保（売掛金））
　　除斥期間経過分受入　△２００（五表の期首利益積立金額による受入）

＜Ｘ＋１期の別表四の記載例（抜粋）＞

区分		総額	処分	
			留保	社外流出
		①	②	③
当期利益又は当期欠損の額	1	△200	△200	
加算　前期損益修正損加算		200	200	
所得金額又は欠損金額	44	0	0	

＜Ｘ＋１期の別表五（一）の記載例（抜粋）＞

区分		期首	減	増	期末
売掛金				200	200
除斥期間経過分受入（売掛金）		△ 200			△ 200
繰越損益金（損は赤）	26	△ 150	△ 150	△ 350	△ 350
差引合計額	31	△ 350	△ 150	△ 150	△ 350

実在性のない資産の帳簿価額に相当する金額（200）を、過去の事業年度から繰り越されたものとして、別表五(一)の期首利益積立金額から減算します。

売掛金について、前期損益修正損の加算分（200）と除斥期間経過の受入分（△200）が相殺されるため、別表五(一)上、翌期（Ｘ＋２期）へ繰り越す金額はありません。

＜Ｘ＋１期の別表七（一）の記載例（抜粋）＞

事業年度	区分	控除未済欠損金額	当期控除額	翌期繰越額
	青色欠損・連結みなし欠損・災害損失			
Ｘ期	青色欠損・連結みなし欠損・災害損失	150		150
	計	150		150
当期分 欠損金額		0	欠損金の繰戻し額	
	合計			150

Ｘ＋２期

（会計上）
　　負　債　　　　　200　／　債務免除益　　　200
（税務上）
　　青色欠損金(150)及び期限切れ欠損金(50)の損金算入
（申告調整）
　　欠損金の当期控除額 200（減算・流出※）

＜Ｘ＋２期の別表四の記載例（抜粋）＞

区分		総額	処分	
			留保	社外流出
		①	②	③
当期利益又は当期欠損の額	1	200	200	
欠損金の当期控除額	42	△ 200		※ △ 200
所得金額又は欠損金額	44	0	200	※ △ 200

556

<X+2期の別表五(一)の記載例(抜粋)>

区分		期首	減	増	期末
繰越損益金(損は赤)	26	△ 350	△ 350	△ 150	△ 150
差引合計額	31	△ 350	△ 350	△ 150	△ 150

<X+2期の別表七(一)の記載例(抜粋)>

事業年度	区分		控除未済欠損金額	当期控除額	翌期繰越額
X期	青色欠損・連結みなし欠損・災害損失		150	150	0
	青色欠損・連結みなし欠損・災害損失				
	計		150	150	0
当期分	欠 損 金 額		0	欠損金の繰戻し額	
	合 計				0

<X+2期の別表七(二)の記載例(抜粋)>

Ⅲ 解散の場合の欠損金の損金算入に関する明細書

債務免除による利益の内訳	債務の免除を受けた金額	23		欠損金額の計算	適用年度終了の時における前事業年度以前の事業年度から繰り越された欠損金額	27	(注) 350
	私財提供を受けた金銭の額	24			欠損金又は災害損失金の当期控除額 (別表七(一)「2の計」)	28	150
	私財提供を受けた金銭以外の資産の価額	25			差 引 欠 損 金 額 (27)-(28)	29	200
	計 (23)+(24)+(25)	26			所 得 金 額 (別表四「41の①」)-(28)	30	50
					当 期 控 除 額 (26)・(29)と(30)のうち少ない金額)	31	50

(23欄から26欄までは、法人税法第59条第2項の規定の適用を受ける場合に記載し、同条第3項の規定の適用を受ける場合には記載する必要はありません。)

(注) 前事業年度以前の事業年度から繰り越された欠損金額の合計額は、当期(X+2期)の別表五(一)の期首現在利益積立金額の合計額(マイナスの金額)となります(基通12-3-2)。

※ 過去の帳簿書類等を調査した結果、実在性のない資産の計上根拠(発生原因)等が不明である場合の処理は、上記の処理例(2)と同様となります。

【関係法令】
　法59③
　基通12-3-2

【参考】
　倒産・事業再生分野の専門的な研究団体である事業再生研究機構において、「平成22年度税制改正後の清算中の法人税申告における実務上の取扱いについて」(平成22年7月)が取りまとめられ、公表されています。

問 12　適格現物分配を行ったときのみなし配当の計算方法

問　内国法人Ｇ２（普通法人）は、この度、株主である内国法人Ｇ３（普通法人）から自
　己株式（Ｇ２株式）の取得を行うに当たり、Ｇ３に対して、その自己株式の取得の対価
　として、Ｇ２の有する資産（土地）を交付（現物分配）することとしました。
　　Ｇ２とＧ３との間には、完全支配関係（Ｇ２とＧ３のそれぞれが、Ｇ１との間に当事
　者間の完全支配の関係がある法人相互の関係）があることから、当該現物分配は適格現
　物分配に該当します。
　　この場合の現物分配法人Ｇ２と被現物分配法人Ｇ３の税務上の処理はどのようにな
　りますか。

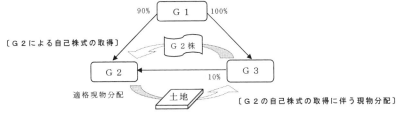

《前提》
　イ　Ｇ２の自己株式取得直前のＢ／Ｓは次のとおりです。
　　〔Ｇ２の自己株式取得直前のＢ／Ｓ〕

資産	負債	500
2,000	資本	600
	利益積立金額　900	

　ロ　Ｇ２は、発行済株式10株のうち、１株をＧ３から取得する。
　ハ　Ｇ２がＧ３に交付する土地の帳簿価額は、100 とします（時価150）。
　ニ　Ｇ３が保有するＧ２株式の帳簿価額は、150（１株）とします。
　ホ　Ｇ２は、種類株式を発行していません。

答
　〔現物分配法人Ｇ２の処理〕
　　Ｇ２が、自己株式の取得に伴い土地を分配し、その現物分配が適格現物分配に該当す
　る場合の税務上の処理は、次の仕訳のとおりです。

$$\left[\begin{array}{lll} \text{資本金等の額} & 60 \quad / \quad \text{土地} & 100 \\ \text{利益積立金額} & 40 \quad / \\ \text{（みなし配当）} \end{array}\right]$$

　　なお、適格現物分配により生じるみなし配当相当額については、源泉徴収は不要です。

　〔被現物分配法人Ｇ３の処理〕
　　Ｇ３が、グループ内法人の自己株式（Ｇ２株式）の譲渡に伴い、その対価として資産
　（土地)の分配を受け、その現物分配が適格現物分配に該当する場合の税務上の処理は、
　次の仕訳のとおりです。

```
土地              100 ／ Ｇ２株式          150
資本金等の額        90 ／ みなし配当          40
                        （利益積立金額）
適格現物分配に係る    40 ／ その他流出         40
受取配当の益金不算入
```

【解説】
〔現物分配法人Ｇ２の処理〕
1 適格現物分配により移転した資産の譲渡（法62の5③）
　内国法人（現物分配法人）が適格現物分配により被現物分配法人にその有する資産の移転をしたときは、その適格現物分配の直前の帳簿価額による譲渡をしたものとされ、その資産の譲渡に係る譲渡損益は計上されません。
　したがって、Ｇ２において、資産（土地）を現物分配したことによる当該土地の譲渡損益は計上されません。
2 現物分配法人の資本の部（法令8①十七、9①十二）
　現物分配法人が自己株式の取得を行った場合には、次の算式により計算した金額（注）を資本金等の額から減算することとなります。
(注)　当該金額が自己株式の取得により交付した金銭及び金銭以外の資産の価額（適格現物分配に係る資産にあっては、その交付直前の帳簿価額）の合計額を超える場合には、その超える部分を減算した金額となります。

‥‥（算　式：Ｇ２が一の種類の株式の発行法人である場合）‥‥‥‥‥‥
$$\frac{Ｇ２の自己株式の取得等の直前の資本金等の額}{自己株式の取得等の直前の発行済株式の総数} × 自己株式の取得等に係る株式の数$$

　お尋ねの場合には、前提イ、ロにより、資本金等の額から減算する金額（以下「取得資本金額」といいます。）は、60となります。

```
60 ＝ 直前の資本金等の額（600）／ 発行済株式総数（10）× 取得株式数（1）
```

　また、自己株式の取得により交付した資産の価額の合計額（適格現物分配に係る資産にあっては、その交付直前の帳簿価額）が、取得資本金額を超える場合のその超える部分の金額は、Ｇ２の利益積立金額から減算することとなります（この利益積立金額から減算する金額がみなし配当の金額となります。）。
　お尋ねの場合には、Ｇ２は適格現物分配により土地を交付していますので、下記の計算のとおり、利益積立金額から減算する金額（みなし配当の金額）は、40となります。

```
40 ＝ 交付資産（土地）の帳簿価額（100）－ 取得資本金額（60）
```

3　みなし配当の額に対する源泉徴収（所法24①）
　　みなし配当が適格現物分配による場合には、所得税法に規定する「配当等」から除
かれていますので、お尋ねの場合に上記2より計算されたみなし配当については、源
泉徴収の必要はありません。
4　現物分配法人の処理（申告調整）
　　G2において、土地の帳簿価額に相当する金額を、自己株式（G2株式）の取得価
額として会計処理していた場合の申告調整は次のとおりです。

```
（会計上）
　　自己株式　　　100　／　土地　　　　　100
　　（G2株式）

（税務上）
　　資本金等の額　60　／　土地　　　　　100
　　利益積立金額　40　／

（申告調整）
　　資本金等の額　60　／　自己株式　　　100
　　利益積立金額　40　／（G2株式）
```

　イ　別表四
　　　記載なし

　ロ　別表五（一）
　　　＜G2の別表五（一）の記載例（抜粋）＞
　　Ⅰ　利益積立金額の計算に関する明細書

区分	期首	減	増	期末
自己株式		40		△ 40
計		40		△ 40

　　Ⅱ　資本金等の額の計算に関する明細書

区分	期首	減	増	期末
自己株式		60		△ 60
計		60		△ 60

〔被現物分配法人G3の処理〕
1　適格現物分配により交付を受けた資産に係る損益（法62の5④）
　　内国法人（被現物分配法人）が適格現物分配により資産の移転を受けたことにより
生ずる収益の額は、その内国法人の各事業年度の所得の金額の計算上、益金の額に算
入しないこととされていますので、G3が、G2から交付を受けた土地に係る収益の
額については、益金の額に算入されません。

2 みなし配当の額に相当する金額の取扱い（法令9①四）

　適格現物分配が、自己株式の取得など法人税法第24条第1項第3号から第6号までに掲げる事由に係るものである場合には、被現物分配法人（G3）は、現物分配法人から交付を受けた資産（土地）の当該適格現物分配の直前の帳簿価額相当額（100）から、当該現物分配法人の資本金等の額（600）のうちその交付の基因となった現物分配法人（G2）の株式に対応する部分の金額（60：取得資本金額）を除いた金額（40）を利益積立金額に加算することとされています。

　つまり、適格現物分配の場合には、現物分配法人の自己株式取得に伴い生ずるみなし配当の額に相当する金額について、①その金額の計算は、交付を受けた資産の（時価ではなく）適格現物分配の直前の帳簿価額に基づき行うこと、②そのみなし配当の額は、被現物分配法人において益金の額に算入されないことから、利益積立金額の増加額として処理することとなります。

　お尋ねの場合には、前提ハ及び〔現物分配法人G2の処理〕2により、利益積立金額に加算する金額は、40となります。

$$40 ＝ 交付資産（土地）の適格現物分配直前の帳簿価額(100) － 取得資本金額(60)$$

3 現物分配法人株式（G2株式）の譲渡損益（法61の2⑯、法令8①十九、123の6①）

　内国法人（G3）が、所有株式を発行した他の内国法人（完全支配関係があるものに限ります。）から、みなし配当事由（法24①各号に掲げる一定の事由をいいます。）により金銭その他の資産の交付を受けた場合には、その所有株式について帳簿価額による譲渡があったものとされ、当該内国法人（G3）において、その譲渡損益は計上されません。

　また、この場合の譲渡損益に相当する金額（次の算式により計算される金額をいいます。）は、当該内国法人（G3）の資本金等の額から加減算することとなります。

（算　式）

| みなし配当事由によるそのみなし配当の金額 | ＋ | 法61の2⑯の規定により、譲渡対価の額とみなされる金額（株式の帳簿価額） | － | 交付を受けた金銭又は資産の価額の合計額（適格現物分配に係る資産にあっては、現物分配法人におけるその資産の帳簿価額） |

　お尋ねの場合には、G3が完全支配関係のあるG2から、みなし配当事由（G2における自己株式の取得）により、資産（土地）の交付を受けていますので、G3がG2に対して譲渡したG2株式については、その帳簿価額による譲渡があったものとされ、譲渡損益は計上されません。

　また、この場合、資本金等の額から減算することとなるG2株式の譲渡損益に相当する金額（90）は、①〔現物分配法人G2の処理〕2により計算されたみなし配当の金額（40）に、②前提ニにより、G3においてG2株式の譲渡対価の額とみなされるG2株式の帳簿価額（150）を加算し、③G2から交付を受けた資産（土地）の帳簿価額（100）を減算して計算することとなります。

$$90 ＝ みなし配当の金額（40）＋ みなし譲渡対価（150）\\ － 交付を受けた資産の帳簿価額（100）$$

4　被現物分配法人の処理（申告調整）

　G3において、土地の取得価額をG2における当該土地の帳簿価額に相当する金額100として会計処理していた場合の申告調整は次のとおりです。

　なお、会計上、みなし配当の額を収益の額として計上していない場合には、法人税申告書別表四において、みなし配当の額を収益の額として計上（加算留保）し、その同額を適格現物分配に係る受取配当の益金不算入（減算流出）として、申告調整を行います。

```
（会計上）
　土地　　　　　　100　／　G2株式　　　150
　譲渡損　　　　　 50　／

（税務上）
　土地　　　　　　100　／　G2株式　　　150
　資本金等の額　　 90　／　みなし配当　　 40
　　　　　　　　　　　　　　（利益積立金額）
　適格現物分配に係る　40　／　その他流出　　 40
　受取配当の益金不算入

（申告調整）
　資本金等の額　　 90　／　譲渡損　　　　 50
　　　　　　　　　　　　／　みなし配当　　 40
　　　　　　　　　　　　　　（利益積立金額）
　適格現物分配に係る　40　／　その他流出　　 40
　受取配当の益金不算入
```

イ　別表四

　＜G3の別表四の記載例（抜粋）＞

区分			総額	処分	
				留保	社外流出
			①	②	③
加算	G2株式譲渡損		50	50	
	受取配当		40	40	
	小計	13	90	90	0
減算	適格現物分配に係る益金不算入額	19	40	※	40
	小計	25	40	0 ※	40
所得金額又は欠損金額		44	50	90	△ 40

ロ　別表五（一）

　＜G3の別表五（一）の記載例（抜粋）＞

I　利益積立金額の計算に関する明細書

区分	期首	減	増	期末
G2株式（株式譲渡損）			50	50
G2株式（みなし配当）			40	40
計			90	90

562

II　資本金等の額の計算に関する明細書

区分	期首	減	増	期末
G 2 株式（株式譲渡損）		90		△ 90
計		90		△ 90

＜参考＞

適格現物分配により交付する資産が被現物分配法人の自己株式である場合の処理

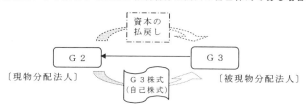

1　現物分配法人におけるみなし配当の額の計算

　　適格現物分配を行う場合のみなし配当の額の計算については、〔現物分配法人Ｇ
　２の処理〕2のとおり、現物分配法人が適格現物分配により交付する資産の当該適
　格現物分配の直前の帳簿価額に基づいて計算することとなりますが、この点は、適
　格現物分配により交付する資産が被現物分配法人の自己株式である場合であっても
　同様ですので、この場合のみなし配当の額の計算は、Ｇ2におけるＧ3株式の当該
　適格現物分配の直前の帳簿価額に基づいて行うこととなります。

2　被現物分配法人の資本金等の額（法令8①十八ロ）

　　適格現物分配により、被現物分配法人が移転を受ける資産が自己株式（Ｇ3株式）
　である場合には、現物分配法人における当該適格現物分配の直前の帳簿価額に相当
　する金額を、被現物分配法人の資本金等の額から減額することとなります。

【適用関係】

　　この措置は、平成22年10月1日以後に行われる現物分配（残余財産の分配にあって
　は、同日以後の解散によるものに限ります。）に適用されることとなります。

【関係法令】

　　法2十二の六、十二の六の二、十二の十五、24①、61の2⑯、62の5③④
　　法令8①十七、十八ロ、十九、9①四、十二、123の6①
　　所法24①
　　改正法附則10②
　　改正令附則2②

問 13　残余財産の分配が金銭と金銭以外の資産の両方で行われる場合のみなし配当の計算

> **問**　内国法人Ｇ１（普通法人）の 100％子会社である内国法人Ｇ２（普通法人）は、平成
> 22 年 10 月に解散し、清算手続を経て残余財産が確定したため、Ｇ１に対して、平成 23
> 年 10 月 1 日にその残余財産の分配を行うことになりました。
> 　Ｇ１に対する残余財産の分配は、金銭とともに金銭以外の資産（土地）も併せて行う
> 予定です。
> 　この場合、Ｇ２がＧ１に対して行う残余財産の分配のうち金銭以外の資産（土地）の
> 分配は、適格現物分配となりますか。また、この残余財産の分配に係るＧ１及びＧ２の
> 税務上の処理について教えてください。
>
>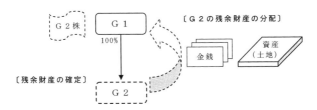
>
> 《前提》
> 　イ　Ｇ２の残余財産確定の直前のＢ／Ｓは次のとおりです。
>
> 〔Ｇ２の残余財産確定の直前のＢ／Ｓ〕
>
> | 資産 | 資本 |
> |---|---|
> | 1,500 | 1,000 |
> | （残余財産） | 利益積立金額
500 |
>
> 　ロ　残余財産 1,500 の内訳は、現金 300、土地 1,200（時価 1,700）とします。
> 　ハ　Ｇ１が保有するＧ２株式の帳簿価額は、1,000 とします。
> 　ニ　Ｇ２の残余財産の分配に係るみなし配当の計算における「資本金等の額のうち交付
> 　　の基因となった株式に対応する金額」は、1,000 とします。
> 　ホ　Ｇ２株式は、法人税法第 23 条第 5 項の完全子法人株式等に該当するものとします。
> 　ヘ　説明の便宜上、最後事業年度の事業税の額は、考慮しないものとします。

　答　お尋ねの残余財産の分配のうち金銭以外の資産（土地）の分配は、適格現物分配に該
　　当します。

　〔現物分配法人Ｇ２の処理〕
　　　Ｇ２が、金銭と金銭以外の資産（土地）による残余財産の分配を行ったときの税務
　　上の処理は、次の仕訳のとおりです。

$$\left[\begin{array}{l} \text{資本金等の額}\quad 1,000 \;/\; \text{残余財産}\qquad 1,500 \\ \text{利益積立金額}\qquad 500 \;/ \\ \text{（みなし配当）} \end{array} \right.$$

　　　みなし配当の額は、金銭の交付に係るものが 100、現物分配に係るものが 400 とな

ります。なお、適格現物分配により生じたみなし配当の額400に対する源泉徴収は行う必要がありませんので、金銭の交付に係るみなし配当の額100に対してのみ源泉徴収（20）を行います。

〔被現物分配法人Ｇ１の処理〕

　Ｇ１が、Ｇ２の残余財産の分配により、金銭の分配及び金銭以外の資産（土地）の分配を受けたときの税務上の処理は、次の仕訳のとおりです。

```
土地                1,200 ／ Ｇ２株式       1,000
現金                  280 ／ 受取配当          500
源泉税                 20 ／
適格現物分配に係る     400 ／ その他流出        500
受取配当の益金不算入
受取配当益金不算入     100 ／
```

【解説】

〔現物分配法人Ｇ２の処理〕

1　**残余財産の分配が金銭と金銭以外の資産の両方で行われる場合の現物分配**

　適格現物分配とは、内国法人を現物分配法人とする現物分配のうち、その現物分配により資産の移転を受ける者がその現物分配の直前において当該内国法人との間に完全支配関係がある内国法人（普通法人又は協同組合等に限ります。）のみであるものをいいます。

　ところで、お尋ねのように、残余財産の分配の場面において、清算中の子会社から金銭と金銭以外の資産の両方が分配されることもあるところです。

　このような残余財産の分配は、金銭以外の資産の分配が現物分配に該当しますので、これが適格現物分配に該当するかどうかが問題となりますが、この点、お尋ねの残余財産の分配のうち金銭以外の資産（土地）の分配は、Ｇ２と現物分配の直前において完全支配関係があるＧ１のみに対して行う現物分配であり、適格現物分配の要件を満たすことから、当該土地の現物分配は適格現物分配に該当することとなります。

2　**適格現物分配により移転した資産の譲渡**（法62の5③）

　内国法人（現物分配法人）が適格現物分配により被現物分配法人にその有する資産の移転をしたときは、その適格現物分配の直前の帳簿価額による譲渡をしたものとされ、その資産の譲渡に係る譲渡損益は計上されません。

　したがって、Ｇ２において、資産（土地）を現物分配したことによる当該土地の譲渡損益は計上されません。

3　**残余財産の分配におけるみなし配当の額**（法24①、法令23①三）

　残余財産が確定したことにより、残余財産の最後の分配が行われた場合のみなし配当の額は、次の算式により計算した金額となります。

　お尋ねの場合には、前提ロ及びニにより、みなし配当の額は、500となります。

```
        交付した金銭の額（300）及び        資本金等の額のうちその交付の
500 ＝  適格現物分配に係る資産の交付   －   基因となった株式に対応する
        直前の帳簿価額（1,200）の合計額      部分の金額（1,000）
        （1,500）
```

（算　式）

みなし配当の金額
（法24①）　＝　交付した金銭の額及び金銭以外の資産の価額（適格現物分配に係る資産にあっては、交付直前の帳簿価額）　－　資本金等の額のうちその交付の基因となった株式に対応する部分の金額（※1）

※1
資本金等の額のうちその交付の基因となった株式に対応する部分の金額
（法令23①三による計算）　＝　$\dfrac{\text{解散による残余財産の分配を行った法人（以下「払戻法人」という。）の分配時の直前の払戻等対応資本金等（※2）}}{\text{払戻法人の株式の総数}}$　×　直前に有していた払戻法人の株式の数

※2
払戻等対応資本金等　＝　払戻法人の分配直前の資本金等の額　×　$\dfrac{\text{解散による残余財産の分配により交付した金銭の額及び金銭以外の資産の価額（適格現物分配にあっては、その交付の直前の帳簿価額）の合計額}}{\text{払戻法人の前期末時の資産の帳簿価額から負債の帳簿価額を減算した金額}}$

4　みなし配当の額に対する源泉徴収（所法24①）

　みなし配当が適格現物分配による場合には、所得税法上、源泉徴収の対象となる配当等から除かれています（所法24①）。

　したがって、上記3で計算された適格現物分配によるみなし配当については、源泉徴収を行う必要はありません。なお、金銭の交付によるみなし配当の部分について、源泉徴収を行う必要があります。

　お尋ねの場合は、金銭の交付300に係るみなし配当の額として計算された金額100について源泉徴収20（100×20％）を行います。

金銭の交付に係るみなし配当の額（上記3の算式）

100　＝　交付した金銭の額（300）　－　資本金等の額のうちその交付の基因となった株式に対応する部分の金額（200）※

※　資本金等の額のうちその交付の基因となった株式に対応する部分の金額1,000のうち、金銭の交付に係る金額

1,000　×　$\dfrac{300\,（金銭）}{1,500\,（残余財産）}$　＝　200

5　現物分配法人の処理（申告調整）

　G2においては、残余財産の分配として、残余財産である現金と土地を分配していますが、税務上は、当該土地の譲渡損益を計上しませんので、お尋ねの現物分配に係る申告調整を行う必要はありません。

```
（会計上）
　残余財産の分配として、現金 300 及び土地 1,200
の分配を行う（土地の譲渡損益の認識なし）

（税務上）
　資本金等の額　1,000　／　残余財産　　　1,500
　利益積立金額　　　500　／
　（みなし配当）

（申告調整）
　調整不要
※　ただし、みなし配当（現金交付部分）100 に
　対する源泉徴収 20 が必要
```

〔被現物分配法人Ｇ１の処理〕

1　**適格現物分配により交付を受けた資産に係る損益**（法 62 の 5 ④）

　　内国法人（被現物分配法人）が適格現物分配により資産の移転を受けたことにより生ずる収益の額は、その内国法人の各事業年度の所得の金額の計算上、益金の額に算入しないこととされていますので、Ｇ１が、Ｇ２から交付を受けた土地に係る収益の額については、益金の額に算入されません。

2　**みなし配当の額に相当する金額の取扱い**（法 23 ① ⑤、24 ① 三、法令 9 ① 四）

　　残余財産の分配により受けた金銭及び金銭以外の資産に係るみなし配当の金額のうち、金銭の交付に係る部分については、法人税法第 23 条第 5 項《完全子法人株式等》に規定する完全子法人株式等に係るものである場合、同条第 1 項《受取配当等の益金不算入》の規定の適用により、そのみなし配当の金額を益金の額に算入しないことができます。

　　お尋ねの場合には、Ｇ１が保有するＧ２株式は完全子法人株式等に該当するとのことですので、Ｇ１がＧ２からの残余財産の分配により受けたみなし配当の金額のうち、金銭の交付に係る部分（〔現物分配法人Ｇ２の処理〕4 により算出した 100）については、法人税申告書別表四において加算（留保）するとともに、同額を減算（その他流出）することとなります。

　　一方、みなし配当の金額のうち適格現物分配に係る部分については、その適格現物分配が法人税法第 24 条第 1 項第 3 号から第 6 号までに掲げる事由に係るものである場合には、法人税法第 62 条の 5 《現物分配による資産の譲渡》の規定により、その収益の額は、益金の額に算入しないこととされています。

　　したがって、お尋ねの場合のＧ１がＧ２から残余財産の分配により受けたみなし配当の金額のうち、金銭以外の資産の交付に係る部分（〔現物分配法人Ｇ２の処理〕3 により算出したみなし配当の額 500 から金銭の交付に係るみなし配当の額 100 を差し引いた 400）については、法人税申告書別表四において加算（留保）するとともに、その同額を減算（その他流出）することとなります。

3　**現物分配法人株式（Ｇ２株式）の譲渡損益**（法 61 の 2 ⑯、法令 8 ① 十九、123 の 6 ①）

　　内国法人（Ｇ１）が、所有株式を発行した他の内国法人（完全支配関係があるものに限ります。）から、みなし配当事由（法 24 ① 各号に掲げる一定の事由をいいます。）により金銭その他の資産の交付を受けた場合には、その所有株式について帳簿価額に

よる譲渡があったものとされ、当該内国法人（Ｇ１）において、その譲渡損益は計上
されません。
　また、この場合の譲渡損益に相当する金額（次の算式により計算された金額をいい
ます。）は、当該内国法人（Ｇ１）の資本金等の額から加減算することとなります。

（算　式）

みなし配当事由による そのみなし配当の金額	＋	法61の2⑯の規定 により、譲渡対価の 額とみなされる金額 （株式の帳簿価額）	－	交付を受けた金銭又は資産 の価額の合計額（適格現物 分配に係る資産にあって は、現物分配法人における その資産の帳簿価額）

　お尋ねの場合には、Ｇ１が完全支配関係のあるＧ２から、みなし配当事由（Ｇ２か
らの残余財産の分配）により、資産（土地）の交付を受けていますので、Ｇ１がＧ２
に対して譲渡したＧ２株式については、その帳簿価額による譲渡があったものとされ、
譲渡損益は計上されません。
　また、この場合、Ｇ２株式の譲渡損益に相当する金額は、①〔現物分配法人Ｇ２の
処理〕３により計算されたみなし配当の金額（500）に、②前提ハにより、Ｇ１におい
てＧ２株式の譲渡対価の額とみなされるＧ２株式の帳簿価額（1,000）を加算し、③Ｇ
２から交付を受けた金銭の額（300）と資産（土地）の帳簿価額（1,200）の合計額（1,500）
を減算した金額（0）となりますので、資本金等の額の調整はありません。

$$
0　=　みなし配当の金額（500）＋ みなし譲渡対価（1,000）\\
－ 交付を受けた資産の価額の合計額（1,500）
$$

4　被現物分配法人の処理（申告調整）

　Ｇ１において、Ｇ２から残余財産として土地1,200と現金300（うち源泉税20）の
分配を受け、これとＧ２株式の帳簿価額1,000との差額500を、Ｇ２株式の譲渡利益
として会計処理していた場合の申告調整は次のとおりです。

```
（会計上）
　　土地　　　　　　1,200　／　Ｇ２株式　　　1,000
　　現金　　　　　　　280　／　譲渡利益　　　　500
　　源泉税　　　　　　 20　／

（税務上）
　　土地　　　　　　1,200　／　Ｇ２株式　　　1,000
　　現金　　　　　　　280　／　受取配当　　　　500
　　源泉税　　　　　　 20　／
　　適格現物分配に係る　400　／　その他流出　　　500
　　受取配当の益金不算入
　　受取配当益金不算入　100　／

（申告調整）
　　譲渡利益過大　　　500　／　受取配当　　　　500
　　適格現物分配に係る　400　／　その他流出　　　500
　　受取配当の益金不算入
　　受取配当益金不算入　100　／
```

568

イ 別表四

<G1の別表四の記載例（抜粋）>

区分			総額	処分		
				留保	社外流出	
			①	②		③
加算	受取配当		500	500		
	小計	13	500	500		0
減算	受取配当等の益金不算入	16	100		※	100
	適格現物分配に係る益金不算入額	19	400		※	400
	株式譲渡利益過大		500	500		
	小計	25	1,000	500	※	500
所得金額又は欠損金額		44	△ 500	0	※	△ 500

ロ 別表五(一)

<G1の別表五(一)の記載例（抜粋）>

I 利益積立金額の計算に関する明細書

区分	期首	減	増	期末
G2株式譲渡損益		500	500	0
計		500	500	0

【適用関係】

　この措置は、平成22年10月1日以後に行われる現物分配（残余財産の分配にあって
は、同日以後の解散によるものに限ります。）に適用されることとなります。

【関係法令】

　法2十二の六、十二の六の二、十二の十五、24①、61の2⑯、62の5③④
　法令8①十七、十八ロ、十九、9①四、十二、123の6①
　所法24①
　改正法附則10②
　改正令附則2②

【著者紹介】

成　松　洋　一（なりまつ　よういち）

略　　　歴　国税庁法人税課課長補佐（審理担当）、菊池税務署長、東京国税局調
　　　　　　査第一部国際調査課長、同調査審理課長、名古屋国税不服審判所部
　　　　　　長審判官、東京国税局調査第三部長等を経て退官

現　　　職　税理士

主要著書　圧縮記帳の法人税務（大蔵財務協会）

　　　　　試験研究費の法人税務（大蔵財務協会）

　　　　　新減価償却の法人税務（大蔵財務協会）

　　　　　消費税の経理処理と税務調整（大蔵財務協会）

　　　　　法人税・源泉所得税・消費税の諸申請（共著・大蔵財務協会)

　　　　　法人税法―理論と計算―（税務経理協会）

　　　　　法人税セミナー―法人税の理論と実務の論点―（税務経理協会）

　　　　　法人税裁決例の研究―不服審査手続きとその実際―（税務経理協会）

　　　　　不良資産処理の会計と税務（税務経理協会）

　　　　　税務会計の基礎―企業会計と法人税―（共著・税務経理協会）

　　　　　法人税申告書別表四、五（一）のケース・スタディ（税務研究会）

　　　　　Ｑ＆Ａ会社法・会計と法人税の異同点（税務研究会）

　　　　　減価償却資産の取得費・修繕費（共著・税務研究会・第15回日税研
　　　　　　究賞奨励賞受賞）

問答式　グループ法人税制の実務事例集（第4版）

令和4年10月13日　初版印刷
令和4年11月1日　初版発行

著　者　　成　松　洋　一

発行者　　（一財）大蔵財務協会　理事長
木　村　幸　俊

発行所　　一般財団法人　大蔵財務協会
〔郵便番号　130-8585〕
東京都墨田区東駒形1丁目14番1号
（販　売　部）TEL03(3829)4141・FAX03(3829)4001
（出版編集部）TEL03(3829)4142・FAX03(3829)4005
URL　http://www.zaikyo.or.jp

落丁・乱丁はお取替えいたします。　　　　　　印刷　三松堂株式会社
ISBN978-4-7547-3062-8